重识

"跨区域、跨校际、跨行业"研究生联合培养基地案例库建设
深圳·北京校企艺术硕士研究生联合培养基地
产教融合与设计创新

Reunderstanding

"Cross Regions, Cross Universities, Cross Industries"
Construction of the Case Base of Graduate Joint Training Base
The University-enterprise Joint Training Base
of Shenzhen & Beijing for Art Major Postgraduates

Integration of Education and Design Innovation

潘召南　颜　政　张宇锋　著
Pan Zhaonan, Yan Zheng, Zhang Yufeng

四川美术学院
深圳市梓人环境设计有限公司
中国中建设计集团有限公司
校企联合培养研究生工作站（环境设计学科）

Sichuan Fine Arts Institute & YZ Environment Design &
China Construction Engineering Design Group Co., Ltd
The College And Enterprises Joint Postgraduates Training Workstation
(Environmental Design)

中国建筑工业出版社
CHINA ARCHITECTURE & BUILDING PRESS

艺术学（艺术硕士）研究生教学改革系列丛书编委会 Editorial Board of Postgraduate Education Reform Series (Art & MFA)

名誉主任 Honorary Director

罗中立 Luo Zhongli

主 任 Director

庞茂琨 Pang Maokun
黄 政 Huang Zheng

副主任 Deputy Director

焦兴涛 Jiao Xingtao
潘召南 Pan Zhaonan

委 员 Committee Member

（按姓氏拼音排序 In alphabetical order by pinyin of last name）

曹意强 Cao Yiqiang
段胜峰 Duan Shengfeng
方晓风 Fang Xiaofeng
郝大鹏 Hao Dapeng
何潇宁 He Xiaoning
黄红春 Huang Hongchun
黄 政 Huang Zheng
黄志达 Huang Zhida
焦兴涛 Jiao Xingtao
琚 宾 Ju Bin
刘 蔓 Liu Man
龙国跃 Long Guoyue
罗 成 Luo Cheng
潘召南 Pan Zhaonan
孙晓勇 Sun Xiaoyong
王天祥 Wang Tianxiang
王 铁 Wang Tie
韦 芳 Wei Fang
肖 平 Xiao Ping
谢亚平 Xie Yaping
杨吟兵 Yang Yinbing

张 杰 Zhang Jie
张宇锋 Zhang Yufeng
张 月 Zhang Yue
周维娜 Zhou Weina
朱 飞 Zhu Fei
左 益 Zuo Yi

撰稿 Writers

潘召南 Pan Zhaonan
颜 政 Yan Zheng
张宇锋 Zhang Yufeng
彭林权 Peng Linquan
黄志达 Huang Zhida
杨邦胜 Yang Bangsheng
琚 宾 Ju Bin
孙乐刚 Sun Legang
严 肃 Yan Su
肖 平 Xiao Ping
程智鹏 Cheng Zhipeng
何潇宁 He Xiaoning

刘 波 Liu Bo
张 青 Zhang Qing
张 月 Zhang Yue
王 铁 Wang Tie
彭 军 Peng Jun
周维娜 Zhou Weina
周炯焱 Zhou Jiongyan
龙国跃 Long Guoyue
赵 宇 Zhao Yu
余 毅 Yu Yi
谢亚平 Xie Yaping
许 亮 Xu Liang

刘 蔓 Liu Man
杨海龙 Yang Hailong
解颜琳 Xie Yanlin
李梦诗 Li Mengshi
欧靖雯 Ou Jingwen
王梓宇 Wang Ziyu
刘祎瑶 Liu Yiyao
王艺涵 Wang Yihan
帅海莉 Shuai Haili
曾韵筑 Zeng Yunzhu
邓千秋 Deng Qianqiu
周诗颖 Zhou Shiying

荣振霆 Rong Zhenting
何嘉怡 He Jiayi
陈心宇 Chen Xinyu
赵雪岑 Zhao Xuecen

文字整理

曾韵筑 Zeng Yunzhu
赵睿涵 Zhao Ruihan

主办单位 Host Unit

四川美术学院
深圳市梓人环境设计有限公司（深圳站）
中国中建设计集团有限公司（北京站）
Sichuan Fine Arts Institute & YZ Environment Design & China Construction Engineering Design Group Corporation Limited

执行机构 Executor

四川美术学院建筑与环境艺术学院
深圳市梓人环境设计有限公司
中国中建设计集团有限公司
Architecture and Environmental Art School, Sichuan Fine Arts Institute & YZ Environment Design & China Construction Engineering Design Group Corporation Limited

重庆市教育委员会研究生教改重大项目
Postgraduate Educational Reform Major Project of Chongqing Education Committee

"跨区域、跨校际、跨行业"研究生联合培养基地案例库建设
"Cross Regions, Cross Universities, Cross Industries"
Construction of the Case Base of Graduate Joint Training Base

四川美术学院 · 深圳市梓人环境设计有限公司 · 中国中建设计集团有限公司
校企联合培养研究生工作站（环境设计学科）
Sichuan Fine Arts Institute & YZ Environment Design & China Construction Engineering Design Group Corporation Limited
The College And Enterprises Joint Postgraduates Training Workstation (Environmental Design)

项目管理：四川美术学院研究生处、四川美术学院建筑与环境艺术学院
Project Managers: Postgraduates Office of Sichuan Fine Arts Institute
　　　　　　　　 Architecture and Environmental Art School, Sichuan Fine Arts Institute

学术委员会 Academic Council

（按姓氏拼音排序 In alphabetical order by pinyin of last name）

段胜峰 Duan Shengfeng　苏永刚 Su Yonggang
郝大鹏 Hao Dapeng　　　孙晓勇 Sun Xiaoyong
何潇宁 He Xiaoning　　　王天祥 Wang Tianxiang
黄红春 Huang Hongchun　王　铁 Wang Tie
黄志达 Huang Zhida　　　肖　平 Xiao Ping
焦兴涛 Jiao Xingtao　　　谢亚平 Xie Yaping
琚　宾 Ju Bin　　　　　　余　毅 Yu Yi
刘　蔓 Liu Man　　　　　周炯焱 Zhou Jiongyan
龙国跃 Long Guoyue　　　周维娜 Zhou Weina
庞茂琨 Pang Maokun　　　赵　宇 Zhao Yu
潘召南 Pan Zhaonan　　　张　月 Zhang Yue
彭　军 Peng Jun　　　　　张宇锋 Zhang Yufeng

工作站负责人 Studio Directors

潘召南（校方站长）College Director: Pan Zhaonan
颜　政（企方站长）Enterprise Director: Yan Zheng
张宇锋（企方站长）Enterprise Director: Zhang Yufeng

导师团队 Tutors

校方导师
（四川美术学院）潘召南　龙国跃　赵　宇　余　毅　谢亚平
　许　亮　杨吟兵　刘　蔓
（清华大学美术学院）张　月
（中央美术学院）王　铁
（西安美术学院）周维娜
（天津美术学院）彭　军
（四川大学艺术学院）周炯焱
College Tutors:
(Sichuan Fine Arts Institute) Pan Zhaonan, Long Guoyue, Zhao Yu, Yu Yi, Xie Yaping, Xu Liang, Yang Yinbing, Liu Man
(Academy of Arts & Design, Tsinghua University) Zhang Yue
(Central Academy of Fine Arts) Wang Tie
(Xi'an Academy of Fine Arts) Zhou Weina
(Tian Jin Academy of Fine Arts) Peng Jun
(Arts College of Sichuan University) Zhou Jiongyan

工作室导师
刘　波　张宇锋　颜　政　杨邦胜　琚　宾　孙乐刚　严　肃　肖　平　程智鹏
张　青　黄志达　何潇宁
Enterprise Tutors:
Liu Bo, Zhang Yufeng, Yan Zheng, Yang Bangsheng, Ju Bin, Sun Legang, Yan Su, Xiao Ping, Cheng Zhipeng, Zhang Qing, Huang Zhida, He Xiaoning

工作组 Administration Group

校方管理人员 – 牟芹芹　赵睿涵
企业管理人员 – 黄振锋
College Group: Mu Qinqin, Zhao Ruihan
Enterprise Group: Huang Zhenfeng

进站学生：
（四川美术学院）欧靖雯　王梓宇　刘祎瑶　王艺涵　帅海莉　曾韵筑
邓千秋　周诗颖　荣振霆　何嘉怡　陈心宇
（天津美术学院）杨海龙
（西安美术学院）解颜琳
（四川大学）李梦诗
（中央美术学院）赵雪岑
(Sichuan Fine Arts Institute) Ou Jingwen, Wang Ziyu, Liu Yiyao, Wang Yihan, Shuai Haili, Zeng Yunzhu, Deng Oqianqiu, Zhou Shiying, Rong Zhenting, He Jiayi, Chen Xinyu
(Tianjin Academy of Fine Arts) Yang Hailong
(Xi'an Academy of Fine Arts) Xie Yanlin
(Sichuan University) Li Mengshi
(Central Academy of Fine Arts) Zhao Xuecen

重识
"跨区域、跨校际、跨行业"研究生联合培养基地案例库建设

Reunderstanding
"Cross Regions, Cross Universities, Cross Industries"
Construction of the Case Base of Graduate Joint Training Base

"四川美术学院校企联合培养硕士研究生工作站"项目简介
Introduction of Sichuan Fine Arts Institute and Enterprise Joint Training Postgraduate Workstation

校企联合培养研究生工作站（环境设计专业·深圳站、北京站）简介
Introduction of the College and Enterprises Joint Postgraduates Training Workstation (Environmental Design·Shenzhen、Beijing)

四川美术学院校企联合培养硕士研究生工作站（环境设计专业），简称"校企联合培养研究生工作站"，2019年9月—2020年6月（第六期）由四川美术学院、深圳市梓人环境设计有限公司主持深圳站与中国中建设计集团有限公司主持的北京站共同主办。校企联合培养研究生工作站本着"互惠共享、互利共赢、共同发展"的原则，于2014年5月在中国深圳市正式挂牌成立，是中国设计学科环境艺术设计方向的第一个"跨区域、跨校际、跨行业"的多校、多企联合培养研究生平台。

The College and Enterprises Joint Postgraduates Training Workstation of Sichuan Fine Arts Institute (Environmental Design subject), is also abbreviated to "The College and Enterprises Joint Postgraduates Training Workstation". In September 2019 – June 2020 (phase VI), Sichuan Fine Arts Institute, YZ Environment Design and China Construction Engineering Design Group Corporation Limited presided over the Beijing workstation. Based on the principle of "mutual benefit, sharing, benefit and common development", the school-enterprise training workstation was officially established in Shenzhen, China in May 2014. It is the first "Cross regions, cross universities, cross industries" graduate platform for various school-enterprise training workstation in the direction of environmental art design of Chinese design discipline.

宗旨 Aim

校企联合培养研究生工作站充分发挥四川美术学院、清华大学美术学院、中央美术学院、西安美术学院、天津美术学院等7所参与院校的设计学科优势与深圳、北京设计机构的行业优势，共建育人平台，共享信息资源、共用人力资源，创新产学合作协同育人的方法，实现"跨区域、跨校际、跨行业"的远程培养新模式，以"育人、用人、塑人"的培养路径，打通学校与企业的上下游通道，搭建创新与共享一体化的研究生培养平台。

The College and Enterprises Joint Postgraduates Training Workstation give full play to the advantages of the design disciplines of 7 participating colleges and universities including Sichuan Fine Arts Institute, Academy of Arts & Design, Tsinghua University, Central Academy of Fine Arts, Xi'an Academy of Fine Arts and Tianjin Academy of Fine Arts, and the industry advantages of Shenzhen and Beijing design institutions. We have achieved development collaboration in sharing enormous resources of information, manpower and scientific-technologies. To improve corporate comprehensive development strength, we have realized cross-regional, cross-discipline and intercollegiate new patterns of talent cultivation. Through the cultivation-employment-characterization mode for talents, an innovation-sharing integrated training platform is established.

运作方式 Operating Mode for Environmental Design Postgraduates

整合高校学科资源和企业项目资源，建立产学合作的校企联合培养研究生工作站，工作站针对研究生二年级的学生，

四川美术学院校企联合培养硕士研究生2019（第六期） 深圳市梓人环境设计有限公司深圳工作站 & 中国中建设计集团有限公司北京工作站
Sichuan Fine Arts Institute And Enterprise Joint Training Workstation Of Postgraduate Students 2019 (Phase 6)
YZ Environment Design Shenzhen Workstation& China Construction Engineering Design Group Corporation Limited Beijing Workstation

为期一学年，第一学期在深圳、北京企业培养，第二学期返校后通过网络视频继续开展设计与课题研究指导。在深圳、北京聚集两地知名设计企业搭建研究生培养平台，并聘请建站企业的国内精英设计师带项目、课题进站，成为驻站导师；在校研究生通过遴选进站的方式，成为进站学员，并跟随导师进入设计企业学习。驻站导师通过实际项目指导研究生展开设计创新和课题研究，将最前沿设计理念、最设计方法以及设计经验传授给学生。目前，研究生工作站已拥有10余位优秀的企业导师，他们除各自指导跟读的研究生外，还定期开设导师讲堂，针对所有进站学生授课。网络视频指导汇集了企业导师、学校导师共同智慧，参与研究生工作站的教学过程，达到了产学合作、协同育人的目的，真正补充了研究生们校园里欠缺的知识与能力。

Integrating the discipline resources and enterprise project resources, we established the College and Enterprises Joint Postgraduates Training Workstation. The workstation is for the students of the second year of postgraduate study, with a term of one academic year. In the first semester, we trained students in enterprises in Shenzhen and Beijing. In the second semester, students returned to school and we continued to conduct design and subject research to guide them through online videos. We gather well-known design enterprises in Shenzhen and Beijing to build a postgraduate training platform, and employ domestic elite designers of the enterprises to bring projects and topics into the station and become resident tutors. Through selection, graduate students in school become entry students, and follow the tutor to enter the design enterprise for study. The Resident Tutor guides the graduate students to carry out design innovation and subject research through practical projects, and imparts the most cutting-edge design concept, the most design method and design experience to the students. At present, the graduate workstation has more than 10 excellent enterprise mentors. In addition to the graduate students who guide their own follow-up, they also regularly set up tutor lectures for all incoming students. The online video guidance brings together the common wisdom of enterprise tutors and school tutors, participates in the teaching process of graduate workstation, achieves the goal of production university cooperation and collaborative education, and truly complements the lack of knowledge and ability of graduate students in the campus.

建站意义 The Significance of Postgraduates Training Workstation

针对高校设计学科研究生培养与社会需求脱节，理论与实践割裂的问题，由四川美术学院组织创建的国内第一个校企联合研究生培养工作站，为高校设计学科研究生教育教学改革进行创新性与探索性实践，为实现应用性学科教育贴近社会、生活、行业、市场贡献有价值的经验。

In view of the problem of the disconnection between the postgraduate training of design discipline and the social demand, and the separation of theory and practice, the first university enterprise joint postgraduate training workstation in China, organized and established by Sichuan Fine Arts Institute, carrying out innovative and exploratory practice for the postgraduate education and teaching reform of design discipline in Colleges and universities, and contributes to the realization of the practical discipline education close to the society, life, industry and market value experience.

校企联合培养研究生工作站将通过建立校企、校校多边联盟的方式，促进企业与高校的广泛合作与交流，创新中国设计教育人才培养模式，推动设计教育与设计行业接轨，传承中国设计精神，激发青年学子设计强国的梦想与热情。

The College and Enterprises Joint Postgraduates Training Workstation will promote the extensive cooperation and exchange between enterprises and universities, and innovate the talent training mode of China's design education, and promote the integration of design education and design industry, and inherit the Chinese design spirit, and stimulate the dreams and enthusiasm of young students who are strong in design.

四川美术学院 · 深圳市梓人环境设计有限公司 · 中国中建设计集团有限公司
校企联合培养研究生工作站（环境设计学科·深圳站）站长简介
Sichuan Fine Arts Institute & YZ Environment Design & China Construction Engineering Design Group Corporation Limited
Studio Directors of the College and Enterprises Joint Postgraduates Training Studio (Environmental Design · Shenzhen)

潘召南
Pan Zhaonan

毕业院校：四川美术学院
工作单位：四川美术学院
职　务：四川美术学院创作科研处处长
专业职称：教授、硕士生导师、资深室内设计师、国际 A 级景观设计师

代表性作品与获奖经历

■2010 年 10 月，作品"丽江古城民居风貌旅游度假酒店（五星级）建筑、环境、室内设计"获首届中国国际空间环境艺术设计大赛"筑巢奖"铜奖。

■2012 年 10 月，设计作品"重庆中国当代书法艺术生态园规划设计"获中国美术家协会环境艺术委员会主办第五届"为中国而设计"最佳创意奖。

■2014 年 1 月，参与主研科技部 " 十二五重大国家科技支撑项目—— 中国传统村落民居营建工艺保护、传承与利用技术集成"。

■2014 年 5 月，完成重庆科技学院艺术馆建筑方案设计。

■2014 年 11 月，合作作品"四川美术学院校园环境设计"获第十一届全国美展铜奖。

■2016 年 6 月，主持重庆市教委研究生教改重大项目"艺术设计学科产教合作创新性人才培养模式实践"。

■2016 年 12 月，主持重庆市艺科联重点项目——"西部美丽乡村建设中的地方性立场与民族性视域"16ZD033。

■2016 年 12 月，主持重庆市社科联重点项目——"西部乡建的设计伦理重构研究"2016WT31。

著作与教材

《生态水景观设计》，西南大学出版社；《室内设计师培训考试教材》，中国建筑工业出版社；《景观设计师培训考试教材》，中国建筑工业出版社；《寻、行、拓、聚、顾——环境设计学科研究生校企联合培养的探索与实践》。

个人荣誉

■2004 年 8 月，被中国建筑装饰协会评为首届全国杰出中青年室内建筑师。

■2005 年 4 月，被感动中国建筑设计高峰论坛评为"中国最具影响力的设计师"。

■2006 年 3 月，被中国建筑装饰协会评为"全国资深室内建筑师"。

■2006 年 9 月，劳动部与国际商业美术设计协会授予"A 级景观设计师"。

■2007 年 12 月，光华龙腾奖"中国设计业十大杰出青年"全国评委。

■2011 年 1 月，任重庆市设计委员会主任委员。

■2012 年，中国建筑装饰协会学术委员。

■2015 年 3 月，获"2014 中国设计年度人物"荣誉。

■2015 年 11 月，光华龙腾奖"中国设计业十大杰出青年"全国评委，国科奖。

■2015 年 12 月，被聘为吉林艺术学院兼职教授。

■2016 年 4 月，被聘为教育部人文社科项目评审专家。

■2017 年 2 月，被聘为国家社科基金艺术学项目评审专家。

设计主张

设计的社会角色

　　设计师都有自己的理想，但我们要清醒地认识到设计在社会工作中的任务和角色。设计不能给人们创造幸福和快乐，设计只能通过设计师理解的方式创造让人们找寻快乐的条件，只有通过自己在体验环境条件的同时才能感受到是否快乐。这要求设计师在设计时必须拟己化，打动自己、体验到快乐，才能打动他人，让他人感到快乐。这是设计的伦理，也是设计的方法。

关于创新

　　设计最可贵的是创新，但不是凭空想象，不是所有的新事物都是有价值的，我们之所以感到责任之重、工作之艰苦，是因为限制太多、条件相同、要求相似、方式相近，而教条一样。因此，我们要通过自己的认识、体验、理解、判断，去寻求突破、创新。这是最艰辛，也是最有价值的劳动。

四川美术学院 ·深圳市梓人环境设计有限公司 ·中国中建设计集团有限公司

校企联合培养研究生工作站（环境设计学科·深圳站）站长简介

Sichuan Fine Arts Institute & YZ Environment Design & China Construction Engineering Design Group Corporation Limited
Studio Directors of the College and Enterprises Joint Postgraduates Training Studio (Environmental Design · Shenzhen)

颜 政

Yan Zheng

梓人设计董事 / 设计总监
高级室内建筑师

个人简介

颜政女士，大学主修服装设计，后于法国国立工艺学院（Le CNAM）深造，在她近二十年的室内设计生涯，倡导空间感受的"极致优雅"，以国际化视野诠释当下中国高净值人群的典雅生活。

社会职务 & 个人荣誉

深圳市室内设计师协会副会长
中华文化促进会人居文化委员会副主任
2019 年中国设计年度人物
2018 年胡润百富最受青睐华人设计师
2018 年粤港澳大湾区设计行业推动人物（杰出榜）
2008 年中国建筑装饰协会当代最受尊敬的杰出设计师
蝉联四届深圳市最佳室内设计师

获奖经历

■ 2019 年 柏林 Design awards 金奖。
■ 2019 年 巴黎 Design awards 金奖。
■ 2019 年 法国 DNA 『Winner – 设计奖』。
■ 2019 年 英国 SBID–finalist 国际设计大奖。
■ 2019 年 日本 JCD 国际商空设计 longlist 入围奖。
■ 2018 年 英国 LICC 伦敦国际创意决选奖 & 荣誉提名奖。
■ 2017 年 美国 IDA Honorable Mention 荣誉奖。
■ 2017–2018 年度意大利 A' Design Award 国际设计金奖。
■ 2016 年 德国 IF "INTERIOR ARCHITECTURE INTERIOR DESIGN" 设计大奖。
■ 2015 年 英国 SBID "Best Residential Project under 1 Million" 金奖。
■ 2015 年英国 London Design Award 设计大奖。

设计主张

每个空间都是为解决人特定的生存功能而存在的，空间是每个特定生活行为的背景，个体生命体验的差异使不同的人群对空间有不同的归属感，开始一个空间创作的第一步便是把握使用者的精神内涵。设计的过程便是将这种抽象的精神转化成有质感的物质空间的过程，这很像拍电影，故事的内核有了，脚本也就渐渐地出来了，其余的有关于设计语言、选材、物料等，就如同电影拍摄的舞美、灯光、音乐、角色的选定，该怎么演就完全取决于对那个结果的诉求，不会刻意去突出某个单独的细节，一定服从于核心和整体，也不需要为每一个空间赋予单一的主题或答案，有时候客人所需要的就是多重而复合的感受，使用者需要的是言已尽而意无穷的想象空间和自己的生活加入之后，空间的再丰富和再创作。但有一个是不变的，那就是品质与耐看，极致的优雅。

四川美术学院 · 深圳市梓人环境设计有限公司 · 中国中建设计集团有限公司

校企联合培养研究生工作站（环境设计学科·北京站）站长简介

Sichuan Fine Arts Institute & YZ Environment Design & China Construction Engineering Design Group Corporation Limited
Studio Directors of the College and Enterprises Joint Postgraduates Training Studio (Environmental Design · Beijing)

张宇锋
Zhang Yufeng

中国中建设计集团有限公司党委委员、总经济师
中建城镇规划发展有限公司董事长

社会职务

中国建筑学会工程总承包专业委员会秘书长
四川美术学院硕士研究生导师
中央企业青年联合会副秘书长
中央企业青年志愿者协会副主席兼秘书长
中国建筑青年联合会执行秘书长
中国青年企业家协会理事
北京市人力资源和社会保障局评标专家

个人简介

　　张宇锋先生为国家发改委 PPP 专家库、财政部 PPP 专家库专，曾参与中国平安全国后援中心项目获中国建设工程鲁班奖、全国建筑装饰奖、上海市建设工程"白玉兰"奖；参与上海环球金融中心项目获全国建筑装饰工程奖；参与北京香格里拉饭店项目获第 15 届亚太地区室内设计大奖金奖；参与大连国际机场航站楼工程获北京市建筑装饰优良工程奖；参与中国华能大厦装饰工程获 2010 年美国 LEED 绿色建筑金奖；参与中国国际贸易中心三期工程获中国建设工程鲁班奖；参与徐州北三环高架环线工程获中国建设工程鲁班奖等。

项目荣誉及个人成就

■ 2001 年，大连极地海洋动物馆项目获辽宁省优质工程奖。

■ 2001 年，双威视讯网络有限公司办公楼工程获北京市优质奖。

■ 2007 年，中国平安全国后援中心工程获建筑鲁班奖、获全国建筑工程装饰奖、获上海市建设工程"白玉兰"奖、获上海市优秀建设工程"金石奖"。

■ 2007 年，北京香格里拉饭店餐厅工程获第十五届亚太区室内设计金奖。

■ 2010 年，大连周水子国际机场新航站楼工程获全国建筑装饰奖。

■ 2010 年，北京华能大厦办公楼获美国 LEED 绿色建筑金奖、获中国际空 获中国际空间环境艺术设计大赛办公工程类"筑巢奖"金奖。

■ 2010 年，取得《多层木积材造型艺术墙》实用新专利（专利号：201020269231.X）。

■ 2011 年，中国国际贸易中心三期工程获中国建设工程鲁班奖。

■ 2010 年，主持《高档酒店建筑装饰成套施工技术集研究》。

■ 2011 年，参与国家"十二五"科技支撑计划项目、装配式建筑原型科技支撑计划项目：装配式建筑原型设计、设备及全装修集成技术研究与示范。

■ 2012 年，在中国建筑装饰设计界成绩显著，获中国照明设计应用大赛金奖。

■ 2017 年，徐州北三环高架线工程获中国建设工程鲁班奖。

■ 2004 年，获中国杰出青年室内建筑师。

■ 2006 年，全国建筑工程装饰奖获项目经理。

■ 2006 年，获北京市建筑装饰行业"科技进步先进个人"称号。

■ 2006 年，《环境与人的关系》获"中华制漆杯"科技论文二等奖。

■ 2006 年，获"全国建筑装饰优秀项目经理"称号。

■ 2007 年，获"全国建筑装饰优秀项目经理"称号。

■ 2008 年，获"全国建筑装饰优秀项目经理"称号。

■ 2008 年，在中国建筑装饰设计界成绩显著获全国有成就的资深室内建筑师。

■ 2009 年，获"全国建筑装饰优秀项目经理"称号。

■ 2010 年，获"全国建筑装饰优秀项目经理"称号。

四川美术学院 · 深圳市梓人环境设计有限公司 · 中国中建设计集团有限公司

校企联合培养研究生工作站 · 企业导师

Sichuan Fine Arts Institute & YZ Environment Design & China Construction Engineering Design Group Corporation Limited
Studio Directors of the College and Enterprises Joint Postgraduates Training Studio · Enterprise Mentor

杨邦胜
Yang Bangsheng

YANG 设计集团创始人、总裁、首席设计师
APHDA 亚太酒店设计协会副会长
中国室内装饰协会（CIDA）副会长
中国建筑学会室内设计分会（CIID）副理事长
中国陈设艺术专业委员会（ADCC）副主任
中国装饰设计业十大杰出青年评审委员会执行主席

设计主张

1. 设计是解决问题，机电、灯光、景观、建筑、室内设计、酒店服务必须相互配合和谐统一，才会让人感到舒适。
2. 设计的价值不是简单的风格和创新，而是根植其中的文化属性。
3. 设计从来不是无中生有。对于传统文化，取其精髓，创新求变。唯有思变，方能传承。
4. 文化特性是酒店设计的核心，但文化的传达不应只是触碰事物表面。
5. 风格是多变的，唯有文化恒存。
6. 中国酒店设计方向应是站在民族、地方特色的本位，审视世界酒店的流行风向，这也是室内设计师的立足之本。
7. 做吝啬的设计。在地球资源有限的今天，设计师应力求通过简单、极致的设计，通过创意去改变空间的美感，创造项目的价值。
8. 保持内心的本真纯粹，才能做出无谓的作品。

琚 宾
Ju Bin

设计师、创基金理事、水平线设计品牌创始人兼
首席创意总监

设计主张

"无创新，不设计。"

致力于研究中国文化在建筑空间里的运用和创新，以个性化、独特的视觉语言来表达设计理念，以全新的视觉传达来解读中国文化元素。

在作品中，将"当代性"、"文化性"、"艺术性"共融、共生，以此作为设计语言用于空间表达。从传统与当下的共通、碰撞处，找寻设计的灵感。在艺术与生活的交错、和谐处，追求设计的本质。在历史的记忆碎片与当下思想的结合中，寻找设计文化的精神诉求。

重识
"跨区域、跨校际、跨行业"研究生联合培养基地案例库建设

Reunderstanding
"Cross Regions, Cross Universities, Cross Industries"
Construction of the Case Base of Graduate Joint Training Base

孙乐刚
Sun Legang

毕业院校：法国 CNAM 学院
工作单位：广田装饰集团股份有限公司
职务：董事、副院长、一分院院长（兼）
专业职称：高级室内设计建筑师

设计主张

  设计首先是实用美术的范畴，是要为人服务的，开展一项设计，再好的理念也应满足这项基本要求，设计师应站在生活的前沿，适度、适时地把新的生活方式和新的体验融入设计中，带给使用者全新感受。好的作品如一缕清风，吹及内心，好的设计也应体现投资方的价值需求，是艺术表达和使用要求的合体。

肖 平
Xiao Ping

毕业学院：四川美术学院
广田集团设计院联合创办院长
中国建筑装饰协会设计委员会执委会委员、四川美术学院设计学（环境设计）专业硕士研究生导师、中国建筑装饰协会专家库专家

设计主张

  讲一个故事，先打动自己，再去感动别人；做一个产品，自己先试用，再推向市场。设计无优劣之分，只有不足之处，好用、好看，匠心精湛，别无他求。

四川美术学院校企联合培养硕士研究生 2019（第六期）深圳市梓人环境设计有限公司深圳工作站 & 中国中建设计集团有限公司北京工作站
Sichuan Fine Arts Institute And Enterprise Joint Training Workstation Of Postgraduate Students 2019 (Phase 6)
YZ Environment Design Shenzhen Workstation& China Construction Engineering Design Group Corporation Limited Beijing Workstation

严 肃
Yan Su

高级室内建筑师、高级景观设计师，清华大学高级建筑室内设计高研班，瑞士伯尔尼建筑科技大学硕士、北京林业大学景观设计研究生毕业。现任深圳市广田建筑装饰设计研究院副院长、罗湖区旧改项目设计师、中国饭店协会设计与工程委员会常务理事、中国饭店协会国家级评审会

设计主张

严肃从事设计行业二十多年，擅长建筑空间、园林景观、灯光、照明等设计领域，他主持设计的"百事达白金乐酒店"、"甘肃省陇能商务大酒店"、"百色右江景观带"、"宁波华诚花园样板房"、"成都世季映像小区售楼处景观项目"等项目包揽了全国建筑工程优质工程管理与设计奖、国际环艺创新设计大赛酒店设计工程的一等奖、国际环艺创新设计大赛景观设计类一等奖、中国国际空间空间环境艺术设计大赛"筑雀奖"、国际环境艺术创新设计"华鼎奖"景观类一等奖等知名设计奖项。他还被评为中国设计年度人物提名、中国国际世纪艺术博览会年度资深设计师、中外酒店白金奖中国十大室内设计师等。

在丰富的项目实践基础上，严肃深入研究、总结、撰写并公开发表了《环境心理学理论浅析对设计创作的影响》、《中外室内装饰设计风格比较》、《灯光在酒店空间的运用》、《可持续性的景观设计》等多篇学术论文，在业界享有极高的声誉。

严肃以"注重人性化，平和中彰显个性"的独特设计风格，致力于可持续设计，在设计思考中平衡经济、环境、文化、道德因素。赋予建筑、景观可持久的生命力，让城市的发展保持活力。

程智鹏
Cheng Zhipeng

毕业学院：北京林业大学

深圳文科园林股份有限公司副总裁兼文科规划设计研究院院长、中国勘察设计协会理事、深圳市城市规划学会理事广东园林学会常务理事、武汉大学海绵城市研究中心专家

设计主张

在风景园林行业多年的探索与实践中，深感风景园林行业应该高瞻远瞩，在生态文明建设的大背景下，发挥全面的主导作用。风景园林应当承担起多专业协作的组织者和践行者的角色，以更宏观的视野广泛吸纳并融合产业链上下游专业及平行专业的方法与工作，以地脉、文脉风景和绿色基础设施引导新一轮的城市化建设，这也赋予了新时代下的风景园林新的使命：
1. 倡导生态评估及风景评价，发挥风景园林在生态文明建设中的先导作用。
2. 深化"海绵城市"及"城市双修"实践，发挥风景园林在构筑绿色基础设施中的载体作用。
3. 参与"田园综合体"建设，发挥风景园林在创造美好人居环境、提供优质生态产品中的保障作用。
4. 着手"生态都市主义"探索，发挥风景园林在多学科协作中的融合作用。

风景园林应当从全球生态系统出发，在构建人类命运共同体的基础上，践行"探索生态命运共同体"的构想，统筹人居环境各行各业，树立包容、协同、可持续的生态观，共同、综合、合作、可持续的新安全观，主动担负起传承传统园林文化、引领科学创新的使命，为构建生态命运共同体贡献力量。

重识
"跨区域、跨校际、跨行业"研究生联合培养基地案例库建设

Reunderstanding
"Cross Regions, Cross Universities, Cross Industries"
Construction of the Case Base of Graduate Joint Training Base

张 青
Zhang Qing
毕业院校：海南热带农业大学（现海大）
深圳市筑奥景观建筑设计有限公司创始人

设计主张

不断发现美，就是创造的过程。——让生命有温度！

绘画不只是画画，可能是一种思维方式，也可能是一种解决问题的渠道，又可能是自我认知的一种方式。美是没有目的和功利的，美是一种无目的的快乐。美是看不见的竞争力，关键就是如何保持高度的创造力！蒙娜丽莎的微笑，看到与否？生命都存在遗憾！如果经由很大的信仰和渴望，他会很美。如果不是智慧的方法，就会让人痛苦。

当需求满足于感官的时候，会对身边的美失去审视和欣赏。这是一种扭曲，反自然的，其实感官世界一败涂地，包括了整个社会感官世界的泛滥，人对人的不尊重和不信任，不能沉静下来领悟，更不会关照自己。找回自己的状态，安静下来，会听到很多声音，这是一种空的状态。美需要进入每个个体，各有各的领悟。领悟的到或领悟不到不是很重要。什么时候懂，什么时候领悟都是发现美的过程。艺术有理论的部分和实践，但终究还是回到对美的欣赏与感受。王国维说阅读有三个境界：（1）昨夜西风凋碧树，独上高楼，望尽天涯路。（2）衣带渐宽终不悔，为伊消得人憔悴。（3）众里寻他千百度，蓦然回首，那人却在灯火阑珊处。美需要积累和发现，大量的库存和积累，不经意间就会出现。美让生命对待压力、痛苦等，会以此释放情绪。我们现实中是不可能纯粹的，会有很多牵挂。美是现实生活的补充。春日在天涯，天涯日又斜。莺啼如有泪，为湿最高花。美不可旁观，一定要摄入，在其中，才会被感动。

黄志达
Ricky Wong
RWD黄志达设计创始人及董事长
中国建筑装饰协会设计委员会副会长
亚太酒店设计协会专家委员会委员、常务理事
江南大学环境与建筑设计系专家顾问

设计主张

主张"设计给生活无限可能"，秉持"以终为始"的理念，用国际化的视野和理性的思维，致力于打造高端品位的建筑空间及产品。

四川美术学院校企联合培养硕士研究生 2019（第六期） 深圳市梓人环境设计有限公司深圳工作站 & 中国中建设计集团有限公司北京工作站
Sichuan Fine Arts Institute And Enterprise Joint Training Workstation Of Postgraduate Students 2019 (Phase 6)
YZ Environment Design Shenzhen Workstation & China Construction Engineering Design Group Corporation Limited Beijing Workstation

何潇宁
He Xiaoning

毕业院校：清华大学美术学院，日本东京艺术大学硕士
D&H 顶贺环境设计（深圳）有限公司董事长、设计总监。
SIID 深圳室内建筑设计行业协会会长；亚太酒店设计协会副秘书长；深圳设计之都推广促进会理事；深圳市政府专家咨询委员会专家；深圳大学设计与艺术学院客座教授

设计主张

设计是为人服务的。

遵循"以人为本"的原则，主张从设计的合理性到设计的善意再到设计的美学表达这一具有内在逻辑性的设计思维展开设计活动，强调合理及创造性地解决问题，信奉细节为王，崇尚大巧不工，重视生活的体验和现场的把控，认为没有"最好"的设计，只有"最适合"的设计。

刘 波
Liu Bo

PLD 刘波室内设计（深圳/香港）有限公司创始人
深圳市空间设计协会会长
住房和城乡建设部建筑装饰协会专家
亚太酒店协会专家委员会专家
深圳市政府建筑装饰行业专家评审委员会专家
2018 粤港澳大湾区十佳酒店会所设计师
2018 粤港澳大湾区设计行业代表人物
《中国室内》编委

设计主张

真正的艺术应当是跨文化、跨宗教、跨种族，历久而不衰，有着与人类精神共鸣的结晶。而设计源于艺术，却体现了更多时代发展的印记。设计师对现实生活的理解，曾读过的书、走过的路、热爱的事，都将成为其作品的灵魂。我们常常反复去斟酌内心的需求，平衡利弊，最终以艺术的方式作为表达。尤其是为酒店室内做设计，与之打交道的其他设计顾问有很多，要如何做到融合各个专业的需求，突出使用体验，维护合作方的投入成本，并保有艺术的独特性和前瞻性，是需要设计师用一生来学习和沉淀的。

四川美术学院 · 深圳市梓人环境设计有限公司 · 中国中建设计集团有限公司

校企联合培养研究生工作站·校内导师

Sichuan Fine Arts Institute & YZ Environment Design & China Construction Engineering Design Group Corporation Limited
Studio Directors of the College and Enterprises Joint Postgraduates Training Studio · Intramural Mentor

张 月
Zhang Yue

毕业院校：中央工艺美术学院

清华大学环境艺术设计系教授、中国室内装饰协会设计委员会副主任、中国建筑装饰协会设计委员会副主任、北京人民大会堂室内设计专家评委、2015年米兰世博会中国馆展陈设计项目负责、米兰理工大学客座教授

设计主张

设计的好坏应该考虑到它影响了多少人，很多所谓高大上的设计作品，虽然观念前卫，技术先进，但功能有限，影响范围有限，并不能成为社会生活的日常参与者，也就不可能成为改变生活的力量。设计应该保持生活的本色而不是装腔作势，"过度设计"不可取。空间环境是用来生活的，不是艺术品，也不是设计师的玩物。设计师是发现问题，寻找对策并解决问题，而不是不管三七二十一地做个作品。很多的设计者走入了误区，他们太想通过设计进行展现，太关注设计本身的专业问题，反而忽略了设计本来的目的——人的需求。设计师应该更多关注的是"人"而不是"设计"。把设计降低到服务于人的需求的主题之下，而不是设计一家独大。我们总在设计的语境里讨论问题会比较关注设计自身。但如果从生活的语境来说，人们更关注设计解决了什么生活需求。

彭 军
Peng Jun

毕业院校：天津美术学院

天津美术学院环境与建筑艺术学院教授、天津市级高校教学名师、匈牙利佩奇大学客座教授、中国建筑装饰协会设计委员会副主任、中国室内装饰协会设计委员会副秘书长、中国美术家协会会员

设计主张

创新是设计最本质的要求。

设计是创造美好生活、提高生活质量的重要环节。设计的创新不仅仅是简单的装饰美化、设计符号的堆叠，而是一种创造。没有创新的设计是无源之水，无本之木，设计创新要有与时俱进的理论支撑、设计实践的相互促进，才能使设计的创新达到更高的水平。创新性设计是一个设计师所要努力追求的能力高度。设计不是复制，而是要形成自己独特的设计语言与风格，而如何形成自己独有的设计语言，又和设计师本人的专业素养和文化修养息息相关，因此要不断地丰富生活经验，积累历史知识和专业能力储备。

四川美术学院校企联合培养硕士研究生 2019（第六期）深圳市梓人环境设计有限公司深圳工作站 & 中国中建设计集团有限公司北京工作站
Sichuan Fine Arts Institute and Enterprise Joint Training Workstation of Postgraduate Students 2019 (Phase 6)
YZ Environment Design Shenzhen Workstation & China Construction Engineering Design Group Corporation Limited Beijing Workstation

周维娜
Zhou Weina
毕业院校：西安美术学院
西安美术学院建筑环艺系主任、教授，陕西省美术家协会设计艺术委员会委员、副秘书长，中国工艺美术学会展示艺术委员会常务副理事长，陕西省教学名师，西安市第十六届人大代表，中国室内装饰协会设计艺术委员会委员

设计主张

设计是有生命的。

设计本身是一个具有生命体征的系统性工程，设计的对象是有生命的，也是有生命周期的。所以，从设计的认知角度来说，首先要对产品有一个生命体征、生命周期和所处环境多样性的系统性认知，每一件产品都是一个独立的生命体，同时它与周边环境具有必然的和谐共生关系。当今设计的基本目的已不再是追求外表的形式设计，而是建立人与自然和谐的共生关系，在满足人类健康生活方式的基础上，倡导遵循客观规律和生态循环、探索生命持续发展与共生的一种生态设计。

周炯焱
Zhou Jiongyan
毕业院校：四川美术学院
俄罗斯国立师范大学博士，四川大学艺术学院艺术设计系主任、副教授，四川大学艺术研究院副院长，中国建筑装饰协会特聘专家，中国建筑协会室内设计分会理事，四川专委会副主任，四川省高校环境艺术研究会副会长

设计主张

做一个设计应该更多地思考设计本身的问题，每个空间因为地理位置、环境、内部使用功能的不同，是独特而不可复制的，我们不能用现有的流行趋势去追随，设计的自洽也因此而产生。摒弃所谓的"风格"、"观念"与"样式"，做出最符合项目本身条件的设计，是设计最大的乐趣所在。就像医生看病，不是只用名贵药材，而是对症下药，药到病除就是价值的体现。

而在信息充斥的时代下，如何利用信息，挖掘背后的文化内涵与艺术价值，为用户创造符合他们个性的、最适宜的产品，并在此基础上引导正确的、朴素的、生态的价值观和审美观，是设计师的社会责任。

重识
"跨区域、跨校际、跨行业"研究生联合培养基地案例库建设

Reunderstanding
"Cross Regions, Cross Universities, Cross Industries"
Construction of the Case Base of Graduate Joint Training Base

龙国跃
Long Guoyue
四川美术学院环境艺术设计系教授、高级室内建筑师
中国美术家协会会员、中国建筑装饰协会设计委委员、
中国室内装饰协会设计委委员、重庆市规划委员会专家

设计主张

当下艺术设计教学呈现多元化的趋势，很难形成一种标准的尺度，对学生专业能力的培养一直是我们美术学院最为关注的。我认为艺术设计教学培养学生的审美创造力是非常重要的，也就是培养学生在艺术设计审美中能动创造的能力，艺术设计中的审美创造力是我们美术学院学生专业和非专业的一种基本能力，可以在一定程度上反映出学生创造新认知、新思维、新观念、新手法的能力和创造新审美意象的能力。

艺术设计的审美创造力决定其原创性创造力、再创性、整合性创造力等不同形态和层次，艺术设计教学培养学生的审美创造力有助于提高学生自身的审美感受力、判断力、概括力、想象力、审美意象创造力等形象思维能力以及意境创造力、艺术表现力、审美评价能力等综合艺术设计能力。

赵 宇
Zhao Yu
毕业院校：四川美术学院
四川美术学院设计艺术学院环境设计系主任、
四川美术学院教授、中国建筑装饰协会设计委员会委员、重庆市建设工程勘察设计专家咨询委员会园林景观和装饰装修专业委员会委员

设计主张

艺术源于生活而高于生活，艺术≠生活，设计亦如此。

设计为人的需求服务，比艺术更接近生活，更贴近个人。所以，设计容易被误认为是单纯满足用户需要的服务。当人的需要具体到个人的要求时，这种需要往往会变得无聊甚至可怕。无聊尚可忍受，然而，一旦可怕的个人选择能够左右设计的时候，设计的命运，设计之下社会的、人类的命运，将是充满危机的冒险。因此，设计需要底线——为人服务的底线、可持续生存的底线、亲和友好的底线。

设计应该为生活树立表率！

四川美术学院校企联合培养硕士研究生 2019（第六期） 深圳市梓人环境设计有限公司深圳工作站 & 中国中建设计集团有限公司北京工作站
Sichuan Fine Arts Institute And Enterprise Joint Training Workstation Of Postgraduate Students 2019 (Phase 6)
YZ Environment Design Shenzhen Workstation & China Construction Engineering Design Group Corporation Limited Beijing Workstation

余 毅
Yu Yi

毕业院校：四川美术学院

四川美术学院教授、中国高等教育学会实验室管理工作分会理事、全国高校景观设计毕业作品展学术委员、中国建筑装饰协会设计委员会委员、中国建筑学会室内设计协会会员

设计主张

设计从来不是无中生有，它来源于生活，又回归生活。设计创造美好，空间设计是集理性与感性、艺术与科学为一体。根据设计项目需求从多角度考量，以人为本，具有同理心，洞悉使用者的感受，传递感动；设计需要创新，在设计时结合本土文化，力求寻找独特的、具有感染力的设计语言，塑造新的设计形态；设计追求精益求精，注重空间设计的整体把握和细节的推敲；设计教学需要技巧，不仅要注意"授之以鱼"，更要"授之以渔"，强调设计教学与社会接轨，使理论学习与社会实践紧密结合。

刘 蔓
Liu Man

四川美术学院建筑与环境艺术学院教授、硕士生导师，北京源创绿建筑装饰有限公司重庆分公司负责人兼总设计师，中国医疗建筑设计师联盟第二届理事会理事，中国医药卫生文化协会人文医居分会第一届委员

设计主张

让自己的设计作品有自己的风格是每一个设计师所追求的目标，努力在医疗空间设计中将艺术与医疗文化相结合，致力于身体疾病与心理疾病相结合的学科研究，将情感带入设计、将设计融入生活，去创造愉悦的主题空间，把枯燥的医学知识通过艺术的表达，使其更加容易被大众理解和接受，让人真正在医院空间中得到心理和生理的双重治愈。

重识
"跨区域、跨校际、跨行业"研究生联合培养基地案例库建设

Reunderstanding
"Cross Regions, Cross Universities, Cross Industries"
Construction of the Case Base of Graduate Joint Training Base

设计主张

人类命运共同体理念已融入世界一体化，科技人类、智慧人类已锁定探索方向，可以推测传统空间设计将逐渐融汇于大数据科技主流，未来高等教育艺考生群体将面临改变的外在压力。由于单一学科的缺欠难于融入万物互联的精准时代，痛点和短板呈现出来。如何前行值得深思，空间设计将步入输入操作方法而改变传统，新逻辑和知识要求将改变传统群体结构，云技术大数据让构造与设备设计已不是难题，安全科技高品质的苛刻环保规范将成为评价设计作品的硬核。

传统设计从业群体完成了时代使命，以阶段性胜利者的荣誉逐步融入科技时代，向未来而华丽转身。淘汰在历史进步中残酷无情，同时探索设计教育的又一条路显现在面前，努力、补强。

在科技潮流面前主动和被动都是无法选择的，推力告诉初心者只有向前。"新冠状"病毒疫情开始就是中国走向未来发展的新起点，同时空间设计教育也进入了前无古人参照物的深海，改变、探索、发现、融入是我等的方向。

王 铁
Wang Tie
毕业院校：清华大学美术学院
留学日本获得硕士学位、工作于日本名古屋 BE 建筑设计事务所、匈牙利（国立）佩奇大学荣誉博士学位；中央美术学院教授、景观建筑艺术研究方向博士生导师、建筑设计研究院院长；匈牙利佩奇大学信息工程学院建筑学方向博士生导师；中国建筑装饰协会设计委员会会长

设计主张

中国当代设计形态正在发生的"六个转向"。设计方法从"碎片式地局部参与"转为"不断深度介入的实践智慧"；设计目标不满足于"冷漠的销售"，而重视利益相关者生活空间的"整体考量"；设计尺度不再遵从盲目的"大设计"，而是提倡适度的"小设计"；设计价值不追求"重设计"，而是遵从"轻设计"；设计研究正从"单一物质产品"转向"非物质形态"的研究；设计组织正从"设计师独立运作"转变为"协同设计"。

谢亚平
Xie Yaping
毕业院校：中国艺术研究院
现任四川美术学院艺术教育学院院长、教授、研究生导师。主持国家级、省市级科研项目多项。曾获得重庆市第八次社会科学一等奖、第一届重庆市青年美术双年展优秀奖等。曾策划中国美术馆《本体与重构》、国家艺术基金《设计介入精准扶贫案例展》、北京设计周《手艺的重译》等展览

四川美术学院校企联合培养硕士研究生2019（第六期）深圳市梓人环境设计有限公司深圳工作站 & 中国中建设计集团有限公司北京工作站
Sichuan Fine Arts Institute And Enterprise Joint Training Workstation Of Postgraduate Students 2019 (Phase 6)
YZ Environment Design Shenzhen Workstation& China Construction Engineering Design Group Corporation Limited Beijing Workstation

许 亮
Xu Liang

毕业院校：江南大学设计学院

四川美术学院建环学院教授、硕士生导师，高级室内建筑师。中国建筑装饰协会、中国工业设计协会会员、重庆市政府项目评审委专家、重庆市规划专家委委员、重庆市建筑装饰协会设计委专家。曾获中国建筑装饰协会"全国有成就的资深室内建筑师"荣誉。

研究领域：系统化空间设计理论、方法与应用

设计主张

设计发展到当下，思维方式正转向以思维创新为主，强调综合性、多样性和开放性，特别是综合集成的思维方式。由此，时代的发展、社会的进步、城市的建构、消费的行为等各个领域出现了关注系统化、整体化的能动趋势。这一趋势在环境艺术语言中亦有所呈现。如今，环境艺术设计已成为科学技术与人文精神之间一个基本和必要的链条，其内涵也被不断地拓展，已不仅仅是一个空间功能与形式协调统一的问题，而是进入对于人的存在和生活方式、生活价值以及生活哲学等社会意识形态问题的认识，成为人们生活在社会系统所必须关注的问题。这种定义范畴的扩展使得环境艺术设计的创意内涵和外延都变得日益复杂，要求多学科的知识以交叉、整合、渗透的培养方式即观察能力、解析能力、综合比较能力、系统处理能力和创造评价能力等综合素质的提升来拓展环境艺术设计的空间和设计师的成长成才之路径。

杨吟兵
Yang Yinbing

四川美术学院教授，环境艺术设计专业硕士研究生导师，图书馆副馆长。美国华盛顿大学访问学者，重庆市自然遗产和风景名胜区专家委员会委员，重庆市第三批学术技术带头人后备人选，重庆市高校中青年骨干教师

设计主张

设计驱动力源于创新，作为设计的灵魂，创新是设计的本质要求。设计教育的发展与社会的发展紧密相连，并随社会的变革而变革，没有创新就没有发展。设计教育专业作为研究生艺术教育的重要组成部分，理念的创新是其灵魂所在。设计创新理念的提升可以认知新趋势、求索新知识、创造新技术、追求新梦想。

重识
"跨区域、跨校际、跨行业"研究生联合培养基地案例库建设

Reunderstanding
"Cross Regions, Cross Universities, Cross Industries"
Construction of the Case Base of Graduate Joint Training Base

前言 | Preface

"真现场"

焦兴涛
Jiao Xingtao

不久前,清华大学校友高晓松说:"清华大学培养的学生,应该拥有国之器重、胸怀天下的远大理想,而不是仅仅去谋求一个职业,否则和蓝翔技校有什么区别呢?"蓝翔技校校长荣兰祥很快回应:"咱们蓝翔技校就是实打实地学本领,不玩虚的,如不踏踏实实学本领,那跟清华北大有什么区别呢?"

对这段"隔空喊话"的解读,可以有不同的角度。可以讨论阶层的不同理想,不同的社会话题,也可以讨论"高屋建瓴"和"实干兴邦"哪一个更具现实意义。如果从教育本身来看,是人才培养目标的差异性问题,是培养通识性、学术性的学者型人才和培养专业性、实践性的实用型人才的教育理念的分歧。

"胸怀天下"和"学习真本领"之间真的是这样水火不容、非此即彼吗?

"君子不器"固然是中国传统中重要的品格素质,但"知行合一"在今天看起来,似乎更有价值。对"新冠状"病毒的研究如果不能转化为疫苗临床,就永远仅仅是《柳叶刀》上的一篇论文。这同样能为我们的艺术与设计教育带来思考。

毫无疑问,学院教育提供的是对经典和规范的学习,让我们的学生获得了解决丰富社会课题的基础,在建立的基础知识系统框架上,不断发展自身设计创造的能力——建立出发点,是一切创造活动的开始。从这个意义上讲,学院教育的重要性不言而喻。但是,这只是一个出发点,知识和规范系统如何在面对现实这个"对手"的时候,不断激发出具有创造性的解决方案,是一个学生能力是否优秀的标准,也是设计教育的任务。

"知能并重"一直是四川美术学院教学的核心,如同在艺术创作领域强调"创作引领教学",在设计教育领域同样强调"创新引领教学",在实施路径上的"项目制"

就是这一核心理念的具体践行。"项目"不是课堂上的"虚题",不是想象与具体的人、社会缺乏真实联系的场所和需求,而是一个和我们现实生活状态有各种联系、复杂的空间交织、多样的人际互动、文化沉浸的存在,同时反过来成为塑造我们社会思想和行为的中介和场所。这样的"项目"或者说这样的"现场"只可能来自真实而丰富的社会生活。"临敌"靠背诵的一两本"剑谱",那是有性命之忧的,就如同"极品飞车"即使开得再快,上了真正的赛道很有可能车毁人亡。

"中国现实的复杂、丰富和深刻,已经远远把作家的想象甩到了后面。生活中的故事,远比文学中的故事传奇好看得多,也深刻得多。"阎连科的话道出了中国现实的丰富性和想象力对于文学的影响。今天飞速发展的国家社会同样已经成为设计教育最好的对手和现场。人工智能、大数据、生物技术的突飞猛进,让我们面临的问题也日新月异,设计师们如何以设计的方式介入社会创新并引领时代的变革,是更具挑战和令人激动的话题。创新是需要真实的对手来激发的,没有问题,没有复杂问题的解决,怎么可能有创新?

四川美术学院深圳研究生工作站就是这样一个现场,是一个中国设计前沿和创新设计教育的"真现场"。产教融合、协同育人,不仅仅是中国设计教育的需要,也是中国高等教育的必然要求。设计的本质是创新,创新必须面对真问题。深圳前沿设计师的理念和项目,以及设计参与的过程是我们的学生最为宝贵的学习经验,其中的碰撞和交流,也让高校的教师有了更为开阔的视野。如此,"知行合一"理念下的"知能并重"才可能得以实现!他们持续六年的工作,让我们看到了中国设计教育的希望和价值。

感谢支持我们的企业导师们!感谢参与工作站的四川美术学院和兄弟院校的导师和同学们!

假以时日,持之以恒,可以想见,一批"身负绝技"并且"胸怀理想"的青年人即将站在这个时代的前沿。

焦兴涛

2020 年 6 月 8 日

目 录 Contents

04　"四川美术学院校企联合培养硕士研究生工作站"
　　项目简介
　　Introduction of Sichuan Fine Arts Institute and
　　Enterprise Joint Training Postgraduate Workstation

20　前言
　　Preface

25　启
　　Initiation

30　从此而识
　　Comprehend From Here

35　据识而思
　　Think After Learning

40　依思而行
　　Act After Thinking

103　行成于思（导师讲堂）
　　 Action Comes From Thinking (The Lecture Hall)

147　循行利导，集智而续
　　 Make the Best Use of the Situation &
　　 Continuously Gather Wisdom

153　寻道 / 授业
　　 Seeking / Teaching

154　丘陵地貌运动休闲特色小镇景观设计研究——
　　 以江西赣州沙石镇运动休闲特色小镇景观设计为例 / 杨海龙
　　 Study on Landscape Design of Hill Landform Sports Leisure Town ——
　　 Taking Landscape Design of Shashi Town, Ganzhou, Jiangxi Province as an Example / Yang Hailong

170　城市枢纽空间慢行系统景观设计研究——
　　 以深圳超级总部基地中央绿轴为例 / 解颜琳
　　 Study on Landscape Design of Slow Traffic System in Urban Hub Space ——
　　 Taking Central Green Axis of Shenzhen Super Headquarters Base as an Example / Xie Yanlin

188　两栖生活方式下的居住空间设计探索 / 李梦诗
　　 Research on the Design of Living Space Under Amphibious Life Style / Li Mengshi

206　建造技术变化下的空间呈现方式研究 / 欧请雯
　　 Study on the Spatial Presentation Mode Under the Change of Construction Technology / Ou Jingwen

220　彼此——风土在时尚酒店设计中的转译 / 王梓宇
　　 Each Other —— The Interpretation of Local Custom in the Design of Fashion Hotel / Wang Ziyu

Reunderstanding
"Cross Regions, Cross Universities, Cross Industries" Construction of the Case Base of Graduate Joint Training Base

重识
"跨区域、跨校际、跨行业"研究生联合培养基地案例库建设

江南私家园林尺度在酒店设计中的体现与应用——
以西塘良壤酒店设计为例 / 刘祎瑶　　　　　　　　　　　　236
The Embodiment and Application of Jiangnan Private Garden Scale in Hotel Design —
Taking Design of Lianglin Hotel in Xitang as an Example / Liu Yiyao

传统企业文化在商业展示空间中的现代演绎——
以茅台企业展厅设计为例 / 王艺涵　　　　　　　　　　　　250
Modern Interpretation of Traditional Corporate Culture in Commercial Exhibition Space —
Taking Exhibition Hall Design of Maotai Enterprise as an Example / Wang Yihan

酒店设计去边界化表现形式研究 / 帅海莉　　　　　　　　　270
Research on the Form of Non-boundary Hotel Design / Shuai Haili

以设计师为中心的设计公司文化生态研究——
以深圳市梓人环境设计有限公司为例 / 曾韵筑　　　　　　　284
Research on the Cultural Ecology of Design Company Centered on Designers —
Taking Shenzhen Ziren Environmental Design Co., Ltd as an Example / Zeng Yunzhu

酒店设计流程研究——以PLD河南驻马店五星级酒店
及会议中心设计为例 / 邓千秋　　　　　　　　　　　　　　302
Research on Hotel Design Process — Taking PLD Henan Zhumadian Five-star Hotel
and Conference Center Design as an Example / Deng Qianqiu

产品经理思维引导下的室内设计研究 / 周诗颖　　　　　　　310
Research on Interior Design Under the Guidance of Product Manager's Thinking Pattern / Zhou Shiying

社区营造理念下的旧工业厂区景观更新设计研究——
以通州铝材厂改造及景观更新设计为例 / 荣振霆　　　　　　328
Study on Landscape Renewal Design of Old Industrial Plant Area Under the Concept of Community
Construction — Taking Transformation and Landscape Renewal Design of Tongzhou Aluminum Plant
as an Example / Rong Zhenting

共享理念下旧厂房办公空间改造设计研究 / 何嘉怡　　　　　346
Research on the Renovation Resign of the Old Workshop Office Space
Under the Concept of Sharing / He Jiayi

中式风格在航站楼酒店庭院景观中的差异化设计研究——以北京大
兴国际机场航站楼酒店庭院设计为例 / 陈心宇　　　　　　　360
Research on the Difference Design of Chinese Style in the Courtyard Landscape of Terminal Hotel
— Taking Courtyard Design of Beijing Daxing International Airport Terminal Hotel as an Example / Chen Xinyu

交互视角下高科技产业园区景观的
设计思路探索 / 赵雪岑
Research on Design Thinking Pattern of High-tech Industrial Park Landscape　　376
from the Perspective of Interaction / Zhao Xuecen

启 | Initiation

潘召南
Pan Zhaonan

对于一个事件来说，人们可能更关注结果。然而，对于一个事业来说，人们一定是看重它的过程。

校企联合培养研究生工作站已经开展了六期。从育人方法探索的层面上看，它像一个发生在某个时间里的事件，但从它对中国设计教育在现阶段所产生的作用来看，它一定是同育人事业相关联。因此，我们不仅要从事件发生的角度评价其结果，更要从设计教育事业的角度追问其过程。只有在过程上的改变，才会对教育产生真正的影响，而我们的实验恰恰是通过对研究生二年级期间学习方式的改变，从而影响研究生三年培养的结果。

在这里我首先想感谢的是梓人环境设计有限公司的创始人颜政女士，她是工作站最早的、前五期唯一的女导师，我非常敬佩的好友。工作站轮值管理走到第三个年头，由于管理的压力和责任以及企业的各种自身原因，承担的企业已不像之前那么踊跃了。梓人环境设计有限公司在工作站的参与企业中规模不算大，当看到这样的局面时仍然主动要求承担了轮值管理的任务，指派专人负责管理，并提前对接了前两期的管理人员，以便更好地完成工作任务。从开始至今，颜政老师和她指派的助理一直在教学过程中与我保持密切的联系，共同商量处理期间所发生的各种情况，彼此非常理解和支持。我从内心非常感谢她和她的企业团队，也感谢工作站的其他导师。不管是否承担轮值，但他们对进站学生一如既往的认真付出，我知道这全凭他们心中的情怀。虽然，他们

重识
"跨区域、跨校际、跨行业"研究生联合培养基地案例库建设

Reunderstanding
"Cross Regions, Cross Universities, Cross Industries"
Construction of the Case Base of Graduate Joint Training Base

  从来也没有表白过,但行动胜过一切说辞,没有谁可以强迫他们 6 年坚持做一样的事,只有心存愿望。

  我们清楚地知道工作站在何时,为什么开始,但不知道这种形式培养在何时结束,就像人的生命知道何时出生,但不知道何时终结。总是有做不完的事情,总会面临不一样的问题,从不断涌现的问题反映出它在中国设计发展的现阶段仍然具有存在的价值。工作站的结束只能是一种自然的状态,要么问题解决,要么形式改变。产教融合协同育人不仅仅是中国设计教育的需要,也是中国的高等教育必须践行的路径。虽然,在第一个五年中我们凭借着从教多年的责任心和对显而易见问题的直觉判断,开展了持续五期的探索与实践,却并未严格按照教育部产学合作协同育人项目要求进行建设(校企联合培养研究生工作站建立在教育部文件出台之前)。完全是根据同类学科所面临的同样问题展开的实验性、阶段性的教学探索,虽有明显的特色和自我适应性,但离教育部的要求仍有距离且缺乏系统性。毕竟,我们的校企联合培养是建立在国家研究生学历教育的背景之上,并为其添加有益的内容,而非彻底改变。对于第一个五期历程的回顾和新的一期的开始(第六期),应该有一个新的认识,对产教融合协同育人有新的理解。从认识上去更新,再指导方法上进行调整,使之产生更好、更大的作用,并已经展开了一些尝试。我同几位导师多次讨论达成共识,从第六期培养开始,成果内容应该更加丰富,探索目标应该更具有针对性,人才培养方向更加明确,书名不再局限在一个字上单一的形式表意,而应体现本届的特色,即"重识"。其意为重新认识、重新理解、重新评价、重新启动。

  此时,我正受困于土耳其伊斯坦布尔的酒店中,国内正在受新冠肺炎疫情的侵扰,返程回国的航班被取消,只能在焦虑中查找、等待返回的航班信息。俯视窗外伊斯坦布尔老城迷人的景象,这曾经令我无限向往的地方与愁云笼罩下的心情极不协调,熙熙攘攘的闹市和微信里国内冷冷清清的街巷形成巨大的反差,我有生以来从未经历过如此的春节,也未见过如此的中国,心中倍感凄凉。近几天在伊城游逛的时候已经时时能感受到周遭异样的眼光,餐馆、商场中的电视、投影和报纸媒体不停地转播对中国疫情的报道,以至于部分当地人和外国人视中国人为病毒一样避之不及。在这种情形下,游玩的心情全无,第一次对异域国度的风情感到索然和心不在焉,也第一次对歧视感到强烈的负能影响。于是,利用闲暇时间在酒店写点东西,但仍然精力难以集中、断断续续不能一气呵成。其间,一段话一直萦绕在心,让我体悟深刻:"所有人是一个整体,别人的不幸就是你的不幸……社会是一艘大船,所有人都在同一艘船上,当船上有一个人遭遇不幸的时候,这个人就可能是全船的威胁。所以,永远不要对别人的不幸和苦难无动于衷,一个人的不幸就是全体人的不幸。"——海明威

潘召南
2020 年 2 月 5 日于土耳其伊斯坦布尔

张宇锋
Zhang Yufeng

工作站第二季有感

孟春三月，莺飞草长，2019~2020年校企联合培养研究生北京站第一阶段的培养工作合着春天的节拍，不顾新冠的肆虐，不管北京的飞絮，如期顺利结束。一时间好多感悟如影般闪现，第一期北京工作站的2个人、第二期的4个人，时间真是过得太快，一转眼同学们已离京返回。

北京、深圳两地校企联合研究生工作站，虽然都是培养研究生二年级的学生，但在项目选择和培养方式上仍存在各自的差异。深圳站强调设计研究紧跟市场变化，贴近社会需求，以特色化培养适应市场个性化需求；中建北京站则注重国家重大项目的建设，立足于对国家政策的理解、对国家意志的执行和对国家使命的贯彻，培养学生的团队协作精神和设计大局观。在进站的5个多月里，研究生们非常努力，工作站也要求他们既然来到企业，就应该像企业员工一样认真在岗位工作、学习，每天无论天气多冷、交通多拥堵，必须准时到岗打卡，作为进站学习记录的物证。在学习过程中，4位同学直接面对实际的项目开展设计研究，由于中建设计业务都是国家大型建设项目，而学生在学校学习的案例或设计实践，往往是一些小型的项目和课题，面对公司提供的大型旧厂区改造、机场航站楼酒店设计等体量巨大的项目，一时难以适应，思考问题容易从微观和局部入手，学生们虽然来自两个不同学校，但在思考设计的方法路径上都显示出一些共性的问题，这反映出大学教育教学过程中对学生的思维训练还存在某些局限性。设计的基础理论教学与之对应的设计实践和相关案例分析，都习惯于从简单易行的方式进行，少于从国家政策层面为导向、从城市或乡村社会问题为导向、从区域化的环境问题为导向去引导学生展开系统思考，培养具有开阔的视野、宏观的意识，以及从大局入手的思维方法和微观缜密的研究逻辑。学校与学校之间各有不同，必然会造成学生与学生之间的差异；项目与项目之间各有不同，必然会出现不同的思考路径和设计结果。培养人才一定是在差异化中体现特点，在各不相同中呈现优势，我认为这是让学生进入中建北京站培养的优势与重点。

在工作站学习虽然只是短暂的数月，但一次次项目实地踏勘，一次次推演讨论，一次次汇报研究、反复调整，让他们了解了中建设计集团作为国企的工作性质和使命担当，也让他们了解大型政府项目的系统要求、设计流程，相信这个经历会对他们的学习生涯、成长过程有一定的影响，也必定会留存在他们的人生记忆中。有压力就会有动力,从开始的无所适从到后来的习以为常,他们的设计实践和研究结果仍然有许多不足,但他们思考问题的方式已有很大的转变,国家、行业、企业、社会需要有实际能力的创新人才,我相信他们会朝着这个方向努力,因为他们已经清楚地认识到自己需要什么?感动同学们认真的学习态度,感动与大家相处的时光。

在社会发展的历史过程中,无论自然科学还是社会科学,都存在着"理论思维"与"实际问题"间的矛盾,作为企业导师,通过企业平台、利用现实项目,指导同学建立实践与理论的综合思辨能力,同时也达成我对教学相长的愿望。企业在某种程度上同学校一样,也是培养人的地方,只是教学环境不同,从教室、图书馆转换到企业会场、施工现场、设计岗位;教学方式也从师生之间的交流转到与业主、设计师之间的沟通研讨。在工作站期间,同学们接触社会,了解行业,服务项目,增强了认识问题、分析问题、解决问题的能力,不再闭门造车。这正符合国家政策"产学合作,协同育人"的要求,也是研究生工作站不断探索、不断提升的价值所在。

张宇锋

2020 年 3 月 20 日于北京

工作站轮值有感

颜 政
Yan Zheng

对于梓人环境设计有限公司(以下简称"梓人")负责 2019~2020 年度工作站联合培养研究生的轮值管理工作,我自然也就成为本届工作站的轮值负责人。面对大家的信任与期待,深感责任重大,内心有些忐忑,担心没把学生组织好、服务没做周到从而影响研究生们的学习,有负于大家的期望。因此,安排我的助理专门负责工作站的组织协调工作,并请教于前几期轮值的负责人和工作人员,请他们给予经验上的指导与执行过程的协助。我们尽自己的所能为进站研究生的住、行、学等方面提供帮助,尽量使他们在深圳学习期间能够安心学业,不被其他琐事困扰。通过近半年的努力,第一阶段的培养顺利完成,学生们、老师们对梓人环境设计有限公司的轮值工作非常支持,并给予了我们积极的肯定。同学们在深圳学习 5 个月结束后安全返回,也让我紧张的心情彻底放松下来。回想这段经历,仍觉得非常真实有趣,之前仅仅作为导师不觉有太大压力,如今角色改变陡然感到责任重大,不敢懈怠,好在一切如故,并在疫情爆发前就已结束，幸运的是大家都依然安好如初。

　　前些天潘老师来电话嘱咐我，作为工作站轮值负责人为本届培养成果写一点感想，坐下来写这段文字，脑海里清晰地浮现出第一次参加校企联合培养研究生活动的情形。那是2015年初夏的一个下午，在广田集团总部的楼道和展厅里正在举办第一届的校企联合培养研究生出站成果汇报展。在惊讶和感慨的同时，我收获了第一位同学王秋莎，之后是王恋雨、姜洋、张美昕，今年又迎来了曾韵筑、欧靖雯两位同学。秋莎与恋雨毕业后，成为两位从事设计教育的教师，恋雨的毕业设计在当年还被评为第一名，姜洋在重庆一家设计公司成为设计骨干。美昕的毕业论文，其中"Chinoiserie"在当下意义的文章，被我引用在去年我公司获得柏林设计大奖的北京华润亚林西项目里，这些都是教与学的成果。在培养她们的过程中不仅给予彼此相互启发，也收获了一份真诚的友谊，每当过节和生日，常常会收到她们的温馨礼物和问候，分享着她们在成长中的各种消息。尤其是当她们进入社会，谈起这段学习经历对她们价值观的引导和鼓励，让我深感欣慰。从她们的身上，我切实感受到四川美术学院育人的用心和校企联合培养的这段经历对她们一生成长的重要影响。

　　此次，梓人环境设计有限公司能够成为第六期工作站的轮值单位，四川美术学院和潘老师的这份信任让我深深地珍惜。工作站每年都在总结和提升中有一些新的改变，今年非常难得的是推荐了第一名学术硕士，并且就在梓人实践，特别期待本次的互动又有不一样的欣喜。2020年春节前爆发的疫情阻碍了同学的回程和原本计划在节后举行的活动，就让我用一段真挚的祝福来作为结束语吧。

　　承蒙过往我们的相知，
　　让最朴素的现实定格于欢喜，
　　让最遥远的梦想指向于可能。
　　期待疫情散去的晴朗，
　　期待气定神闲骄傲起舞的日子，
　　期待我们一起照亮生活的更多瞬间！

颜政
2020年4月13日于深圳

从此而识

Comprehend From Here

对于工作站 5 年的反省总要有个依据，重识也是如此。从哪里认识？依据从何而来？我认为教育部对产学合作协同育人项目的要求是最明确的依据，主要包括以下 6 类：

（一）新工科建设项目。此项目主要面向高校，由企业提供经费和资源支持高校的新工科研究与实践，根据产业和技术最新发展的人才需求，鼓励校企合作办学、合作育人、合作就业、合作发展，深入开展多样化探索实践，形成可推广的新工科建设改革成果。

设计虽属于人文艺术学科，但作为应用学科仍与工学有交叉的相似之处，尤其在产学合作协同育人方面我们已在 5 年前就进行了相关的探索实践，积累了较为丰富的经验。对照要求反思从前，仍存在关键性的差距，特别是在产业和技术最新发展的人才需求方面。环境设计无论从生态发展还是人居条件，都同科技应用密切关联，而在此方面恰恰是学院教育的盲区。我们的设计学科教育大多从教科书式的理论入手，并伴随着非系统性的设计练习，对新技术的关注与应用知之甚少。智能化、大数据、高科技材料、装配式技术等在环境中应用于未来发展的可能性，都是高校相关学科应该关注并加以研究的方向，也是企业、行业所希望与高校合作的领域，而中国最早创办环境设计教育的美术学院却对此无能为力。我们的设计教育之所以远离"实"与"用"，是因为学科教育过多地受视觉化审美的局限，将美观这种见仁见智的判断作为知识规律主导普遍性的应用学科的教育，很难将理论与实践合谋一处，育人与用人同在业内而导致方向性错位。我们在设计教学上强调的创新往往是形式特色，而非认识、观念和运用方法的创新。企业在日常的项目执行中常常会遇到相关问题，他们必须组织好各种技术资源与合作方共同进行综合设计，这种创新才会在竞争中获得项目，在不断地知识更新与挑战中获得生存。当智能技术、大数据、5G 等新技术广泛运用于社会各行业的时候，设计学科教育的传统知识和研究生进入企业需要得到的多种能力之间存在巨大的差距。在设计学科体系中几乎没有与前沿科技相关联的课程，自然屏蔽掉了研究生在此方面展开思考条件。《国务院办公厅关于促进建筑业持续健康发展的意见》（国办发〔2017〕19 号）中明确了："2020 年，全国装配式建筑占新建建筑的比例达到 15% 以上，其中重点推进地区达到 20% 以上，积极推进地区达到 15% 以上，鼓励推进地区达到 10% 以上……建立装配式建筑技术体系和关键技术、配套部品部件评估机制，梳理先进成熟可靠的新技术、新产品、新工艺，定期发布装配式建筑技术和产品公告。"当城市发展从工业化向智能化转变，居住空间从精装房向智能家居升级的过程中，大量的新技术、新材料、新工艺、新观念不断地涌现，并影响着设计的发展走向。而我们的环境设计教学则对此渐行渐远，依旧按部就班地继续自我系统的循环，这必然导致研究生的培养偏离设计学科"应用"的主导方向。进入工作站，在具体的工作岗位体验项目中科技与创新的结合，触发研究生对新技术应用于设计的思考和关注，有益于补充他们在学校教育过程中的不足，明确认知科技与设计密切的关系，为日后的成长奠定基础。

为补齐环境设计学科这一长期存在的教学短板，我们不仅通过深圳工作站、北京工作站的项目研究强化学生们对技术应用的意识，同时还加强了学校和企业间合作研究平台的搭建，并展开城市发展重要的环境领域设计创新与新技术应用的专项课题研究。2019年12月，由四川美术学院文旅研究院与成都中铁二装饰有限公司共同签署，成立了"城市轨道交通站点艺术创作与设计研究所"的协议，并展开"现代轨道交通车站环境设计"专项研究。试图通过这样的产学合作方式，使在校师生与企业设计师共同针对社会环境问题，利用各自优势与能力开展真正意义上的产学研合作，将创新设计和新技术应用有机结合，并在共同研究过程中培养研究生和年轻设计师，达成产教融合、理论与实践共进的目的。这个经验可以很好地移植到已经成形的工作站执行内容之中，并将各方关系通过专项研究更加密切地联系在一起，发挥更为有效的合作作用。

（二）教学内容和课程体系改革项目。此项目面向高校有关专业和教师，由企业提供经费、师资、技术、平台等方面的支持，将产业和技术的最新发展、行业对人才培养的最新要求引入教学过程，通过课程、系列课程及教材的建设，推动高校更新教学内容、完善课程体系，建成能够满足行业发展需要、可共享的课程、教材资源，并推广应用。

在教学内容和课程体系改革方面，工作站从初创至今，一直以项目带动教学，实践促进研究。每一期工作站的培养期间都是以企业导师为教学主导，负责第一学期的研究课题和设计项目的设定，这是工作站针对研究生培养改革的关键。之前，我们已逐渐将自由的、随机的项目选择和课题设定转向预设审定，企业导师必须开出两个以上的选题方向，并根据选题安排相应的设计实践项目，以供研究生选择。这种方式有效地将研究生培养从既定的、理论化教学体系中拓展出来，进入一个真实的、现实的职业环境中，让他们真切地认识到设计创新与理论研究来自哪里，针对什么。但仍然缺乏主动的思考和积极地拓展，对照教育部在课程方面的要求："将产业和技术的最新发展、行业对人才培养的最新要求引入教学过程"，这是在工作站未来培养过程中需要着力加强的重点。

以需求为导向是高校在人才培养方面应该加以关注的方面，我们长期置身于校园之中，师生们对社会的需求、行业的需求、企业的需求仍知之甚少。因而，设计的教与学仍处于相对封闭的状态，虽然工作站的建立可以带动进站学生和老师们在此期间与企业设计师进行交流，但整体性的问题依然没得到解决，这不仅仅是某个学校或某个学科的问题，这是中国高校普遍存在的症结。教育部以及重庆市委教育工作会上均提到大学教育针对社会需求的指示，并强调通过产学合作促进协同育人实现服务社会、服务地方、服务生活的目标。据此理解，工作站的培养方案和进一步发展的功能应该有所提升：

1. 如何理解需求？这同项目中所涉及的不完全相同。项目需求往往来自于特殊的目的，不具有代表性和普遍性，当然项目的特殊性一定是在普遍性之中的。但从研究生教学的规律上理解，这样特殊的项目个案仅仅针对个体培养是可以的，并不适合于普遍性意义的理解，学科教育教学一定是基于普遍的意义。因此，社会需要什么、行业需要什么、企业需要什么则是高校最应了解的目标。

2. 怎样确立需求目标？以高校作为培养人才为己任的机构，应从社会、行业、企业三个方面谈起。社会需要能够服务于社会的人才，行业需要推动行业发展的人才，企业需要为企业产生效益的人才，实际上这三个需求都聚焦到一个目标，即有综合能力的专业人才。

3. 如何培养有综合能力的专业人才？平台的搭建不仅仅只作用于进站的师生，更重要的是发挥好连接企业与学校两种不同用人、育人环境的纽带作用，并更好地拓展其功效，以此影响高校在专业教育和学科教育上的教学大纲、教学课程、教学计划等方面的更新与调整。在一月份同中铁二局的合作是又一个探索的开始，也希望借助这个平台能实现真正意义上贴近社会、行业、企业的需求，共同合作研究新技术应用和行业未来发展趋势。通过理论与实践的结合，研究与创新的结合，将其过程与本科课程和研究生课程进行有效对接，尝试教学课程改革的可能性，以此作为培养学生综合能力的教学改革方法。

（三）师资培训项目。此项目主要面向青年教师，由企业组织教师开展技术培训、经验分享、项目研究等工作，提升教师的工程实践能力和教学水平。

工作站主要针对研究生培养，在师资方面注重加强企业导师与学校研究生导师之间的交流与学术互动。以研究生为纽带，连接学校导师、企业设计师，以项目为载体，依据双方确定的研究选题展开教与学的合作。同时，工作站不断吸纳新晋升的研究生导师进站，提前熟悉进站培养的流程，了解与企业导师合作的方法，为研究生进站打下基础。同时，充分利用工作站已经形成规律性的十余次导师讲堂，有计划地安排企业年轻设计师与研究生一同参与听课，获得企业导师开设的课程内容，达到知识、能力、素质提升的目的。

（四）实践条件和实践基地建设项目。此项目主要面向高校有关院系，由企业提供软、硬件设备或平台，在高校建设联合实验室、实践基地等，并开发有关的实验教学资源，提升实践教学水平。由企业根据自身条件和需要，提供学生实习实训岗位（包括时间、期限、地点、数量、岗位、待遇等），高校和企业共同制定有关管理制度，共同加强学生实习实训过程管理，不断提高实习实训效果和质量。

南北两地工作站的建设都基于支持企业具备很好的设计岗位基础，为进站的研究生学习提供了优渥的条件，完全能够满足研究生们进站学习的要求。在校企合作的过程中，我们逐渐发现每个进站企业都具有各自明显的设计特色和业务优势趋向，在许多完成的设计项目中不乏具有代表性的典型案例值得深挖和总结。但对于企业来说，往往更关注未来而忽视自己的历史，缺乏对项目成果进行分析、研究、总结，权衡利弊得失，这是中国设计企业为什么不能成为世界级的明星企业其中重要的原因。它们忙于不断地获取新项目，而少于反省和检讨企业发展过程中的优势与不足，致使企业的发展完全依赖于项目获取和执行的情况，没有主观地把握自身发展的走向，常常处在随机的无根状态。而研究生与学校导师的介入，恰恰可以结合企业自身发展的经历与项目完成的情况展开针对性研究，因此，将对设计企业的研究和对企业优秀设计案例的研究，则是根据"开发有关的实验教学资源，提升实践教学水平"要求的工作站培养重点。进入工作站的导师企业，都是国内行业中的翘楚，他们有太多设计行业中典型的案例值得学科研究。这不仅仅可以体现在研究生的培养上，甚至于在本科生的专业教学上也是值得传授的设计知识。导师讲堂是工作站建立以来所推出的一大培养特色，让研究生在一个学期中听十几堂不同导师的讲座，已经成为一种常态化的课程，只是鉴于各个导师根据自己的特长和设计过程中的思考，自由地安排讲座的内容，而没有从课程的上下逻辑中提出要求。在这方面我们很谨慎，因为，让研究生进入工作站就是为了接受企业优秀设计师有别于学校导师的另一种指导，而非学历课程。保持企业导师各自特色和不同的设计主张，以鲜活自由地方式影响学生，更能发挥进站培养的独特性。但对于导师讲堂的打磨和优化是必要的，把讲座逐渐发展为定向的课程，让学生在听完后有所思考和互动回应，这样会使讲堂的作用更大，也使得研究生有更多的机会求教于其他导师，形成一生多师的培养条件。

此外，将十几次高端导师讲堂和工作站两次教学情况检查研讨会的功能进一步拓展，同参与企业的设计师培训进行结合，让企业部分年轻设计师跟随研究生一起听导师讲堂的课程，并观摩教学研究成果汇报与研讨，这些对他们的专业能力、专业理论水平、综合素质的提升无疑是一个难得的机会。这是从前三期广田设计院管理期间形成的一个规则，设计院利用每一次进站研究生教学检查汇报的机会，召集院内多名年轻设计师列席旁听，从众多的参会专家、教授、设计精英们对研究生的指导中获知识和经验，这对于他们的成长非常有益。尤其在第二季的工作站联合培养中期检查中给我留下了深刻的印象，那次会议本应在广田设计院举行，应YANG酒店设计集团总裁杨邦胜先生的邀请改在他公司会议室举行，并由他的助理刘丽芳女士主持。那次会议重庆市教委牟延林副主任和研究生处处长陈渝女士应邀专程到深圳工作站调研产教合作、协同育人的开展情况。会议室不大，除了研究生和参会的导师外周围坐满了YANG设计公司的年轻设计师，整整一天大家都没有休息，学生收获很大。而企业的设计师也获得了一次难得的学习机会，一致反映像又回到了久违的学校，又开始思考一些有意义、有深度的问题。最有意思的事情是刘丽芳女士从此以后，无论是否在他们公司组织研究生的讲座、研讨、检查她都参加，并踊跃地参与讨论，她自己都说："她是一名工作站永远不毕业的学生"。她虽然不是学设计的，但她在设计企业做管理，自认为应该了解设计，经过这么些年的耳濡目染和工作接触，她已经对设计产生了浓厚的兴趣。这个个案上给了我很大的启发，校企合作不能仅仅是企业付出学校获益，企业导师们的情怀也应该让企业有所回报，学校不可能从其他方面给予企业帮助，但就培训教学而言，借助工作站这个共享平台可以为企业的发展做一些力所能及的事情。

（五）创新创业教育改革项目。此项目主要面向高校，由企业提供师资、软硬件条件、投资基金等，支持高校建设创新创业教育课程体系、实践训练体系、创客空间、项目孵化转化平台等，支持高校创新创业教育改革。

设计学科以创新为主导方向。设计创新不只是在形式方法上，还应该体现在观念意识中。高校培养学生创新的最终目的是为学生毕业后能够利用自身的能力、学识勇于创业，作用于社会，服务于社会。因此，强调校企联合培养研究生工作站最重要的一个功能是链接了学校、企业的上下游关系，实现"育人、用人、塑人"的目的。希望通过一个学期进入企业跟随导师耳濡目染地了解企业、项目、岗位、合作以及项目执行等方式，不仅仅要学到专业知识、设计实践方法，更重要的是了解设计企业的运行流程和企业的架构，为他们以后的择业、创业打下基础。鉴于学生们面对未来发展的需求，工作站现有的师资条件，适当地开设创业和执业，以及企业管理方面的课程是有必要的。产学合作协同育人在深圳与北京两地工作站都具有显著的优势，并在适当的时候将课程引入学校。

支持高校建设创新创业教育课程体系。通过近6年的实践，总体目标已经达成。这有赖于工作站导师的投入为学生的创新创业发展建立了信心。目前在已经毕业的近40名研究生中，已有12人在深圳导师的设计师公司中就业，并成为企业的骨干力量，其中在第一批进站的学生中已经有人在深圳开始自行创业，并起步良好。从2017年开始，结合企业对人才的需求和工作站进一步发展的职能，在北京与中建设计集团展开合作，采取校企双导师制共同招收研究生，定向为企业培养后续人才，为支持国家大型央企的人才梯队建设保障核心竞争力。

（六）创新创业联合基金项目。此项目主要面向高校学生，由企业提供资金支持和项目研究方向，并安排企业导师进行指导，学生自主组建团队面向企业申报；高校按照大学生创新创业训练计划的要求对项目进行日常管理。

在2016~2017年，也就是工作站运行的第三季，我们申请到了"创基金会"的一笔经费作为工作站支持进站研究生的日常费用，这是一个好的开端。本应非常顺利地持续下去，却因"创基金"出台了一个新的规则而终止。规则其中一条是不允许基金会理事成员参与到支持资助项目活动中，我们的联合培养工作站里有两名导师是该基金会的理事，而他们又是研究生们非常推崇的老师，这等于断送了在这个项目上同"创基金"的合作，因为我们认为优秀的导师是最重要的。转眼又过了三年，期间工作站尝试了轮值制管理，非常感谢YANG酒店设计集团的杨邦胜老师、PHD刘波设计顾问公司的刘波老师、梓人环境设计有限公司的颜政老师，感谢他们以及团队无偿支持了这三期的运行，在各方面保障了工作站的正常运行。虽然，目前我已通过申报获批重庆市教委的多个研究生教改项目，用这些经费可保证近几年工作站的基本费用，但这非长久之计，同时也缺乏社会力量的支持与投入。2020年计划联系几个企业和机构洽谈长期合作的事宜，一劳永逸地解决工作站经费和管理运行的问题，并结合上述提到的合作开展课题研究等方面的工作进行启动。这个计划本应年后开始，又遭遇突如其来的疫情，导致所有的工作都放下了。响应时局要求闭门抗疫，也就借此机会仔细谋划一下未来的工作。

这是我们自第六季开始，从上述教育部关于产学合作协同育人项目所提出的要求六个方面展开的对应思考，希望在第二个五年联合培养的开始有一个新的起点，有依据和针对性地总结与反省，以便为下一步的工作站发展拟定更完善的计划，更加贴近社会、行业、企业对人才的需求。

在2019年第五季出版的《顾》中较为全面地回顾了五年的发展历程，总结了第一阶段从初创到发展，从一校之用到多校共享，从一个企业管理到参与企业轮值运行的多次探索和转变。《寻》《行》《拓》《聚》四本书，详尽地记录和叙述了每一节培养的经历和各自的特色，从建立系统的从培养计划、方法到遇到问题和调整的方式，从管理运行的机制建设到经费的筹集与使用，从单一的企业培养到校企分段双向培养，三个方面进行了理论梳理归纳。其成果充分展现了这种特殊形式的教学所带给中国设计学科人才培养方式的启发与震撼，也为相关学科的创新合作和研究生培养提供了可借鉴的经验文本。

据识而思

Think After Learning

我们不可能将所有认识到的问题和未考虑到地方都一次性解决，毕竟这种培养方式依附于国家硕士学历教育体系。在这个完整、坚固的体系中寻找一些可能，弥补其不足、优化其条件、改善其功效，仅此而已。因此，根据前面所认识到的缺失，结合在两地工作站培养过程中出现的问题和企业的要求，思考整理解决问题的主次条理，以备后续工作中逐步实施。工作站整体运行两个学期，周期安排两个阶段，校企合作是两方面的结合，又涉及后期的多校、多地网络培养，就这样一个状况即显现出教学和运行管理的复杂性。之所以它具有独特性和不可复制的特征，是在于初始的设想和运行的方式与后来的结果、现状差别很大，几乎处于无预设的状态。六年的经历是一个漫长的生长过程，其中充满了偶然性。在遇到问题，解决问题的现实基础上逐渐形成了目前的状态。不能说这是最好的结局，我认为一切都是动态的，动态的培养是学校里固化的教学最好的对应和补充，这应该是工作站培养本身的特色和规律，我们只要认识和把握好这个规律，就可以将企业和学校在协同育人上做出有效的成果。因而，要思考哪些是迫切需要解决的，哪些是以后调整的。

（一）借助产学合作条件，加强新科技应用研究

工作站的培养不仅仅以现实项目结合为目的，树立学生面向未来行业发展的意识是关键点。经过多次同肖平和几位导师就相关的问题进行讨论，一致认为，在深圳和北京的工作站企业中尝试进行定向研究合作，同时将工作站的运行管理、培养计划调整等方面的问题在相对较长的周期内稳定下来，并由肖平老师负责联络。肖平老师从 2019 年初已经由广田集团调入学校实验艺术学院任教，这在业界引起了不小的反响，许多企业设计师非常羡慕他的华丽转身，也成为当时人们热议的话题。四川美术学院（以下简称"川美"）不拘一格地对人才引进，一方面是肖平本身的能力，可以满足学校对特殊人才的需求；另一方面也体现了对学校做出重要贡献和支持的校友的认同与鼓励。只有这种态度和胸怀才能做成其他人难以做成的事。

为此，我们打算从深圳工作站率先进行实验。针对 2019 年 12 底四川美术学院与中铁二局共同成立的"城市轨道交通站点空间设计研究所"，迈出了具有借鉴意义的产学研机构关键的一步，工作站建站企业之一的广田集团设计院深受启发。对于双方已经形成多年良好的合作关系以及面对未来更加广阔的发展前景，借助现有的工作站条件，继续深入加强合作，满足各自所需成为未来迫切努力的目标。2020 年 1 月初，在肖平老师的张罗下，我们邀请了广田集团设计院（以下简称"广田"）的石立达院长一行到四川美术学院商谈合作事宜。学校非常重视工作站项目，也很关注产学合作开展的实效，在期末各种事

欢迎广田设计院院长石立达、叶素壬女士莅临四川美术学院交流座谈

务性异常繁忙的情况下,仍指派彭林权副校长出面接待,诚恳地表明学校的态度,参加会议的有研究生处处长、设计学院和建筑与环境艺术学院的负责人,以及环境设计学科的教授。彭校长把四川美术学院的情况作了概要介绍后进入商议的正题,会谈气氛融洽而热烈,大家直言不讳。石院长着重询问了川美和广田在前期合作的具体情况,导师与研究生的培养情况,"城市轨道交通站点空间设计研究所"工作开展情况和四川美术学院艺术与设计介入乡村建设和文创展览等情况,并从这几个方面同参会老师们讨论了下一步合作的可能性。会后,院校老师一行陪同他们参观了校园,对于第一次到访四川美术学院的他们被这里独特的环境风貌深深地打动,感叹艺术创造的感染力对人是多么的重要,也建立起广田同川美合作的信心。

对于这次同广田探讨再度合作,我们从以下几个方面作了深入地思考:

1. 在新技术应用研究上

广田设计院背靠广田集团(上市公司),有强大的产业背景和技术支撑,广田高科是广田集团旗下重要的科技研发基地,研究成果获得多项国家发明专利,我曾经专程到访调研,并推荐给学校领导和老师去参观学习,后来也成为进站研究生必去的学习基地。由于广田集团是一个集设计、施工、材料、装配、研发一体化的企业,新技术与新材料的应用占企业生产比重很大,早在几年前就一直尝试将智能化和家居空间设计相结合,并陆续推出智能家、图灵猫等系列新科技空间。这是我们在研究生学科教育中最大的缺憾,以学校现有的师资和硬件条件无法满足在此方面的教学要求。因而,拓展工作站的功能,成立合作机构和拟定专项课题,注入研究内容将师生纳入到科研团队之中,加强与广田集团的叠加合作势在必行。

此外,北京工作站条件更有合作的优势,中建设计集团本身就是集设计、研发为一体的大型技术密集型央企,更有中建总公司为支撑,项目承接都是代表国家和政府的行为,在对新技术应用的要求和研究上具有高水准和雄厚的实力。从 2017 年中建设计集团就与四川美术学院签订了建立研究生联合培养工作站(中建北京站)的协议,现已完成两届共 6 人,并且中建设计集团的张宇锋设计师也是学校聘任的研究生导师,与学校其他导师一起共同招收指导研究生,也为中建设计集团培养人才。只是由于目前北京站起步时间不长,建站企业只有中建设计集团一个,导师团队仅仅几人,因此我们谨慎地控制进站学校和培养学生人数,仅有四川美术学院和中央美术学院两校的学生参加,共 4 人。2019 年 12 月中旬我和赵宇老师一行参加北京站研究生培养中期检查，其间同张宇锋老师谈起了未来北京站建设的情况，张老师信心满满地想将这个平台加强，再吸纳几个北京优秀设计企业的知名设计师作为导师，借鉴深圳经验把北京研究生培养工作站建成多校开放共享的育人平台。同时，将中建自身的高科技、新技术应用的研究项目作为部分研究生定向培养内容，这正好与我们的想法不谋而合。随后我又拜会了好友中装协文化与科技委的秘书长孙晓勇先生，他就在对面的楼上，一个院里。孙晓勇先生是一个干劲十足的人，他在中国建筑装饰协会负责文化与科技板块，脑子里不断有新点子。见面后我谈到建设工作站的想法立即引发了他的头脑风暴，疾风暴雨似的种种可能和今后环境设计与未来科技的融合，以及设计行业所面临的危机等。总之，他举双手赞成和支持校企联合培养工作站的模式。此次北京站研究生培养中期检查不虚此行，紧张的一天很快过去，赶紧告别准备启程返回重庆。

2. 在工作站的管理调整上

事先基于前三期工作站轮值的经历以及运行管理中的问题，思考在今后的运行中如何调整。由于工作站采取的是多企业合作建站的方式，鉴于多个设计企业的要求，从第四期开始工作站由广田设计院专值管理改为多企业轮值管理，一是可以让学生领略到不同企业的特色和风格；二是可以让参与建站企业多一份校企合作育人的荣誉；三是减轻专值企业的管理和经费的压力。通过这几年的运行实践，有积极的一面，也暴露出明显的问题，尤其在管理方面。虽然每个轮值企业都非常尽心尽职，在学生进站期间设专职管理人员，同时这些管理负责人还专门请教学习上一届的管理经验。但由于时间较短，每一期都面临新人，新进站的学生、新的轮值企业和新的管理负责人，所有都是从头开始。每期都要在各个重要节点上重复强调，在此过程中难免出现疏漏和不周，每个管理人员的能力也有差别，不能求全责备，对于企业和他们的努力我们充分理解个中不易，但照此下去担心会影响培养效率。因此，我们希望能回归到从前由一个企业负责在几期的专职管理，以便有效地培养管理人员有条理地开展各阶段的工作。目前，就这方面深圳站同北京站的比较下，显然北京站的运行管理要顺利一些，这是我们希望同广田设计院进一步合作的理由之一。

3. 在组织行业活动形成社会影响上

产学合作不仅仅是育人和科研方面，这些合作成果如果没有活动的推进很难被行业和社会所认同。在这方面我们已经积累了一些经验，2011年为推动西部地区的设计教育，彰显西部丰富的人文特征和地理环境特色，鼓励更多的西部院校相互交流，并于国际接轨培养更多服务于本土的优秀学生。因此，由四川美术学院牵头联系西部数十所高校与中建设计集团合作创建了"中建西部院校5+2环境设计双年展"，现已开展四届，在业内和西部地区引起良好的社会反响，已经成为西部地区设计学科积极参与和推崇的展赛活动。此外，工作站每年一次的阶段性培养汇报展览和研讨会，更是为推动中国设计学科研究生教育教学改革助力，也获得更多院校、行业和社会的关注与支持。通过这些经验也使我们认识到，与校企合作的多元性和多样性，不断拓展视野，充分利用彼此的优势，可以使双方受益更多。在会谈中广田的石院长理解到四川美术学院在文创、乡建、旧城改造等方面已有深入地探索，并取得了很好的成果，加之目睹四川美术学院独特的校园环境，兴趣盎然，主动提出希望同四川美术学院建立展览活动。深圳是中国被联合国教科文组织选定的设计之都，引领中国创新发展的高地，深圳市政府在产业发展创新、产业方面观念非常开放，制定了许多的鼓励支持政策。如果四川美术学院与广田这样的上市公司合作共同推出多方面的成果，不仅会获得巨大的社会影响，同时也会引起政府及相关部门的关注和支持，从而使产学合作跃上一个新的台阶。这恰恰是今天高校办学、企业发展的必行之路。

（二）建设能够满足行业发展需要的共享的课程

这不仅仅是教育部对产学合作项目的要求，也是我们工作站未来将要实现的目标。通过几年不懈的努力，工作站已经达成了"跨区域、跨行业、跨校际"多校共享的目标，创建并形成制度化的多校研究生共享的导师讲堂。这些平台功能都是在不断思考和摸索中健全的，对于建立满足行业发展需要的共享课程，恰恰是我们未能做到的短板。工作站的企业导师都是环境设计行业中的翘楚，他们从业多年都获得过众多国内、国际的奖项和荣誉，个个身怀绝技。深圳作为中国的设计之都，设计行业的市场化程度最高，市场的规则残酷而有效，经历了二十年左右的时间依然能够留在深圳继续做设计的必定是出类拔萃的精英，而且他们之中大部分是中国建筑装饰协会授予的设计年度人物，这是工作站导师团队的一个特点，与他们和他们的企业合作本身就具有行业的代表性。时至今日，不仅政策要求，就工作站自身发展也需要我们换一个角度去思考工作站对企业所发挥的作用是什么？这里有一批中国一流的高校专业教授，更有一批行业一流的设计师，这样的资源实在难得，导师们的分享课程仅提供给十几位研究生的确是学生的福气。在不给导师们增加太大工作压力的情况下，如果能再配合几次学校教授的专题讲座，让这些资源可以进一步发挥作用，也许会在设计教育中产生更大的效益。当然，这需要同企业导师和学校导师商量，也要同管理企业讨论计划，使其能有序地推进。

（三）拓宽学科口径、培养多类型的专业人才

设计之都深圳的行业资源在中国乃至亚洲都具有唯一性，各种不同的高水平专业设计公司和专业人才聚集的地方，形成了巨大的设计人力资源，由此也促成了中国最大的设计项目集散地，不仅汇集了大量的国内项目，还吸纳了不少国外项目，因此成为中国二、三产业全覆盖最突出的城市。为此，我一直以来都想将这样绝无仅有的资源不仅作用于环境设计教育教学，且引入设计学科的其他专业方向，更好地发挥深圳设计行业前沿引领作用和育人作用，同时，也为深圳的设计行业培养更多的后备人才。

近些年参加深圳设计活动时，常常遇到设计企业的朋友，在交谈时总免不了问我是否可以推荐一些优秀的学生到他们的企业中工作。我只能告诉他，每年年底学校要组织招聘双选会，请他到时候来学校选人，这个回答往往被理解为推脱的借口。但我真不清楚他们要什么样的人才，他的企业是否能够满足学生的要求；也不清楚学生的择业想法，是否想远走他乡到深圳求职，是否有能力承担岗位的职位。因而，我不能承应他们的要求，他们不了解学校，以为我手里有大把的学生等待工作，所以才会这样给我提愿望。其实，这反映出企业同高校之间存在许多的不解。首先，是学校现在办什么专业，规模有多大，

办学的层次是什么，如何才能找到自己企业想要的学生等；其次，是学校对企业的不解，创办许多的专业不是因为行业、企业需求，而是学校建设、学科建设、专业建设需要，开设许多的课程大部分是因为长期建立的教学系统要求和在这个系统中早已成型的教师能力，至于今天的市场、行业、企业在做什么？怎么做？他们对学校育人的要求是什么？知之甚少。所以两者要有来往，要常交流才是真正的上下游关系，学校一定要走出去，设计作为应用学科，有这么多专业而不理解学这些专业的学生未来出处是不行的。

记得 2020 年 1 月初，应邀陪同学校黄书记参加四川美术学院深圳校友会十周年庆典活动，场面盛大而热烈，数百名校友参加，大部分都是年轻人，有些还是我教过的学生，大家见面非常亲切。组委会安排很用心，校友聚会最好是相互熟悉的在一起，因此桌席按班级和院系组织，便于相互交流和问候。其间我发现在座的校友 80% 是设计各专业毕业的，同他们交谈才知道不同专业在此立足的艰辛，与我们同坐一起的还有深圳浪尖集团的董事长罗成，其是四川美术学院深圳校友会的副会长。浪尖集团是一个以工业产品设计为主业的集团公司，在他 20 余年的带领下，这家民营设计企业已经发展到国内最大、最强的产品设计公司行列，旗下有数以千计的设计师，业务覆盖多个领域，并在意大利、德国建立了分公司。由于企业规模大、分布广，对专业人才的需求量大，在他的企业中有不少川美的学生。因此，对于学生的培养尤为关注，借这次活动正好有机会了解一下学生在企业中的表现和企业对学校教学的要求。其间他谈到了研究生培养的问题，浪尖集团在重庆大学城的公司已经同设计学院形成合作关系，成为产品设计专业的实习基地，但研究生层次的联合培养还未成形，他也想参照深圳工作站的模式在浪尖建立一个为未来发展培养人才的平台。其实，这也是我们想做的，黄政书记听到这个想法马上应允下来，我想这正中他下怀。他一直都对产学合作非常认同和支持，工作站从初创到成长他都很关注，多次亲自参加工作站在深圳、北京和学校的各种活动，对这种协同育人的方式是非常理解的，并责成我回学校后与设计学院沟通落实具体合作方式。深圳工作站本身已经具有成熟的模式，自成体系而没有效仿任何范式，并且已经形成了良好的影响力，何不利用现成的平台，只需要把学科范围进一步拓展，这样可以加强跨专业相互促进和学习，加强不同专业的相互融合，减少管理成本，这个想法也得到了罗成先生的赞同。

工作站今后发展有可能走向"跨区域、跨行业、跨校际、跨学科、跨专业"的产学合作协同育人的共享平台，有可能在中国高等教育改革探索阶段形成一种新的办学育人模式，而这种特殊的平台只能在深圳这个中国设计最前沿的地方产生。虽然，这不是最初建立工作站的建设目标，但水到渠成的结果可以预料，毕竟形式不同并不代表本质上有差异，如果照此发展下去最需要解决的是运行机制和管理问题。目前，随着进站人数和要求加入的学校增加，这方面的压力已经凸显出来，又有几个高校要求参加进来，同时还有几位进站的学校要求增加研究生数量。这既是好事，也是困扰。好的方面让我们看到这种探索的影响和价值；困扰我们的是管理和运行的经费，以及支撑教学的各种资源，看来真是需要从长计议。

重识
"跨区域、跨校际、跨行业"研究生联合培养基地案例库建设

Reunderstanding
"Cross Regions, Cross Universities, Cross Industries"
Construction of the Case Base of Graduate Joint Training Base

依思而行

Act After Thinking

第六季工作站于 2019 年 9 月初在深圳、北京两地开始招收研究生进站培养。这是第一个 5 年阶段性探索结束,第二个 5 年计划的再启。之前的许多思考和想法,随着培养过程的展开一步步加以实现。此次由于两地工作站和进站学校的要求,加大了研究生进站的数量,也成为历届最多的一次,共 15 人参加。其中深圳站 11 人,分别来自四川美术学院 8 人,天津美术学院 1 人,西安美术学院 1 人,四川大学 1 人;北京站 4 人,由四川美术学院 3 人和中央美术学院 1 人组成。此次进站较之前在几个方面进行调整。首先,是在加大北京工作站的进站学生数量,由上届的 2 人增加到 4 人,并且增加了中央美术学院的研究生进站,因考虑到工作站建立时间较短,进站导师力量不足,现仅为两人负责的一个团队,因而循序渐进地逐步加大北京站建设力度,在运行的过程中引进导师,加强师资力量;其次,拓展了培养的学科方向,在原来的室内设计、景观设计两个方向的基础上,加入了设计学理论,其目的是想将设计伦理研究与现实中的设计行业、企业、设计项目、设计师等重要因素结合,以实验的方式让研究生尝试在项目中研究、在行动中学习、在实践中印证。其三,引进两位知名设计师做深圳工作站导师,一位是深圳顶贺设计公司设计总监何潇宁女士,另一位是香港志达设计公司设计总监黄志达先生,他们是一直活跃在中国设计界的翘楚,也都是中国设计年度人物荣誉的获得者,更重要的是他们不仅热爱设计,同时热心于设计行业的公益事业,我在 2018 年分别找到两位设计师交谈时仍然担心他们业务繁忙,无暇顾及额外的无效益工作,但他们爽快地接受真是出乎意料。这些仅仅是进站前的准备,而后的调整则在行动过程中一一展开。

两地工作站如期接收学生进站工作正常进行,北京站开课依然在中建设计集团进行,本期加入了中央美术学院的研究生,也让这个本是同门的学习环境中多了一份异样和比较。张宇锋老师的团队一如既往地把学生们的食宿条件安排得很妥当,让这些习惯于在家靠父母、在校靠老师的学生能安顿下来,安心学习。央企的后勤工作非常到位。深圳站要麻烦一些,导师企业遍及深圳不同的城区,各自相距较远,因而,租房最好在公司附近,以免路途上耽误太多时间,这样也让安排住宿的梓人环境设计有限公司的助理小黄操心不少,好在他很好学,又机灵,事先就咨询了几位轮值站的助理,提前就把地方基本落实了。好问就少走弯路,尤其是 YANG 设计集团的刘丽芳助理给他支持不少,她是经验最丰富的工作站助理,并且多年来一直参与听课和讨论,是个特别好学的女孩。

本期轮值是深圳梓人环境设计有限公司,梓人环境设计有限公司是一直支持我们的建站企业。公司位于罗湖区天安国际写字楼中,创始人设计总监颜总是一位优雅、漂亮的女士,她做事极为认真,是一个完美主义者。公司环境如同她的个性一样,典雅温馨,特色鲜明。工作站从初始至今,颜总已经帮我们培养了 5 名研究生,而每个经她指导的学生回来后都能从她们的

深圳梓人设计总监颜政带师生参观公司

言谈举止中感受到她的影响,看来榜样的力量不是强行的改变,而是润物无声的感染。学生们都很喜欢她,喜欢听她讲课,每当她在课堂上,总是非常安静,因为她说话声音小、语速慢,娓娓道来让人很容易进入她的语境之中。她对中外传统美学非常有研究,一直在探索将传统美学精神和当代建造技术与设计进行结合,并在项目实践中加以呈现。由她负责第六季工作站轮值站长大家都很赞同。

进站启动（企业学堂）

四川美术学院校企联合培养研究生工作站（深圳第六期）2019—2020工作站进站通知

四川美术学院校企联合培养研究生工作站（深圳第六期）进站启动仪式照片

时间来到开学季,9月的校园充满诱感,刚刚送走前一届师姐师兄,新的学弟学妹又鱼贯而入,给铁打的校园带来流水的生机。经过一个暑假假期的动员、报名、遴选,四川美术学院校企联合培养硕士研究生（环境设计专业）2019-2020学年工作站吸纳了来自四川美术学院、中央美术学院、天津美术学院、西安美术学院和四川大学等五所高等院校的15名研究生二年级的学生,分别安排到深圳和北京两个研究基地,与企业导师一道进行为期半年的工作站教学。9月初,他们纷纷从校园走进企业,开启一段精彩的实践经历。

2019年9月7日上午,四川美术学院校企联合培养硕士研究生（环境设计专业）2019-2020（第六期）深圳梓人环境设计有限公司工作站启动仪式在深圳市罗湖区人民南路天安国际大厦C座19楼深圳梓人环境设计有限公司举行。梓人设计公司为本期工作站的启动与运行投入了极大热情与精力,从联络各企业导师、组织导师选题备课、安排学生达到行程、解决学生住宿生活、接机接待和入住安排,到工作站启动仪式的组织策划和会场服务,做了大量细致有效的工作,充分展现了中国设计之都企业的专业水准与行政能力,展现了联合培养工作站的逐步成熟和管理流程的规范。

四川美术学院设计艺术学院环境设计系主任赵宇教授,代表工作站主办单位四川美术学院出席进站启动仪式。本届深圳工作站站长、深圳梓人环境设计有限公司设计总监颜政,深圳YANG设计集团董事长、设计总监杨邦胜的代表刘丽方女士,深圳PLD刘波设计公司设计总监刘波的代表陈园女士,深圳广田装饰集团设计院副院长严肃,深圳市城市交通规划设计研究中心景观院院长程智鹏,深圳市筑奥景观建筑设计

重识
"跨区域、跨校际、跨行业"研究生联合培养基地案例库建设

Reunderstanding
"Cross Regions, Cross Universities, Cross Industries" Construction of the Case Base of Graduate Joint Training Base

四川美术学院校企联合培养研究生工作站（深圳第六期）进站启动仪式流程

四川美术学院校企联合培养研究生工作站（北京第二期）进站启动仪式流程

公司设计总监张青的代表，黄志达设计师有限公司董事长、设计总监黄志达的代表王芳女士，D&H顶贺环境设计（深圳）有限公司董事长何潇宁等，与11位进站研究生共同出席。四川美术学院赵宇教授主持启动仪式，并详细讲解了本期工作站的教学计划和任务目标；工作站站长、深圳梓人环境设计有限公司设计总监颜政致辞欢迎到站同学，引导同学转移视线，潜心研究与实践，在工作站得到有效的专业提升和人生历练；梓人环境设计公司工作站站长助理黄振峰逐条讲解了工作站的各项安排和具体要求，到会导师和导师代表分别发言，对进站同学表达欢迎和期望，同学们也就研究选题与企业导师进行对话和交流，建立起初步的学习契机。

2019年9月8日上午，四川美术学院校企联合培养硕士研究生（环境设计专业）2019-2020（第二期）北京中国中建设计集团有限公司工作站启动仪式在北京中建大厦B座8层会议室举行。今年是北京站正式运行的第二年，主办与管理单位，中国中建设计集团有限公司和中国城镇规划发展有限公司，为北京站的启动与运行投入了极大的热情与精力，从安排导师、组织选题备课、安排学生达到行程、解决学生住宿生活需要、接机接待和入住安排，到工作站启动仪式的组织策划和会场服务，做了大量细致有效的工作，展现出国企龙头的大家风范和严谨作风。

四川美术学院设计艺术学院环境设计系原主任龙国跃教授，代表工作站主办单位四川美术学院出席进站启动仪式。本届北京工作站站长、中国中建设计集团有限公司总经济师、中建城镇规划发展有限公司董事长张宇锋，中建城镇规划发展有限公司副总经理骆娜，中国中建设计集团有限公司第七院副院长周治，中建城镇规划发展有限公司工作助理赵旭、宾杰等，与4位进站研究生共同出席。四川美术学院龙国跃教授主持启动仪式，介绍本期工作站的教学计划和任务目标；工作站站长、中国中建设计集团有限公司总经济师、中建城镇规划发展有限公司董事长张宇锋致辞欢迎到站同学，鼓励同学利用工作站贴近大型企业和重大项目的契机，在专业知识能力和事业规划上取得重大进步；站长助理、中建城镇规划发展有限公司副总经理骆娜讲解了工作站的各项安排和具体要求；到会导师周治对进站同学表达欢迎和期望，同学们就研究选题与导师进行了有效的对话和交流。

四川美术学院校企联合培养研究生工作站（北京第二期）进站启动仪式照片

四川美术学院校企联合培养研究生工作站（深圳第六期）开题论证会

开题汇报（共享课堂）

工作站开题汇报是例行的教学活动。学生们进站一个多月在进入了学习状态后，已经对企业、导师、研究项目都有了较为深入的理解，每个学生都对导师给出的选题和设计项目作出了不同程度的解读，是否能更好地适应在企业中学习，对于项目理解的程度、选题研究进站情况我们必须做一个全面的了解。2019年10月12日，由工作站导师团队并邀请四川美术学院彭林权副校长和宣传部部长贾安东老师，及刚组建的建环学院副院长黄红春副教授和设计学理论的谢亚平教授一行，前往深圳参加工作站课题汇报检查。这天是周末，考虑到大家公务繁忙等问题，只有利用休息的时间把大家召集一起开会。由于此次参会人员较多，有11个研究生、20余位导师、工作人员与旁听人员等40多人。同时，会议需要安排摄影、摄像记录等工作。考虑到梓人环境设计有限公司会议室空间安置不下，开题汇报会议就安排在梓人环境设计有限公司附近的深圳富苑皇冠假日酒店的会议室举行。

开题汇报在2019年10月13日上午9：30召开，会议由四川美术学院赵宇老师主持。具体安排如下：

09:31 ~ 09:40	会议开始，主持人赵宇介绍到会嘉宾与参会人员
09:41 ~ 09:45	四川美术学院副校长彭林权教授致辞
09:46 ~ 09:50	清华大学美术学院张月教授讲话
09:51 ~ 10:00	四川美术学院科研处处长，项目负责人潘召南教授介绍项目
10:01 ~ 10:05	本届深圳工作站站长颜政介绍工作站启动后的教学情况
10:06 ~ 10:30	茶歇，全体参会人员合影留念
10:31 ~ 12:10 上午4人	进站研究生作开题报告（5分钟以内/人）
	校外导师作简要补充（5分钟以内/人）
	针对研究生的开题报告进行提问与答辩（10分钟以内/学生）
12:15 ~ 14:00	午餐与午间休息

14:01 ~ 16:20 下午7人	进站研究生作开题报告（5分钟以内/人）
	校外导师作简要补充（5分钟以内/人）
	针对研究生的开题报告进行提问与答辩（10分钟以内/学生）
16:21 ~ 17:30	联合培养研究生实践教学课程建设研讨，参会嘉宾、导师、同学针对议题自由发言（5分钟/人）
17:31 ~ 17:50	互动问答，师生相互提问与回答，解决各种疑惑问题
17:51 ~ 17:55	四川美术学院宣传部部长贾安东发言
17:56 ~ 18:00	四川美术学院建筑与环境设计学院副院长黄红春发言
18:01 ~ 18:10	彭林权教授总结会议并对工作站教学提出要求
18:10	主持人宣布会议结束

四川美术学院校企联合培养研究生工作站（深圳第六期）开题论证会流程

赵宇老师：由于学校领导亲自关心工作站的教学情况，会议开场我们请四川美术学院彭林权副校长致辞。

彭林权副校长：各位老师、各位同学，大家好！非常开心今天可以来参加这个开题汇报会。我参加的目的很简单，一是想亲自观摩深圳校企联合培养研究生工作站这个非常重要的工作环境；二是借此机会度过一个既能学习又非常有意义的周末；三是明年是四川美术学院的八十周年校庆，我想借这个机会与大家讨论明年校庆怎么举办，听听大家的意见。我来四川美术学院任职时间不长，一直还在不断地学习和了解中。我知道校企联合培养研究生工作站项目已经举办到第六年，这样的活动，对我们的同学以及老师，都是非常重要的时刻。它是艺术学院人才培养上的样板工程，得到了多方面的充分肯定。

在创新作为第一动力，人才作为第一资源的前提之下，理论与实践结合的育人模式体现了四川美术学院一直在教育、教学当中开门办学的理念。校企联合培养研究生工作站得到了这么多设计界的顶级设计大师的鼎力支持，你们参与到我们的人才培养事业之中，是非常有意义、有价值的，并且是可持续的。因此，我非常感谢参与到工作站项目的各位企业设计师，以及各位学校老师。此外，也要祝贺我们的同学们，希望大家通过这个项目能够学有所长。

从我的学习经历来讲，我是外语专业出身，对设计是门外汉。我很荣幸今天有机会到深圳工作站学习，希望在座的各位老师、专家，多关心川美、多支持川美、多联系川美。再次感谢大家，预祝今天开题汇报会议圆满成功。

赵宇老师：由于每一季的学生、导师以及参会人员都有新人，对工作站的情况和流程不了解，所以由我和本期工作站的站长颜政老师对本次工作站的情况进行简要的介绍。本次开题汇报为期一天，每位进站同学对自己的选题做开题答辩陈诉。开题答辩情况如下：

依思而行
Act After Thinking

四川美术学院校企联合培养研究生工作站（深圳第六期）开题论证会导师指导

四川美术学院校企联合培养研究生工作站（深圳第六期）开题论证会研究生选题汇报

重识
"跨区域、跨校际、跨行业"研究生联合培养基地案例库建设

Reunderstanding
"Cross Regions, Cross Universities, Cross Industries"
Construction of the Case Base of Graduate Joint Training Base

1. 天津美术学院 – 杨海龙

学生：杨海龙(Yang Hailong)

天津美术学院：（TIJIN Fine Arts Institute）

企业导师：张青 (Zhangqing)

校内导师：彭军 (Pengjun)

（1）选题名称：城市近郊乡村农旅生态花园模式探究——以赣州市章贡区埠上村生态旅游景观设计为例

（2）对选题的了解：近年来国家出台了很多乡村政策，并在十九大中提出乡村振兴战略。乡村的用地问题是一个难点，通过"点状供地"能够充分利用好乡村的空间环境，调整好产业的合理性，盘活乡村的经济活力，让景观设计在其中合理配置，创造出乡村发展的新模式，为乡村振兴发展提供新的思路。

（3）研究问题：①研究农旅花园新型乡村发展模式。②通过实地调研，寻找"点状供地"之下的用地优缺点。③怎么样对乡村环境进行可持续的整体规划。④如何用一种新的模式来促进乡村产业转型升级。

（4）关键词释意：点状供地：是土地的一种获取方式，解决了资本下方问题。

（5）导师指导记录

张青老师：杨海龙同学对学习积极主动的态度和对自我成长的迫切要求是值得肯定的。学生进站以后我们讨论了关于企业实习的一些设想，我提出先要对深圳这座城市做一些了解，其次是在企业中参与一些基础性的工作。他选择的课题研究方向是关于二、三线城市近郊的乡村设计项目，在中国的城市化进程中二、三线城市大概有100多个。我让他在研究中关注，近郊是离城市最近的地方，在城镇化进程中面临的问题是什么？基于这一点，我带他去见了甲方，一同沟通了他需要了解的问题。这种我与他对话的方式在学习中开展了多次，找到了很多问题。目前，学生的开题还有点把握不住重点，标题过长，论点不够聚焦，望各位老师们多给建议。

彭军老师：非常感谢张青老师对学生严格的要求，这对他的开题起到了非常关键的指导作用，并在调研期间一直积极地、密切地同他沟通。在准备过程中，他也向我提出了一些困惑，比如：甲方要求他要解决的问题与他所学专业有点脱节，这暴露出同学在面临社会工作时的知识缺陷与困惑。我们做设计不仅仅是绘制图纸，也是对项目运营的整体了解和介入，既完成甲方所希望的设计内容，同时又结合甲方的其他要求，包括项目如何符合政策、法规。希望通过此次学习使学生的设计能力有所提高，更重要的是综合能力的提高，学到课堂上不能学到的知识。

潘召南老师：感谢张老师用心地培养学生，在短短一个月之内，把研究课题确定下来，并亲自带他实地考察，了解一些基础性的东西，这是非常有效的。杨海龙同学的选题"赣州乡村振兴点状供地空间景观设计研究"粗略看没什么问题，但细看研究问题显然不够聚焦。看题目中的关键词，"赣州"、"乡村振兴"、"点状供地"、"空间景观"这几个关键词把地域范围、政策放到一个很大的前置条件中，赣州的乡村振兴跟全国其他地方政策有什么不同？需要明确范围，是不是应该针

对赣州某一个乡村的环境来开展相应的设计。点状供地是一个政策问题，在规划中有相关的具体要求，将它直接对应空间景观设计的具体对象上，相互间缺失关联。你现在还没有能力为某个地区制定乡村振兴的政策，只能对某个乡村的具体环境开展力所能及的社会实践活动。我认为你应该结合调研的地方，将田野调查中收集到的情况进行针对性分析，为完成甲方的项目诉求做好准备。很多同学尤其是学景观设计的同学都愿意出去调研，但是很多人没有掌握调研的方法，常常走马观花。一定要有清晰的目标，深入到乡村中抓住主要问题。调研是对象走访，还是乡村现状的数据普查，或是对用地条件的了解，你应该把调研的内容、对象完整地记录下来，这样你的工作才有效，否则就是泛泛而谈。我想你下一步的工作要根据选题目标落实到具体的点上。

张月老师：我认为你前面的研究与后面的设计成果之间的关系存在问题。你自己也提到甲方的要求对你的专业存在差异，我觉得这不是什么问题，反而是你将来研究更有意义的地方。"点状供地"是一种特殊的用地政策，既然它有别于设计，那就一定会产生后续的影响，这应该是你研究的重点。在"点状供地"政策下，你的景观规划设计是独立的、嵌入式的点状关系，跟周边的环境使用有根本性的不同，跟传统村落也不一样，我认为这可以当作一个研究的重点。

张青老师："点状供地"政策是中国乡村特有的政策，这个政策中有一个直接的指导性要求。无论开发商也好，乡村建设也好，如果按照正常的规划要求是有退距的，但是点状供地很小，没有可退距的条件。所以这次的研究对于未来制定政策，或许有一定的参考价值，因为它可以做一个实际案例来进行推导。为这个政策或者相关研究项目提供参考和借鉴。所以我们沟通的原则就是把握项目的实验性，在政策不完善的时候先行实验，但作为投资方的实操性项目也希望我们能拿出一些指导性或参考性的尝试。

周炯炎老师：我觉得这个选题作为研究方向挺好，但写成论文在文献资料不足的情况下，开展的难度很大，可能选题方向要调整一下。

赵宇老师：我也有这个的感觉。首先题目看起来很大。其次，你的题目与研究方向和点状供地景观创新之间的必然联系在哪里。点状供地是针对政策性研究，景观创新是一个专业性研究，他们之间的关系值得思考，围绕点状供地去展开景观设计研究也是有意义的。

周炯炎老师：点状供地是一个特殊政策，在这个背景下做景观设计对于同学来说有较大的难度，时间也不够充分。我建议聚焦一点，在论文部分针对你这个项目聚焦在点状供地这个背景之上进行研究。我想他在设计实践过程中会更深入具体一些，由于论文数字有限，必须结合实际项目的工作，才可能把聚焦研究的东西形成有价值的成果。

（6）修改意见：①题目中二、三线城市不准确，要有所区分。②选题范围太大，不够具体。③论文框架结构不够严谨，需要调整。④对于产业的政策把握有所欠缺。

2. 西安美术学院 – 解颜琳

学生：解颜琳（Xie Yanlin）

西安美术学院（Xi'an Academy of Fine Arts）

企业导师：程智鹏（Cheng Zhipeng）

校内导师：周维娜（Zhou Weina）

（1）选题名称：探索绿色 TOD 模式在超高强度开发区的景观实践——以深圳超级总部基地中央绿轴景观设计为例

（2）对选题的了解：面对城市公共空间多维复合的未来城市发展趋势，协调整合城市间空间关系，进行一体化设计是提高城市空间综合能力，形成开发区内各个要素之间交互的网络化空间结构，提升物理环境的舒适度，改善人的体验，推进站点周边地区的一体化开发。本文旨在探索 TOD 模式下的景观绿地格局，通过生态绿色交通引导，为生活在混凝土森林里的人们在心里、生理上都带来一种新的、多维的空间体验和生活模式。使人们在高密度环境中仍能保证城市交通顺畅，缓解信息社会带来的压力，提升城市生活品质，营造出人性化的绿色宜居城市。

（3）研究问题：①人本空间尺度缺失，缺乏公众、市场主体的广泛参与。②城市规模和城市功能空间不断蔓延，景观多维空间缺失。③人居交通组织多元化复杂化。

（4）关键词释义：TOD（Transit Oriented Development）指的是"以公共交通为导向的发展模式"意在改变汽车为主导发展到来的诸如城市蔓延、交通拥堵、环境恶化等城市问题。简单来说，是使公共交通的使用最大化的一种非车化的规划设计方式，吸引更多的人流、物流，提高土地利用价值。同时，由于交通便利，有可满足人们对空间的需求，从而自发形成功能齐全、土地高效利用的综合交通枢纽。

（5）导师指导记录

周维娜老师：①对于论文的选题内容要进一步精准，在绿色环境和 TOD 模式下，两条线路的把控要进行交叉，形成线索碰撞，观点互补，最终发展成为创新点。②调查与研究深度不够，对于未来的研究方向还要切实落地，针对选题和深圳超级总部空间要有明确定位。

周炯焱老师：①针对深圳超级总部基地的 TOD 进行分析，TOD 模式范围太大，没有明确的规范界定。它的研究依据过少，对于选题研究难度过大，建议缩小选题为 TOD 模式下的小范围内（1km，一个片区）的设计。②对绿色 TOD 这个"绿色"是否定位准确？是否还有"红色"？它是否只是基于生态环境下的一个设计？需要对选题进行名词定义，更便于后续研究的开展？③针对深圳地铁的枢纽站点进行对比分析。

彭军老师：对于"超高强度开发区"的定位是否精准，是否有这种说法，它对于不同的区域和不同 TOD 有什么区别。

张月老师：在专业层面研究定位不够明确，本研究是规划还是景观设计？是一个整体区域的规划？还是一个场地的具体细节设计？需要明确。

赵宇老师：①选题的定位过大。从 TOD 规划角度来看，对专业性的认识不够清楚；从景观层面来看，以前是否有研究依据和借鉴经验可供参考？②查找国内外，对于"超高强度开发区"一词的定义。

3. 四川大学 – 李梦诗

学生：李梦诗（Li Mengshi）
四川大学（Sichuan University）
企业导师：何潇宁（He Xiaoning）
校内导师：周炯焱（Zhou Jiongyan）

（1）选题名称：两栖生活方式下的新民居设计探索——以大理·凤阳邑村·大梦行居为例

（2）对选题的了解：本选题从大理市凤阳邑村的实际项目出发，通过调研、访谈、查阅文献的方法梳理两栖生活方式的特征，及其与民居建筑、室内空间形成的互动关系，针对实际项目，进行植入式新民居设计探索实践。

（3）研究问题：①两栖生活方式作为研究角度的意义。②生活方式对民居的影响。③两栖生活方式下的新民居建筑、室内设计探索。

（4）导师指导记录

周炯焱老师：李梦诗从云南调研回来之后，专门回成都和我交流了这个选题。原本何潇宁老师定的题是"移动生活在空间中的呈现方式"，经探讨之后认为"移动生活"这个概念比较模糊，容易混淆。选题的含义是生活在大城市中的人，比如深圳或者北京的人，他会选择在城市生活一段时间，又去云南的乡村生活一段时间。一种新的"两栖"生活方式，所以我们将选题改成了"两栖生活方式下的新民居设计探索"。选择这种生活方式的人其实现在有很多，来自各个大城市的、各种职业的、也有外国人，研究这些人的生活方式很有意义，具有现实的代表性。但她今天这部分的内容没能完整展开，没有抓住重点。我认为何老师给的这个选题非常有研究价值，因为这种生活方式已经不是小众现象了，包括目前的新农村建设，出现不少都市人去农村生活的情况，这是现代社会生活观念改变的一种趋势。关键是怎么将这个选题做下去，我认为这不仅仅是一个空间的问题，也是研究某种生活方式的"取样"，属于设计以外的研究和探索。

周维娜老师：这个选题非常好。社会不断发展，城市与乡村生活的边界越来越模糊，人们的生活方式必然会发生变化，出现"两栖生活的现象"。我和周炯焱老师讨论选题中"新民居"的概念，因为国家政策的限制，所以觉得"新民居"这个概念存在些问题。我认为它还是民宿的一种新方式，现在民宿已经发展得比较成熟了，这已达成共识。如果以"新民居"这个概念提出，可能涉及政策问题，作为选题是否恰当需要考虑。

彭军老师：二位老师所说的也是我想提出的建议。无论是做民居还是民宿，我建议不作为研究重点，应该更深层次地从学术的角度去探讨。在你的汇报中，提到了"新民居"的概念，也出现了"民宿"，我觉得这是完全不同的两个概念。"新民居"也不一定是在农村。所以你应该把针对的人群再定位准确一些，更有利于后续研究。

龙国跃老师：我非常同意前面几位老师的观点，"两栖生活方式"是泛泛的还是有一定指向的呢？比如东北地区十分寒冷，大量的东北人在海南买了房子过冬；那重庆夏天很热，我们在气温较低的山区买一套房子，夏天居住。针对季节过候鸟式的生活已成为一种趋势。再比如说，有的人在城市和乡村分别有一套房子，是为了体验乡村的生活方式。也许城乡两栖的生活方式也有很多种，需要再找准定位，这样更有助于研究。

张青老师：我是一个大理人，大理这个地方有其特殊性。就像你所讲的这些案例，为什么许多人都愿意去那里生活？为什么大理有如此强大的承载力、包容力？你所研究的课题可能具有比较明显的地域性和针对性，除了大理之外的其他城市是否具备这种可比性。建议你的选题可以再限定一下地域，直接指明在大理生活的、迁徙性的或过渡性的生活，有的人到这里可能是住一段时间，有的人可能是度过余生。所以选题研究一定要找准定位。

张月老师：你的研究领域是建筑还是室内还要具体确定，否则后面可能会比较乱，问题不够清晰。我认为"建筑"是生活的容器，在某些情况下建筑的问题还不需要你考虑，因为建筑的生命周期长，而且对于大理的生活向往很大部分是对民居环境的一种特殊偏爱。除非你是特殊的群体，对原住民的生活方式不愿意接受而将自己的生活观念强行植入，否则就只能做室内设计。不管面对什么样的建筑，我个人建议把这个界定清楚，是做"建筑"还是"室内"，因为这两个面临的问题是不一样的，你可以思考自己想做哪一个。

4. 四川美术学院 – 欧靖雯

学生：欧靖雯（Ou Jingwen）

四川美术学院（Sichuan Fine Arts Institute）

企业导师：颜政（Yan Zheng）

校内导师：赵宇（Zhao Yu）

（1）选题名称：选题名称："Balancing Act"——空间呈现方式与技术变化在当下的实践与思考

（2）对选题的了解：选题主要探讨过去与当下的技术变化的空间呈现方式的演变，在这个过程中使设计注意到回归设计本源的问题，从而引起人们的反思，是此次课题研究的重点内容。

（3）研究问题：①建造技术对空间呈现方式的演变。②当下的技术变化与空间呈现。③技术变化在室内空间中的探索。④技术与空间呈现有哪些。

（4）关键词释义

①技术：一般是指在劳动方面的经验、知识和技巧，也泛指其他操作方面的技巧。技术是与人类的物质生产活动同时产生的，它是调节和变革人与自然关系的物质力量，也是沟通人与社会的中介。技术在21世纪后半期又被定义为人类改变或控制客观环境的手段和活动。

②空间：各种建筑主要要素与形式所构成的内部空间与外部空间的统称，是人类赖以生存的场所。

（5）导师指导记录

颜政老师：我先介绍一下这个课题。这两年经常有客户问"你们只做欧式古典的设计吗"？我的回答就是："我们做了很多古典的设计，给大家形成很深刻的印象，但不等于我们只会做古典风格的设计。"最近这几年我们完成了不少现代设计的项目，很美。还有客户问我，"你在做什么风格，你为什么不写一篇文章告诉大家你擅长什么。"我时时观察这个市场中不同的设计师面对客户的表现，由于这个时代给予大家的信息太多，设计师不断实践尝试，已经不再是以某种风格来概括我们今天的工作。设计里最美的东西是由一种平衡带来的，就是在创造时对技术的利用，以及美学追求和对人的理解所达到的平衡。这是美学和人的生理与心理的感受、时代生活背景、价值观等方面的感受得到平衡，并反复作为一种拷贝或者效仿，就会有新的风格产生，这是我追求的"Balancing Act"，平衡的艺术。我想今天比起任何一个时代，对知识和信息的掌握都要多，说明今天我们在解决设计问题的方式就比以前要多。今天的技术相对于20世纪初的工业生产，对改变一种技术或在原有技术的基础上发展新的技术、解决新的问题的可能性非常大，效率也非常高。所以，今天的设计师很快就会创造出一个过去没有看到过的新形式。但我为什么不想，我觉得我们可能在这几年之中，这种变化是很平静的，我不擅自地、随意地去生搬硬套什么风格去对应甲方。而是应该坚持回到设计价值本源，就是技术、科学和美学在影响着我们的生活。我们不能只要回望历史，很多时候社会的变迁跟技术所提供的生产力导致的变化息息相关。所以，我们今天所做的事情，在一个新的时代变革背景下，我们的创新是什么？还不能说它能够作为一种风格的代表，但有价值重点是我们追求一个平衡，让人舒服、经得起时间的考验，一种永久的东西，这是一种美学维度，不只是视觉上的美学维度，是心理上的，精神上的，很多方面的平衡。所以我将这个"Balancing Act"，作为我近几年所有设计实践的一个概括，我们无形之中在创造一种新的需求样式。每一个经济发展浪潮都会带来一种文化的转变，出现新文化的现象。今天我们会不会在这种经济背景下发展出这个时代具有代表性的设计思想？也是在这个选题推荐中思考的焦点。从"真、善、美"的秩序中寻找人对社会希望的一种平衡，社会经济的平衡，并以寻找平衡的基础上去思考设计的问题。因此，我建议欧同学多思考这个问题，从拜占庭到巴黎圣母院的飞扶壁，从埃菲尔铁塔到20世纪初的新艺术运动，这都不是为了体现设计师个人力量所能解决的，它背后有着非常深远的社会和文化意义。一些写评论的人或者行业中的设计师，不要从表面上去看待，去追求一个设计风格。今天我们面临的社会问题不同，用传统的方法不能有效解决，新时代产生的新问题，需要新的办法、新的创意应对，"Balancing Act"选题意义就在于此。

重识

"跨区域、跨校际、跨行业"研究生联合培养基地案例库建设

Reunderstanding

"Cross Regions, Cross Universities, Cross Industries"
Construction of the Case Base of Graduate Joint Training Base

赵宇老师：首先非常感谢颜政老师。我以前有个学生在颜政老师公司实习，颜政老师以她的方式甚至有些强势的工作态度，使学生通过校企联合培养以后发生了很大的转变，学有所得。她毕业后从事陈设设计，现在已经能够独立承担很大的项目，我想这充分体现了联合培养的价值。

其次，关于选题。导师给出的选题，跟欧靖雯现在这个选题不完全相同。导师给出的选题是一个方向，给出一个范围去做研究。因为老师想让学生思考的不是一个论文的标准题目。颜政老师的选题给出了一个非常有思考和发散空间的范围。欧靖雯的开题，是在这个范围内找到了一个从技术条件出发影响空间呈现的话题去展开研究，也是一种新颖的方式。进入工作站最重要的是在实践中学习，在行动中研究。这是动态的思考过程，不能像在学校里依赖老师把标题给你想好，再顺着这条路径发展下去，这是不对的。通过你的判断，哪怕今天的题目不一定是最终的，这都不要紧，因为研究的过程会修正你的初想。

最后，关于开题本身。目前主要是有两个欠缺。一是论文框架没有必要把它理得非常细，因为你现在理得越细，可能对你今后的研究是一种限制。现在的框架全部设想好，有可能就把好的东西在这个时间丢掉了，所以不要受框架影响，应该围绕最核心的问题，就像刚才颜老师说的，设计风格的产生往往不是个人的问题，甚至也不是设计的问题，可能是一个大的背景，背景条件促使了技术的改变；二是明确技术的含义是什么，围绕两个关键词：技术、空间呈现，将它们展开。

彭军老师：我特别欣赏这个选题的方向。而且我觉得我们的学生，包括研究生和本科生以及院校教育都需要加强思考从技术的角度如何支撑设计。院校的设计教育多侧重于形式创意，但最后的落地还得靠技术，靠工艺。思考技术美学是很好的研究，首先要了解技术，掌握技术，这更是课堂教学的薄弱环节。我记得颜总之前做了一个抱枕刺绣的设计，做到这种极致，没有深刻的观察了解是无法达到的。比如到杨邦胜老师公司的学生，第一年就是施工图，打下基础之后第三年才谈设计。如何将设计方案通过技术展现出来，那需要学的东西太多。这也是四川美术学院在设计学科强调校企合作的必要性，难能可贵，希望你从技术角度进行深入的研究。

张月老师：我现在的研究方向，包括博士的研究方向就是这个方向。我记得之前在四川美术学院办过一次这方面的课题讲座。其中谈到设计这个圈子里面，所有的人都在关注形式和所谓的文化。这些东西呈现背后都包含技术支撑和社会原因，它们本身不重要，背景很重要。当你理解了这些，知道它是怎样形成的，才能认识到设计应该如何去控制所有的资源和手段，才知道怎样做好设计。目前在设计圈里，研究文化、形式的很多，缺少研究技术的。其实技术对设计的影响非常重要，设计如果分成几个组成部分，除去人的原因，很大部分都是技术的原因。但是我们过去对技术的理解都是实现设计的手段，这是低看了今天的应用技术。它不仅仅是实现设计的手段，它也是形成设计结构性的思想，产生观念的决定性因素。最近这些年，技术发展的越来越快，在生活中占的比例也越来越大。相对于其他行业，如产品制造、汽车制造、IT行业等，建筑领域的技术发展比较滞后。就艺术发展的现象来看，因为科技而改变艺术的观念，表现方式，观察方式和形式比比皆是。也都是跟科技进步产生直接的关系。因此，我认为你研究技术本身应该是促进审美与应用的结合，具有设计实践的现实意义，选题方向特别好，我们以后可以有些互动。

最后针对标题提一个建议。一是技术，首先是你只有半年的时间，对于这个阶段研究的工作量来讲，应该更聚焦在一个

具体的问题上，泛指技术范围太大，能不能再缩小一点。比如是设计技术、图形技术，还是材料技术等，在短时间里找到一个研究关键点。二是空间呈现，空间呈现跟空间建构是两回事，比如呈现是指空间建造完成以后的形态，还是在设计过程中想象的空间形态，这是两个概念。前后这两个词语都要再研究，什么技术对什么空间产生作用，空间的建造，还是空间结构的一种形式创造，还是设计过程中的空间表达。

周维娜老师：确实这个选题对于研究生来说太大了。工业时代呈现的技术革命，带来的一种文化现象。那么现在是数字技术、信息技术，在这个时代背景下空间设计的呈现方式又是什么？如果从技术层面展开研究，是否要对其过程进行梳理，涉及的面太广、量太大。我建议你从空间呈现方式这个角度切入，研究与空间呈现方式有关的技术，运用技术。比如说参数化、数字技术等对现在的空间呈现具有怎样的变化和发展。

潘召南老师：选题挺好，欧同学其实没有必要去研究某个纯粹的技术。因为环境设计是一个综合学科，可能涉及材料技术、装配技术和机电技术等，这已经超出了学科的知识范围，但并非不允许跨学科研究。科技改变了我们的生活，这值得我们思考空间处理上技术的作用。我觉得应该从这个角度去研究，而不是只限于某个技术专项领域。因为若研究某个技术，学生目前缺乏技术的深度。其次，本研究只是在运用的层面，而不是开发技术。你需要认识到技术与设计结合的必要性，技术解决了设计的什么问题，而不是研究这个技术的由来。标题前半部分挺好，没有必要加副标题，不要以某设计为例，这样一来你可以在论文中多举例说明，核心观点就是技术让设计产生了多种可能性。

颜政老师：我也在思考这个问题，始终不太建议她陷入具体技术对象上，因为涉及具体技术的问题她的深度不够，我们的深度也不够。我给出这个研究方向的目的是希望通过她的论文引起大家的思考，其实设计不只关注视觉的美学，而是在设计的学习过程与创意过程中，要把对科技的因素考虑进去。

5. 四川美术学院 – 王梓宇

学生：王梓宇（Wang Ziyu）

四川美术学院（Sichuan Fine Arts Institute）

企业导师：杨邦胜（Yang Bangsheng）

校内导师：潘召南（Pan Zhaonan）

（1）选题名称：彼此——风土在时尚酒店设计中的转译

（2）对选题的了解：“风土"是特殊的气候条件和地理环境形成的特定的风俗习惯、人文特色和自然风光。目前酒店设计存在着趋同化、表面化等诸多问题，在原有的风土文化基础上，对时尚元素进行吸取和整合，让本土文化注入新的活力以更好地适应酒店的发展。选题的价值与意义是从民族性角度看，将风土植入设计之中，体现了酒店空间中的地域特征和时尚现代的空间氛围。从全球化视野来看，东方设计元素越来越多地被运用在酒店设计之中，对于实现我国在酒店设计领域的突破起到一定作用。

（3）研究问题

①如何认识传统与当代、历史与现在的关系。②现代酒店设计与风土建筑的建造特性有何差别？③酒店设计的时尚元素如何与风土结合？④如何探寻风土在酒店设计中的转译方式？

（4）关键词释义

风土为特殊地区的自然因素和人文因素影响下产生的差异性，这种差异性的内涵就是由风土体现出来的。时尚酒店作为众多酒店种类下的一个分支具有特殊的存在意义，定位方式满足于部分消费者取向。彼此讲述了传统与当代、历史与现在、地域与环境的关系，通过前者将其转译为后者，是一种关系的对应，而转译则是探索这种关系的方式。

研究要素有：

风土观察：风土具有风土性和历史性的双重特性，构成一个民族的DNA，影响着一个民族的性格。

时尚理论：酒店设计要紧跟潮流趋势，体现酒店设计的趋势性、时代性、差异性、创新性。

转译方式：以风土观察作为基础，将地域文化植入酒店设计中，通过材料质感体现、室内外景观相互渗透、陈设方式与搭配、灯光营造等具体手段塑造空间。

（5）导师指导记录

杨邦胜老师：酒店设计要解决经营上的问题，经营不单单是如何管理。在这种情况下要求我们思考精品酒店设计如何体现差异化、个性化，给客人带来不同的体验。要解决这个问题，设计重要的核心是怎样体现地域性。这个选题相对来说比较传统，它是在研究地域文化的转化或者说是演变。在我们共同商讨选题的时候潘老师提出"风土"这个概念，我觉得这个词非常好，"风土"更强化了地域性，直接深入了本质，一定要抽取地域文化中的特定价值。此外，在标题中用到了"彼此"，可以理解为指向过去、未来的意思。传统的地域文化、民风民俗、民居等都存在于此。怎么能在现存的人居环境中体现本地区所特有的气息和面貌，怎样把过去的传统文化转化为现代人所需要的，或者是未来需要的。这次开题梓宇的汇报比较简洁，目的是希望选题是他自己理解了的东西直接转化成他自己的认知，这是本次工作站我教导学生的一个重点。所以，我希望梓宇接下来扎扎实实地去调研，通过自己的体验把项目中体现的文化性呈现出来。

潘召南老师：王梓宇是我现在带的研究生，印象中他不是一个很擅长与人对话的学生，但他脑子里面想的比他要说的多很多。所以有时候我也会从另一个层面去观察他，他到底想做什么？什么样的方法更适合他。他来深圳工作站在杨邦胜老师的公司实习，YANG设计集团主要做设计酒店，酒店设计中存在各种各样的空间，设计中会遇到各种各样的问题，甲方也会提出许多想法。因为要求不同，酒店种类也很多，没有一个模板可以不断复制，所以设计时要追求创新。研究酒店设计的地域性、民族性和民俗性等问题，就是"风土"，这些方面杨总是很擅长。他刚才强调了怎样准确理解地域性特色，并在设计过程中有效转化，这种转化并非常指的新古典或者新地域主义对于传统符号性的搬用。符号性的搬用是最省事、最无聊的设计办法。

为什么今天的中国设计有很大一部分缺少创新，就是因为大家都喜欢搬用，这样既省事又节约时间，还能够产生经济效益，所以大家都会用当地的一些符号性元素进行复制粘贴，这样简单的复制粘贴就导致了很多设计存在一种趋同的解决问题方法，它只是解决了形式问题。设计不需要粘贴，设计需要理解和转译。什么叫转译？转译本身是用自己的认识、理解，并以现代的语言来描述对"风土"在传统之中的在地性的一种新的认识和理解。

我跟杨总一直通过微信和电话沟通，希望你能够在此基础上有些突破。杨总也带过几个我以前的学生，刚开始都有些不适应，后来我也跟他们在一起不断地交流，强调怎么样去理解传统或者地域文化，为什么在今天的社会生活需要运用？我记得美国的伦理学家麦金泰尔说："美德与对人而言的善的追求相联系，这个善的追求只有在一种继续存在的社会传统的范围内才可能得到阐释和拥有"。我跟杨总也在思考这些问题，他设计的酒店没有一个看起来像农家乐，要说落地，农家乐是最落地的。就用当地的房子，当地的生活方式，直接移植到空间里面。但这种东西不叫"转译"，而是 Copy 或者称为移植。那么对于彼此这两者之间呢，我只是想强调一下主客体的关系，我让你去思考，关于怎么看待传统与现实，怎么看待设计师自己与客户。

最近我在接触一些民俗学、民族学、人类学的学者，他们给我很大的启发。前几天我和他们去东北调研鄂伦春的乡村非遗传承人的现状，我有一个很深的体会。如果从人类学的角度去理解，一定会深入当地的人文环境、生活环境、做深入挖掘，去了解当地人及他们的生活习惯、信仰、日常的行为。这时你会发现，只有把自己当成这群人的其中一份子，融入他们的生活，你才会理解他们今后面临的生活会有什么样的改变，你会发现他们的后代不会再去重复父辈的生活方式，他们都会放弃原来的东西，难道你还会在这个里面去坚持什么吗？如果，今天我们研究的民族或是传统对未来没什么作用，这些研究的价值在哪里呢？你要知道任何东西是有取舍的，什么东西要取，什么东西要舍，这就是"彼此"的意义。谢谢大家！

谢亚平老师：我想跟大家分享一下，因为之前跟潘老师一起在日本调研传统村落的时候有所感悟。看到这个题目，我就想到奈良的一家酒店，为什么我会提到这家酒店呢？因为我们去了日本的一个传统造纸者的家里，名为"福息和纸"是日本民间国宝。后来我们在奈良看到一家时尚酒店，其实它整个设计思维和方法基本上是对"福息和纸"非物质文化遗产的记忆文化空间的再现。比如酒店里植物的种植，和纸在窗户上的表现，日本建筑榫卯的结构在酒店空间中的呈现。我们当时和日本千叶大学的师生一起去的，一名叫宫崎清的设计师在设计的早期，非常注重人类学的方法。如何进入设计研究，他举了一个例子，"设计师的角色像在日本能剧里面的一个角色，叫黑子，这个角色穿着黑色的衣服，是专门给舞台上表演的人传递道具的。"在我们对于地方的研究当中，其实设计师要做的就是传递，传递这个地方原有的丰富的地方性文化知识，要把这些人的地方文化的各种理想、理念传递出去。有可能我们一开始认为自己是表演的人，其实不是，他认为设计的角色起到的是传递工具的作用。所以这个课题我也很感兴趣，因为本身就是做传承手工艺的研究，再加上我头脑里一下想到那家酒店，当时潘老师和我们一起参观了酒店。今天我们在讲述什么是东方设计，这是个大的概念。反而"风土"，用了这样一个更小的概念。我们去注重具有地方性特征的某一项传统，它的这种活化和延伸，我觉得反而是设计师最有价值的一部分，他传递出这个地方本来就具有的信息，但是用了一种更高级的方式，更符合今天人们的生活方式和需求。

有一个非常有名的设计管理者，他写了一本书叫《创新的十个面孔》，然后他首先就提到什么是具有创意的人，第一个就是人类学家。我觉得这个题目特别有意思，也是最近几年我们在关注的一些传统村落，它们有哪些可以转译的文化。因为我本身是做记忆的研究，其实我们在田野调研当中，有一些特别美好的想法，特别希望和设计师一起把它变成一个能够视觉化的空间，因为这样的跨学科研究是触动创新的一个来源。反而就是以往我们总是停留在关于设计的地方性知识挖掘上面，但是设计用了一种更高级的手段把它呈现出来，所以看到这个题目，我也觉得特别有价值，包括前期一套的田野调研的方法，其实我们之前都有比较系统的做法，但是始终停留在论文上，没有把它转化成对于设计领域更有价值、可推广的经验。谢谢大家！

6. 四川美术学院 – 刘祎瑶

学生：刘祎瑶（Liu Yiyao）

四川美术学院(Sichuan Fine Arts Institute)

企业导师：琚宾（JuBin）

校内导师：许亮（XuLiang）

（1）选题名称：传统园林在当代空间中的运用和思考——以园林尺度为切入点

（2）研究问题：①传统园林的尺度探析。②传统园林与当代空间的关系。

（3）导师意见：①园林尺度是当下设计界关注的课题以及领域，应对尺度更进一步研究。②注意中国传统园林的影响——两个方面：显性和隐性（文化线索也可以补充）。③传统园林设计范围广泛，调研范围应找准重点，不能泛泛而谈。④中国传统园林范围广泛，再从空间尺度的角度出发时应注重内涵的表现。

（4）修改内容：①将传统园林定位在江南私家园林。②将当代空间定位在室内空间。

（5）导师指导记录

黄志达老师：当代社会发展变化非常快，信息资讯交换迅速，在此背景下对城市历史的深度研究尤为可贵，课题以传统园林对今天所存在的价值与意义来切入东方性研究，很有必要。东方既是中国的也是世界的，以个案为例纵观全局很有意义。

张青老师：研究东方性应跳出"东方性"，应该建立在历史的东方性上研究，将东方风格之上的东西研究出来，包括历史性、时代性。具体的项目选址"赣州"蒋经国的庄园保护性开发改造与课题有密切的关联，可供研究。东方性不是风格，而是承载一个庞大的文化属性和设计文化取向的追求。选题有价值，"美学"是模糊的，而"建构"是有实践性、可操作性的。注重"东方"的地域性，远东、中东、近东区间需要明确，或从价值观和审美取向相似的东方进行切入。

赵宇老师：在设计文化上，琚宾老师和许亮老师都有所研究，课题开展的基础条件好，需要同导师建立更深的交往，避免每一届研究东方美学的同学研究领域的雷同。"建构"范围比较宽泛，应聚焦在某处。斟酌论文标题。

杨吟兵老师：20世纪法国建造的园林也可供参考。

龙国跃老师：美学的哲学性，黑格尔、朱光潜等都是从唯心主义、唯物主义来研究美学。生活就是美，在设计实践上结合生活，运用东方审美标准，再结合当地实际情况作出具体的实践方案。

7. 四川美术学院 – 王艺涵

学生：王艺涵（Wang Yihan）

四川美术学院（Sichuan Fine Arts Institute）

企业导师：严肃（Yan Su）

校内导师：许亮（XuLiang）

（1）选题名称：展厅设计中传统企业文化的现代演绎——以贵阳茅台展厅设计为例

（2）对选题的了解：展厅设计是茅台企业新的酒史馆，设计方法将传统与现代相结合，表达茅台新理念、新形式、新精神。

（3）研究问题：在同类白酒行业，茅台品质盛誉，但是为什么江小白等小众品牌开始占据市场风向？国企茅台集团面对国际化，应该用什么样的方式赢得各年龄层次的喜爱？茅台的企业文化特点是什么？茅台集团目前的诉求是什么？传统和现代相结合的设计方法切入点是什么？

（4）关键词义

①传统：是历史发展继承性的表现，是世代相传下来的思想、文化、道德、风俗、艺术及行为方式等。

②企业文化是企业生产经营和管理活动中所创造的具有企业特色的精神财富和物质形态，是推动企业发展的动力。

③现代演绎（展厅设计）：运用设计语言，通过对空间、环境的创造，借助道具设施和技术，具有信息和内容传播、引导、实现对观众心理、思想和行为产生的有意识的影响。

（5）导师指导记录

严肃老师：首先，艺涵同学如大家所见是一位积极向上的女孩。对于课题研究一直保持积极热情的状态进行交流。在项目执行上，虽然甲方是产品单一的企业，但是信息量很大。茅台酒厂是一个很知名、很传统的企业，不对它进行深入了解无法开展相关的工作。企业的目的是要面对更广大的市场，自然对酒史馆的要求非常高，正因如此我想这个项目非常具有研究价值，可以作为选题供研究生一同学习。设计师除了对展示空间的简单理解外，更重要的是对传统酒的市场了解多少，一个

重识
"跨区域、跨校际、跨行业"研究生联合培养基地案例库建设

Reunderstanding
"Cross Regions, Cross Universities, Cross Industries" Construction of the Case Base of Graduate Joint Training Base

企业要做展馆，必然要体现它的历史、文化、传统和发展后的辉煌，怎么打造茅台的文化，怎么体现文化的茅台，这是完全不一样的切入点。产品对于消费者的粘连度，怎样通过展馆、展品、图像、影像包括文字呈现出来？对于市场广大的受众，茅台怎样把他们吸引过来？这正是我们和甲方共同思考的问题。对于艺涵来说经验恰恰是短板，可是项目不等人，场地这一开始就忙于进入工作的状态，我们计划在十一月份去实地考察，先启动设计工作，过程中再开展研究。

除了对场地空间以及企业传统的调研之外，主要的是企业进入国际化的步伐，从设计师角度为项目提供了更多的策划思路，并设计前期策划进行了整体性设计。实际上很多工作是设计以外的，就像刚才大家提到的很多新技术、新要求，我们希望通过这个项目体现技术和艺术完美的结合。在这个展馆设计过程中，我和王艺涵同学着重讨论了工作开展的流程，展览空间设计分类的几个步骤、几个阶段。虽然开始是较为简单的构思，但发展到现阶段的展览空间已经进入与 4G、5G 信息技术结合的设计阶段，而且不单是在空间的呈现技术，还有空间材料与结构工艺结合的综合性设计。项目和选题对我们的知识和能力都是一个挑战，这是在学校、设计公司都需要进一步了解、学习的新领域。

龙国跃老师：艺涵很有幸选择严老师做企业导师，艺涵在研究生一年级和二年级做景观设计比较多，但是景观和室内并不矛盾，这样更丰富了她的专业知识和学习经历。就目前论文选题，可以读出两个关键词，一个是传统企业文化，一个是现代演绎，是体现传统与现代的结合。传统企业文化包括企业的历史、企业的发展，茅台企业的过去、现在和未来，如何呈现在展馆设计中，要进行深入的研究，并提出创新的概念，突出茅台酒的唯一性。茅台酒文化虽是酒文化，但酒文化还有五粮液、泸州老窖，以及其他各种酒，都是酒文化，只有找出他们彼此的差异性，才能体现茅台的唯一性。什么是现代演绎呢？面对一个多元化的社会，怎样通过现代设计的理念来表达传统企业固有的传统文化。

从设计目标上讲，严肃老师提供的真实项目，实际上就是做一个茅台企业文化的现代展馆，更重要的是强调空间表现，除了在文化层面的空间表现，还有大家提到的技术层面的空间表现，今天在多个课题中都提到了技术的重要性。在空间中人是重要的因素，其参与性、体验性、互动性的形成是体现展馆功能、品质的重要指标，不能简单以橱窗的方式处理。要寻找多种技术手段与艺术方法结合来达到目的，以多视角的空间转换方式，运用现代信息技术在功能和形式上提升传统企业文化，期待项目有个亮眼的成果。

谢亚平老师：因为和茅台企业有些沟通经历，所以对于这个项目我想从两个方面提出建议。首先是怎么讲故事，文本撰写很重要，怎样去讲这个故事。所有的展厅设计，不管你用什么空间形式体现，其策划文本都非常重要，最近和茅台有些沟通，包括出版的文本，前期策划工作量特别大，它的好坏直接影响后面展厅设计的成败。给你一个参考，法国波尔多红酒博物馆，是一个比较新的博物馆，这个博物馆大量使用成熟的交互技术，技术的运用非常成功，加强了展馆的体验性条件，这非常重要。

其次，视觉怎么演绎，比如酒是一种味道，是一种气味，在博物馆中所有酿酒的原料、技术也不一定完全依赖最新的科技，也可以依旧本身的文本性转化为一种传统的制作工艺结合现代高科技，但同时为了让人了解法国的红酒文化，就有个信息交互，模拟了当时宫廷的宴会，品酒师是怎样去制作美酒的。这一切是个条理性很强的故事，所以我觉得前面的文本撰写是非常关键的核心。

杨吟兵老师：这个选题非常具体，可操作性强，又在近期可以实施，是很合适的研究选题。但是他又很难，后续的工程量其实蛮大。一个展示设计，不是一个单纯的空间设计，包含了茅台企业长久的历史和它背后的故事，怎么讲？怎样体现酒文化？要考虑其本身特点。如果要做酒的文化就要去体验酒的感觉，比如茅台是酱香型的典型代表，那么酱香酿造方式，和浓香酿造方式又完全不同，发酵方式也不一样，不同的酿酒工艺体现不同的酒品风格，产生不同的酒文化。但要避免一个误区，就是现代演绎的误区，不一定要用高科技来表现。茅台是一个传统企业，应该用什么的方式去表现？茅台本身是什么？对于前期文化自身挖掘以后，用适合的东西去表现酒的文化，而不是看了很多互动性的很炫很酷的东西，这些炫酷的东西不一定就适合茅台，有时候淳朴、质朴的表达更是一种好的方式。

茅台在中国人心中有崇高的地位，喝酒的人，尤其是喝白酒的人，都很尊重它，因为酿造的方式很不容易。因此一定要对酿造方式进行观察，体验酒背后的故事，而不是只在乎形式。

潘召南老师：选题是展厅设计、茅台酒史馆、茅台博物馆、茅台展览馆，要明确一下？每一种空间的定位不一样，设计的要求也就不一样。如果仅仅是一个展厅，那么要展览的东西显然要简单一些，而仅仅展示产品往往又没有什么意义，这也不是企业的诉求。怎样去演绎它？要清楚它与江小白的等不同的形象，江小白很时尚，它把卖不出的江津老白干老酒，加一点水，勾兑成40度以下的，青年人可以一起狂饮乱喝的酒，没那么辣，一下子变成了一种时尚产品，把一个陈旧的饮料变成了一种时尚饮品，在生产上获得了意想不到的成功。但是茅台不能这样，它天生就好，演绎一定要体现它固有的身份。站在什么立场看待它，怎么去演绎它、茅台给人什么样的感觉？现在，标题有点太模糊。

周维娜老师：选题的研究点"传统与当代的思考"特别好。题目中有两个现代演绎，一个是展示设计的现代演绎，还有对传统文化的现代演绎。这是两个定位，展示设计观念变化很快，传统企业文化的当代性思考带动着展示空间设计的多样化呈现，论文中可以将此两个层面进行解析。

8. 四川美术学院 – 帅海莉

学生：帅海莉 (Shuai Haili)

四川美术学院 (Sichuan Fine Arts Institute)

企业导师：孙乐刚 (Sun Legang)

校内导师：刘蔓 (Liu Man)

（1）选题名称：跨专业视阈下的整体性设计研究（原题目），在第二阶段第一次视频会议前确定的题目为：跨界视角下的整体性设计研究

（2）对选题的了解：如今，随着生活水平的提升，人的需求呈现多元化的趋势。科技的进步和发展给设计提供了更宽的

设计界面，设计也不再是单一专业的发生，而是融合多专业后整体性的呈现，体现出跨界的特点。

（3）研究问题：此次研究内容的创新点在于"模糊设计界线"，将艺术馆这一展示设计类别与酒店设计融合在同一空间中。在满足酒店设计的基本需求外，模糊"纯酒店"印象，保留其功能的同时融入艺术展示与艺术商业。通过艺术的方式让酒店的设计可以成为通往其他领域的触角，打通艺术、酒店和设计之间的墙垒，"去酒店化"的同时也模糊了设计界线，让人产生新的认知。

（4）关键词释义

①跨界设计：主要以酒店设计为例，将艺术馆这一展示设计类别的设计与酒店设计融合在同一空间中，模糊设计的界线，体现现代设计跨界的无界之界。

②整体性：随着社会的发展、科技的进步和生活水平的提高，人的需求呈现多元化的趋势。在需求发生转变后，通过设计手段对原有的东西进行重组、添加，形成多元化的组合，用一种新的设计方式满足当下人的生活方式与体验。设计不再是单一专业的发生，而是融合多专业后，整体性的呈现。在设计的整体性中，设计为人服务，所有设计都是受到人的需求影响，这也直接影响了跨领域、跨界设计的出现。这些都在传递着跨界的必然性，并且人的需求是设计整体性的推导因素。

（5）导师指导记录

孙乐刚老师：从课题来讲，跨专业视阈的整体性设计研究的范围比较大。在这短短几个月的时间内，她的设计任务是很重的，我希望你能从这个泛泛的课题中找到一些我期待的点。就是你能关注设计以外的一些东西，找到一种思维方式，而不是具体某个方案。技术有很多种，跨专业有很多路径，哪一条是适合你的，只能在具体的项目中去感受，起码要找到一个方向，就是对于项目本身的意义是什么。我希望能从这个方向作为逻辑起点。其次，现在的设计是个创新爆炸的时代，杂乱无序的信息反倒给我们仔细推理提供了很好的机会，就是设计师不再是单纯的只思考设计本身的东西，还会关注到更多设计以外的事物，那么这个部分的领域在我看来，就是设计由内向外延伸的第一推动力。不管是社会的影响还是政策经济，它都会反映在社会主体的人上，那么人的需求就是作为做设计思考的第一要素。我跟帅海莉说你要找出人需求的根源，只有找出根源才知道后面发生的事是为什么而发生的，这样逻辑的建立才会严谨，从这个层面我们确定了这个选题方向。

地产售楼处虽然是一个看似平常的商业项目，但我觉得比较好的是它位于呼和浩特市最中心的位置，在一座老楼的旁边，是在老旧建筑上加出来的一个空间作为售楼处。通过对项目环境以及性质的了解，帅海莉展开研究驾驭起来是比较容易的。让这个平凡的项目中体现出设计的创新，需要用不同于平常的手段和方法，是跨专业还是跨领域，这是一个实验。我给帅海莉的建议是让她思考用一种新的理念和文化注入其中，让单纯市场化的售楼处兼容文化特性，并产生模糊化的效应，赋予项目特殊的价值。

刘蔓老师：谢谢孙院！我真的很高兴帅海莉能够在孙老师这里学习。今天见面后她对我说得最多的话就是，哇！孙老师对我真的很好，第一次跟我交流花了一小时四十分钟的时间！真的是很用心在带她。帅海莉本科不是四川美术学院，她是从其他学校考到这里的研究生，但她一直很努力。她在一年级的时候除了修完学分以外，跟着我做了广州特殊儿童学校的设计，大概有8000多平方米，是专门针对残疾儿童做的学校，前期她做了很多案例的提炼、分析，打下了一定的基础，所以她对自己的要求也蛮高的，更期望能在孙老师的指导下学到更多的东西。

这段时间她把论文题目反馈给我，让我给她提意见。从我的角度来讲，既然我把她放到工作站来，我就不想由我主导太多，如果我主导太多那便同在学校没有区别了，还是希望孙老师在这个阶段指导她更多一点。从她的题目来讲，其实我很惊喜的是她提到跨专业的研究，实际上今后的设计都不会是单一的，包括功能的解决、材料的解决，都会是一个集成式的、综合性的空间体验。当她提到用一种新的生活方式，一种新的体验融合，融入设计之中是我觉得惊喜的地方。她希望设计的空间能给大家带来全新的感受，形成共享、集成的空间。

昨天我在上海开会的时候也谈到这个问题，空间中包含的内容其实是整合性的。要跨领域对设计者来讲是很大的挑战，比如解决技术的问题，解决的文化问题，解决信息化、智能化的问题，等等。在设计应用的环节我们会跟相关的专业人士交流，如何把项目发展下去。她在学校的时候有过一些体验，她可能也是想把这些想法导入设计，所以我还是很期待她有突破地把项目设计出来，把一个商业项目做得有温度。最后呈现的空间设计是否完善、是否完美，我觉得不重要，重要的是过程。研究过程是一种成长，我想看到的是帅海莉积极主动地去研究，有前沿性地去研究。所以，在过程中我没有主导她太多。除了谢谢孙老师，也谢谢潘老师，我今天才知道潘老师默默地在背后付出了很多，真的很感谢。也希望所有的老师给帅海莉提出宝贵的意见。

张青老师："跨专业视阈下的整体性设计研究"，从题目上来看，我认为有些矛盾。其一是在视阈下相当于是在一定的范围内，做整体性的设计，表述性上有些矛盾。其二是什么是跨专业？今天中午休息的时候有幸去了颜政老师的办公室，看到设计师从多方面对设计的探索，那么这些是否算跨专业吗？对于跨专业的界定上有些模糊，因为在你做设计时，与之相关的内容我认为都属于本专业的一部分。比如：贝聿铭在做中银大厦的时候，他把整个项目做下来以后，各专业是分包的，这涉及管理层面。我建议标题是否可以是"整体性设计中链接多视阈的研究"或者说"整体性设计中链接多专业的研究"，在这个方面如何建立整体性。现在总包设计越来越多，EPC越来越多，那么从这一点上面作为设计方怎样统筹？这是研究点，而不是跨专业。

杨吟兵老师：跨专业可以是设计和绘画，设计和艺术，它们之间有多大的区别？现在其实已经一体化了，很多东西已经没有明确的界定了，它到底是一个装置艺术还是从景观角度来说的雕塑，还是一个构筑物？很难界定。那么从室内设计来看，这种专业之间相互的跨专业，其实也已经模糊了。我觉得这个选题也不错，但是我觉得你在文章里面选的案例，以什么为例要明确，选一个说清楚就可以了。

9. 四川美术学院 – 曾韵筑

学生：曾韵筑 (Zeng Yunzhu)

四川美术学院 (Sichuan Fine Arts Institute)

企业导师：颜政 (Yan Zheng)

校内导师：谢亚平 (Xie Yaping)

（1）课题名称：以设计师为中心的设计公司文化生态研究——以深圳梓人环境设计有限公司为例

（2）对课题的了解：一个高维度、专业的设计师的设计理念、设计风格会影响一个公司，会决定一个公司所走之路的长远，同时也会成就一个品牌，甚至在行业中形成一个历史阶段。

（3）研究问题：①以设计师为中心的设计公司文化生态是什么？②个人品位如何推动设计社会价值的实现？

（4）关键词释义

文化生态：是借用生态学的方法来研究文化现象而产生的一个概念，1955年由美国文化人类学家朱利安·斯图尔德提出。意指人类适应环境而创造出来并身处其中的历史传统、价值观念、社会伦理、科学技术、宗教信仰、文艺活动、民间习俗等，是人类文明在一定时期形成的生产、生活方式与观念形态等，是一种生存智慧、生存策略。本课题的"文化生态"是指文艺活动上，设计公司的生产方式和观念形态。设计公司的文化生态包括：公司历史、价值观念、社会责任、核心工作方法等方面。

（5）课题研究意义

①给予设计工作者启发。观察国内顶级室内设计公司如何开展设计工作的，了解设计师角色的多维性，以及设计师如何确定设计价值观，希望对从事设计行业的工作者给予启发。

②设计史研究的"在场"。目前国内设计史研究重视理论，缺乏对中国当代设计师的生存现状研究，希望通过本次对"梓人设计"个案的分析，了解室内设计行业发展的历史背景，室内设计公司现状和存在的问题，真实记录与分析鲜活的中国当代设计现场。

③设计构思的过程研究。以往国内对设计师设计的案例总结研究较多，希望通过本课题以"梓人设计"为个案研究，跟踪公司代表性设计案例，了解设计项目发生的社会背景状态，设计师如何构思，设计项目如何推进。

（6）导师指导记录

谢亚平老师：关于这个题目，我觉得特别幸运的是能和一位有魅力的设计师进行互动，因为我们做设计史研究很缺乏和设计史现场鲜活的案例。尤其是中国当代的设计，我们一直都在呼吁设计在社会领域里面的尊严和它受尊重的程度。设计师本身的设计价值观和职业化程度，我觉得社会的设计公司已经走到了院校的前面，反而是院校在培养学生的时候其实应该向这个行业的优秀设计师看齐。所以我也特别期待这个案例，谢谢颜老师能够提供这么亲密的一种机会，让曾韵筑能够去理解一个优秀的设计公司或者说一个在中国设计师未来走向世界顶级的设计行业里面，如何去建构一种设计师类型。因为每年在米兰设计周中，我们都觉得其实以人为中心，以设计师为中心的设计品牌和设计都具有行业的影响力，所以我特别期待，谢谢！

颜政老师：我个人觉得这是很好的尝试。这个学生被我折磨了三次，说得非常严厉。我为什么这样呢？我认为这次学习对于她非常难得，她所学习的这个学科是行业中特别亟须的部分，因为中国环境设计在经历三十多年的市场经济磨炼后，有很多设计公司的项目成果是值得到行业去推广、到院校去交流，是完全能解决教与学的供需问题的，或者是给很多有志于从事设计的年轻人学习的建议和指导，所以她的研究非常具有现实意义。

她来的时候我和潘老师有多次沟通。因为，潘老师和我有过项目合作，他提到将好的案例经验、创新思考和设计规律性进行总结，我非常认同。因此，针对公司的项目案例和执行的流程同她一起进行梳理，她每次给我看的文稿我们都要讨论和修改，改就是让她厘清繁杂的内容中有价值的部分和期待的点。我带了几届的研究生，我有这样的感受，就是大家谈论的对象或者谈论的话题，也许是学生没有真正理解到。如果你自己都没有理解清楚，就没有足够的条件深入下去，很难去展开研究。论文写作需要有自己的见解，那么我对她讲：你要用自己的观察方式和理论知识把设计企业、项目等琐事进行归纳、串联、分类，把企业的需求、运用的方法进行梳理总结。方法论在每个企业、每个设计师的应用上都有不同的差异。但是，反观今天的设计教育，多是用国外的教学资料和项目案例来进行教学，由于存在文化与生活方式的不同，难以让学生理解中国现实设计中的需求与设计解决的思路，国外的教学资料里很多都离不开个性化解决问题的方式，也让学生不能近距离了解，从而没有达到学习的目的。深入地分析、理解案例的差异化结果，往往通过对方法细微的观察，而了解企业之间的独特性和差异性。

刚才邓千秋同学的开题陈述中潘老师和杨邦胜老师都提到，设计企业作为性质相同类型各异的公司，他们的生存之道体现了企业的特征，这些特征在市场和行业中都体现出各自竞争的方法，学生怎样理解这种生存的方法呢？要让自身的设计优势贯彻下去，就需要在设计流程的研究和制定对设计结果产生影响，这才发现不同设计公司的优势和长项。我们为什么研究这些，并把它总结出来，就是对中国设计发展的记录脚注，成为这个行业进程中的段落，这非常重要，之前没有人做这些工作。我挺感谢谢老师，感谢潘老师，也挺感谢小曾。我觉得有那么多优秀的导师和企业，居然拿我来做一个实验，我觉得很感动，谢谢。我先当小白鼠实验一下，如果我这边实验好了，我觉得可以在中国设计行业和院校中进行推广，一定有非常好的前景。

刘曼老师：刚刚看到这个题目让我挺激动，因为每次我在上课的时候，我就会同同学们分享，怎么成为一个有价值的设计师。设计师真的引领这个行业，有很多前瞻性的工作要做，我觉得这个选题在研究设计师怎么实现自己的价值，怎么来实现自己设计的理念，怎么把这些理念、方法运用到我们的设计环境之中，值得大家去探讨。虽然一般来讲设计师是很被动的，比如我们会受到资金、甲方权利的一些干扰，包括其他行业给设计造成的限制。但设计师的工作就在这个限制里面，思考如何在满足需求的同时发挥独特性的作用，这真是一个可以讨论的话题。

潘召南老师：我也特别想了解曾韵筑同学的学习现状，针对她的学习情况说一下我的想法。她是我们工作站的第二个非环境设计专业的进站学生实验案例。第一个同学是第一期的唐旗，唐旗本科是环境设计专业，研究生留学新加坡学设计管理，中途停学一年参加了工作站。了解设计企业的运行与管理流程，一年后有了一定的基础再回学校完成学业，学完后在杨邦胜

重识
"跨区域、跨校际、跨行业"研究生联合培养基地案例库建设

Reunderstanding
"Cross Regions, Cross Universities, Cross Industries" Construction of the Case Base of Graduate Joint Training Base

老师的公司就职了两年。那么今天,又来了一位做理论研究的学生。为什么我们要进行实践性的跨学科培养,引入设计理论研究的内容。这不是工作站为变而变,而是行业、企业的需要,而学校的人才培养恰恰又对前者不了解,这种供需的错位一直困扰行业的发展和学科的发展。因此,我们认为有必要继续做这样的实验,这种尝试不仅仅体现在日常的教学过程中,其实工作站在校企合作的过程中,我们也在相互启发对彼此问题的思考,就是换位思考。从企业的角度来说,他们关注的是获取更多的项目,没有时间去总结和梳理所做项目的得失与优劣。一个成功的企业应该知道怎样去积累自身的成就,为未来的发展做好积累和铺垫,同时能够引导我的员工认识企业特色与发展方向,并教育一批批新员工认识企业的历史,继承企业固有的优势和文化,一直发展下去。

另外,学校不知道企业需要什么,不管研究设计理论的还是研究设计师个体的,往往是从文献资料上、别人的经验上,去获得一些参考和思路,这种间接的经验传承无益于环境设计实践应用学科的发展。别人已经研究过的结果是没有可能性的,只有过程值得探讨,因为过程的假设可以改变结果。我们进入企业更多的是对于过程理解和思考,这才是我们真正要尝试的一种方法研究。今天校内导师谢老师和企业导师颜老师都为你而来,你作为小白鼠,对她们来说是一个非常有建设性的尝试,希望能成功地培养出理论研究的学生。今后我们怎样来强化推进这个实验,要通过你的反映验证培养的可行性和可操作性。

中国的设计行业是一个非常庞大的行业,中国的建设创造了许多奇迹,什么事情在中国来说没有开不了的山洞,没有架不起的桥,没有修不出的高层,我们有很多的机会、项目去打造中国的优秀设计企业和设计师。但是,我们为什么没有像国外的那些设计名家和知名企业,有自己的高度和主张,有自己的创新特色和企业平台。是因为我们的设计企业缺乏总结和思考,大量的精力和时间忙于于应付各种项目,而我们有一批学设计理论的人却和他们不发生任何关系,这是一个很尴尬的状态。但是今天,我们也在尝试慢慢改变这种状态,让真正做理论的人了解第一线的设计企业、设计项目、标志性的设计师、一个企业的灵魂人物,他们是怎么样成长起来,怎么样带领自己团队走出自己的特色,这些工作需要人去做研究、梳理,而不是靠他们自己。

今天能看到你理出来的这几条,尤其是第三条、第四条,我觉得这两条是非常有价值的,最后不是以好坏来评价你的成果,而是你的问题意识,我相信你能够把它做得有特色。希望你坚持将研究深入下去,谢谢!

彭军老师: 关于这个选题,我记得去年潘老师就说过给咱们的设计师们总结他们的经验,这个特别重要。国内一流的一线设计师是特别宝贵的行业财富,通过工作站的平台做这项研究特别有意义。此外,其他同学都要理解和支持我们的企业导师,向他们认真学习。他们都有很高的专业成就,对他们工作过程的总结,不仅是一个真实的记录,更重要的是触动研究生们去思考,把你们的设计研究提升一个新的高度,这是工作站带给我们特别重要的东西。所以期待大家把各自项目做好。

杨邦胜老师: 对于这个选题我也有一些感想。这个选题非常好。以往我们确实都是带着设计专业的同学做设计研究,但对设计行业,对设计企业的关注其实没有怎么涉及。梓人公司颜政老师这里确实是深圳设计企业的一种现象。我记得在1997年前后,我们去投标,那时候中国所有的大项目都要带着方案去竞标。那时中国没有一个独立的设计公司。我们都分别代表深圳的装饰企业,洪涛、长城、华辉等都是深圳很有名的装饰公司。当时中国室内设计刚起步,我们身处在这些装饰企业当中。

回顾北京一些标志性的建筑，前辈们在极其困难的条件下开始了中国设计，真正把室内设计行业化、企业化、职业化就是从那个时候开始的。梓人是一家很了不起的企业，颜政老师虽然看上去很苗条秀美，但是她的能量很大。成功主要有几点：第一，设计有创新，业内口碑好。现在委托她做设计的基本忙不过来，完全处于要选择项目的状态。第二，他们的公司结构非常合理，适合她个人特长的发挥和执行。第三，特别重要的是效益很好。因为做企业离不开经济效益，除了你对社会有设计价值贡献，同时还需要对你的企业有贡献，对你的企业发展有责任。他们30~40人的员工完成的业绩，相当于上百人企业的效益。这就是一种现象，也是他们企业的优势，所以我想这是值得提炼的DNA。

　　对颜政老师个人的设计实践、设计思想的挖掘，总结这种现象是对设计行业非常有意义的。虽是个案研究，但它具有代表性和时代性，也开启了行业关注业内企业和设计师的发展历程，具有梳理历史、正本清源的作用，而且现在也是时候解决这个问题了。在五年之前这个问题解决不了，十年之前就更不可能了，那个时候中国设计企业还不成熟，现在中国设计经过二三十年的发展已经形成了各具特色，规模、体量都趋于成熟的企业。前两天我刚从英国回来，这次对英国的设计企业做了大量的调研，我看到很多大型的设计公司，最大的感受就是对中国设计更有信心。

　　最好的公司大部分都是在中国，因为中国人特别勤奋，项目也很多，我们一年做的设计项目数量相当于别人做几年的量。所以按照这种发展趋势中国环境设计走向世界只是个时间问题。那我们应该怎么走，一定要有自己的理论架构，有自己的思想体系，有自己的语言。我们能代表什么？外国人做设计与我们不同，因为他们的价值观、文化背景和我们不一样，这是一个差异化的问题。作为中国的设计公司，我们的设计理念和思维是怎么样的。从设计的角度来看全球材料的研究、产品设计、手工化的实践、设计流程等其实都差不多，不同的其实是DNA，中国的DNA和中国企业的DNA。深圳这几家企业都各有价值，这个选题是一种非常好的尝试，期望深圳工作站的每个企业都可以将这种经验总结出来。

　　黄红春老师： 我非常赞同前面各位老师的观点，我也非常期待这个项目的研究成果。我想从理论研究提一点建议。这个研究的题目显然是站在梓人环境设计有限公司成功经验的基础上去做的研究。但我希望在这个基础上再带有一些作为研究者的批判性。批判性的核心不是说去找企业现在有的问题或者缺点，而是通过批判的态度，推动企业走向更高的高度。因为你的研究成果不仅仅是提供给行业的借鉴，或者是个案的总结，而是这里的企业文化和理论基础对推动行业、企业发展有怎样的作用和价值。这是作为理论研究的一个基本原则。

　　孙乐刚老师： 这个选题它不是站在设计本身，而是站在另一个视角在做研究，这是比较难能可贵的。另外，它本身也存在一定的价值。我想通过对梓人环境设计有限公司颜政老师个案的研究，与其他的公司作为对比，是否能得到一些共性的东西。共性的东西是更有意义的，它可能代表了中国今天的行业特征与时代现象，这样可能形成更大的研究成果。

10. 四川美术学院 – 邓千秋

学生：邓千秋 (Deng Qianqiu)

四川美术学院 (Sichuan Fine Arts Institute)

企业导师：刘波 (Liu Bo)

校内导师：杨吟兵 (Yang Yinbing)

（1）课题名称：酒店设计流程研究——以河南驻马店五星级酒店及会议中心设计为例

（2）对选题的了解：酒店设计是一项复杂的、系统化的工程，不单是设计，还融入了管理、策划与经营等内容，包含建筑设计、景观设计、室内设计三个主要环节。以室内设计为主，如何将业主、品牌方与专业顾问的设计要求、标准、设计理念体现在整个系统设计中，离不开成熟的宏观把控和每个环节、设计流程的细心操持与讲究。本文详细剖析整个酒店室内设计中各个流程的合作分工，梳理结构与关联因素，结合实际相关案例，得出其规律与原则。

（3）研究问题：①酒店室内空间设计中的流程结构是怎样的？如何分工？②各流程之间如何配合共同完成设计？③流程对设计的影响是什么？④设计又对流程产生什么影响？

（4）关键词释义

流程：即按照顺序步骤完成的过程，可理解为有顺序、有规律、有条理、有标准的过程；每一个单位因素都是流程的组成部分。酒店设计流程，即酒店设计的每一个有顺序的环节。

（5）导师评价

刘波老师：其实我与学生的交流不多，差不多只有三次，这也是刻意为之，目的是想让她在一个新的环境，可以完全独立思考一些问题。第一次是刚来的时候，让公司的同事带她参观了解公司；第二次是她告诉我了解一下公司的项目，交流了课题的情况；最后一次是在前几天，这些东西完全是学生自己做的也没有给她修正过，从这些材料上反映出她的学习能力是很强的。我跟她一起分析过这个项目，情况比较特殊，是从规划建筑开始，建议她用这个项目来尝试不只是做一个室内的设计，目前也在做建筑的部分，准备让她多参与一些建筑分析方面。接下来有一些实践、设计方面的内容会跟她有更多的讨论。我自己的小孩也在国外读书，四川美术学院的孩子在潘老师的组织下，学习环境特别好，国外的学生基本上见不到自己的老师，全部都要自己做。没有教他们技术上的东西，更侧重于思想上的培养，所以我觉得国内的学生获得的机会和环境比国外更好，有这么多老师共同辅导，自己也可以大量阅读案例，之后我们也会安排她到项目地亲身跟甲方交流，一起做这个项目。

杨吟兵老师：首先感谢刘波老师对千秋的指导，我同意刘波老师的教育方式。这个阶段老师给学生一个方向，更多的是要开动学生的自我学习方法，让学生逐渐学会自主的探索，这是很好的锻炼。刘波老师这次的项目刚好是建筑规划、景观、室内一体化的设计，所以研究设计流程可能比单纯的设计方法研究要更有价值，机会难得。整个论文大纲在第二部分设计流程的研究要加大比重，弱化后面的设计方法。建议前期要多看酒店设计案例，从开始设计到落地的过程，尽量去吸收经验。设计的实作部分是酒店大堂，要考虑如何把传统文化同一个五星级酒店相融合，特别是在驻马店这样一个具有很强文化底蕴的城市，怎样把文化性体现出来。

赵宇老师：我认同杨老师的观点，对于设计流程的研究部分要加大，就是对PLD公司优秀的管理、组织及操作等理念的了解。目前来看你的研究大纲内容比较薄弱，核心论点不足。在中国很需要对企业的文化及管理进行一个系统的梳理，国外很多企业慢慢形成自己的企业文化，然后走向世界，所以我觉得中国还是需要这方面的工作，选题方向很好，就是内容方面需要修改。

潘召南老师：这个选题已经不像以往的选题更像设计管理的选题，介入了管理的流程。设计管理是我们设计中很重要一个内容，是一个技术性的东西，不是那种明确有发散性和创新性的东西，有创新但属于技术层面。我们怎么样去设计一个好的流程，能够保障设计师更加有效地执行，所以要注意侧重关注PLD公司的流程，以及某一个设计项目的设计流程。酒店设计的范围和内容很大，每个公司企业都有一套自己的流程，在PLD就要了解PLD的设计流程，研究他的不同之处在哪里？做专项的酒店设计研究，项目的技术性和创新性如何体现，酒店设计方法与酒店设计流程的关系是什么？设计流程的前期、中期、后期怎样管理，流程如何达到设计的有效性，才是研究的主题。

龙国跃老师：课题非常新颖。对于研究生进入企业学习是一个非常贴近企业需求的选题。前几年更多的是对设计方法的研究，而这个在学校也能完成。现在在公司里面学习，最能体现出研究生进企业的价值。在论文内容里面建议可以将国内外酒店的设计流程进行调查研究，再转到具体的项目，两者进行对接，同时选题可进行调整。

张月老师：同意潘老师的意见，公司的定位不一样，客户群体也不一样，所以流程肯定不具有唯一性。研究流程的意义不大，反而是研究设计跟流程的关系，什么样的流程会影响设计的什么结果，而结果因为流程的改变会有什么变化。设计流程没有唯一性，每个公司都有自己的一套体系，应该研究流程带来的设计成果，两者之间有没有关联性。

杨邦胜老师：选题很好，前面所有的同学都是侧重设计专业的研究，其实对于设计的企业来说，逃不过设计管理。对于做酒店设计也是跟流程有关系。我提议两点，第一是所有酒店设计的流程，在全球专业的设计公司基本上差不多，所以这其中有共通性，这个共通的规律希望同学做一个了解。第二是设计流程跟企业的关系，设计企业肯定跟企业的领导有关，PLD公司肯定有着自己独特的管理与企业文化理念，要深入挖掘。这对于以后要成为职业设计师的同学有一定的启发。

潘召南老师补充：在前期调研的部分，要了解甲方对项目本身的要求是什么？驻马店本地五星级酒店有多少？对数量及市场消费情况，地域文化特色的了解，这就要求不仅从设计方法上对设计流程的研究，还要在管理层面上需要掌握一些资讯。

11. 四川美术学院 – 周诗颖

学生： 周诗颖 (Zhou Shiying)

四川美术学院 (Sichuan Fine Arts Institute)

企业导师： 黄志达 (Ricky Wong)

校内导师： 刘蔓 (Liu Man)

（1）课题名称：设计行业产品经理职能分析

（2）对选题的了解：市场竞争下设计师的设计思维不能满足市场需求。"产品经理"视角不同于设计师视角，设计作为"产品"，需要产品经理发挥职能进行多方面的考虑，通过多元思维使产品与用户达成深度链接。

（3）研究问题：①产品经理职能的具体内容是什么？②如何将设计行业和产品经理职能构成链接？③如何将设计行业的产品经理职能方法论用于实际项目？

（4）关键词释义："产品"直观意义是事件的落成品，深层意义是无形创意存在前的架构，设计也是产品。

（5）导师指导记录

黄志达老师：首先非常感谢四川美术学院对我的信任，今年是我第一次参加校企联合培养工作站项目。刚刚大家在强调学习方法，因为就我个人而言是没有多少带研究生的经验。其次，感谢刘蔓老师对我的信任，能够让学生跟我学习。

今天应该是我听到诗颖讲话最多的一天，她平时是默默耕耘类型的。我很惭愧，她刚来的时候，我去了北欧，回来之后出于自己的私心，我跟芳总商量说，学生进入公司应该是受我们整个企业各个方面的影响和学习，不是我个人单方面的传授和影响，所以请她来直接和学生照应，然后让诗颖去公司一个设计团队中的项目进行研究。在这个环境里让学生同设计师多一点的交流，感受企业岗位的工作氛围。设计同事来自香港，他们都是没什么话的人，这样的学习方式是否能产生效果我很担心。我是从侧面默默做些了解，同时也抽时间与诗颖沟通。我想说这个题目应该没有学生会选，确实它和我们想象中的设计有很多不同的地方，我觉得就设计的维度而言，是没有单一性的，应该是关联性的，需要从源头上理顺，设计才会顺利进入双方共同探讨项目问题的状态，所以我们秉承这样的方式，让设计简单化，这是我的本意。

就选题来讲，刚好有朋友在武汉做这个项目，他们提出一个很苛刻的条件，就是五年后它会有变化。首先，项目是一个城市展厅，甲方是一个不算老牌的在深圳的大型央企，在地产方面发展很迅速，其持续创新能力也很强。其次，它是要对植物园内有贡献，而且和建筑师合作第一点就是要有共益诉求，然后归还于民，让所有的人都能使用公共设施，所以交叉很多。我在这个项目之前和他们探讨了很多，不想破坏生态，将原生态的树或植物中融入环境，这些观念跟建筑师经常发生争执，也蛮有趣的。现在这项目处于初期，刚好诗颖进入到这个团队，我觉得是很好的一个机会，所以我们也在期待她能在这方面有所开拓。

我在研究上有不同的观念，我不建议去研究过去而主张研究未来设计会是怎样的变化？需要什么？所以就给出了这样的选题。

刘蔓老师：首先，谢谢黄老师，谢谢王老师。诗颖真的很仰望黄老师的学识，这个小孩的逻辑思维能力以及自学能力都比较强。在研一的时候还在修学分，但是她经常会待在我的工作室，会追着我要求做什么，所以在设计上她也算是有基础。

其次，今天到了这里来诗颖和我说得最多的就是，她很幸运选择了这家公司，因为她能跟项目，很多在学校学不到的东西和对设计的疑问都在这里可以得到解答。作为她的导师我非常感谢黄老师和王老师对她的关心。

关于选题我和王老师以及诗颖都有很紧密的联系，诗颖把她的选题方向交给我，给我的感觉是：哇！这是要培养大师了。这真的不单单是一个设计师面对的问题，因为从产品经理的角度，相当于从运营设计的角度去思考设计，这是培养设计总监的维度，怎么做设计定位、怎么整合团队的能力，这是在学校触及不到的领域，可能对她的刺激也很强烈。实际上，我们在学校的时候也会讲到这方面的重要性，但这是学校教学的短板，不能深入。她在这里讲到用户设计思维的转变，怎样站在用户的角度来思考体验，怎样站在设计师的高度去做设计，怎样从跟踪的角度让设计落地，这是我感到很惊喜的地方，那么如果是有这样一个项目，对应她的研究方向一定很有收获。她和我介绍了大致情况，我真的还没有理解得那么深入，让她多问黄老师和芳老师的意见。所以我非常感谢公司里黄老师、王老师的指导，我也为诗颖能够到你们公司学习感到骄傲。

赵宇老师：这个选题更侧重于管理，今年几位同学都在往这个方向思考，前面起码有两位同学开题是类似这样的方向。我认为研究用户管理的过程对于学设计的学生执行起来会有难度，可能还是应该聚焦在设计管理上，或者是设计的技术层面组织流程这一类，并与项目结合起来比较好，如果是和财务、人事这些综合问题混在一起，离题太远，学生可能什么都做不出。所以我觉得范围可能需要更聚焦一点，我觉得构想很好，刚才黄老师讲的想法也非常有意义。

时间在激烈的讨论中被淡忘了，开题汇报从早上9点持续到了下午6点，中途除了半个小时的工作餐，期间没有一个人休息。不是赵宇老师的一再提醒，不知道师生们还要探讨到什么时候，老师们盼望学生成长的迫切愿望，与学生的交流几乎每次都是如此。让大家感到意外的是彭院长和贾安东老师，他们作为学校的领导主要是来了解和关心工作站的教学开展情况，没有要求他们全程参与，结果他们不仅听完了整个会议，还认真地记录并被现场的热烈氛围所感染。按照会议流程，在开题汇报会结束之前，邀请学校领导谈一下对工作站调研的感受和对培养工作情况的建议。

宣传部长贾安东老师发言：今天收获非常大，我最大的感受就是老师们对于各个项目的指导非常到位。不管是从理论还是从实践。此外，校企联合培养给了同学们一个非常广阔的视野，很多学生研究的项目都和企业的关联度很高。今天最让我们感动的是老师们的激情，实际上对于各位设计师都是一种行业责任的担当。另外我们这个工作站有几个特点：第一，在设计教育和研究生培养上是一个全新的尝试和探索，是一种突破性的育人举措。第二，这个项目本身是1+2大于3的效果。第三，

重识

"跨区域、跨校际、跨行业"研究生联合培养基地案例库建设

Reunderstanding

"Cross Regions, Cross Universities, Cross Industries"
Construction of the Case Base of Graduate Joint Training Base

体现了非常鲜明的特点,就是联合指导。今天有我们的同学们、学校的导师们、企业导师们,通过开题汇报共同诊断学生在研究与设计实践中的问题,整个环节都是所有老师的心血付出,也是集思广益、智慧碰撞的过程。第四,我们这个培养方式非常特别,是一种不同于课堂教学的教学实验。最后,我有个特别深切的感受,就是我们这个项目未来可期。不管是我们现在已经获得的教委的认可,还是我们准备去向国家教育部冲击的高层次项目,都得到了一些好的意见。接下来怎么去思考持续推进,形成一种长效机制,对未来探索人才培养的校企深度融合,形成非常有价值、有成效的实践成果。

副校长彭林权教授总结:谢谢大家!第一,祝贺今天各位同学的开题非常成功,大家收获很多我自己也收获很多,因为这一切对我来讲都是新的知识和新的方式。今天在这个知识爆炸的社会里,每个人都必须尽可能多的知识储备,所以我非常珍惜这个机会。第二,对于11位同学在今天的表现,我认为是一个很好的起步,大家在实际的设计项目中建立起了明显的问题意识,做任何一项研究如果不解决问题就没有意义。所以,同学们的研究与创新要紧贴自己的专业,研究的领域和视角要尽可能地广阔,需要我们跨专业、跨学科,以具有现实性、开放性、创新性的方式进行学习,并体现出产学合作培养研究生的独特优势,这次开题很好地体现了前期培养成果的学术水平,我为同学们点赞。最后我有几个建议:一,后续肯定有大量的工作要做,最重要的是把今天老师们的意见进行消化,进入到下一步的设计研究中去。二,珍惜机会,你们也是经过选拔进来的,能够有这个机会是非常好的一件事情,你们和四川美术学院其他研究生同学交的学费是一样的,但是你们享受了不一样的学习待遇。既然你们到了这么好的企业,你们要好好思考自己对于企业有什么价值。三,对于导师们,尤其是企业的老师们,因为我是负责招生的,所以你们在对学生的教育教学之后,对学校有什么建议可以探讨,我们需要根据企业的要求来调整学校的教学课程,使我们的学生更好地面向市场、服务企业。四,对于项目组,改革的这个方向一定要坚持,因为今天说到教材的问题,我也觉得这不是很容易的问题,一个项目做几年是可以的,但是要持续做下去,就要思考怎么建立长效机制。关于教材,我建议在向教育部申报教学成果奖的时候,搞清楚评审要求,根据实际情况在作准备。现在对于教材把关很严格,不是写什么都可以作教材,我想可不可能把教学过程、教学成果进行总结、整理,把这些固化下来,形成体系化的东西。

我觉得有两个事情可以做,一年出版两本书。首先是一本关于老师的书,凡是参加这个项目的同学,从进班开始和你的每一次见面、每一次讲座,参与的每一个项目,你都要把导师的思想内容进行整理,之后经过你导师认可后,就可以出一本实践教学案例集。其次是同学们参与的项目,你们有研究成果、论文、作品,这也可以出一本。这样就有两本书,就是产学合作的培养成果。这样不知道能不能解决教材的问题。通过几年的积累,还可以出一批成果著作,并锻炼研究生们更好地体现自己的能力,导师们更好地展开研究指导、工作站发挥更大的影响力,这些建议不一定合适,有感而发,再次感谢大家!

彭校长的建议与我们的想法不谋而合,一直以来我们在思考成果形成的方式及本身的价值,它不应该只作为过程的记录,而应该真实地反映探索实践的每一个阶段所遭遇的问题,并作针对性地解决问题。每一次的调整可能对于旁人来说并未见多少变化,但置身其中我们知道其中的不易,这也是值得借鉴的经验。已到黄昏,彭校长和其他老师与大家匆匆告别,奔向机场返回各自学校。我们剩下几位导师则准备第二天一早到北京工作站,参加另外四位研究生的开题汇报。

2019 年 10 月 14 日一早从深圳飞抵北京，中建设计集团的张总早已安排工作人员将汇报所需条件准备妥当。大家草草在中建设计集团的食堂吃了工作餐，便进入会议室，学生们已经准备好汇报 PPT，既兴奋又紧张地等待导师们的到来。也许是有一个多月的时间没有见到学校导师了，当学生见到我们一行时都很激动和亲切。北京工作站虽然仅有 4 名研究生，但重视程度不比深圳差，到场的导师和行业领导、专家以及设计团队人员有十几位，可谓是众星捧月的精英教育。

北京工作站开题答辩情况

12. 中央美术学院 – 赵雪岑

学生：赵雪岑 (Zhao Xuecen)

中央美术学院 (Central Academy of Fine Arts)

企业导师：张宇锋 (Zhang Yufeng)

校内导师：王铁 (Wang Tie)

（1）选题名称：基于智慧城市理念的硬科技产业园区交互性景观设计研究——以北京通州硬科技产业园区为例

（2）研究框架

文章以北京市通州区硬科技产业园区为研究对象，以科技时代创新产业用地激增的现状以及通州的历史发展机遇为背景，以智慧城市理念为线索，围绕三个主要问题展开论述：

①智慧城市理念对城市空间格局的影响；

②硬科技产业园区的产业特征和设计导向；

③智慧城市理念对硬科技产业园区景观设计的指导作用。

同时结合场地现状和未来运行机制，运用分析和实践的方法，多学科、多角度、多层次地展开讨论，探索硬科技产业园区在产业特征、空间格局、景观规划等方面的创新点，并结合智慧城市理念，寻找两者有机结合的可能性。在此基础上，通过梳理北京通州硬科技产业园区交互性景观设计的思路，剖析智慧城市相关理论在园区景观设计过程当中的指导与应用，提升相关实践资料的指导性与实用性，为同类科技园区的规划、建筑、景观的综合性设计提供实践上的借鉴与启迪，统筹未来时期城市硬科技园区的综合性景观规划与发展。

（3）导师指导记录

王铁老师：我先做一个简单的介绍。赵雪岑同学参加这个项目之后，我们把相关的资料一起做了沟通。作为研究生的她能够在中建公司参与到这个项目是很幸运的，因为中建在北京旧城改造中能获得这个项目，确实具有非常强的实力，并作为课题带给学生的机会非常难得，我们也很珍惜。

　　针对这个课题我认为要打开思路，不能用工业化时代的头脑去分析未来智能化时代的事情。所以从参考书目来讲，无论是国内的、国外的，都不要选十年前的；要选择近三年的，再往前的书目参考价值不大。因为前人的经验不涉及人工智能。

　　在方向思考上我们沟通了至少三次，讨论如何处理项目中的问题。现阶段你不一定能解决这些现状，但你只要发现问题、敢提出来，这就是你的成果，这是最重要的。我也在引导她发现问题，至于怎么去研究？随着学理化的增长，或在未来的工作、生活中，包括利用这次共同指导的机会，都可能丰富学生的研究维度，也能有所收获。这就是课题的价值。我也希望通过这个平台，让学生做得更加具有想象力，对未来有畅想。当然，我们的项目毕竟是要实实在在的，它涉及投资以及规定的时间范围内必须要完成的任务，因此，不可能依赖我们设计研究的这些成果。但是，我们不能对未来没有想象。比如什么是智慧景观？这是未来社会中必须有的，而且它绝对不是现在我们所看到的，就像她刚在ppt里展示的，现在大家都在做的那些关于未来的形式，我认为不一定是那样。未来智慧城市的景观可能完全是一个可变的系统。例如：公共场所的椅子在平时不需要的时候它不会出现，当你需要时可能只要用手机去扫一下二维码，它就生成出现了，用完之后再刷一下它就回去了，这对于环境和维护方面都是有益的。这样的设计能看到真正与自然和人工智能结合在一起，而不是我们现在设计一个固定的东西，永远放在这里的，从各方面都缺乏智能科学的含量。所以，从这个角度就说明未来智能化时代就是靠科技。

　　因此要敢于想象，就像一个自动化系统一样，绝对不是出自于传统的概念，应该是一个新概念。希望在结题的时候能够看到这些孩子们丰富的想象力，畅想未来科技化的城市是什么样的，而不是单纯从传统审美价值观去思考这个设计多么漂亮，这就是我这次给她提出来的要求。经过几次梳理，我发现她今天的汇报还不错，很清晰。我一再强调简练，她现在基本做到了把自己要说的说清楚了，剩下就是看导师们如何能让她的设计更丰富，让她能走上一个正确的研究方向，并且让她有信心。

　　张宇锋老师：赵雪岑这个开题我觉得非常好，实际上她的开题中有几个关键词：第一是智慧城市，第二是交互性，第三是人与智慧城市的融合，人与未来科技在这个项目中的体现。王老师说得特别好，做项目研究不一定最后按照成果去实现；研究的思路、想法完全可以想得更远一点，走得更超前一些。让人和城市、人和景观更好地交互、互动。实际上智慧城市、智慧理念的提出也是在过去基础上的一种拔高。这个项目我们也希望把它做成未来在北京具有引领价值的高地，也希望项目能够奔着设计大奖的目标去完成，并具有前瞻性和引领性。

　　潘召南老师：赵雪岑同学的选题非常好。在这里面我要提几个问题供你思考。

　　第一，关于选题的方向。你的选题是论文还是设计？如果两个的题目都是一样的，那么在侧重点上你应该有所区分。因为论文是从理论的角度去提炼你在设计过程中的思考；而设计是从这个项目区域内去探索景观与整个环境协调性和整体性。所以，你的研究工作展开是在不同的目标下进行的。因此，我认为这两部分你需要做一个区分。论文你侧重于哪些方面？再去展开研究主要思考的理论点在哪些方面？设计你主要是针对什么来做的？交互性景观在哪一个区域更好？

　　第二，不管是设计还是论文，你的标题文字过于冗长，有25个字，是一口气念不完的。而且里面包含了很多个关键词。"智慧城市理念"应该要好好思考一下这个理念是从何而来？它的内涵是什么？一般有一种思想的提出叫作理念，所以它的提出是否是符合要求？"硬科技产业园"硬科技和软科技到底是什么定义需要明确，有了硬科技就要回应软科技是什么？还有"互动性景观"，这个概念基本上是确定的。所以，在逻辑上要把标题提炼得非常清晰，标题都很模糊，不管是做设计还是做研究都会出现方向性的问题，因为你没法更精确地聚焦到某个点上去展开你的思考和研究工作。

第三，这些框架主要是针对这个产业园区，主要研究的是交互性景观。那么对于这个交互性景观，尤其是你设置的智能城市作为前提，这些都是面向未来的。虽然针对的场地是一个工业化时代的环境，但是你要做的设计是智能化时代的目标。因此，对于历史性的梳理和对于未来的想象，我认为你应该有所侧重，针对未来。那么对于它的现状了解可能更多的是对于场地的调研，包括场地的条件、空间、厂房等，你不可能把厂房完全拆除再重新建，这就没有意义了。旧厂房和未来之间有什么样的联系？从早期工业化时期的基础性工业——铝厂，然后走到未来。现在还有很多不确定的因素，就是未来智慧时代还需要什么样的产业特征，园区里面的景观特色如何去体现、传统工业和高科技怎样更好地结合？你对未来的理解是什么？你对智慧城市以及互动性景观的理解是什么？主要研究交互性景观的特点，功能如何与人在两者之间的交互方式？人和环境如何对话？我觉得在这一些问题上需要展开想象。

我觉得王铁老师有一点说得非常好，就是对选择书、资料和文献的要求。其实你最主要是面向未来，你不是做历史性文献的整理，也不是去做一个传统街区、古镇等，你需要从传统文化和历史文化中去梳理。你做的东西以前是没有的，所以你对文献的参考和阅读应该是最前沿的。

余毅老师：我觉得标题不够清晰。但内容梳理挺好，很清晰。如果从研究选题来讲的话，题目需要好好压缩一下，题目前半部分的东西要整理。主要的重点在后面——交互性景观。其次，你提到的交互性景观设计和此老工业基地的改造项目基地之间存在一定的冲突，可以做一个重点研究。旧工业的东西到底是保留还是废弃还是好好利用；这个跟交互性景观有什么契合需要说明。汇报中有很多插图体现交互性景观未来的一些形式，但没有看到你对老工业环境的改造意向是什么？

张月老师：这个题目很有挑战性，我同意刚刚潘老师说的题目需要精简一下。针对标题我有两点建议。第一是"Smart City"，也就是智慧城市有些不清晰。我能理解你是想从这里面找一些有意思的东西，作出一些新的东西来，反而后面的概念"交互性景观"没什么特别的新意。如果从交互性景观这个概念来讲，从20世纪70年代就有，就是借助各种媒体技术、各种新的电子技术做交互的案例很多。但是要与智慧城市概念融在一起，跟智慧城市本身的系统有某种关联性，确实有挑战。挑战性在于，就我理解的对智慧城市的认知大部分是隐性的，可能都是在城市背后，当别人告诉你这个运用了什么技术、什么理念、在什么系统上提供了更智能的解决方案时，你才知道原来这个城市里有好多这样的手段。大部分技术性的东西不一定在外部得以直观的体现，但你的景观是表现性的，这两个之间不太好整合。对智慧城市中许多是技术性的条件在汇报中也提到对技术的不了解，这其实就是学艺术的同学学科背景的不足，这是最大的挑战性。

如果想要找到容易的切入点，其实智慧城市这点不必太过于用力，因为你本身也不擅长。这部分就是跟设计院对接，确实这个园区将来有可能就是凭技术实现的，你不用在这个方面下很多功夫，因为这不是你擅长的。我觉得你应该把智慧城市的某一个想法（某一点），通过景观这种显性的方式让别人能够感受到，这个是你应该去考虑的。也就是说你的重点不在

Smart City，而是把智慧城市中的某些点用景观的方法把它表达出来，把这个做好就够了。

黄红春老师：我简单做一个分享。就像王铁老师说的这样，我们做什么设计如果脱离开科技，可能就失去了核心，但是我们一旦去触碰它，可能就存在很多问题。所以这个项目，包括我们这个研究生工作站，从实践到研究理论的过程分享一点方法，也就是我总结实际经验后形成的理论框架。

第一个界定，我认为在整个研究过程中，要做一系列的界定，包括刚才所有老师讲的。界定的是你的研究范围和目标，在你的选题下要怎么样去收小一点，小到你能去做、你能去研究的范围。

第二个界定，是对研究内容的界定。包括我们看到你的框架里很多的内容，甚至交互性景观里面也有大地艺术、公共艺术、装置艺术；其实里面的每一个点只需要聚焦做好其中一个就行。所以这个研究内容还包括一个度，就是你提到的智慧城市，一旦开始触碰这个点，就会存在刚刚三位老师提的问题，在科技和艺术方向你能走哪一步、你能把握到怎样的程度，一旦做智慧、科技这种技术性的设计时，就要界定你介入的范围，不然你可能做不下去。所以，这不单单是从题目上思考的问题，从你开始的研究背景和前期概念上就应该归纳到你力所能及的范围。

第三个界定，是研究方法的界定，研究方法界定比如：你是要做实验性的方法还是要做一个设计实践，或者说你要参与到科技的哪个部分、介入到哪个部分。你也一定要做界定。因为也会有一个部分你不能完成的内容。

所以，这是一个系统性的工程，在做一个理论研究的时候，一开始就该把这一系列的事情弄清楚，最后你能够根据你的目标把内容框架建立起来，能够让你顺利地进行下去。

13. 四川美术学院 – 荣振霆

学生：荣振霆(Rong Zhenting)

四川美术学院(Sichuan Fina Arts Institute)

企业导师：张宇锋（Zhang Yufeng）

校内导师：余毅(Yu Yi)

（1）选题题目：旧工业遗址功能性改造与景观设计研究

（2）对选题的了解："工业遗址"可以被概括为人类工业活动的遗迹，具有工业生产活动的残存物，并具有一定的区域范围。同时，工业遗址还具有历史、审美、科学技术、文化等方面的普遍价值。

（3）研究问题：旧工业厂房的改造何去何从？

（4）关键词释义：工业厂区主要是指用于工业生产过程中的提供人们从事生产活动的劳动场所，它包括工作车间、辅助用房及其配套附属设施。旧工业厂区相对于城市新建的工业产业园区而言，从时间顺序进行定义，与"新"相对，代表以往的工业厂区。文章中所研究的旧工业厂区是指济南地域范围内，因城市化进程、经济发展等因素已失去原本使用价值的工业厂区。

（5）导师指导记录

张宇锋老师："工业遗址"可以被概括为人类工业活动的遗迹，是工业生产活动的物质遗产，并具有一定的区域范围。同时，工业遗址还具有历史、审美、科学技术、文化等方面的普遍价值。这些内容共同作用，协调发展，才能实现工业遗址的再利用。所以这个学生的选题很有意义，值得深入研究。可以结合实际项目展开研究。

王铁老师：这个选题已经成了老生常谈的话题，但是题目"工业遗址功能性改造及景观设计研究"太过宽泛，没有创新点和立足点。可以从某一角度入手，深度剖析其内在价值和意义。

潘召南老师：听了你的汇报，我给你总结了一下相关问题，希望你回去后可以好好调整。第一，你所谓的功能性是指什么？你要改的是什么功能？而且你缺乏功能定位，你要改造的目的是什么？你的改造有哪些要求？这些并没有体现在你的汇报中。第二，你题目中的景观设计范围很大，这里具体指的是什么？设计定位没有明确。景观设计的具体措施没有写出来。第三，文献支撑部分薄弱，做研究要有足够的理论基础积累。

余毅老师：首先工业遗址改造早在很多年前就已经开始了，所以你的这个课题一定要具有研究意义，否则课题不会超过现有的水平。所以，需要后期进行详细的梳理，想明白你为什么做这个，你要怎么做这个课题。

黄红春老师：听了各位老师的评价，我对此也受益匪浅，这是我今年第一次参加北京工作站的汇报会议，我觉得是非常有意义的事情。学生们借助企业的实际项目进行设计研究，可以更好地帮助大家提前适应企业。我之前在上海也在做类似的工业遗址改造，我说一下我对你汇报的反馈，现在做设计一定是基于一定的数据支持，设计才能顺利进行，所以我建议你多看些实际案例，并且从中获取一些数据支持，这样才能更准确地做出判断，对你今后的设计更有帮助。

14. 四川美术学院 – 何嘉怡

学生：何嘉怡（He Jiayi）

四川美术学院（Sichuan Fine Art Institute）

企业导师：张宇锋（Zhang Yufeng）

校内导师：潘召南（Pan Zhaonan）

（1）选题名称：旧工业遗址建筑室内空间改造研究与应用

（2）对选题的了解：随着中国城市化的飞速发展，工业老城区逐渐衰落，许多旧工业建筑在长时间闲置后，面临着"拆毁"、"重建"的命运，对工业遗产在拆与保、遗弃与利用之间存在着激烈的碰撞，秉承着可持续发展的战略，将其赋予新的功能和意义。特别是在北京，北京曾是中华人民共和国成立后的重要工业城市，也是改革开放后工业转型发展的代表性城市，许多工厂的停产或者搬离，遗留下那些空洞洞的工业建筑，北京的工业遗产保护与利用得到社会关注，会是中国现代工业遗产保护与改造的典型实例。越来越多的人意识到保留工业遗产的重要性，如何保留与改造工业遗产成了我们值得探讨的问题。

（3）研究问题：①如何保留与利用旧工业建筑。②办公空间与旧工业建筑如何结合。

（4）关键词释义

①旧工业建筑：由于经济的转型和传统工业的衰退，失去原有生产功能的原因，工厂倒闭。或者因为环境问题的日益严重，城市改造中一般会选择将工厂向城市外转移所闲置的工业建筑。但其建筑具有良好的结构、高大开敞的空间决定在失去生产功能后能够通过设计改造其他用途。

②办公空间：指能满足人们工作的空间。

（5）导师指导记录

潘召南老师：何嘉怡在选定研究工业遗址时，张总拿了几个项目来让他们根据自己的兴趣点进行选择，最终确定自己研究的对象。何嘉怡和其他两位同学一样选择了工业遗址，而她是从室内这个角度来切入。毕竟铝厂把原来老旧的机器搬出去以后，新的产业注入和之前的功能是有冲突的，这个冲突不仅仅是视觉方面，更多是在空间使用方面。在整个工作流程、空间要求上都会有冲突。原来那些蒸汽锅炉、生产空间、流程流线，完全是按照生产要求来形成的，置换以后，以前的功能在今天的使用要求上肯定会产生冲突。但是，我们怎么考虑进入并改变这个空间？首先，在使用上要提出明确的目标。这个空间是拿来干什么的？新的功能改造要求空间在新的功能条件下展开，即使是集成办公空间，它是以什么办公性质为主体，这是定位的问题。我们的研究要有一个目标性，到底研究它的哪个地方、哪个部分，而不是任意把它扔到这个空间里，它是一个针对性和目标性很强的工作，所以在设计的过程中要更加具体。当然今天只是个开题，还是有些不太规范，我当时之所以没有提出来，是想今天在你陈述的时候可以借此机会听听其他老师的意见，想了解你前期做了些什么，对项目了解到怎样的程度。

张宇锋老师：你的研究课题是旧厂房的室内空间改造。你需要清楚改造为了什么？谁来进驻？谁来用？怎么用？这个需要你对未来产业更新有所了解，需要你去了解园区相关的企业情况。

张月老师：这个选题其实和前面两位同学有点相似，我认为这个选题不好做。从项目的特征理解，园区相当于房东，入驻前没法确定进驻的是哪些企业，因此，存在许多不确定因素。不可能根据哪个企业入驻就按照哪个企业来改，它必须有自己既定的要求，从这个角度理解，你所设计的不是具体企业，而是厂房的公共区域。不要在意它入驻什么企业，而是你以什么样的策略来改造这个园区，而这个策略不一定是和用户产生直接的关系。比如：园区想要打造成公共交互园区，那么建筑外表怎么做，建筑里面的空间怎么打造。改造的方向或者可以从城市的理念和社区的理念出发。你可能提出一个想法，而对于这个想法的提出就会涉及一系列的功能配套。

　　余毅老师：目前旧工业改造已经有很多案例了。就目前这个选题目来说，能不能再具体化一点，这个选题有点不太明确，空间性质是什么？是什么室内？要明确目标才能继续下去。

　　王铁老师：做任何事情要先感动自己，才能感动别人，这场戏你要如何感动别人。设计项是一个共享空间的概念，但是不知道客户的潜在需求是什么？未来是什么？还要保留场地上的历史痕迹。

15. 四川美术学院 – 陈心宇

学生：陈心宇（Chen Xinyu）

四川美术学院（Sichuan Fine Arts Institute）

企业导师：张宇锋（Zhang Yufeng）

校内导师：赵宇（Zhao Yu）

　　（1）选题名称：中式装饰元素在航站楼酒店的差异化设计中的应用研究

　　（2）对选题的了解：航站楼是机场的交通枢纽，周边因人流聚集而产生集聚效应，具有天然的增长基因。作为交通枢纽的重要配套，新中式酒店是完善大兴国际机场不可或缺的服务载体，并承接商务、旅游、中转等多类型用户的多样化需求，并向世界各国游客展现中国设计和中国文化。

　　（3）研究问题：①如何以中式风格的差异性设计来凸显酒店园区特色。②航站楼的设计元素如何在现代中式酒店园区的设计中得到体现。③如何构建酒店的地域文化。④航站楼文化、酒店文化、传统文化应该如何共融。

　　（4）关键词释义

　　如何在位置的便利性之外赋予航站楼酒店庭院更多价值点，形成酒店在运营方面的特色，成为航站楼酒店庭院打造过程中面临的重要问题之一。

　　新中式风格的出现和流行是中国设计语言创新发展的必然，这标志着我们对传统和地域文化的反思与回归，它回应了中国的传统形式和文化历史，同时是中国社会在当代世界找回自我的诉求。

　　（5）导师指导记录

　　赵宇老师：①设计要做回路，最终要回归目的，而不是无限发散。②论文题目中的核心关键词"差异化"设计是指什么？与什么有"差异化"需要界定。③方案设计核心是新中式。④新中式的产生和提出，核心的表达模式需要梳理，梳理好利用和创新之处。⑤新中式的差异化设计，这个概念的产生、提出，其作品表现、作用，及其相对其他新中式景观的突破之处是此次课题要重点研究的对象。⑥克服紧张的情绪，汇报的时候要放松心态。

张宇锋老师：①设计应该抓住航站楼的特性和属性。②北方风大且干旱少雨，景观中的水景该如何去设计和体现？水如果作为主题，应该用什么样的形式来表达？③中式庭院景观要解决具体问题：体现传统人文思想，比如天人合一，道法自然。

余毅老师：①项目地处大兴机场，需要考虑景观的地域性，当地的气候、文化，设计中可以考虑北方园林的设计元素，不仅限于参考江南园林，北方园林也非常适合这次课题。②目前我们没有把新中式明确到一个成熟的定义，对新中式景观的理解和研究，可以从某个来源入手，比如传统和现代的结合作为切入点，再进入主题展开设计。

四川美术学院校企联合培养研究生工作站（北京第二期）开题论证会研究生选题汇报

四川美术学院校企联合培养研究生工作站（深圳第六期）中期检查暨教学成果研讨会

北京工作站开题检查圆满结束。十余位导师和专家对四位研究生的研究选题，每人用了一个小时左右的时间进行针对性的讨论，学生接收的信息量很大，可谓真正的精英式培养。第二天老师们一早返回学校，结束了此次马不停蹄的四天两地工作站开题检查。这次检查对学生们是一个重要的学习机会，不仅使他们能获得来自不同角度的专家指导，还能为下一步研究的推进得到良好的建议。开题检查对参与的导师们是一次体力的考验，尤其是连续参加两次检查指导工作。本届因加入了一名中央美术学院环境设计专业的研究生，增加了学生之间相互学习、比较的条件。在不同教学环境下培养的学生自然带有明显的各自学院的特征，在研究方法和阅读量上，中央美术学院的同学优势明显，这对其他三位四川美术学院的同学是一种很大的触动，有益于他们在后续研究中改进方法，增加知识储备。

从第六期开始，我们已经要求研究生将每一次的检查指导过程做全程记录，几乎每一位学生都得到四位以上导师的点评和建议，这是工作站联合培养的特色和成果，也是工作站教学课程中的重要内容之一。在两地工作站持续一年的联合培养期间，四种不同方式"四堂"的指导构成了这个培养平台的教学特色：一是"企业课堂"，进入企业跟随工作站导师开展实际项目研究学习；二是"共享学堂"，两次阶段性培养进度汇报和针对研究论文与项目设计情况进行评价指导；三是"导师讲堂"，十余位企业导师开设的专题进行教学；四是"网络课堂"返校后的每月两次定期网络视频研究情况汇报与联合指导。通过四个不同方式的培养教学，为研究生的进站学习开设了有别于在校课堂中的知识获取方式，也开创了中国设计学科"跨区域、跨行业、跨校际"

研究生教育教学的全新模式。将持续 6 年的工作站联合培养的方法探索和经验总结，进行整理凝练，作为教学方式的特色创新案例和新的课程体系汇编出版，以供同行分享借鉴。

中期汇报（共享课堂）

四川美术学院校企联合培养研究生工作站（深圳第六期）中期检查导师指导

四川美术学院校企联合培养研究生工作站（深圳第六期）中期检查校企导师合影

2019 年 12 月 14 日，一年一度的两地工作站中期培养情况检查又开始了，各地各校的老师们放下周末休息时间，又奔向自己学生去学习的地方——深圳。上次开题检查邀请了学校彭林权副院长，这次中期检查我们邀请焦兴涛副院长参加会议，焦兴涛副院长分管研究生工作，虽然到异地工作站检查研究生的培养教学是职责所在，但能够周末出差也是对联合培养工作的鼓励和支持。

12 月 14 日晚上，大部分老师都到达深圳，当地四川美术学院校友会的负责人得知学校老师们来了非常高兴，邀请大家晚上到街边的大排档一聚。现在虽是初冬，本应寒气逼人，但深圳毕竟是南方城市，二十几度，风清气爽。一大群久未相见的师生汇聚一堂，啤酒、凉菜很是惬意。陈雨是 99 级四川美术学院环艺专业的学生，也是我们教过的弟子。他是重庆人，毕业后到深圳工作至今 20 年，发展得很好，现在是校友会的负责人之一，也是深圳上市公司设计院的副院长，做过许多重大项目，对学校研究生工作站很支持。聚会虽然有部分外校老师，但在他热情的张罗下，气氛很快便熟络起来。若不是有第二天的工作压力，真不知道这场欢聚何时终结。

第二天一早，梓人环境设计有限公司总裁助理小黄和其他工作人员已经到位，将会议安排得井井有条，所需的摄影、摄像、交通指示、电子显示屏、电脑、横幅、纸笔以及茶点等服务一应俱全。从企业的执行力就能看出公司的管理能力。学生们也早早协助公司做好准备工作，将各自汇报的文件提前拷贝到电脑上，老师们经过一夜修整，精神状态不错，陆续进入会场，准备中期检查会议。

会议主持人由赵宇老师担任。首先焦兴涛副院长代表学校了解工作站培养情况，在他作了简短的致辞后中期检查汇报正式开始。

深圳工作站中期答辩情况

1. 天津美术学院 – 杨海龙

（1）选题名称：城市近郊乡村运动休闲景观设计研究——以赣州市章贡区埠上村运动休闲旅游景观设计为例

（2）对选题的了解：随着社会的发展，国家的经济实力越来越强，人民的生活水平也在不断提升，我国的国情也发生了一些改变。人对于绿色健康的生活方式有了一定的追求，城镇化的进程在加快，这也给乡村产生了很大影响。在这个阶段中很多乡村变成了城市，人们的活动空间开始被钢筋混凝土所包围，这个时候人们开始逐渐关注生态，关注周边环境，人们不再盲目扩张，而是努力寻找与城市乡村共存的新模式。

（3）研究问题：①如何解决城市与乡村在发展过程中存在的矛盾问题？②如何在城市中构建一个健康的生活方式？③环境的变化对人心理以及生理的影响。④运动休闲城镇所承载的功能主要是什么？⑤怎样去规划和布局运动休闲活动？⑥城市和乡村的和谐相处模式。

（4）关键词释意：环境心理是指人作为环境心理的主体，对周边环境存在的感知。

（5）导师指导记录

张青老师：我希望学生先分析项目，不要因设置结果而找结果。所以他前面讲的更多的是资源和各方面分析，对于分析的成果和分析的要点还不是很充足。第一，汇报上来看还要再优化。题目是论文的一种方向，需要设置在二、三线城市的近郊，落脚点是针对点状供地的政策，在这样的情况下出现可能增长性的空间，那么针对这些不同的地块，做了这样的建设定位。

彭军老师：张老师给出的课题非常具有现实性，在调研的过程中学生反映的是认真、积极的，反馈的当地村干部对项目的情况，跟学生上课得到知识不太一样。首先，你提出二、三线城市。那么你要阐述一下它的概念，以及一线城市跟二、三线城市的区别。老师提供给你的信息要消化，而不是拿过来就说。其次，怎么把调研跟当地的诉求结合，在尊重的前提下用你的专业方法有针对性地进行设计，去提升。

赵宇老师：论文的标题有点宽泛，是二线还是三线城市需要区别。发展模式与路径探索，是一个模式或者一个路径需要说明。点状供地的设计对策挺好的，利用好它，让它在乡村怎么发挥作用。设计前期工作做得很好，但分析了这些需要提出你的结论。

周炯焱老师：论文与设计需要明确，是做一个乡村的规划设计还是空间规划设计，若从改变乡村整个产业上来考虑范围太大，同时对乡村产业模式进行研究，学生目前的知识结构无法达到。

周维娜老师：多从研究的目的和设计方面去考虑问题，论文一定要提出论点，并围绕论点来进行论证。"美丽乡村"、"农旅"、"生态花园"太多关键词了，应该围绕你的标题来写，不然就是答非所问。建议标题要根据你的发展策略来拟定，把发展策略作为一个背景，并结合景观设计，在乡村近郊模式背景下的景观设计研究。

张青老师：学生急于出成果，对于分析有点缺乏。希望自己多分析得出答案，不希望拿着答案去做思考。先把数据分出来，方向定下来。

周维娜老师：也不一定是景观方向的。比如：田园综合体，提出什么观点。

潘召南老师：在设计中会遇到很多现实问题，你的研究和课题建立在一个客观的条件上。跟在学校沿用这样一个虚拟的课题来做不一样。学校和企业之间的区别在于实践和虚拟的课题方法是完全不一样的，所以抓紧做设计。研究跨越到其他领域是可以结合，但是要有切合点以及知识关联，不要同你的学科没有关系。

2. 西安美术学院 – 解颜琳

西安美术学院解颜琳作中期汇报

（1）选题名称：城市枢纽公共空间慢行系统景观设计——以深圳超级总部基地中央绿轴景观设计为例

（2）对选题的了解：随着城市开放、多维复合的特性不断增长，在土地、资源、能源有限的背景下，本文从城市枢纽空间景观环境出发，分析总结当前国内外发展模式和趋势。在此基础上选定深圳超级总部基地进行走访调研，总结其基本空间结构和社会结构现状与特征，探讨慢行系统与多维复合城市空间功能的关系，提出城市枢纽公共空间慢行景观系统四个层面，从城市关系角度梳理道路层级、景观互动的可能性、自然生态的城市景观系统、人群生活方式的设想进行设计。

（3）研究问题：①如何利用开敞的公共空间，打破两点一线的固化模式。②快慢交通冲突，慢行主体行路难？③道路空间使用简单化？城市区域与周边道路网络功能不明确？④人本尺度的缺失？如何增强公共交往与互动，增强人群心理健康？

（4）关键词释义

①慢行系统：慢行系统是连接与生活、娱乐、交往紧密相关的空间，提供丰富多样的出行体验，隐含着公平和谐、以人为本和绿色发展的理念，慢行系统的发展关系到整个城市的发展，直接影响人们的日常生活和出行。

②城市枢纽：城市枢纽是未来城市将围绕中央商务区基于交通站点形成一系列工作、生活、休闲的枢纽网，具有高密度、多维复合、高适应性、多平台拆分的功能。

（5）导师指导记录

周维娜老师：①对研究课题要有所侧重，明确是在做景观系统还是交通系统，把课题具体落到某个小点，再深化。②论文角度要明确路径，明确选题价值，复杂性和矛盾点在哪里。③从分析层面明确慢行系统与复合城市空间功能的关系以及与生态城市的关系。

张青老师：①对数据分析和问题的指向性分析不够明确，要进一步问题深化和疏导。②对为什么要做，做什么东西，解决矛盾点，落实深化。③对于选题要提出方法论和前瞻性，从前期、中期、未来对选题进行一个系统的分析和设想。

彭军老师：①研究定位要准确，是在做城市枢纽还是城市商务中心区？②明确后针对人群进行功能分析，流线指向分析。③梳理交通的"快"和人行"慢"之间的关系。

琚宾老师：逻辑指向要分析准确，数据要严谨，环环相扣。

赵宇老师：①借鉴参考案例和实地考察案例进行广泛的学习，总结成功经验和失败教训，来印证城市慢行系统理论以及对慢性系统的认知。②在设计的视野上，要当代性和国际化并行，并进行相关概念的陈述。

潘召南老师：日本相关的轨道交通案例，TOD 项目多进行参考、比较、学习。设计道路的关系分析要印证慢性系统理论，并回应场所定位。

两次汇报对比调整：

① TOD 模式，以规划开发为导向范围太大，没有明确的规范和定位，景观层面没有明确的研究资料依据，选题不好深入研究。因此，论文选题内容进行整体上的缩小和精准，明确选题问题，将"整体性的 TOD 开发模式的景观探索"更改为"枢纽空间的人居慢行景观空间探索"。

②明确选题的专业性层面定位为景观设计，是一个针对"人"的移动空间感受的枢纽景观设计。

③对城市生态环境和人居公共空间交通模式两条线路的把控进行交叉，形成线索碰撞，最终发展成为创新点。

④对选题问题细致化。例如：大规模的人居交通组织问题定位为慢行交通空间组织问题；城市空间问题定位为枢纽空间问题；景观尺度定位为慢行复合景观探索。

3. 四川大学 – 李梦诗

（1）选题名称：两栖生活方式下的居住空间设计探索

（2）对选题的了解：高速交通和移动通信技术的进步，让"距离"不再是阻碍，城市与乡村、定居与旅行、工作与生活不再是完全对立的概念，为居所的选址提供了更多的可能。越来越多的城市人选择离开"城市"，来到"乡村"，这种城、乡之间的两栖，不仅是对居所选址的转变，更是个体对生活方式的主动选择——为了开启不寻常的日常生活体验。两栖生活方式下的居住空间以情感设计为基本手段，以精神居所为设计目标，尝试调和外在生活方式与内在精神生活的冲突，并探索对空心村、乡村传统互助关系的瓦解等社会问题在微观的解决途径。

（3）研究问题：①两栖人群出现的原因、特征及影响。②两栖生活方式对居住空间的影响。③两栖生活方式下的居住空间特征。④两栖生活方式下的居住空间设计探索。

（4）导师指导记录

何潇宁老师：①梦诗的进步很大，她将这种生活方式和需求进行了梳理，并与空间的内在逻辑性建立联系。②我们在沟通的过程中，梦诗其实提出了"第二居所"，在我们探讨的过程中觉得这个概念比较贴切。③我认为第二居所与第一居所相比较，第二居所应有很强的"温度"在里面，在这一阶段的工作中她也领会到了这一层面。后续的工作我们会在具体的尺度关系上进行斟酌。

深圳梓人环境设计有限公司总监颜政为学生作中期检查指导

周炯焱老师：①这个选题很适合李梦诗做，因为她之前的一些研究和学习也与此相关，这段时间做的东西也比较沉得下心。②"两栖生活"这个概念目前在我国虽然有很多案例，但理论研究成果并不多，为后期写作带来一定困难。③应该更多从生活方式入手做空间，更多是关于人如何在这个空间中生活。应该去探讨外地人与本地人的关系、室内空间与大理大环境的关系、深圳与大理的关系（从现代城市到原始村落、从现代生活到原生态生活、从独立封闭的公寓楼生活到开放的村落住宅生活），关系的不断转变就是我们说的"两栖"。④业主作家公众号的心路历程也可以作为室内空间设计的参考。

孙乐刚老师：①李梦诗同学的逻辑思维比较严谨，讲述深入浅出。②"第二居所"可以再更详细地解析，例如：家庭人员构成、需求，以及空间设计是如何具体地予以回应。

张青老师：①在设计项目中存在家庭关系的转变或一些特殊原因的时候，应该再多从个人成长或心理学的角度来入手，思考如何在新的空间建立新的连接。②可以从地方文化历史的角度去了解这种文化对当地的潜在影响。③在这个家庭中不同的个体也许对公共区域的界定不同。例如：思考对于孩子成长有利的公共界定区域。如果后期要考虑运营（住宿、儿童教育、家庭成长等），这一部分更需细化。④空间的设计中可以考虑"天空"的概念，高原的天空往往给人以释怀的宽慰。

潘召南老师：①这是一个以小见大的选题，是一个值得思考、人性化的选题，虽然是做一个居住空间，但是反映了目前社会的现象、城市生活、家庭生活的问题。②家庭是社会组织的单元，可以从社会学、人类学角度去理解本选题的意义。③如何用空间的设计和组织来回应这个家庭的需求，包括修复、抚慰他们内心的缺失。

4. 四川美术学院 – 欧靖雯

因为选题范围太大，关键词概念不明确。论文结构尚模糊。太陷入具体的技术，应该结合技术和空间探讨。所以，中期汇报时对开题的题目和文章结构进行了调整。

（1）论文标题：建造技术变化下的空间呈现方式研究

（2）对选题的认识：选题主要探讨过去与当下的技术变化的空间呈现方式的演变，思考当下我国室内空间的技术与空间的未来发展趋势。并结合实际设计项目，思考或反思当下的设计方式，以促进我国建造技术对未来发展的理性认识。

（3）研究问题：①技术演进与空间建造概述。②当代技术条件下的建筑空间的呈现特征。③如何将技术结合到室内空间的设计之中。④结合具体设计案例研究探讨设计方法。

（4）关键词释义：

建造技术：建筑中的建造空间的技术。

空间呈现：建筑中空间的形态，形态是在一定条件下的表现形式和组成关系，以及包含时代的人的主观感受和社会的客观因素。

（5）导师指导记录

颜政老师：①实现的过程中如何去转化，有些内容作为因素的时候听起来是通常的文化词汇，但是在转化的时候是否可以用一些建造技术去实施它，也就是说需要理性论证。②作为商业中心或销售中心以当时的在地性未必会对未来的客户有绝对的影响力。在现代城市化的过程里面，客户不一定都是当时那些首钢的人，要考虑这个因素，在空间的打造和应用时，是否能成为一个思考的方向。

赵宇老师：①该研究题目一直在讨论之中，目前大方向是想做一个空间呈现的推演。不管是建筑、环境还是室内，它的空间跟它的技术是发生着关联的。论文涉及技术，无论是中国还是欧洲，空间形态与建造技术都发生着密切的关系，接下来还要多进行研究。②设计上应有一些新的尝试。

张青老师：①论文在讲技术改变，但是在设计上又是在讲首钢的问题，那么主要研究主题是首钢的技术制造工艺还是什么？这点一定要说清楚。②空间的呈现方式是技术和表现形式的一个主要对接点。在这里一定要针对某一方面的技术性，并从表现形式和技术性上直接转化到空间呈现中。

刘蔓老师：①技术改变和空间呈现对四川美术学院的同学是很重要的，这是一个新的课题。②技术研究一般不需要做很宽泛的研究，主要选取几个具体研究点，就是技术研究的几个方式，怎么让技术来改变空间关系。

5. 四川美术学院 – 王梓宇

四川美术学院王梓宇作汇报

（1）选题名称：彼此——风土在时尚酒店设计中的转译

（2）对选题的了解：酒店设计在历史和地域文化中的研究越来越受到重视，但是地域性表达方式的探索，挖掘风土在设计中的转译方式时缺乏思考和探究。

（3）研究问题：①如何认识传统与当代、历史与现在的关系。②现代酒店设计与风土建筑的建造特性有何差别？③酒店设计的时尚元素如何与风土结合？④如何探寻风土在酒店设计中的转译方式？

（4）关键词释义：风土为特殊地区的自然因素和人文因素影响下产生的差异性，这种差异性的内涵就是由风土体现出来的。时尚酒店作为众多酒店种类下的一个分支有特殊的存在意义，定位方式满足于部分消费者取向。彼此讲述了传统与当代、历史与现在、地域与环境的关系，通过前者将其转译为后者，是一种关系的对应，而转译则是探索这种关系的方式。

（5）导师指导记录

杨邦胜老师：我们在一起的交流不是太多，但每次都有很多的收获，他的领悟能力很强，我认为他的这个状态挺好。在座的企业导师出差会相对比较多，固定在公司的时间不会太长，这对研究生学习的主动性是一个考验，梓宇在这方面做得很好，我们找到了一种共同的工作方法，在某个节点上师生进行课题沟通。这次，选题针对风土的转译进行研究，很多设计师也在谈论这个问题，目前酒店设计对中国传统文化的探索，对地域性的研究，已经是老生常谈了。但这次我们又重拾老的话题，就是想把老话题说出新内容。因为这个话题太过宽泛，所以要浓缩到某一个地区，或者某一个特征中，我安排他去实地调研并同他说："你一定要找到项目所在地的唯一性和差异性，它绝对不是云南的，云南太大了，更不是中国的"。考察之后他抓了几个点，夯土、土坯砖、红土蓝天强烈对比的风土印象等，如果这些东西感动到你，这就是有感而发的设计，这是最具生命力的。另外，转译不是传统材料的再次利用，它应该是当代美学或者自身设计语言的转化，转化当中找到一种隐喻，一种新材料语言的再生，找到传统与当代结合的方式，所以在这方面我认为是值得肯定的。我也希望在英迪格酒店设计中，能将风土与时尚巧妙的结合，体现强烈的混搭和波普风格。所以在设计中还要考虑在品牌的基础上展开系统思考，因为这属于普者黑和英迪格，它不是一个传统意义上的民宿，一定要把英迪格的品牌特点和标准结合到你对的创新之中。最后，因为你自己对项目的理解，能做到什么程度就做到什么程度，一定是你真实的感受，最直接地将它抒发表达出来，你已经有一些创新和突破，可以再想一想如何系统地提炼，做出能感动自己的设计，由这个地方产生的一些灵感，最后呈现在你的设计中，用自己的设计方式把风土的意向表达出来。接下来的工作更多是研究酒店本身，文化的部分还要继续提炼，继续努力，期待你后期的成果，不要让老师们失望。

潘召南老师：王梓宇在杨老师的指导下，有很大的进步。首先，他能够比较深入地去思考风土和酒店之间的转换和利用的问题，这是在设计中时常都可以遇到的，风土，或者是传统，或是历史资源怎样利用的问题。但是，在关键点上怎样进行转译？这个关键词上是否能够把研究的东西体现出来是有难度的。或许我们把它简单地理解为是地域性的、民俗性的符号直接搬过来，这是最容易的。但是转译不是简单的翻译，这个需要做很深入的思考。以前我很关注焦院长的一个系列展览，叫"明天"，那个展览虽然是以雕塑为主，但我都叫研究生们去看，展览做得很当代，在材料、观念上有很大的突破，用了很多意想不到的方式，把一个通常事物，比如：木材或石材或金属对引起你按惯性的思维联想到的东西进行非常态化的改变，通过不同的思路和手法把它做成雕塑的时候，颠覆了因材料而固定了我们对某种事物的判断。比如：木雕，我们脑袋里面就会想到木雕是什么样的形象，要么是现代的，要么是传统的，按照一种方式思维定式去联想，引导你去思考对象和寻找目标。但很多同学把观念颠覆过来，他用一堆木头雕成一堆绳子，这样的转译方式从某种意义上来说是观念的颠覆，木头是硬的，绳子是软的，木头是柱状的，绳子是线状的。用木这种的材料来表达绳这种形象，软和硬之间的对比，这是一种观念的转化，它传递了一个怎样的信息，它又隐喻了什么认识，从这点的方法论上去探讨，值得你在下一步做一些研究。论文的基础是来自你的设计是怎样在风土与现实之间进行的转译，用什么手法，这是很有意义的一个探索，我希望你下一步在做设计的时候，能够着力在具体的空间再现上，不一定要把这个空间做得很炫，很酷，或者是做得很像一个设计，这些都不重要。关键是你能够把关键词非常到位地表达出来，达到你在这段时间所思考和探索的目标，我很期待你下一步怎样走下去。

张青老师：跟王梓宇同学作了一些交流和互动，他的表达不是特别多，但思考会多一点。从这个课题项目上来看，对于不同的学生，每一个个体的成长方式不同。刚才杨老师和潘老师说到了这一点，他在这样平台能够获得更多的成长机会，这是我们培养他的一个目的，有好的老师和项目对接，对他的个人成长是比较好的。至于项目表现的方面，从他个人成长上进行要求，也是值得肯定的。

赵宇老师：关键词特别重要，因为人家不看你内容就能知道你想说什么，看了关键词和标题后又能联想到内容，这个论文就是好论文，就达到了目的。刚才不知道你有认真听没有，杨邦胜老师有一句话点中了这个研究的核心，就是普者黑的地方性与酒店品牌之间的关联，我觉得这个非常有价值，之所以我们现在要到企业、要到一线设计机构里面去了解专业，刚才琚宾老师也说到，就是基于一个设计问题展开研究，杨邦胜老师说的也是基于设计需求进行问题研究，这值得重视。另外，就是你的内容核心，需要好好地体现一下。

周炯焱老师：杨老师提供了一个非常好的项目，能够在这个阶段接触这个项目是非常好的机会，在这种民族地区，设计具有时尚性的酒店，那么大的酒店在这里，对你是一个很好的锻炼机会，这次看到了你的进步。因为，去年我们在一起工作那么久对比今天你的进步还是很明显的,包括怎样去调查,怎样去思考。此外我提两点建议:第一,我觉得下次在讲述的时候,不能全部去看稿子,你全程不看我,我全程都在看你,你想想杨老师是怎样汇报方案的,你要学一下,要学会讲述,因为普者黑很有故事性,要按照一定情节性的叙事方式把故事讲述出来。第二,在论文上面,还要把风土的概念弄清楚,概念的逻辑性,包括怎样转译,转译是什么,一定要把关键词弄清楚。在这段时间里,我建议你在杨老师这里把设计做充分一些,其实我很感兴趣你的题目,正在感兴趣的时候,一张效果图就完了,在中期汇报的时候大家要把过程的东西展现出来,不能到最后就是一张效果图,其实你中间肯定做了很多过程的东西,老师更想看到你的过程,不然就不叫中期检查,叫终期答辩了。

6. 四川美术学院 – 刘祎瑶

四川美术学院刘祎瑶作中期汇报

(1)课题原名称:江南私家园林尺度在室内设计中的体现与应用——以西塘良壤酒店设计为例

修改后:江南私家园林尺度在酒店设计中的体现与应用——以西塘良壤酒店设计为例

修改原因:室内实际太局限,而酒店设计系统性较强。可以更好地将论点与之结合。

(2)研究问题:①江南私家园林的尺度探析。②江南私家园林尺度的共性与个性。③江南私家园林与酒店设计的关系。④江南私家园林尺度在酒店设计中的应用。

(3)导师意见

①研究范围应集中到具体一点;

②需对尺度进行更全面的了解;

③所研究的内容与江南私家园林尺度的关系的结合。

④案例研究应体现论点,使论文更加严谨,有骨有肉。

(4)导师指导记录

琚宾老师:①应对设计项目的历史进行深度研究分析,突出历史背景的重要性。②在对尺度的运用中,如何做到北方和南方的体量关系以及尺度关系不矛盾、不冲突。③继续深化,应在节点上做到提高含金量,建立清晰的逻辑和思考方式。

许亮老师:①园林尺度是当下设计界关注的课题及领域,应对尺度更进一步的研究。

②注意中国传统园林的影响体现在显性和隐性两个方面。（用文化线索也可以补充）

潘召南老师：①传统如何创新，不单单是设计中的美化，而是创新。②如何构建历史与现实。③确立服务对象以及环境对象即找准定位。

彭军老师：①设计和课题不必一定要相结合。②传统园林设计范围广泛，调研范围应找准重点，不能泛泛而谈。

张青老师：①中国传统园林范围广泛，从空间尺度的角度出发时应注重内涵的表现。②如何将原有的欧式建筑与中式园林相结合是后期设计的重点。

程志鹏老师：①设计不能符号化，而是应更加注重在设计尺度上。②可以阅读彭一刚老师的《园林尺度空间分析》。

赵宇老师：①应将分析转化为尺度。②汇报PPT还可以再调整，注意关键词的表达。

7. 四川美术学院 – 王艺涵

四川美术学院王艺涵作中期汇报

开题到中期修改内容："传统"和"现代"。中期进行实地考察以后，一方面从空间中传统材料的运用入手，结合实地考察情况，将地域性材料在空间中直绎、蜕变、重塑来达到传统和现代的理念。另一方面从文化展厅设计手法入手，现代技术下的数字交互、灯光照明、多媒体全息投影技术，传统展厅的模式多数产品与人没有互动联系，经过研究探索，挖掘茅台企业酒文化特点，运用科技手段将茅台企业文化进行表达。

（1）选题名称：展厅设计中传统企业文化的现代演绎——以茅台企业文化体验中心设计为例

（2）对选题的了解：茅台作为一个传统企业，其企业文化在时代背景下，茅台将在贵阳设立一个全新的、传统和现代相结合的展厅，对茅台进行新理念、新精神、新形式的表达。

（3）研究问题：①茅台文化中传统的表现方式是什么？②结合茅台企业文化应该用什么样的现代技术手段和模式在空间中表达？③识别传统企业文化与现代企业文化之间的关联性和差异性？

（4）关键词义

①传统：是历史发展继承性的表现，是世代相传下来的思想、文化、道德、风俗、艺术及行为方式等。

②企业文化：是企业生产经营和管理活动中所创造的具有企业特色的精神财富和物质形态，是推动企业发展的动力。

③现代演绎（展厅设计）：运用设计语言，通过对空间、环境的创造，借助道具设施和技术，具有信息和内容传播、引导、实现对观众心理、思想和行为产生有意识的影响。

（5）导师指导记录

潘召南老师：首先从茅台镇本身的历史中可以看到茅台酒给人的感受是特别的，茅台酒为什么受人追捧，是因为很多人喝完酒后生理反应不一样，比如说"不上头"，这就反映出人对酒的特殊体会。设计有体会和没有体会是两种全然不同的感受，酒的特征和空间的相互关联需要陈述一个怎样的故事，要把这些特点通过味觉来置换，如何达到空间效果并不是做一个效果图。既然要去陈述茅台的历史文化，不能平铺直叙地去描绘它的发展过程，演绎其中的红色文化，这样做下去和其他地方历史构成没有区别，就失去了茅台文化的意义。

所有人都知道茅台代表和象征什么。虽然展厅空间不大，但是不能像其他历史展陈馆那样只是做一堆历史文献、文字表述、图像等叙事性的东西，那就会让茅台酒这个与众不同的空间失去了意义。目前呈现的东西过于平淡，还需要更沉淀一下，再继续深化下去。

彭军老师：首先你的调研很深入，也下了很多功夫。题目中企业文化的现代演绎希望更明确，现代演绎是内容还是技术手段要说清楚。看了初步设计，展示设计是室内设计比较特殊的门类，尤其是做主题性的展馆，首先要作好脚本。每个空间，每个细节都得和内容紧密相关，要使设计仅仅适用于这个茅台的空间，需要好好思考每个空间，不能泛泛而谈。

琚宾老师：首先，考察实地都很到位，整个展厅也划分成几大块，包括空间、艺术、文化都有分类。根本问题在没有将分类后的某一个板块应该指向的内容表述清楚。比如：表现茅台在所有人心中的地位，用什么样的空间尺度去表现茅台的地位？可能应该是在茅台镇中找灵感，看了茅台的建筑，可以具有身份感，通过尺度关系转化到空间。第一，你应该具有这样的依据。第二，你是根据自我的感受指向进行的设计。

喝茅台时候的状态，他的尺度可能是在小尺度里面的游走和转换，要去寻找小尺度带来的情绪，每个展厅的中心思想和空间尺度都需要把握。空间设计不是做图像，需要用空间中的墙去营造一种空间氛围，所以不能融合空间中的尺度基于心理的转换，就把握不住导演的身份，也就不能隐性和显性地控制人物在空间的状态。虽然这些手法需要设计师多年历练才能达到，但能够继续往下做就好。

周维娜老师：①题目的研究价值到底是什么，定位有点问题，是否传统企业与现代演绎没有多大的关系，应该是展示设计中的现代演绎手法，可以以传统企业为例。②内容大纲不应该仅仅围绕茅台，更应该突出展示设计的设计观念，从设计观念去推导茅台企业展厅的现代演绎手法，这个逻辑可能更合适。

何潇宁老师：每个老师的视角是不一样的，研究性比较难深入下去，就是研究价值和空间呈现如何？如果呈现的比较顺的话接下来就可以好好进行。

孙乐刚老师：喝了茅台酒第二天，脑袋不疼、不渴、不难受，这就是茅台的感受。如果展厅的面积并不是很大，就应该抓住更值得表达的部分。而且课题定位就是传统企业，可以把喝酒的某种感受在空间中进行表达，可以从品尝酒的过程去融入空间流线，这是一条暗线，用抽象的表达来与空间某些点相融合，结合课题到空间展现，形式的、内容的还有平面布置的，这之间更需要建立一个不被传统方式包裹的另一种表达方式。设计不能仅有表现，应有灵魂的注入，使过程和结果都要融入自己的感受，不然就只是无病呻吟。

8. 四川美术学院 – 帅海莉

（1）课题名称：中期后将课题名称改为：跨专业视阈下的整体性设计研究

在开题研究框架的基础上，根据导师们的意见修改后，将研究范围缩小，去掉对大型购物中心的研究，只在酒店设计中体现这一跨专业设计的研究成果。加入两个酒店设计案例（深圳后海木棉花酒店、深圳无印良品酒店）举例说明，并将研究成果运用在实践设计中，将艺术馆与酒店结合，解释为什么选艺术馆酒店，最后将研究成果在艺术馆酒店设计中展示实践成果。

（2）导师指导记录

孙乐刚老师：这个项目位于深圳，是一个新建的项目。在研究生这个阶段，我就希望更应该大胆一点，可以不用去考虑业主是否同意或者愿意去冒这个风险，相反我觉得最可贵的一点是可以在更发散的一个角度来做一个酒店的尝试。

这个酒店和以往的酒店不同，是在尝试"去酒店化"这个部分，酒店的基本功能是保留着的，那么在基本功能以外更多的是对于人的内心感受，是人在进入酒店后一直行径到高区大堂再到房间的一条心理感受线。原本一楼入户大堂是没有经营空间的，这里只是一个人流组织的接待功能，而高区大堂才是真正的大堂。一楼大概有500多平方米，面积还是比较大的，所以在这样一个空间里，我们希望在满足基本人流组织功能以外，还是希望赋予它一定的商业可能。

对于人的感受而言，人在进入到高区大堂之前会经过这么长一段时间，就希望人在进入空间之后，在城市的喧嚣中，进入另一种自然的心态，通过空间的组合来完成这样一个心理路线，所以海莉的这一点设想我是比较赞同的，就是用这样一个方式将商业和人与整个空间产生一些新的调和后的感受和印象，我觉得这是一个很好的尝试。

还需要有客房的部分加入，因为酒店不单单是大堂，不能单独做成某一个局部的空间，应该将概念放进整个酒店，最后的平面布置我们还可以再斟酌一下。

刘蔓老师：从我的角度来看，帅海莉来到这边，我希望她跟着企业导师的思路进行课题，所以我没有太多的意见，我更希望她在企业里面体验一些在学校里学不到的东西。

刚刚讲到以什么样的方式才能够落地，以什么样的方式手段才可以达到我们想要的设计，在学校里面可能做得更多的是一种思维方式的锻炼，而在企业这里就更需要考虑怎样去落地，相对学生来说这是比较难的。我希望从这样一个课题中，她能找到自己的方向，也能为她以后的设计找到一个比较好的方法和思考的方式。

张青老师：我查了一下"阈"字，指"门槛；泛指界限或范围"，"跨专业视阈下"翻译过来是"跨专业的视线界定"或者说"边界的一个跨度"，然后再有整体设计研究，我觉得这个题目比较大。另外，你所说的跨专业是什么方式的跨专业，一个是"跨"，一个是"整体性"，我觉得在这一点上，题目太大，需要再考虑。

另外，再从艺术馆的酒店来看，对于艺术品的分类，这个面积我算了一下大概540平方米，再除去中心交通面积，那摆放的展品会因为空间、交通及展品内容都会有所限定，所以这一点上你要做细部考虑。

特别是对于艺术品，一般对于艺术品而言，更多的是针对特群客服，就是说他懂得欣赏而且懂得购买的方式，如果这样的话，这个酒店的定位、客服的定位就会决定你的展品方式。你所选择的是要有售卖者的这种故事性或者说某一个类别性来讲的话，可能是促成你所说的经营内容，或者说故事背景，又或者说是艺术内涵在里面。

在空间应用上面，我觉得你把办公空间和酒店空间已经分开了，但是你又展示了艺术品，是否可以把艺术空间的延伸和办公空间进行联系，不用决然分开，从它的视线光线上面形成一个互补。

程智鹏老师：我觉得题目接近于玄学了，包括前面有几个题目也是这样，新的词很多。设计本身就会有很多问题，包括会有很多要求，我们会做一个很宽泛的研究，作为论文的话，可能还是要把这个大的题目收回来，目前的几个题目都比较大，有不知道怎么去往下进行的感觉。我自己也会有一些困难，就是我们作为设计师出身，可能会有很多想法，定义没那么准确，但是在校老师是不是可以在这点上再进行一个准确的定义。

何潇宁老师：和前面几个题目都是这样一种感觉，就是题目和操作内容有一些脱节，我们拿出的这些实际可操作项目，和研究课题对接过后，要么过大，要么太虚。可能在我们企业导师这里，题目放开了过后，然后要回归到学校就要给它收回去，让课题和实际项目更贴切地结合到一块，才能研究出价值来，这就可能需要后期咱们的在校老师和学生再做进一步的研究。

赵宇老师：我也有同感，就是论文的题目太宽泛。有一句话说得很好，就是"题目见观点"、"题目见内容"，所以感觉这个题目不太清晰，可能题目要再好好斟酌一下。里面的内容你到底想要说的是什么？跨专业，跨的什么专业？这些可能都需要好好厘清，把它界定好，概念是什么也都要搞清楚，这样你才能写这个题目。所以说，实在不行你就换题目。

潘召南老师：实际上这就是一个酒店设计，那么酒店设计里会牵涉各种专业的跨界，这种情况很多。是一个道理、一种方法，但是并不是说我们要专门去研究这样一种现象，只是说你通过这样一种方法聚焦在某一个点上进行研究，这个才是你应该要选题立意的切入点和落脚点。而不是说把这个现象堆在这个标题下面展开，这样难以控制了。

9. 四川美术学院 – 曾韵筑

（1）课题名称：以设计师为中心的设计公司文化生态研究——以深圳梓人环境设计有限公司为例

（2）修改意见：中期检查主要修改了文章目录框架。论文第一章补充了1.2小节文献综述内容。第二章补充了中国室内设计公司的发展背景。第三章中结合设计师个人经历梳理了梓人环境设计有限公司的发展历史，梓人设计团队的协作方式与工作特征，以及设计师与客户的互动关系。同时，增加了第五章对梓人设计公司案例分析，聚焦一个典型设计案例。现阶段的问题是论文第四章中4.3小节不属于设计公司文化生态的形成要素。论文第五章不能只有设计案例的分析，设计案例应与理论印证。

（3）导师指导记录

颜政老师：公司在很长一段时间里有良好的市场、客户关系，作品普遍被如今动态的市场所肯定。在此过程中我们一直秉持不变的就是公司的方法论。无论设计怎样求新、求变，就是努力去捕捉客户内心需求，并把这种感受转化为我们要表达的形式逻辑。就是转化成形质以及具体数据、质感和光线的处理，梓人环境设计有限公司大概在十年前就展开了这样的思考和反复研究。所以面对不同的认识与空间的转换，不管技术还是材料的应用过程，都没有失去精神性的，或者是说对于设计品位的坚持。设计这件事在我们这里是把这些坚持的东西以数学、物理的方式呈现出来。值得骄傲的是对于客户的承诺，设计出来的东西从最开始的概念到最后呈现出来的实景都是一致的，这就是获得客户认可的一个重点吧。

如今，有很多中国设计师的成果值得去总结。那么拿我当小白鼠实验，我很愿意来配合她。那做到什么程度呢，因为是第一次尝试，所以希望这个事情能够做下去。

刚刚小曾提到的平衡与品位，包括方式和方法，其实就是要研究。刚刚焦院长的一句话让我心潮澎湃，因为我觉得好的设计公司，它将感觉以具体的形状转化出来，它不仅仅是一个美学的背景，怎样把感觉固化下来，设计学一定要走到这一步。国外在这方面比我们先进，因为它就是走到了一个理论的高度，设计中很多感觉化的东西，把这种感觉转化成一个具体的科学研究。我常常在我们公司讲：在客户那里这些全是故事，在我们这里全是数学和物理。甚至一个软装，它里面的质感，它的某种呈现出来的光线都应该通过计算获得结果。

潘召南老师：汇报的大体框架是不错的，梓人环境设计有限公司在行业背景中有它自己的特殊性和独特性。但是，我希望你的视角可以站得更高一点，建议你在章节里面加入你对设计行业现状的了解和认识，设计企业在这个行业的发展过程中，它所存在的理由和背景。因为你在谈生态的问题，就是一个企业生存环境的问题，而不是单单从企业自身情况来分析查找。比如说，一个人我只说从小到大，而不是一个生长的环境，这肯定是有缺陷的，理由不充分。

彭军老师：我觉得你可以利用在深圳这么好的一个时机，以颜老师的公司为一个对象，再对其他的公司进行一些了解，用比较的方法发现他们的不同之处在哪里。任何一个公司的成功，有共性的东西也有个性的东西，个性的东西可能对于研究具有更多的借鉴作用和价值。

10. 四川美术学院 – 邓千秋

（1）课题名称：酒店设计流程研究——以河南驻马店五星级酒店及会议中心设计为例

（2）中期论文框架部分，章节由六章修改为五章。将开题论文框架中的前两章内容精简到中期汇报的第一章绪论部分。以开题第四章酒店设计流程为中心，扩充为中期第二章：结合PLD工作模式对设计流程的研究。第三章为酒店室内空间设计流程分析。这两章分别是以 PLD 公司为例，分析其工作流程及优势，总结特点；概述酒店室内设计工作流程，分析设计与流程的关系。案例分析除去张家港万豪酒店，中期汇报将设计与流程的关系理论运用到对驻马店五星级酒店及会议中心设计的分析，同时从功能、动线、设计手法等方面详细说明。

（3）导师指导记录

严肃老师：对于设计方案，景观和室内的结合，千秋同学应该更加注重平面功能和动线的设计。借鉴景观里的借景，强调一下室内与景观在动线和视觉上面的关系，分析这种结构性的，而不仅仅是我们能够看到的简单的形象元素。在人的视线和动线的过程中可以结合景观的动线。

周炯炎老师：论文中的部分内容，比如酒店运营模式与酒店设计流程没有多大关系，包括酒店品牌集团、业主、设计公司需要体现出逻辑关系。

刘丽芳老师：一个酒店从完整的前期到最后落地的整个过程，做酒店设计流程这个选题的意义和价值一定得出一个结论是有助酒店的特色发展的。比如通过研究发现酒店设计的哪一个环节是最具有价值的。每个公司有不同的环节和流程，但是设计的环节是大同小异的，从前期的调研到后期的设计肯定有一个常规性的动线。对于设计公司来说，现在 5G 时代来临，我们的施工环节是不是要精简？这就是流程环节中的问题，在这个环节里面最有价值的部分是创意的部分。在一个团队里，方案设计可能只占 20% 的比例，大部分时间都是在做施工图细化，那我们通过研究发现这个部门是否可被取代，或者创意的部分是否能发挥更大的价值。

张青老师：这是一个阶段性的研究课程，通过一个流程实现成果的表达。随着技术信息多方面的进步或者调整，这些流程在不断地被优化，以前是坐马车，现在坐汽车，升级后流程就会发生改变。对于酒店类别划分，我个人觉得是有必要的，类别越来越细化，不同酒店的流程在前期可能要对类别做出分析，做出类别判定后，你才会清楚要走向哪一个流程。其次，针对现在的设计流程，要给出指导意见，一个是阶段性的流程，对未来生活的需求等。有对设计更高级别的流程考虑，一个是对设计创意带出来的价值，要指出针对流程上哪一部分提出，不同的酒店品牌对酒店的规格和房型都有要求，其他是设计公司完成，按照这个流程，酒店设计才不会偏离主题方向。在设计公司最大的价值就是创造性的价值，要认真考虑这些知名公司成功的独特之处，特别的设计流程。对于设计来说可以分为按照流程走完是怎样的设计，按照创意性流程又是怎样的设计，比较流程的关系。

潘召南老师：论文是偏设计管理方面，具体的设计最好与论文相关，论文可以聚焦到设计公司里面的流程，每个部门怎么分工协作，具体的设计里比如大堂设计，可以注重对空间的动线设计，可以是服务动线，也可以是交通动线，体现酒店的设计流程。

11. 四川美术学院 – 周诗颖

（1）课题名称：设计行业产品经理职能分析——以武汉地产公司城市展厅室内设计为例

（2）对选题的了解：市场竞争下，设计师的设计思维不能满足市场需求。通过产品经理的视角，对实际产品、用户、产品运营进行分析，综合分析后的信息，使设计人员在设计中达到收放自如。

（3）研究问题：①产品经理职能的具体内容是什么？②如何将设计行业和产品经理职能构成链接？③如何将设计行业的产品经理职能方法论用于实际项目？④如何引导用户的体验？⑤如何描述用户画像？

（4）关键词释义

产品经理职能：设计前期对用户需求的聚焦和分离后制定产品战略和发展规划；后期整合用户反馈信息参与和优化产品设计，推动项目进行。

设计公司的产品：设计项目。

（5）导师指导记录

王芳老师：表达的侧重点不够，没有说出设计中用户体验的作用及用户体验得出的结果。设计师通过理性的思考和科学的方法缩短与用户之间的距离，并对应的是用户的角度，从用户方面反映需求关系和逻辑层次，最后使设计师达到思考的整体性。对产品经理理论在设计中运用的表达需要加强，三圈能力对应三级人才提升模型的研究需要加强。

刘蔓老师：对产品经理职能体现做系统的总结。产品经理思维不同于设计思维，学生研究这一跨学科的课题需要多方面知识的学习。

张青老师：思维的转变把产品经理思维和设计融合，有一定的突破性和时代意义。可在数据和信息的推导上思考如何附加设计的价值。阅读苹果的产品设计研发案例，参考乔布斯对产品和用户需求的分析。

赵宇老师：设计和设计管理关系紧密，通过研究设计管理对设计产生的影响角度去研究是很有意义的，需要选定具体的研究角度。明确以下概念：产品、用户、产品管理，并结合这些概念联系本专业进行研究。阐述用户管理和设计之间的关系，设计如何去适应用户的管理，两者的互补性在哪里？思考如何通过用户管理做好设计？

刘丽芳老师：如今室内设计流程缺失互联网思维，不仅是P2P的，所有空间设计都是服务于人的，都需要从终端消费去分析，可能这样的精细化室内设计会成为未来的发展趋势。

又是一整天的激烈讨论和观点的碰撞，研究生们受限于自身知识面、经验和阅历的不足，面临这样的头脑风暴会暂时性地出现思维盲区，在短时间内无法消化老师们提出的意见。因此，要求每位学生都必须录音，会后进行整理，并不断地重温中期汇报中老师们提出的各种意见，结合自己的研究选题进行反思和调整。主持人多次提醒大家注意掌握时间，但师生们的交流机会实在难得。焦院长在这里认真坐了一天，我们在学校时常常一起开会，大家都知道开会是件痛苦的事情，而今天他反而稳稳地坐在那里，并积极地参与到师生的讨论中。在会议结束前，焦院长作为主管研究生教育的学校领导对此次工作站中期培养教学检查进行了总结。

焦院长发言：各位老师、各位同学们，大家好！非常开心今天可以来参加深圳工作站的中期检查，我在深圳办过很多次展览，但是我来这里还是第二次。这次中期汇报给我印象深刻，对学生而言，设计汇报的陈述要概括而全面，这是一个对你们很好的锻炼机会，可以为以后应聘或是讲解方案打下基础。其次，我认为这是一个现场，是一个中国设计前沿和创新设计教育的论坛，只不过我们没有设定论坛的主题而已。围绕着以设计项目带动研究生培养，这个主题是可以随机发展的。因为这个随机性来自于每个同学的选题和他关注的方向。这些研究方向往往能触动我们企业导师和学校导师思考，并相互碰撞出思维的火花。它提供给我们很多参照的可能性和一个触发的联想，这种方式对我来说特别有现场感。所以我个人建议，这种会议绝不仅仅是个单纯的老师们参与的教学检查讨论会，对于这样的资源太可惜了。为什么这么说呢？为什么我能在这个地方坐一天？在学校为什么做不到？是因为我们离开了各自的工作岗位，这个是非常难得的条件。我们学校的教授们，我们企业的设计师、设计总监们，能够放弃忙碌的工作坐到这个地方，就是千载难逢的好机会，而且大家都在认真地听、仔细地想。所以我们仅仅是这样真的可惜了。

因此，我建议如果有可能以后应该把会议为期一天的时间，再紧凑一点，它会产生更大的效果。比如，一位同学5分钟汇报时间，而导师提意见的时间不能用时过长，因为你们信息量很大、要求高，学生是否能理解，倒是一个问题。虽然学生非常有收获，但是导师们不堪重负。我为导师们对学生的认真负责所感动，也为工作站这样的探索而赞同。谢谢支持我们的企业导师们！谢谢参与工作站的四川美术学院和兄弟院校的导师们！望来此学习的同学们继续努力，不辜负如此难得的条件，收获更多的知识和能力！谢谢大家！

会议结束后梓人公司的颜总为师生们准备了晚餐，这次会议为同学们提供了和自己的导师在一起相处的难得机会，大家好好聊一下这几个月以来的学习经历和体会。部分老师留下来与同学们欢聚一堂，焦院长和另一部分老师则匆匆离开奔向机场、高铁站，真是让人感慨。希望这样的用心能够教育学生，潜移默化地影响他们的未来成长。因我和赵宇老师要赶往北京参加明天上午北京工作站的中期汇报，订的也是今晚的飞机票，也要去到机场，好在时间稍晚一些，可以吃点东西。但此时接到机场通知，我们的航班因北京突降暴雪被取消了，这对我们的行程影响很大。因为，第二天是周一，对于北京工作站的中建设计集团他们有严格的工作计划安排，一旦错过时间，又要重新计划，这对研究生们的学习进度有很大的影响。出站的时间快临近了，后续的学习任务、研究内容是否还有更改，都需要尽快讨论确定。为此，我们马上联系其他交通方式，争取明天一早赶到北京，好在查到两小时后有一班高铁从深圳到北京，真是天无绝人之路，赶紧订票，马上出发。

我不记得上一次坐卧铺火车是在什么时候，躺在狭窄的小床上随着火车的节奏摆动着，忽然就找到了以前赶火车的那种感觉。一夜无眠，昨天讨论的话题像一堆乱七八糟的纸牌不断在脑海中晃动。随着夜深，火车从深圳带上的温暖已在不知不

导师们赶赴北京开展北京工作站的中期检查研讨会

四川美术学院校企联合培养研究生工作站（北京第二期）中期检查暨教学成果研讨会

觉中变冷了，不得不把那床不知盖了多少人的毯子盖在身上。接近黎明，天色发灰，能见到远山和树木的影子，借助偶尔闪过的路灯的灯光，看见窗外一片银白，这是久违了的景象。此时，门突然打开，一位农村胖大妈扯着嗓子喊："起来了、起来了，做卫生了"。这一嗓子把我呆滞的头脑唤回到现实，望着她尺码不匹配的制服和肉手里拽着的巨大垃圾袋，很难将这个形象同外表整洁的高铁联系起来，似乎还在记忆中的绿皮车上。

北京终于到了，漫天的大雪依然不停地飘落，气温很低，两位同学带着司机来接我们，看到他们让我心里有了一丝暖意。由于大雪，使北京的交通严重堵塞，7点到的车站赶到中建设计集团已经快9点了，学生们带我们去公司食堂吃完早餐后，便急忙赶往会议室。所有人都到齐了，张宇锋老师和他的团队、中央美术学院的王铁老师、北京桥信公司的韩居峰老师，以及工作人员和研究生们都在会场，又开始重复昨天的故事，只是对象不同。

北京工作站中期答辩情况

汇报时间：2019年12月16日

汇报地点：北京中建设计集团会议室

12. 中央美术学院 – 赵雪岑

（1）选题名称：基于交互理论的装置性景观设计研究——以北京通州硬科技产业园区为例

设计名称：进化 N.0——漂浮的未来信息构筑体

由于开题汇报的文章框架中，重点论述的部分所提问题相对宏大、笼统，并且落脚点更多在于对智慧城市的相关理论和运用上。因此，在中期汇报的文章框架中将这部分调整成为与设计的关联性更强且更为容易把控的要点。

（2）理论要点：开题汇报的文章中理论要点较为广泛和分散，有涉及艺术的部分也有涉及程序和技术的部分，因此中期汇报的文章将理论要点聚焦于"交互"、"装置性景观"方面，与设计的衔接性更强。

（3）研究方法：开题汇报的文章中，涉及的案例分析居多；中期汇报的文章以设计的生成与分析过程为主,更具有实验性和逻辑性。

(4)研究框架:文章以北京市通州区硬科技产业园区为研究对象,以智慧城市系统的不断发展普及为背景,以交互理论作为铺垫,提出利用装置性的建筑表皮使该类科技园区的景观呈现出更为鲜明的时代特征。笔者认为,装置性的建筑表皮属于景观,并且在高科技产业园区的建设背景和交互理论的影响下,此种景观类型能够成为未来城市设计中一种新的范式。

通过对景观与装置的关系、交互设计理念实现的可能性、硬科技产业园区未来规划的问题探讨,将实践案例的分析和推演作为主要的研究方法,希望提炼出设计该类园区的一种思维方式,从而得到硬科技产业园区综合性景观设计的模式及方法,为今后该类园区的设计提供借鉴与指导,并总结相关的理论。

(5)导师指导

张宇锋老师:①抓住了"装置"和"交互"两条主线,在接下来的进度中应该继续保持。②逻辑系统中的内容略为庞杂,应该再做一下梳理。

潘召南老师:①理论研究方面:应该找到理论的源发点,或者说如何表现目前成果中所具有的根源性。②表现形式方面:找到使用某种形式的意义和原因。③景观作用方面:形式承载了哪些景观功能和作用?这种功能和作用存在的必然性和意义?④书籍收获方面:从存在主义出发,不要忽略"人"在设计中的体现。同时思考当代艺术、人文环境给设计带来的可能性以及新的研究意义。

韩居峰老师:①研究方式和方法带有很强的实验性,是基于逻辑重构和数字化研究生成的,这值得肯定。②所有的逻辑关系是基于"人"的,如果忽略了"人"的需求,设计就没有意义了。在作品中没有体现出解决人未来情感问题和环境行为问题的有效方法。③确立一个人与空间、形式的问题点和矛盾,应该从确立设计的形式和交互的出发。

赵宇老师:①在汇报中体现了"有数据、有现场、有逻辑",是值得肯定的。②数字化的研究路径应该继续。③下一阶段应该注重对现阶段成果的转换,如何把成果与使用需求有效结合起来,应该着重考虑。④关于论文,应该基于设计的分析来做。把设计的研究转化为论文的核心部分,不需要再另外建构理论,可以就是一份实验报告。

13. 四川美术学院 – 荣振霆

修改要点:经过第一次开题后,从漫无目的的旧工厂功能性改造转换为研究旧工业厂区在改造为创意产业园区后,与周围社区的关系如何调节,或是如何在满足产业园区景观功能同时,激发城市社区活力。

(1)选题题目:社区营造理念下的旧工业厂区景观设计研究——以通州区铝材厂为例

(2)对选题的了解:在旧工业厂区与社区林立的环境下,结合社区营造理念探索一条新的改造道路——利用荒废的旧工业区将其改造为社区公共空间,结合工业厂房建筑结构单一的特点,寻找与社区文化相符的契合点,建设符合地域文化特色的社区文化中心,将旧厂区以新的形式重新回归到城市发展中。

（3）研究问题：①旧工业厂房的改造何去何从？②如何用旧工业厂区的改造带动社区的发展？③文化社区的建设需要注意哪些？

（4）关键词释义

社区营造：社区营造起源于 20 世纪 60 年代西方的邻避运动和日本的造町运动，并逐渐影响到中国台湾和东南亚地区，它强调自下而上的参与性，不仅关注社区物质空间层面，同时关注社区居民归属感的培养，实现社区的共建、共治和共享。通过城市公共空间微更新能积极有效地推动社区营造，正如上海社区空间微更新计划所宣称的"关注空间重构、社区激活、生活方式转变、空间品质提升、城市魅力塑造等方面，打造更有安全感、归属感、 成绩感和幸福感的社区"。城市公共空间微更新从策划、设计到维护管理，是一个持续的渐进过程，其核心是公众参与。

工业厂区：指用于工业生产过程中的提供人们从事生产活动的劳动场所，它包括工作车间、辅助用房及其配套附属设施。旧工业厂区相对于城市新建的工业产业园区而言，从时间顺序进行定义，与"新"相对，代表原先、以往的工业厂区。文章中所研究的旧工业厂区是指济南地域范围内，因城市化进程、经济发展等因素已失去原本使用价值的工业厂区。

（5）导师指导记录

张宇锋老师：①生态是当下的社会热点问题。研究生态问题具有挑战性，这就需要更多地了解一些生态技术的相关知识。②在设计时要考虑原场地是铝材厂，同时还应该注意风格的统一。

余毅老师：①生态共生理念的提出需要注意一个问题，什么是生态和什么是共生？②在处理生态设计的同时还需注意保留原厂房的工业感。

潘召南老师：①题目中的第二个景观生态重复了，生态共生已经包含了景观生态。②生态共生这个前提范围太大，建议选择一个小点的来做，以点盖面。

赵宇老师：可以从土壤修复角度入手，重点解决一个方面的问题。

14. 四川美术学院 – 何嘉怡

修改建议："旧工业遗址建筑室内空间改造研究与应用"题目太空泛，改造什么性质的室内空间不明确。没有创新点，需要找到课题的可研究性。

（1）课题名称：共享理念下的旧厂房办公空间适应性设计研究

（2）对选题的了解：随着共享概念的出现，共享和共同使用成为主流概念。随着共享经济的发展，充电电池共享、自行车共享、汽车共享等应运而生。分享这个现代最流行的词汇，已经从一个单一的项目变成了人们的生活哲学，进而成为一种生活方式。共享理念早已深入到人们生活的各个领域，共享式的办公室也随之而生。如何在共享理念的背景下，充分体现办公室的公共空间在办公环境中的价值，是一个重要的研究课题。

四川美术学院何嘉怡作中期汇报

（3）研究问题：共享理念的适应性研究，共享理念对办公空间的影响。

（4）关键词释义

共享理念：在不同语境下，"共享"的内涵解读也不一样。"共享理念"倡导"拥有并不重要，使用创造价值"的理念。共享可以是资源共享、物品共享、虚拟共享以及信息共享等，而对于城市空间而言，"共享"空间比传统公共空间更加开放，更加包容。

适应性：生物学是最早提出"适应性"观点的，是指生物体与环境表现相适合的现象。适应性是通过长期的自然选择，需要很长时间形成。空间中适应性体现在使用人群中，是否适合不同人群的使用，一段时间内空间对于人群是否具有适应性。

（5）导师指导记录

潘召南老师：在这期间，我们已经把研究的论文以及项目从多方面进行了讨论。虽然是旧厂房的改造，但是改造一定要有明确的指向性，这个空间作为办公所用，功能的改变对空间要求自然不同。厂房的空间很大，机动性很强，针对厂房的空间特征来思考未来办公功能的空间设计，从空间的形成关系上就发生本质的改变。现在，我们要考虑入驻企业对于空间使用的要求，入住企业是什么性质我们无法预见，但作为办公环境，提供怎样安全、便捷、共享的公共环境，则是设计必须面对的问题。这个设计就是建立在空间未来改造的可能性条件下进行，而不是将设计一次性固定。因此，设计应该考虑的是前后的关系，它前期是生产性的空间，那么当功能置换成为办公空间使用时，应该思考怎样为进驻的企业留有余地？共享什么？多少家企业进驻？需要怎样的共享空间满足适应性要求？而不是把整个空间做完，你要做的是解决空间是否应变的问题。适应性不是企业自身对空间要求的最终目的，每个入驻的企业都会对空间提出要求，这点你根本不可能一一解决，不可能做主。你要解决的是把那么大的一个空间如何组织成便于众多企业进驻的空间，如何提出相关空间使用的限定性条件，以及对公共功能空间、交通系统空间作出的保障性要求，这才是你的设计要做的事。适应性是在这样的环境当中产生的，至于空间的划分需要大多的面积，那是今后在招商过程中的具体要求，每一个企业根据自己的企业情况来规定自己需要的空间面积、内部的划分以及工作的流程，所以我觉得你要做的只是公共的部分。同时你要做的研究是空间适应性的研究，让空间具有可能性和可塑性，而且还具有弹性，让入驻的企业能更好地使用它，或者可以适当对空间进行改变，有一定的灵活性，这是很值得你去研究的。还有一些技术性的发展方向，比如公共环境的智能化，服务于入驻企业，强化管理空间的共享功能，设定管理空间的具体位置，包括智能化的机房、安防系统空间等。这些空间设置在哪里？消防通道如何考虑？出入口、进入到这个空间的交通流线是否合理？怎么样才能充分利用好这个厂房？从嘉怡这个模型中，能看出她的一些想法，对楼层以及改造的思路上还要更明确。设计方案在一月份完成，时间非常紧迫，目前这个设计形式不是重点，关键是适应性。一是旧厂房是原有的现状；二是办公对这个空间的定性；三是适应性改造要满足怎样的要求。首先要对适应性进行定位，不管是做设计还是写论文，对概念形成要有明确的界定。那么改建加建、满足功能，保留原厂的特色，这是你要思考的对象和具体采取的设计方法。如何来达到适应性设计？你现在这个方案在思考的深度上还不够，还需要在设计上充分体现，不然你的研究就只是停留在表面。

张宇锋老师：我提三点。嘉怡现在的题目非常符合中建和北京对旧厂房、历史厂房的改造，北京现在有近200万平方米的空间需要去改造。她这个题目非常具有时代特色，很有可研究的内容。针对题目有几个关键词，我提几点建议：第一，既然是共享空间就不能仅仅停留在字面上；第二，如何把旧厂房这个空间对应你的研究目的、要求，要找到共享空间的共性；第三，如何找到这个适应性，不同的企业有不同的要求，科技类的、文化类的，还有一些实验类的，不能把所有的企业都做，要设定或者假设针对哪些类型，或者哪几个类型有共性的业态，设定好前置条件；第四，就是这个空间改变之后，内容非常多，你要抓住其中的重点。其实你也可以多参照一下其他共享空间的思路，去找到自己的研究点，既要抓住共性，又要拿出你自己的特色。

韩居峰老师：我说几点建议，刚才看完这个主题，首先我认为作为研究生做课题研究性很重要，落地并不那么重要。你的课题首先要有价值，要有逻辑，要让我看到课题的价值是什么，如果说你整个做完之后发现没有价值，那么我们研究和学习的过程就失去了意义。因为，只做形式、空间和流线之类，不是你现在研究的内容，未来在工作中很多这样的工作。作为研究生要掌握一种研究的方法和研究的逻辑，你的论文题目共享还有适应性。我建议你研究共享的价值，从传统的共享到未来的共享是什么？未来共享的概念理念是什么，共享的价值是什么，包括未来的科技、5G、人的行为方式的改变、人们的生活对于共享定义发生了转变等。我们要对所有的概念重新定义，其含义是什么？其价值是什么？所以概念定义是非常重要的。动词是生活方式、办公方式发生了转变。形容词就是办公空间是什么样的，其内容是什么。其次，所有的研究要有数据的支持，造型是什么？什么风格不重要，重要的是数据，你要做调研，要做研究。共享空间有多少人，人流数据，行为时间段的数据，人的功能需求数据，还有刚才潘老师说的消防安全的数据，所有的这些要有数据支撑；另外，你要研究出技术的可能性，为了实现我的共享内容找到依据，我的技术可能性是什么，这个是你研究的价值。

15. 四川美术学院 – 陈心宇

开题后对课题题目以及结构进行了修改：①航站楼酒店设计范围太大，应该缩小范围，最终定位于航站楼酒店庭院设计。

②选题上要聚焦差异化，剖析差异化。③ 参考和学习的案例要聚焦南北方经典案例，要具有代表性。

（1）课题名称：航站楼酒店庭院景观的差异化设计研究——以北京大兴国际机场维也纳酒店庭院景观设计为例

（2）对选题的了解：航站楼是机场的交通枢纽，周边因人流聚集而产生集聚效应，具有天然的增长基因。作为交通枢纽的重要配套，新中式酒店是完善大兴国际机场不可或缺的服务载体，承接商务、旅游、中转等多类型用户的多样化需求，并向世界各国游客展现中国设计和中国文化。

关键词释义：

大兴机场被称为最繁忙的艺术馆，不止因为机场本身就是一件超大型的美轮美奂的艺术品，还因为大兴机场在建设时，中国一些当代艺术家们自觉且主动为其贡献了20多组大型公共艺术作品，使大兴机场不仅成为现代高新黑科技的载体，也成为人文气息的载体。从天安门出发，中轴线向南约46公里，便是北京大兴国际机场。这里是一个特殊的地理坐标，在北京中轴线的最南端，它作为新国门，在精神气质和文化内涵上，与天安门、钟鼓楼、鸟巢遥相呼应。

（3）研究问题：①水作为设计主题，如何体现。②酒店庭院的差异性如何体现。③航站楼的设计元素如何在庭院景观园设计中得到体现。④如何构建酒店庭院景观的地域文化。⑤庭院景观的夜景照明设计。

（4）导师指导记录

赵宇老师：①是什么的差异化设计？设计应集中目标在"差异化"上。②新中式的差异化设计，这个概念的产生和提出、其作品表现、作用和突破是课题的研究重点。

张宇锋老师：①北方风大且干旱少雨，景观中的水景该如何去设计？②中式庭院景观要解决具体问题：体现人的情怀，比如天人合一，道法自然。

余毅老师：①考虑到景观的地域性，当地的气候、文化，设计中可以考虑北方园林的设计元素，不仅限于参考江南园林。②对新中式景观的理解和研究，可以从某个来源入手，比如传统和现代的联系作为切入点。

潘召南老师：①航站楼酒店作为旅客短暂停留之地，不宜把庭院设计得太沉重，应该有它的特色，应该是一个比较轻松和让人"动心"的环境氛围。②可以把中式景观的一些内容和特点限制于某个区域内，而不是全盘托出。突出中式庭院景观的整体特征。③要考虑庭院设计和酒店其他空间设计的适应性。

中期检查后对课题内容和结构进行了调整：航站楼酒店作为旅客短暂停留之地，不宜把庭院设计得太沉重，应该有它的特色，应该是一个比较轻松和让人"动心"的环境氛围。将中式景观的一些内容和特点限制于某个区域内，而不是全盘托出。中式庭院景观整体要有其主要的差异化特色。研究中考虑景观的地域性，当地的气候、文化，设计中可以考虑北方园林的设计元素，不仅限于参考江南园林。

北京工作站的联合培养中期汇报检查持续了一个上午，因为人数不多，大家都非常仔细地听，详细地交流，问题自然也

重识
"跨区域、跨校际、跨行业"研究生联合培养基地案例库建设

Reunderstanding
"Cross Regions, Cross Universities, Cross Industries"
Construction of the Case Base of Graduate Joint Training Base

四川美术学院校企联合培养研究生工作站（北京）2019—2020（第二期）中期检查报告暨实践教学研讨会

就提出不少。虽然有些问题对于研究生们来说可能难以在短期内解决，但引发思考和建立相关意识是有必要的。会后中建设计集团的工作人员安排大家在新近装修好的大厅合影留念，这对于学生们是很重要的过程，是他们学习生涯中难得的经历。由于下午忙着返回重庆，大家也都不再客套，再次去中建食堂简单吃个工作餐，借机同学生们聊点轻松的话题，而后匆匆别过。

此次检查前后四天，虽按照惯例了解指导两地研究生的学习进展情况，但却比以往经历了一些不可预料的事情，登机后才感到疲惫不堪，想必其他老师也会是这样。中期检查的结束标志着工作站第一阶段异地培养将暂告一段落，在深圳、北京还有一个来月的时间根据导师们给出意见继续调整设计方案和论文内容，并为返校后的第二阶段联合培养做好各种准备。尤其是在设计实践方面，企业导师通过实际项目的言传身教，在返校后将难有机会针对方案进行直接沟通讨论，甚至通过画草图探讨。因此，需要很好地利用在企业的最后时间，与导师一同讨论确定完成设计后续的目标和要求，以及预期的成果、展览计划和呈现方式，并根据设计任务的深化收集、准备好相关的资料。这些工作需要研究生们主动地联系导师、查找资料、项目实地勘察等。经过在异地几个月的学习锻炼，学生已经有意识地具备做事的主动性，不像在学校里被老师各种安排了，都知道自己下一步应该做什么。

行成于思
（导师讲堂）

Action Comes From Thinking
(The Lecture Hall)

导师讲堂是深圳工作站最具特色的教学方式之一，也是学生受教于多元化设计思想的主要途径。在五个月的学习过程中，不仅有校企双导师的直接指导，还有10位企业导师的专题授课，将从业多年的认识、体会、感悟、经验与学生一起分享交流，为研究生的进站学习提供了一个丰富的思想场域。导师讲堂已经开设了六年，每位导师在此期间都要举办至少一次的专题讲座，有的还会开展2~3次讲座，深受各届学生的推崇。这些导师都是行业的精英翘楚，学生们的偶像，他们在行业中一次讲座费用高达5万~10万元，而对于研究生们的专题授课则无一点收益，完全出于公益和责任。导师讲堂的形式非常丰富，不拘泥于单纯的讲座形式，有座谈、访谈、对话、案例解析、主体论坛，等等。导师们多年打拼于职场，语言表达能力和现场控制能力很强，能够近距离受教、交流，对学生们来说是一件非常幸运的事，学生可以吸收来自不同导师的设计思想、设计方法，为以后的学习生涯、职业发展提前做足准备。

讲堂导师：张青

讲题：《设计未来——从更多的角度思考和看待未来》

授课时间：2019年11月1日

讲堂地点：深圳凹凸空间设计有限公司会议室

未来与我们是什么关系？这是我们值得思考的一部分，也是我们在解决的一部分。我们的大部分工作就是在设计未来！既然要设计未来，就要想怎么样去知晓未来，其中有一项就是如何去获得未来的信息，再来思考现在的自己。在获取未来信息的方式上，我认为会有这几种可能：一是了解可能发生的事物的关联性知识，判断可能发生的未来事物的现象；二是了解过去，在过去的经验中收获信息，总结规律以预测未来；三是转化视角；四是打通渠道。听完这次分享希望对大家有启发。

多渠道地去获得更多的讯息，以此获得一种探索未知的渠道。例如：想去一个没有去过的地方旅游，通过去过的旅游者带我们去了解一些生活状态，然后展开对未来的一种想象。现在的VR技术就是带我们去想象未来。其次，我们每一个人每一天都是信息的需求者和制造者，在交流分享中会不断产生新的信息，随着数据的不断积累，我们也在创造未来。但随着科技进步，人工智能的发展，未来不一定是我们动物人所创造的。

在科技没有今天这么发达的时候，我们接受的大部分信息是碎片化的，很难形成体系。从这一点上看，我们这一代人对未来的思考可能与你们的思考不同。你们有更多的机会，更多的挑战，通过各种窗口观察和思考未来。那接下来我会介绍一些人物，从他们的思考中带动我们进行不同方式的思考。

第一位，我要特别介绍一下王立新副市长，他原来是专门负责深圳经济改革这方面的工作。他带我跳出了固有的视野，看到一个新的环境，认识了之前从未思考过的事物。他给我们分析深圳发展的得失，一共有四点：第一，深圳坚持改革开放；第二，包容的开放移民政策合作；第三，深圳始终坚持市场经济；第四，实业立市。深圳是怎样成为一个国际都市的？反复提到深圳最大的两个民生问题是什么？一是教育，二是医疗。基于此，深圳是如何解决的？包括在深汕合作区建立高中城，深圳面临着什么？深圳的机会是先行示范区，是一个最大的发展契机，未来要用15年的时间打造深圳的创业创新之都。现在是设计之都，在2049年中华人民共和国成立100年的时候，要把深圳打造成全世界的标杆。从现在的时间算下来，深圳人要一天当作两天用，这是对深圳人的要求。我提到这一点，是想告诉大家我们的信息有很多，每一天我们从世界各个区域获得信息和传递信息，我们也要学习从不同的视角和维度来思考和看待这些信息。

第二位，美国和联合国NGO的可持续发展促进者，嘉宾大学的创始人吴婷。吴婷去美国的时候，我被吴婷邀请过来，作为可持续发展大使接受颁奖。吴婷开始提问：企业跟可持续发展到底有什么关系？一个参会者说，当把自己与企业作为社会一部分的时候，要参与到可持续发展过程中，每天就是为社会做出一些贡献！接下来又问：现在中国的商业和NGO如何发展，其实合在一起，大家说NGO是公益组织，那怎么跟商业相结合？如果只做商业不做NGO，对于可持续发展是有问题的，那做了NGO但不跟商业相关，它是没有生命力的。她举了一个例子，她说在美国的苹果公司把苹果产品送到了非洲和一些贫困的乡下，给小孩子提供一些学习条件的帮助，并且通过这样一种方式培养新一代的客户，为苹果提供了一个持续性的消费方式，这就是商业和NGO相结合的一种方式。接着还问到一点，就是现在中国的NGO组织和国外的NGO组织有多大的差异，各有什么特点？答：现在中国NGO的参与者是很多年轻人，他们都在积极参与NGO活动！

第三位，华为产品消费总监余承东，在当下商品经济时代，他所注意到的是华为产品的调整。华为原来是在做程控交换机和大型的主机设备，没有做我们现在用的手机终端和一些附带的电子产品。余承东这一拨八零后带动华为开始做，当他们提出来要开发手机登录个人用户产品的时候，所有人都不懂为什么。他在这里提到的最大困难是什么？就是目标和团队达成共识，当你开始做战略调整的时候，会有反面的声音出现，这个时候会有绝望和挑战。希望大家想一下，我们刚才的话题是"未来"，当我们平静生活的状态下，或者当大家都在做一件事情的时候，突然提出来要做另外的事情、提出另外的想法的时候，肯定会有反面的声音，但是你如何坚持去做？面对反面声音的时候，你会感到绝望和挑战，因为资源不会向你靠近，面对这些你会怎么做？所以在考虑未来时，要想好后续可能发生的问题如何决定。要来深圳工作，在深圳压力这么大，你挣这点钱能支撑吗？你回家找份工作怎么样？其实这就跟上面这件事情是一样的，当你面对负面声音或者不同想法的时候，你是否还会坚持认定你要做这件事情？余承东带着团队坚持这样做，所以余承东的微信签名是这样一个词："以行践言"。嘉宾吴婷都要问一句话,如果有一天你的企业倒下了,会是什么原因?这句话可以用在我们每一个人身上,就是当你觉得你的人生绝望了或者事业结束了会是什么原因,余承东给的回复是:"企业自己没有做到让客户满意,没有跟上时代,所以倒下了"。他们说华为有一阵子的状态是"吃着碗里的想着锅里的,还要想着桌子上的"。余承东当时为什么有了这样一个想法和触动,是因为他看到这些人,如果单从生活层面来说,他们真的不会再为一日三餐、一个居所、一个物质生活层面的东西去担忧了。但是他们居然还是以这样的一种态度和方式去对待自己的人生,他觉得在这些创业者身上真的很让人触动。

第四位,北京大学的吴霁红教授,她是未来地图人工智能商业化实验室的联合创始人。她在考虑的是未来AI和商业相结合了以后,发展模式会是什么样?她讲到这里的时候就结合了吴婷所做的嘉宾大学。提到商业教学和商业体系课程,肯定会大幅度调整和改变。我们这个时代是AI时代,在这个时代排到前十的企业,原来只是万亿来计,而跟AI相关的产业资产和产业获得的业务环境,接下来要以百万亿级来计。然后,新的商学院和新的思想系统会形成,新的模式会进入产品化培养,培养什么呢?培养我们现在所做的这种教学方式,跟AI相结合的教育方式,可能是点对点、一对一、个性化的。然后新技术、新产业结合以后会有新的商业文凭被颠覆。比如:现在研究生文凭是你们的学历身份,未来的文凭方式绝对不是这样的。这就是未来的信息,结合这一点,她说:"在未来最高的文凭就是创新创业的成功,以结果为导向"。那就是说你以后适不适合做设计?以后能不能在这个社会上立足?以后你的研究生文凭还能不能用?你的创业创新能不能作为你未来发展的成果?你做出来的设计没有创新,就无法获得社会认可的这张文凭。在AI的时代,知识是瞬间获得的,创新创业才是最好的价值,技术在改变一切。

第五位,深圳创投董事长,商业创新发现者。他在讲的时候,董事长刚刚从深圳证券交易所参加了他们投资的第153家公司上市仪式赶过来。他们是国有企业投资公司,对于一个公司来说,上市是进入资本市场的方式,这些人所面对的世界、眼界不一样。他们是专门做创新投资的,他来的时候西装革履,很正式,他开玩笑地说:"创投的人是不打领带的,投行的人是要打领带的"。研究金融的人,一种是投前期的企业,一种是投已经成熟的企业。投成熟的这一波都是穿着西装革履,打着领带的,为什么?因为他希望让别人感受到他的职业化。而创投的人是天天摸爬滚打,根本就没有时间打理自己,这就是创业。针对科技创新,国家专门在去年年初的三、四月份,提出科创板,将主板、中小板、科创板这几个板作为上市的不同层级。

科创板是专门针对科创企业的,即使不盈利,也有未来,包括独角兽,他也要投,这就是科创板,现在他们投资的科创企业在科创板里面已经占了18%,可以想象它的体量有多大。另外,现在所面临的问题就是存量和增量,这方面大家可能没有明确的概念。存量是什么?就是原来一些老的企业活力不足,但是你需要有新的血液和技术推动,这部分是存量问题。增量是什么?未来的一些发展需要有更加新的企业和技术融入进来,需要有一些引入,这就是作为创投公司要干的事情,就是帮企业找钱解决技术、人员的问题。资金在金融行业就是起到这样的一个作用。他说:现在主要面临的困难是什么?要打造的行业平台扩升难、退出难的问题?会面对新的挑战吗?因为它们不存在倒闭,为什么?只要深圳政府在,这家公司就永远在,所以主持人没有问他"你们哪一天公司干不下去"?而是问:"你们有面对的挑战吗"?你看这么一家国有公司,投资了18%的科创企业，第153家已经上市，卖股票也赚钱，但是它时刻在面临困难和问题。回答时说："行业没有常胜将军"。就是每一个行业，每一家企业都在面临着时刻被淘汰和检验，所以说大家一谈到未来的时候，为什么会有焦虑？原因在这里，就是整个市场、整个经济都是竞争促成，一个个暗流，永远在涌动。

第六位，凯斯资本的管理者，他也是投资公司的CEO，是作为私营企业来进行投资的。然后他现在面临的问题，说实际点就是国进民退，是经济下滑和调整的结果，民营企业很难持续下去，贷款也很难。从这一点上面看到了问题，他所提到的是现在民营要引入国资需要注意的是股权结构，如果是单一的相对控股，不要急于引进，要对风险尽量延迟，这些都是在谈判中或者说在并购过程中应该注意的。另外，他这里提到了前一段时间中国香港的港交所提出，并购英国伦敦的交易所。这位董事长说了他的想法：两个拥有不同的交易方式、经营业务类别，从专业角度上来看，资源不对等，哪里不对等？伦敦交易所的收益来自于大数据，它下面有全世界上市公司的经营业务板块、行业板块的数据，它的主要收益是来自于这些数据。而我们现在的交易所是做什么的？做交易的，过程中的手续费是它的主要收益。这是两种不同的模块，就相当于我做菜市场，在这里卖菜，一天因为我卖的猪肉赚钱了，我就要去收购一个超市回来，这是两个不同的模式。说到这一点，希望大家看清一些问题，就是当我们了解到一些信息的时候，如果不能很好地从各个角度去分析，那么这些信息对于你们来说是没有用的。另外，如果你不具备一定的综合分析能力，在你得到这个信息的时候反而干扰了你的思考。所以在获得信息上，我们要知道取舍。因此，凯斯的老总提出来，当企业在并购的过程中，实际上最重要的一点是，双方要想清楚各自要干什么，作为民营企业，你要被并购的话，要想清楚被并购之后你要干什么，另外一个国有企业也要想清楚，我去收购民营企业之后干什么。吴婷问他想做一个什么样的人？做一个有趣的人还是有钱的人？哪个更重要？可能大家说我还没有钱谈不上这个阶段，我得先有钱，再来看有没有趣。这是我们对于未来的思考，我觉得这个问题会引发我们的反思。

第七位，如是资本有限公司的管清友，他也是做资本投资及研究的。他在这一点中所提到的是中美贸易战。

他说：中美贸易战已经逐步形成影响，而且还会持续发酵。又提到：特朗普马上要跟中国谈判，从细节上看，特朗普是多变的人，没法确定接下来可能会出现什么状况。但是，他提到了一点，就是我们所说的刘慈欣写的三体，空间的折叠和降维打击。我们要向上突破是很难的，创业是一种不错的状态，但是时刻面对的是新问题、新状态。现在我们在这个经济环境中，也在面临着同样的一种状况。他举了个例子：当一个较大的经济体，或者说一个强悍的人要来攻击你，你没有准备好应对措施的时候，他很容易就把你打倒，这是你的经济结构和经济体系的问题。冲破折叠是很难的，大部分企业都不能够冲破，这就是最难的问题。华为为什么今天面临着一个国家在和它较量的问题，因为华为每年都要拿出他2%~5%的收益来做这个研发经费，但是我们一般的企业，你走到任何一家公司去看，包括你们自己现在的公司，你们去调研一下，有多少时间花在做这一个行业或者做研究、开发。如果他能做到，它的生命力和持续性才会更强。大部分人不愿做小而美，大家喜欢要做大做强，但是日本的企业就不这样，日本的企业大部分就是小而美。那在这个过程中，在后面的学者和一些企业里面，提到类似的思考。以色列你们有机会认真理解一下，以色列犹太人所做的这一套体系，他们的宗教观和价值观，会对我们的发展给予借鉴。从目前的社会形态上来看，经济学家很悲观，企业家很乐观。一些企业领导者所说的，强调客户的感受性满足，重视消费行为发生的客户心理体验。这是对于未来经济发展的一种预期或者一种判断，这就是站在经营者、投资者立场上做的事。

第八位，凯叔，原来在中央电视台讲故事，但是现在他的定位不是简单讲故事，他是内容平台叙述者王凯。他的身份是什么？商人与艺术家，这样的一种转化。然后针对这一领域反复强调英才相克，什么是英才相克？有一部分人，感觉自己读了很多书，有综合能力，为什么天妒英才不给我那样的机会？这是一个问题，看到有的人没读多少书啊，为什么他能干好呢？在这一点上面导致认为：没读太多书，没有太多文化水平的人为什么能挣那么多钱，或者说能有很多收获。这一种现象普遍存在，故而有些人放下自己的坚持，同时鼓励人们投机取巧，想要尽快获得成功……然而站在凯叔的角度，在中央电视台做商业你也能做得好吗？有背景，有社会资源，你来做这件事情就能做到吗？他提到他认为最有趣的事，就是创业。在转型过程中，他认为心态是最重要的。早些时候，他认为自己就是一个团队，团队就是自己。孩子的成长方向就是自己的成长方向，这实际上是在给他自己做的一个定位。接着他提出艺术不可以规模化，但工艺品可以，不要认为规模化不好，商品是本质，艺术是价值。我们很多艺术家，经不了商有这个英才相克的原因在，认为我是艺术家，我为了卖一幅画要这个样子吗？我为了做这个东西要这样子吗？当问到他如果企业出现状况，是什么原因？他说，最核心原因是企业的核心创始人，与他直接相关。

陆续有很多位我们在电视上或其他渠道上看到过的"大家"出场，他们分别给出了很多跟他们经历相关的分享，提出很多值得思考的问题。也陆续跟各位同学做了交流，只为大家从不同的角度打开视野，用心去思考自己的未来，踏实做好现在！

到了第九位，阿里巴巴的产业互联网主任，产业互联网促销者、促进者，他说"创始人是承载公司所有梦想的人，员工决定着企业的胸怀。"现在九零后、零零后上班不是你去选他，是他来选择你，他不高兴就会走人，这是员工来决定的。所以未来员工知道自己要做什么，企业也要知道自己要做什么。随着互联网和科技的发展，你每天在做什么，包括你在外地出差的行程全都会被知道。企业制度到这个时候已经非常完善、非常细致，管理到每一个小时、每一分钟的时候，你的企业要干什么？如果你把人这样来管理，是不是合适？今天上午的新闻专门讲了，现在一个城市，专门给小孩子研制出了一个科技头圈戴在头上，老师上课的时候实时有数据反映，这个同学有没有专心致志在听课，这个数据不是老师手动统计，是这一天上完课以后这个头圈会变成数据分析，老师回到办公室把数据调出来，就知道哪一些人走神多长时间，对哪些课感兴趣，哪些课不感兴趣，然后根据这个来调整他的课时内容，有针对性地对学生做辅导。因为这件事情的尝试，这一个产品成为爆款，很多家长去买，但是现在教育局又叫停，有些人说带着这个东西就是孙悟空的紧箍咒。站在你们的角度你们也没法理解，但是站在现在的市场需求和孩子强大竞争的现实背景上，这样的科技产品已经出来了。我说这一点就是想表达我们未来的数据和需求，涉及企业未来经营什么。如果你们还是使劲地去管人，没有真正的创新，没有把每一个人调动起来。那你创业就会面临着极大的危险和挑战。所以你们现在如果要去看管理学的书，要学会独立性思考。认知、战略和文化，微粒化地了解员工要从价值文化入手，就是很小很小的细节。比如说高德平台，现在高德不再是地图了，高德是一个平台，未来只要十分之一的人力就可以完成以前创造的所有事。换句话说，我们现在的设计软件，还要再加上 AI，一个设计师，对着电脑说出，你想在哪个位置盖个什么样的小区、什么样的房子，我的造价是多少？受众人群是谁？我希望这个房子做出来什么样，你说完就行了，设计就会出来了，你要求它做施工图，马上施工图就会转换出来。那剩下 90% 的人干什么？你现在想做设计师，那到时候你是不是还能成为一名设计师？这也算一种管理。所以未来的管理技术和方式都在改变，共同构建、共同收益、共同研发，在这个过程中共同理解计算机技术和未来。

通过这样的渠道交流、思考，让我们一起来设计未来。你在思考什么呢？

同学回答：未来很多职业可能都会被取代，但是被取代的都是一些程序化和机械化的东西，情感和审美永远没有办法被机器取代。

同学1：未来自己做事还是要更注重灵活性吧，不同的阶段会有不同的规划，这个规划是自己一定要去践行的、一定要达到某种目标的。

同学2：我觉得对于不同的公司，可能有的比较自由，有的比较在乎规矩，最主要的还是在于对人性的探索和对时代的思考。

老师：你对于这个时代是怎么理解的？

同学2：我觉得现在这个时代比较关注怎么去创新创业。

老师：什么是创新？什么是创业？只要不同就是创新创业吗？

同学2：当然不是，要在契合时代发展的前提下开发不同的点子。

老师：还需要继续思考一下。

同学3：我觉得我们要学会独立思考，固化是很可怕的，当你处在一个环境当中，要学会思考周围的环境和自己本身。

老师：我第一次和你们交流的时候你们还记得吗？

同学4：我刚刚在听的时候，我在想未来对于我是一个什么概念？我就想到了我小时候，对于二十多岁的人的期待和计划。在以前，未来只要有个大致的憧憬就可以了，我不用去挖掘很多信息，不用去懂很多深刻的道理，我只要走到这一天就可以了，不需要付出太昂贵的代价。今天我们现在讨论未来，让我觉得我们要付出的代价会更多，因为要承担这个风险，所以我们去讨论未来。刚刚讲到今天这个时代，创新的重要性，我认为在互联网时代，在这种高速运转的社会，信息爆炸的情况下，复制是一个比较容易的事情，可能也是设计的价值，因为我们做创新的话，肯定不是那种技术类的硬核创新，我们可能是一些想法上的创新，它是一个复制的过程，但复制容易的同时，可能价值丧失得也很快。

老师：那你的意思是，其实创新更偏向于技术，创意更偏向于思想。

同学4：是的，对我们来说比较重要的是创意吧，因为我认为我不能为这个社会做什么技术上的突破。

老师：不一定，先别这么设定自己。

同学4：有可能吧？概率上讲。

老师：哈哈哈，不要讲技术创新就是体力活。

同学4：不不，不是，我不是觉得这是体力活，我是觉得我的脑力达不到。我最后想说的就是我自己对未来的一个预测，最确定的可能就是不确定未来到底是什么样的状态。

同学5：根据之前讲的这几个案例，他们都提到了创新，又提到了与时俱进，我通过这些自己的感受比较深的是，我在创新和与时俱进中对于自己的定位，我追求这个事情、提出一个新的观念，我是否能坚持，或者是有别的质疑的声音的时候，我是否能执著地做下去，达到让别人也来支持我，这么一种状态。

同学6：我一直都在想什么是未来？没有到来的都算是未来，所以下一秒也算是未来，我刚才也有说。未来具有可确定性和不确定性，那么什么样是我能够把控得住、确定的未来？哪一些是我不确定的未来？我的好奇心可能会让我对不确定性的事物非常感兴趣；确定的未来又让我觉得有稳稳的幸福感。所以我就在想，我想要实现更远的未来的时候，要做什么？我要做哪些确定性和不确定性的准备，我应该想这些事情。

同学7：我就觉得未来不是遥不可及的，未来也不是很可怕的，我觉得我们现在对未来的实现要做到的就是去相信他，去相信美好的存在。

同学8：我觉得我的未来就尽量发挥自己的创造性。

老师：我再问具体一点。尽量的？尽量到什么程度？到死为止？

同学8：不是。

老师：还是有个程度问题，结完婚？有的人认为我结完婚就做家庭主妇了，我就不做设计了，有过这样的设想吗？人生阶段真的会有这种印记和暗示。比如说我想做家庭主妇，你们不要干预，这就是一种印记，但是一旦做下去，是不是自己想要的又是另外一个事情。就是像我刚才说的，你有给自己这样一个界定吗？

同学8：会有过。

老师：希望你能打破界定去创新。

同学9：：在面对未来的不确定的时候，要学会自我反省，反省自己的思维方式和认知事物的方式。

老师：你是个能自我反省的人吗？

同学9：比较能吧。

老师：你反省过什么？

同学9：比如说刚刚张老师讲课的时候，我就有自我反省。

同学10：对于未来，我们应该着眼于当下。因为已经考虑到我们在未来处于一个什么样的位置，所以我们应该找好现在的定位。我们现在学这个专业设计，我们是否需要在未来的互联网AI时代跳出这种比较传统的框架去思考，能否用一种新的方式而不是传统的画图来面对这个行业？还有就是审美和情感可能在慢慢退化，技术却越来越成熟，那我们在以后如何去适应这种情况，跳出目前这个窘境，这是我的一些思考。

嘉宾：你先评估你自己现阶段的能力和知识能否支撑你的未来。

老师：如果从这个角度上面来看，我个人认为规划首先得要有目标，没有目标就没有办法去规划，有了目标以后你折回来对自己进行评估,看自己制定的目标可不可行?如果你定的目标不可行就不能去做它。比如我想上火星啊,但是做不到。在这一点上面,我想跟大家说的是,现在要考虑的解题思路是什么?答案在自己手里,答案不在这里也不在那里,在你们每一个人自己手里,那我们怎么解决这个问题?首先要去设定一个目标,目标可大可小、可近可远。工作是为了挣钱吗?为了生存吗?做自己想做的事并且实现自己的价值,从这一点上面来说,它是个目标,难点在哪里?难点在于你们所说的生存。赚钱是什么?是个方式。比如说我要通过卖白菜挣钱,我要通过画图挣钱,我要通过讲故事挣钱……挣钱只是个方式,要拿赚到的钱去实现我要做的事情。我们不能把方式变成目的,那就片面了。所以,我想给大家说清楚,我们不要把目标定偏了。但是往往我们容易把目标定偏,把方式变得最重要,或是把方式误以为目标。这是第一个问题,第二个我想和大家说的是,既然要实现目标,我们也涉及赚钱的问题,那接下来可能就要考虑到大家提到的未来。我说了答案在每个人手里面,既然在每个人手里面,我相信答案肯定不一样。

  大家认为有共性的东西,一个是创新,一个是变化,还有反思、总结、行动、期待、态度……大家在这些共性背后看到了什么?无论这世界怎么变化,我们追求的都是自身状态、修为的提升。状态分体态和心态,像刚才有个同学讲的朋友的故事,作为父母或者作为自己来说,我听得有点恐惧,其实对于自己来说,我也发生过这样的事情,不过没有这么激烈,但是为什么会发生这样的事情?因为有情绪。每一个人都有状态不稳定的时候,状态不稳定的原因在于我们的心。对于未来,我们要有好的体态,就是有一个好的身体状态,如果你已经病危了,或者身体状况不行,你就不具备参与社会活动的正常条件,所以在任何时候,身体状况都是一个重点。第二个就是我们的心态,我们的情绪往往产生于此,当你有情绪时,心态的不稳定会搅乱你的思维,然后你会做一些不正常的判断,进而做出一些超乎意料的事情。那我们现在所面临的问题就是如何去修心,心是什么?心就是当你遇到一些问题,遇到一些状况,它还能很好地给你一些正向的作用,这就是心的作用,我们称之为智慧、思想和知识的力量。一个人具不具备智慧在于他的内心层面,所以我们在修心的时候,要花很多心思去做。我在20岁、30岁、40岁办同一件事情时,面对的问题是不一样的。有人说情商高、智商高的话处理问题会容易一点、轻松一点,人际关系也会更好,跟知识没有太大的相关性。我曾经发生过这样一件事,当时在做一个甲方的项目,因为当时项目有点多,我没有全部跟进,而是安排专门的项目负责人跟进,当时项目出现了一些错误和纰漏,然后甲方用很恶劣的方式和语言在责怪设计公司和这个设计师,两个人在极其激烈的争吵完并且挂了电话后,那个设计师跟我说,甲方肯定会马上打电话给你。设计师的情绪也没平复,他跟我说话也很激动,我听完以后,内心有准备,不到一分钟,我的电话响了,一看就是这个甲方。如果你接到这个电话,你准备怎么做?这就是无法预知的未来。

  同学1:可能会先平复一下对方的情绪。

  同学2:先让对方说,听他有什么想法。

  同学3:老师,我想问一个问题,如果你是一个心态比较好的人,但是你所面临的环境比较糟糕,对方完全不是你想的那种(修心程度很高)的样子,那我按照他们的方式处理,这个事情是不是更加容易解决?

  老师:有智慧的人可以很好地解决这件事,但我不是这样的人,只是因为这件事情发生在我身上,所以我拿出来讲。你们肯定在生活过程中多多少少遇到过这样的事情。

同学4：让对方把我开除了吧。

同学5：我觉得要分情况吧，到底是哪一方的原因，区分清楚。

老师：吵架的时候没有对错，大家不是在吵架，是都有情绪，如果你去讲道理是没用的。

同学6：那就站在对方的角度去和他沟通。

老师：大部分人都会这样做。当时我拿起电话来，说王总您好，除了骂爹骂娘不可以外，其他都可以骂，我说完他就笑了，我问还骂吗？他说不骂了，我说好那我们解决问题。我说这个的意思是，第一，我没有把他的问题看得太重，因为我觉得这些问题都可以解决，第二我没有提前给自己设定某些东西，不是非要和他吵或是非要得出一个结论。所以这个心得问题大家理解了吗？就是你面对未来，要有一个良好的心态，大家一定不要觉得所有的事情都是不顺利的，也不要觉得所有东西都应该顺顺利利的。当你能坦然接受这些事情的时候你就是有大智慧的人。但是能具备这种智慧的人真的不多，当你遇到太好的事情的时候，千万不要乐极生悲；当你遇到最差的事情的时候，也不要过于悲观。不以物喜，不以己悲。所以我想说的就是，我所理解的共性这两点很重要，一个外在、一个内在。接下来一点是要有思想，就是你要得出来，在这样一种状态下面，要有知识和架构，你要有独立的思考。你对于生活、对于未来，根据你的知识、根据你对未来的判断，形成一个架构体系。这个体系是什么？就像玩俄罗斯方块一样永远都不会到顶点，永远都在适中的位置，找到最佳的空缺位置把它填满，这就是套方法体系，需要我们去学习知识才能获得。你要学会独立思考，有自己的判断，一件事情发生后能以自己的角度去判定。就像我刚才讲的，香港交易所要去收购伦敦交易所的时候，它自己看不清别人。同样一个信息传达的时候，你没有自己独立思想的时候，你是不可能有一个较好的应对状态的。思想的形成就是获得知识，同时通过自己的方法建立自己的体系。再者是信仰，我们讨论过坚持、执着，按照我们说坚持是从外到内，执着是从内到外。我们有时候锻炼身体，经常会说再坚持一下，再坚持一下，等你到了终点你的痛苦也结束了，这叫作坚持。执着的话是不用说这句话的，你做这件事情会一直会做下去，是你由内到外一定想去做的一件事。我把信仰提升得比较高，因为在信仰的角度上，有人说信仰是相信一个超乎于自然存在状态下的超物质状态的存在。但是我们作为无神论者，也需要有这样的一种坚定。当你遇到

张青与学生合影

质疑、遇到问题的时候，有这样一个东西存在着，它会帮你度过难关。所以，有信仰的人和没信仰的人的差异在这里。就是当你有问题的时候，我去找别人帮忙解决，会有一个精神托付，让你度过这一关。如果面对未来，前两件事情是我们每天都需要做的，第三件事情对于你们来说有难度。我们要去建立一个坚定的信念，这有难度，如果你做不到，就无法坚定不移地走下去。我想说的就是答案其实在我们每个人手里，通过你们的思考和行动，你们会找得到，但是共性的东西，我帮你们总结了。你们来到这里学习，实际上学的就是这些东西。你们要从每一个老师身上学到做事的信念，就是他在执着、坚持的东西；你们学习他们的思想实际上就是学习他是怎样去建立他的体系和工作方式。然后对于他自身的修为，你们要学习的就是他自身的身体状况，他是怎么才能在各种各样的状况下屹立不倒的。我希望不是给大家一个标准性答案，因为这个东西没有标准，我只是告诉你们这个状态应该是什么样。希望大家都有一个美好的未来！谢谢大家！

讲堂导师：刘 波

讲　题：《经验的话题》
授课时间：2019 年 11 月 11 日
讲堂地点：PLD 设计公司

刘波设计公司成立于 1996 年 3 月，在当时是国内成立最早的酒店设计公司之一。我在四川美术学院学的产品设计和动漫设计，后来又开始做室内设计，是因为手绘比较好，那时行业很认可手绘的功底，但这种能力对于四川美术学院毕业的学生来说几乎是尽人皆有，于是我便开始从事于室内设计。在深圳，只要你在这个行业里扎进去，就没什么可以难倒你的。我们小时候不太理解这个道理，但是后来发现事实就是这样，你只要坚持做一件事情，20 年以后你就什么都知道了。其实做设计最简单就是要做好自己理想的设计，只要不懈地努力，都会有宽阔的前景。但是往往很多人在做 3 年、5 年之后就放弃了。

你要怎样发展只能靠自己摸索，没有人会告诉你，有可能是错的，也有可能是对的。那个时候我们都是靠自己在工作中探索、积累，即使走了弯路也只能从头再来。你们现在太幸福了。一是有这样的环境，二是拥有这么多指导你们的老师，三是给你们安排这些锻炼的机会，四是你们的经济条件比以前好很多。

言归正传，我为什么喜欢做酒店？为什么只做酒店？第一是兴趣，第二是觉得做酒店是室内设计里面最有挑战的。我喜欢面对挑战，酒店设计包含了许多内容，可以说衣食住行都有。有公共空间、有餐饮空间、有客房，等等，各种空间充满了无限的可能。2000 年的时候，中国的室内设计师很少有做酒店的，而那时我已经做了几个不错的酒店设计。1996~2000 年，我们什么都做，设计过几个飞机场的航站楼，包括北京首都机场、长沙黄花机场、杭州萧山机场、乌鲁木齐机场，还设计过许多银行办公空间。但是从 1999 年开始，我就只设计酒店。从 2004 年起，我不仅设计酒店，而且主要设计国际知名品牌酒店，要让中国设计走向世界，同时让很多国际酒店品牌管理公司能够认同中国设计师的作品，但事实上这是蛮难的。目前为止，中国本土的设计师能独立设计品牌酒店的仍然不多,想让外国人承认并非易事,所以说我们公司是真的在为这个事业拼争。以我的经验认为,酒店设计师的成长时间是最长的,一般需要6~8年,而设计样板间一年半载就够了。因为酒店不仅内容丰富,而且体量较大,设计一个中餐厅,一般就600~1000平方米。但做一个酒店则是几万平方米,而且里面的各种空间要了解,要学习的东西非常多。

互动环节

问:您作为一个设计者、行业的引领者,能谈谈PLD的特色以及它的优势在哪里吗?

答:国内有很多优秀的酒店设计公司。而我们公司的优势很简单,第一我们有这么好的专业经历;第二我们有很多优秀的案例;第三我们有优秀的设计人才;第四我们有众多国际品牌酒店管理公司设计的经验。有这么多积累,所以这就是我们企业的优势基础。

问:您认为您个人设计的DNA是什么?您是如何去平衡客户需求的?这里的客户包括甲方和甲方提供设计服务的对象。比如像王澍先生,他设计中会有他的山水理念,这个场地是有山水的地方,然后我的建筑是其中的点缀;像刘家琨先生就是他再生的理念,而您是如何评论这些呢?

答:王澍的风格是属于比较成功的一种类型,在中国这种成功的类型并不多。设计实际是一个商业艺术,不是纯艺术,不是设计师设计得好,甲方就觉得好。每个人都有不同的标准。室内设计、建筑设计行业里有类似这样的一些公司,他们永远追求个性化,就像王澍或者迈耶,迈耶永远都做白色。可以看出,他们是完全不同的设计师、设计公司、设计思维。虽然雅布什么都做,但是他也有自己的风格。你自己形成了一个风格,然后它成为一个品牌。有些人觉得你做得好,他想要这种风格就过来选择你。这要看你的追求是什么,你是想赚钱还是做自己喜欢的东西,大多数的公司都认为赚钱还是首要的,企业要生存,所以他什么都做,什么风格都去尝试,尽量迎合市场客户的需求。但是有些设计师就是坚持自己的风格。比如我们给万科做一个项目,而对方要求不能设计我们擅长的风格,一定要另一种形式,方案调整多次都无法通过,最后也只能作罢。从这个例子上看,同设计师自己对项目理解不无关系,就看你怎么

刘波导师讲堂分享会

重识
"跨区域、跨校际、跨行业"研究生联合培养基地案例库建设

Reunderstanding
"Cross Regions, Cross Universities, Cross Industries"
Construction of the Case Base of Graduate Joint Training Base

平衡商业与设计,王澍的设计也有一些中国情怀的风格,他们的对商业的理解不一样。但是我认为我是倾向于能够有自己风格的一个设计师。

对于用户体验,我们从专业的角度去告诉客户,但他们有时候不一定理解,客户可能只想把眼前商业目的达成就好,至于后面的事情怎样发展对他们来说不在关注的范围,事实上就是这样。怎么去定义用户群体?很难用一句话回答,因为做酒店有酒店的标准,当我们自己做这么多以后,你就会知道怎样给它定位。因为酒店所在环境不同,定位也就不同,比如这家酒店是在重庆、在三亚,或是在北京、深圳市中心等,差别很大。这需要依靠你的长期从业经验作出判断。如果酒店处于会展中心旁边,大部分客人是来参展的,参展的人有什么需求你要去研究这个人群;如果酒店是在海边,去海边的人都是度假的群体,度假群体里面是外国人多还是中国人多?你自然要进行仔细的调研,并了解不同度假人群的各种需求。就像我们做成都的项目一样,甲方说我们成都人要打麻将,酒店里面必须要有麻将房。在福州设计酒店,福州人要喝茶,酒店必须设置茶室,这都是一种生活需要,要去了解体验,因为每个地方的文化和生活方式都不一样,找到差别才能设计出有特色的作品。

讲堂导师:琚宾

讲　题:《载体与独白》
授课时间:2019年12月13日
讲堂地点:深圳市水平线设计公司

根据我的学习和设计经验,常常追问自己是否能回到内心。我是通过阅读来进行自我的学习和提升修养的。实际上我们这一代人并不清晰地知道时代的碰撞给我们带来了什么,我们都是被动接受的,这种被动不由得你所想,而是你必须去接受。但又不能被这些约定俗成的事情所束缚,而应该通过理智去分析纷繁混杂的信息,最后作出判断。

一、我对园林的思考,关于尺度与绘画

2005年的时候我开始对园林进行思考,其中重点关注的是江浙地区园林的尺度、情景关系等。尺度是构成园林的基础,一个900毫米的走道为何可以给我们带来游园之感?诸多尺度的构成因素是我们需要研究的内容,把这些建立在逻辑的基础之上,去思考尺度,构成尺度空间与行为的转换,即将一个已有的立体的物理空间的三维尺度,转换成了你将要设计的主观空间关系,成为以后设计生涯中十分重要的方法和学习路径。

同时,在设计学科当中,有两个方面值得我们关注,它关系到设计的内在价值,就是文学和艺术的这两个学科。尺度、文学和艺术是一个三角形的关系。尺度是一个数理的概念,在建筑空间里发挥至关重要的作用,而文学与艺术则指向外在的气韵和内在的造诣,对于设计学科三者缺一不可。同时给大家一个建议,现场永远是设计的主体目标,图片代替不了现场的

空间环境。如果有机会，一定要背着背包去旅行，在这当中才能懂得建造和建构，才知道人应该有各种选择的可能。生活在不同的地方，并拥有不同的生活方式，实践永远能给你注入能量。

二、设计项目分享

1. 阳朔 Alali 糖舍酒店

我想通过分享这个案例，让同学思考如何对一个综合性酒店进行整体控制。阳朔 Alali 糖舍酒店的设计关键词是自然、山水、工业。酒店位于自然间，如同置身于自然山水的画卷里。它有一个工业老厂房，这个厂房是"文革"时期建成的，遵循了周恩来总理提出的：实用、经济、美观的特点。地域性是设计当中非常值得关注的，我们在历史当中，遵循历史也创造历史。针对这个场地做了一个综合性的处理，在建造新房子的时候注重与老房子的关系，注重材料属性和在地关系，新房子的顶和老房子坡屋顶的关系，最后就是交通系统和阳朔的卡斯特地貌里的溶洞关系。

在酒店的设计中，我们会采取几种策略。有些酒店会用一个策略进行设计，而另一些酒店则会用几种策略进行设计。Alali 糖舍酒店就用了两套方案，第一套方案是解决公共区域的问题，第二套方案是解决客房的问题。这两套设计的体系是分离的，但是他们在整个设计的理念和思考上是一致的。

作为设计师，如何控制一个项目？首先要了解项目当中的各个要素产生的关系，才能使设计变得可控。掌控的价值来源于对地块的理解、对酒店管理公司的理解、对于整个资金投放的理解，然后对于设计从建筑、景观、室内、产品、机电、厨房、灯光等一套系列要求的理解。所以，设计并非易事，它是一个综合学科，你要不断地学习。

2. 西塘良壤酒店

西塘良壤酒店的设计关键词是江南游园、传统与当代、非物质文化遗产。在这个案例的分享中，我希望同学们能思考如何使空间有文学叙事性？这是我想分享给大家的一句话：文学叙事性空间的描述，既是尺度变幻与心理情绪的连接，也可以转化为想象力与图像交织处理的过程，最终指向一种包含记忆的新的空间样式。

这个项目本身的商业策略是要在一个2000亩的土地里，解决综合性的商业问题，要解决酒店的问题，还要解决有机农业的问题。当时面对这个项目的目标形成的概念就以三个关键词概括：江南游园、传统与当代和非物质文化遗产。

从入口进来之后有一个完整的酒店水院，里面有回廊，你进来之后会经过一个朦胧的被刻意控制的序列，但这个序列本身是模糊的。本身他的做法是一个非物质文化遗产的手工编织，配以灯光的衬托。在酒店游园过程中，伴有很多艺术品的出现，那么艺术品和空间关系的联系是什么？这句话也是值得大家思考的。在设计中，同学们一定要具备文学叙事的能力，故事是你的思考，最后甚至也能指向哲学。

3. 章堰文化馆

章堰文化馆项目的关键词就是生存、生长和新生。这个项目是我们对于美丽乡村建设或者是新农村建设的一个回应。项目位于上海的青浦章堰村，有1500年的历史，米芾和苏东坡都和这个地方有关系，现状是一个遭到破坏的环境，需要在这个被保护的村庄里面建设一个文化馆。我们既要解决一个老房子的存在，又要解决其中一个老房子已经倒塌的情况下，对后面一块地做新的开发，使三个地块之间连接成一个整体，他们三个之间既要有自己的独特性，同时又需要互相关联。这就要我们考虑对老房子的保护，同时考虑如何让新老建筑相互融合。

通过这个项目的分享，我希望同学在今后设计实践中要坚守设计的原则：第一是客观性与真实性，对于有些不得不面对的因素，不应该逃避，而是应该做到真实地去面对。第二是对于项目中所有的思考和设计的方法很重要，在今后的学习工作中，要逐步形成自己的思维方法，并且要坚持相信自己的思维方法。这不代表每个人并没有短板，也要正视自己的短板，需要你们融入集体。但同时要在集体里保持自己的独特。

三、对未来的选择

在今后的生涯中，同学们需要找到属于自己的道路，量入而出、量力而行。学习中的导师会对你产生很大的影响，会改变你的思考模式、态度甚至是人生观和价值观。但如果你想选择设计这条道路，这条道路是一个漫长的过程，需要有敢于超越的精神，才会在设计中体现创新。设计是一个综合性的学科，你需要的就是不停地学习，这是一个厚积薄发的过程，需要用整个生命去燃烧，认准了就一定要做到底。在当下社会，"爱好广泛"泛泛而谈的人大都抵不过一个"专一固执"的人。首先，需要坚持阅读，这是一个重要的习惯。其次，每天都要思考设计、文学和艺术的关系，这是滋养你成长的一个很好的场域。

琚宾与学生合影

琚宾导师讲堂分享会

四、精彩语录

1. 设计的本质来源于自然，温度来源于乡土，感动来源于人文，而高贵来源于学养。

2. 空间中看不见的气韵是设计追问的本质所在，气所呈现的美以及韵所表达的质，需要物理化建构的结果去依附。建构的核心是理念，是材料，还有对造型、灯光，包括对自然的理解，对人活动的呵护及对文化的回望。

3. 文学叙事性空间的描述，即尺度变幻与心理情绪的连接，也可转化为想象力与图像交织处理的过程，最终指向一种包含记忆的新记忆。

讲堂导师：程智鹏

讲　　题：《从"道路"到"街道"——公园城市背景下的街道景观》
授课时间：2020年1月2日
讲堂地点：深圳市城市交通规划设计研究中心景观设计院

在经历了高速而粗放的城市化发展之后，城市建设进入更精细的"科学治理"时代。反观现有的资源集中、类型单一的文化休闲设施已经难以满足当代人对城市生活美好的需求。现有的公共空间相对独立封闭，忽略了不同人群之间偶发互动的多种可能；沿路的绿地作为"隔离带"，把人们隔离限定在一条条的设定路线上，而忽略了人们工作、生活的日常交通过程中的感受，使得城市成为功能性的孤岛式场所，而非积极的社会交往空间。

然而，人的一生非睡眠时间中的八分之一都行走在路上。同时，公共空间面积的80%是我们行走的街道，这两个数字"8"，代表了街道作为城市公共空间的重要性。街道是人们出行、生活、社交的重要场所，便利、美好的街道是人性化城市及和谐社会建设的充分体现，直接关系着城市的活力和影响力。深圳特区成立近四十年的时间里，共建设近一千个各种类型的公园，号称"千园之城"。而今又将进一步整合资源，朝着"公园城市"迈进。"街道"作为城市生活的重要组成部分，成为连接城市中人与生态、生活、生产之间的纽带，让公园从城市的点缀变成城市的基底。"完整街道"将进一步改善人们的日常生活环境，从城市的隔离变成城市的肌理，激发市区活力。

我们需要城市里的公园，还是公园里的城市，答案不言而喻。所以，如果撇开作为城市绿色肌理的街道，公园城市建设还从何谈起？本次讲堂以深圳的名片——深南大道及福田中心区为例，以共建、共享、共治的城市街道空间为视角，研究街道转型、功能和空间设计、智慧治理等相关内容，提出线性的道路景观从绿化隔离带转变为绿色活力空间的策略方法，指出城市道路应从车的视角切换到人的视角，有机联系周边城市业态及公共空间，成为缝合城市的超级公园带，带动城市公共空间的复兴，实现从"道路"到"街道"的转变。

一、公园里的城市

深南大道作为深圳这座城市的坐标轴，是这座城市的风貌窗口。它不仅仅具备交通的功能，更是这个城市展示所有精彩的电影胶片。1979年，深南大道作为深圳东西向发展联通的一条农耕运输的通道，"从无到有"地修建起来。这时候的深南大道长2.1千米，宽7米，道路两侧稻田蔓延天际，交通环境较差。1994年，深南大道规模初定，形成长25.6千米，宽135米的以交通为导向的畅通大道；特区成立四十年来，深南大道逐渐形成独有的风貌，成为深圳的形象标志。但与此同时，它作为一条巨大的通道，割裂了南北两边的城市关系和社区生活，南北过街通行的不便以及与周边业态的隔离，破坏了人们的慢行体验。是否可以打破深南大道纵向两点一线的连通方式，在横向创造安全便捷的过街连通，在两侧创造优美的、友好的街道空间？"公园城市"视角下的深圳街道是什么样的？答案也许是——让街道回归生活。

这是一个"轨道+慢行"的综合多维改造，通过联通地铁、城际线等地下轨道交通，让地面回归人们的生活，再嵌入若干"文化生活锚点"，构建慢行网络，让城市街道更好地融入城市肌理和日常生活。所以，它并不是两点一线的连通，而是一个城市的微循环，通过轨道＋慢行的交通组织模式，使"道路"转变为"街道"，让街道回归生活，全方位增强城市核心竞争力。

本着以人为本的人居环境思想，从1980年、1990年到2005年，从新城市主义、生态街道建设到完整街道联盟的成立，城市街道实现了街道到社交场所、可持续发展街道，再到完整街道的发展。将完整街道的理论结合城市的建设和街道的提升，提出营造公园化、高品质的公共空间，打造完整的共享街道，为路人提供轻松的街道环境，减少了城市车行的交通压力，解决了生活中的不便，增加了交往互动空间，做到快慢并行，实现了绿色、宜居、可持续的城市理想，让城市变得更迷人。

二、现状问题

随着城市的发展、人们生活方式的转变，人们对街道公共空间的功能、美学及文化诉求也随之转变，引发了人们对激活街道空间的活力、有序管理与自发行为之间关系等问题的思考。以深南大道及福田中心区为例，本文从以下两个问题方面着手分析：

1. 现存问题

交通规划体系方面，传统的"跨马路、大路网"规划体系大幅度挤占城市公共空间；道路空间分配方面，"以车为本"的传统理念，导致人车空间分配比例失衡；城市设施方面，城市设施存在"多、乱、差"等诸多问题；城市景观方面，品质参差不齐，风貌不一，植被稀疏杂乱。

2. 政策规范问题

街道设计创新工作与现有规范制度之间存在些许矛盾，制约着城市道路空间优化提升；街道设计模式化，未能匹配不同道路的分类，造成街道各类服务功能同质化；缺乏畅通的沟通机制及过程把控，导致设计与实施效果的差距，如同"卖家秀"和"买家秀"。

三、应对策略

城市交通规划设计研究中心作为政府咨询单位，仔细考量了深圳城市街道整体的空间规划和长期的发展机会，既要展现深圳与国际接轨的先锋性、创新性，又要彰显它作为经济特区与移民城市的开放性、包容性。在设计上进行了诸多尝试，提出"1+8+3"的工作方法和解决方案：以全过程咨询代建为整体统筹，从设计目标、设计理念、技术路线、分析方式、设计深度、设计边界、设计团队、工作机制等八个方面，严控街道的规划、设计、施工三个阶段。同时根据项目特性，提出四大设计提升工具箱。

1. 场所空间营造

将城市道路作为街道空间的载体，模糊道路对城市的分割，提出整体性、系统性的设计结构。第一，道路红线内外整体设计，强化轨道＋慢行的交通属性，优化公交通行条件，梳理车辆出入口及停车区域，为慢性提供良好环境；第二，对周边不同的用地定制缝合措施，打开绿化封闭空间和城市商业界面，通过视线的通透性和街道的通行度，激发片区出行活力；第三，延伸建筑功能，依据人群活动基本特征，对空间实施分区分段设计，完善街道设施，精准解决需求，实现人性关怀；第四，改造形式、性格单一的街道空间,挖掘街道个性,提取优势景观,打造城市"网红点",引导街道生活。

2. 街道景观构建

依据现状调研,制定激活策略。第一,梳理空间类型、挖掘消极空间。对空间进行盘点,分级评估,对接周边用地,明确设计范围。第二,赋予公共功能,回归人本诉求。梳理空间现状,针对现状质量确定改造的力度。第三,链接公共资源,打造主题节点。塑造特色节点互联的超级街道公园带。第四,明确提升方向,改善空间品质。量身定制改造目标,实现街道从失落空间到活力之地的转变。

3. 片区智慧建设

大数据为智慧街道的建设提供了技术上的支持。智慧街道实际上是一个微型的智慧城市,它以物联网智能感知设备和基础网络为基础设施,融合更为先进的云计算、移动互联网等技术,实施高效有序的运行管控。第一,全息感知行人车辆,通过公交绿波与数据交互,提升公交运行效率,提供高品质、便捷的公交服务。第二,叠加分析事故大数据,发布天气、人流、公交等预测信号,提供一体化的智慧出行服务,促进街道使用者和环境之间的互动,提供安全舒心的慢行体验。

4. 设施品质提升

第一,整合街道界面,改善全线的无障碍设施及全天候慢行系统,提供最后 500 米的舒心连接环境。第二,提取艺术语言与形式元素符号,打造艺术化街道设施和标识。第三,结合人体工程学,打造人性化、一体化的配套道路设施和街道家具。实现由"车行优先"改善为"慢行友好",激活整个片区的活力。

四、公园城市的再思考

深圳市城市交通规划研究设计中心从罗湖十大微片区,到宝安大道、红荔路、福田四大片区等的街道综合提升治理,一直致力于践行深圳建设"公园城市"目标指引下的街道优化设计和综合治理,为深圳建设"中国特色社会主义先行示范区"创造基础条件。从街道景观优化的视角入手,在理念、空间、管理层面针对"公园城市"作出以下思考总结:

1. 新城市主义,完整街道回归生活的理念探索

自 20 世纪 70 年代美国关于"完整街道"理念的提出以及新城市主义的推进,街道设计理念逐渐从"车本位"转向"人本位"。国内也逐步看开相关研究与实践。深圳作为粤港澳大湾区的核心城市,城市的管理与规划对街道的品质提出了更高的要求——整体设计要符合新时代科技的发展背景,探索更加符合深圳街道的设计思路,不仅要发展安全、绿色、艺术、活力的街道,更要注重街道的智慧化,使其成为服务城市与人民的"公园之魂"。

2. 从"道路"转向"街道"的空间探索

随着"重视机动车通行"向"全面关注人群交流与生活方式"的转变,设计应合理分配车行道与慢行系统的路权比例,关注居民全方位出行方式与空间需求;从"道路红线管控"向"街道空间整体管控"的转变,挖掘、梳理文化脉络,保护、纪念记忆,记录城市更迭的历程,再现场地的历史,彰显城市的创新性、开放性、包容性,构建城市精神的高地。

3. 多方合作，建立统一调度机制的管理探索

利用深圳市城市交通规划设计研究中心构建平台，打穿合作界限，实现道路红线、绿地红线、建筑退线的三线合一，做到共享共建共治。在设计实施过程中，建立多专业融合的负责机构，负责统一调度，实现从规划、施工图设计到工程实施全过程的综合管理协调，促进街道景观提升工作顺利展开。"公园城市"理念的提出，为道路景观赋予了新的意义。通过深南大道及福田中心区的综合治理设计，探究道路景观的升级途径，使它从绿色防护、形象展示功能，升级为承担生态、休闲、慢行、景观、智慧、文化等多重属性的城市活力走廊。深南大道及福田中心区是一个极富能量的综合城市空间，是深圳的象征。当然，并不是所有的道路景观改造都能够套用它的综合治理模式。本次讲堂希望通过对深南大道改造的思考，为道路景观改造提供新的思路与方法。

讲堂导师：严 肃

讲　题：《"一直存在"的意义》和《设计·重新思考》
授课时间：2019 年 12 月 23 日
讲堂地点：深圳广田设计院

"一直存在"的意义

所谓的四大文明古国，从古文明一直延续下来的也就只剩下中华文明了，其他古国只是在曾经有过古文明的地方建立起来的国家，但一脉相承的文化却不存在了。现在只有生活在中国的我们可以阅读几千年前的文字和诗歌，可以和古人对话产生共鸣，品味字里行间的意境，这是一件十分了不起的事情。这种历史背景在其他国家是不存在的，只是大家平时没往这些方面去思考。

一、与古人共鸣——传统文化

"宝马雕车香满路"、"蓦然回首那人却在灯火阑珊处"等诗句，是完全可以和古人产生精神与心理上的共鸣，所以说"一直存在"的是传统的文化。在此，我不会强调复古的中国传统文化、东方传统美学应该怎么样，因为它是一直存在的，所以它对中国任何一件事情、任何一个人都有潜移默化的影响。春秋时期，诸子百家竞相争鸣，有很多丰富且经典的文化流传下来，包括儒家、道家、法家、墨家等，奠定了中华文明丰富的思想内涵基础，流传至今仍有光辉影响后世。也许是随着时代的发展对传统的理解有所不同，不在古代的时空条件展中，不能完全体会此时、此景、此情的感受和思想的作用。但历史的人与今天的人除了环境、技术条件、观念的变化，在对自然、人生、智慧等重大命题上几乎没有差异。这就是为什么我们的知识、思想的基础都来自于经验和历史，一直存在下来，从这个意义上就容易对于中国文化有比较明确的理解了。希望大家在青年

时期可以从这个方面去思考，这对于一个人的世界观形成十分有益。我们青年的时候没有从这个方面去想，后来才意识到关注传统文化的重要性，所以希望大家有意识地加强这个方面的学习。

"一直存在"就是传承。首先传承有多种形式：思想、文化、意识形态、艺术、文字等。从象形文字、甲骨文到今天所使用的文字，任何地区的象形文字和民族文字都是从图形记事开始的，然后从图形慢慢演变到现在的文字。中国的象形文字，包含了很多意义和做人做事的道理，比如，"贵"字，它是由"口"字演化来的。口，代表讲话、语言，"祸从口出"，口字里面加一竖，就是让嘴少说一点，不要什么都说，不要用太直白的话伤害身边的人，由此而带来的是"贝"，"贝"在古代就是钱财的意思，那管住你的口，该说的说不该说的不说，一个字就可以告诉大家做人做事的道理，它不单单是"贵州"的贵，"贵族"的贵，"贵气"的贵，还有更人文的含义，所以我们一直传承下来的文字具有很大的深意。

"田"，民以食为天。这个田即大地，由这个田引申出来的各种文字、寓意都在这里面，包括圃、苗，都是由田字衍生出来的文字。我们是传统的农业国家、几千年的农业文明，对于"田"的深厚的感情和地域文化都能体现出来。现在给大家打一个谜语，对于田字便有更深刻的理解。"田"字往上一笔是由，往下是甲，甲是木长在土里的，上下打通了即为"申"字，除去这三个衍生字，如果在"田"字上再加一笔是什么字？脑筋急转弯。就是"电"字，雷电由气而生，所以电在古代是具象的，是能够看到的一种现象，因为电，可以产生巨大的能量。目前科学仪器测量出这种能量对于田地上的农作物生长是有很有益的，然而古人只知道闪电后农作物更好，所以这个字这就是一直延续下来。

二、中国文化渊源——"炁"

这个字"炁"在盘古开天地之前的状态就是这个字。它是万事万物，宇宙之间的一种状态，这个字代表的这种状态延展出来。传统的道家思想由此生发而来，就是在中国传统文化里的混沌，万物始终概括于这个"炁"字。这个字的生生不息，代表人类、万事万物的能量、状态都是由"炁"字表达，但是这个字怎么去推广，很多学者包括国外的学者，都十分关注，怎样去表达"炁"是学者们的难题。有一些国外学者翻译为空气（Air），人本生由无数的气组成，使我们拥有自身的能量。另外一种比较贴切的翻译称能量（Energy），但也不完全准确，都不能将"炁"表达得很准确，所以最后索性直接用拼音来进行翻译"qi"。中国的文化不能简单地用二元论的方式去理解，它既不是唯心的，也不是唯物的，西方的传统文化可以这样理解，上帝是唯心的，一种宗教形式，科学是唯物的、是客观的。

三、自然现象——太极八卦

我们的中国文化，类似于由炁产生出来的本体，本体生一种太极，不在唯心上也不再唯物上是一种很高的哲学范畴。由本体生来太极，由太极生来两仪，两仪再生四象（两阴两阳），这并不是给大家讲玄学，是想让大家了解中国文化的由来。因为历史传统的渊源往往被很多人误解为迷信、封建或被推崇得至高无上，都是不对的。所以，不必过于打压或者盲目崇拜，应该以一种十分平静的心态去了解一下"一直存在"的中国文化的传承，这是一种状态，是一个很抽象的太极，由此而生发的。太极也是从"炁"过来的。

之前一直在提及传统，在儒释道，儒家、道家对于身体的健康状况很讲究，不至于后世宋朝对文人的手无缚鸡之力的描述，孔子本身是"文士",古时候的"士"是文武双全的人,后来发展成文弱书生,比如南怀瑾本来就是武术家,他的书籍、国学文化,便于理解和学习,大家有兴趣可以尝试去阅读。

邵康节的著作《皇极经世》,演绎国运学的著作,可以了解每个时间节点的圣人,整个中华文化的历史脉络。身体健康从古至今都是提倡的,各位同学也需要注重身体,将革命的本钱保留,为以后的人生而战备。

综上所述,希望大家对我国的传统文化有所了解。

四、日本建筑师道传承

日本的建筑与师道传承也是出类拔萃。其传统建筑是从隋唐学取的,现代的建筑是从明治维新以后才开始的。我们国家本土文化,传承几千年,看看别人怎样去保存与发扬?我们怎样去保护和传承的?这需要思考,不仅在术的层面,一定在道德层面去思考。他们保留了我们很多物品与思想,包括一些失传的乐器:"尺八"。

古代社会、现代社会一直存在称作"士"的人,这就是民族的精英,但不是政府的、朝廷的精英。整个文化脉络没有断过。"士"并不是要入朝为官,比如邵康节就没有入朝为官,当时北宋政府一再要求他,他也没有同意,因为那个年代治理得很好,他认为没有必要为官,一般士在和平年代就会和普通人一样过平静的生活。一旦战乱来临,就会挺身而出,为民族大义起到拨乱反正的作用。

回到日本,从清家清、筱原一郎、坂本一成这些住宅设计方面的设计师的作品来看,由原来的具象、简单到抽象、舒适,然后舒适到精神上的满足,再到文化的沉淀。前川国男从柯布西耶那里学习后成为日本20世纪50年代以后的现代建筑大师,然后陆续出现了较多的现代建筑师,如丹下健三、黑川纪章到矶崎新再到坂茂等。村野腾吾和前川国男同处一个年代,菊竹清训、伊东丰雄、妹岛和世和西泽立卫都有很强的师承关系,他们每一代都受到上一代的影响。但是又通过自己努力和探索发展出新的符合时代潮流的设计,这在近现代设计史上是相当了不起的。因为一开始是属于刚刚建国的复兴阶段,然后又到后续的发展阶段,包括到现代的隈研吾。在市场状况相对比较低迷的20世纪七八十年代,日本经济是相当盛世时期,设计师都会根据不同年代的需求来凸显自己和当下的关系。怎样把传承融入社会,并于现实结合得更好?这是对设计师的拷问。

对于中国传统的文化传承,用一个浅显的方式比喻一下周易,看不见的决定看得见的。将经脉切开你看不见所谓的脉象,眼见为实耳听为虚也未必。从电报、电话到现在无线的4G和5G时代,看不见的决定看得见的。

"一别两宽,各生欢喜"出自1000多年前唐朝的《放妻书》。朱丽叶·米切尔,以女性政治家的身份,对于女性的社会地位敢于发言发声;最著名的书籍《妇女最漫长的革命》;在后续生活中,未来两百年女性政治家会走上国际舞台。

最后以"恧"字来完结。希望大家对传统中国文化加强了解,除了唐诗宋词,可以更全面、更深层次地去学习。

设计·重新思考

我们做了很多设计方案,想了很多造型、材料的使用,实际上在设计空间的时候,无论你做得多么绚烂,首先需要有光才能表现出它的美，这就是题目的意义。在做设计之前要思考空间做完之后通过光能达到什么样的效果，这是一个反向的思维。相对而言，我更愿为大家分享之前那个课程，这个课程在技术的层面，先简单了解一下。

就我们处于转型中的社会，多种新型材料、新工艺、智能化的产品层出不穷，舒适的场所需要通过光束来达到各种需求。比如现在这张办公桌，受到的光照，我们感受它的质地、形状、色彩，它的对比度、均匀度等，单位面积内可见光的高低的幅度的比例变化都可以通过计算得到结果。有些空间需要比较大的照度对比，比如相对私密、需要营造一种特殊氛围的空间，那它的关系、对比度就比较大。

光源颜色的冷暖，就是色温。在居住环境里运用 5000 开尔文的灯光是不适合的，一般居住空间采用 3000~4500 开尔文左右的比较多。做一个空间除了材料和造型需要思考以外，整体呈现什么样的效果？光从上而下会呈现几种不同的视觉关系？同样一个走廊，什么都没有的空间里面，单凭光的变化也可营造多种氛围。间接照明在后续的使用中越来越重要，灯具的选择和炫光的区别，光源和顶棚的间隙，是改变光角度和光的强弱，光源离顶棚高低远近的变化的关键。遮光线，是光源藏在里或在外遮光线之间的角度。光源打到的第一个媒介是墙面、镜面，有光泽还是粗糙的质感，其反射光的角度是不一样的，效果是不同的。比如，如果想要有光泽的，墙面的反光漆就可以用在顶棚上让光更亮一点，如果需要一种漫射光，可能就用粗糙面的质地，这张图就是明显呈现了光源与顶棚之间的距离变化。光源和墙面顶棚的间隙，200 毫米和 300 毫米之间完全不是一个效果，要打出苍穹的顶，就要对光的处理十分讲究，保证光源与顶棚间隙不变的情况下，改变光源与墙面的缝隙。

案例解析

这是日本的一个设计师的案例，改造前是炫光，改造后，灯源的位置就不一样了。间接光全部藏在墙里。营造一种比较浓烈的仪式感。光应该怎样藏？从顶上打下来还是从底面反射回来，或者两者兼具。

这个方案是改造的惠州的酒店，窗帘盒的灯具摆放、客房顶棚遮光线、卫生间、洗漱台等多种细节。比如：将客房顶棚遮光线往下压、往外扩，客房的顶棚一般没有主灯，如果加一个筒灯在顶棚也可以解决照明问题，但是加筒灯的前提条件是要藏起来，要藏起来就需要吊一层顶，那就需要考虑加顶棚、油漆成本、开裂、后期维护等。所以，一般都用四周的间接光进行灯光照明，如此一来，一个房间减少一个平方米的成本，几百间酒店房间就可以减少更多的成本，所以，做设计肯定要考虑成本和造价，还要注重各种细节。再比如：洗漱台，改造前设计的灯光与镜面是平的，光越来越弱，到中间导致脸部是黑色的，而实际运用则是强调照脸；改造后，将光挪出来从两边往中间照，这样才能照到人的脸部且光线柔和。从顶上打光，切忌打到头顶。

对于商品展示的橱窗、展柜、展台。不同产品的灯光会有不同的商家按照标准制作。当大家在逛商店的时候可以有意识地去观察一下灯光问题，光环境是促成交易的推手。重点照明，指对特定部分专门设置的照明，通过光的诱导作用，造成生动活泼的光气氛。大家可以留意上下扶梯的时候，吸引视线的灯光是什么关系？有些全高照度的效果并不是很理想；有些高低对比很大，便能够吸引客户视线。橱窗如果主要表现材质便可以使用上下吸灯，藏灯的关系和节点就很重要，设计师做完效果以后很少去把重要节点表达清楚，这也使得后续效果会打折扣。

严肃导师讲堂分享会

严肃与学生合影

以上便是不同形式的照明，间接照明、投光灯、上吸灯、投光灯和重点照明这几种照明手法的运用。接下来讲一下色温运用的实际案例。

实际案例一：日本的高台市，高台院，是日本战国时代大名丰臣秀吉结发之妻的坟墓。一开始晚上并没有多少人来，但是通过灯光改造及故事的引入使之焕然一新。设计师需要对市场需求有灵敏度，了解策划与设计专业的接和，要明白这个项目能产生什么样的效果。当时丰臣秀吉之妻，是难产去世的，夫妻感情深厚，其每年都会到此来进行祭拜，后来根据灯光打造和商业运作，便带动了当地的人气，使之灯火兴旺。

实际案例二：贝聿铭的"桃花源"——美秀美术馆。东晋陶渊明《桃花源记》描述道："山有小口，仿佛若有光……初极狭，才通人。复行数十步，豁然开朗。"贝聿铭决意在山中挖出一条隧道，和"山有小口，仿佛若有光"相契合。他还刻意把入口通道拉长，在隧道的尽头建造了一座清灵的桥梁，让美术馆在山中忽隐忽现……隧道原本设计的灯光在顶棚上很容易坏，在山上的维修的成本相当高，后来运用间接光的反射，将上面的灯全部取出，灯光投射至顶部把隧道照亮，且把色温调整为昆虫不敏感的暖柔光，就没有原来山上蚊虫到灯罩里的尴尬情况。

引用路易斯·康的话："自然光是使建筑之所以成为建筑的唯一。"作为今天讲座的结尾。感谢大家！

讲堂导师：何潇宁

讲　　题：《设计问道》

授课时间：2020年1月3日

讲堂地点：顶贺环境设计（深圳）有限公司

讲堂内容概述

"道"字是头在行走，是指意识带领着身体的走向。老子的《道德经》是由"道"字展开，在书中"道"字出现了七十三次之多。老子认为道是一种混沌未开的初始态，是天地之始，万物之母，为生化万物的根源。按我们现在的理解，"道"既是宇宙的本体，又是万物的规律，还是人生的准则。老子说"大道无言无形"，"道"是我们看不见摸不着的，只有通过我们的思维意识去认识和感知它。

今天我们讲设计问道，实际上就是在问我们设计的本源性问题，我认为设计中的"道"实际就是"人"。设计离开了人就不复存在，我们平时所讲的"以人为本"，其实就是一个设计的准则。在当今的社会中我们也能看到一些设计师特别放飞自我，很多天马行空的想法和概念，但是往往设计出来之后又有很多错误，原因在于没有把人放在首位。

孔子的《论语》中也对"道"有一些论述，其中有这么一句话："志于道，据于德，依于仁，游于艺。"其意为道是目标，德是根本，仁是依据，艺是追求仁德过程中的活动方式。它就像一个教学大纲一样，有前后顺序、清晰的逻辑关系。这句话也可以与设计的过程对应起来："道"是本源，设计的本源就是"人"；"德"可以理解为合理性，设计的合理性是根本，没有合理性做支撑的设计不能称其为设计；我把"仁"解释为善意，它是设计的依据，在合理性的基础上，我们的设计还要具备对受众的友好性；"艺"即设计的技巧，是在追求设计合理性和善意过程中所呈现出的形式。道、德、仁、艺体现在每一个设计中，又有不同的侧重点。可以从我具体的设计项目中，就每一个点与大家作详细的分享。

当设计的立意明确，同时是建立在合理性和善意的基础之上，那么你的设计便不会只拘泥于形式，可以自由自在地选择任何适合这个空间的表现手法，也希望未来大家可以逐渐达到这一点。

互动环节

Q：老师可以分享一下关于"女性设计师"的观点吗？

A：其实在我从业初期，女性设计师是比较稀少的，和男性设计师相比，女性设计师要克服的困难确实比较多。比如一开始业主也不太信任我，觉得女孩子难以胜任高压、高强度的工作，尤其是做酒店设计需要协调很多内容，到现场沟通，让工人根据自己的设计进行施工等。但还是那句话，设计和性别无关，最终还是要以实际的能力来得到别人的认可。所以之前在与小李沟通之后，我们决定不要太刻意强调性别的差距。反观现在，女性设计师也越来越多，未来我们女孩子要面临的困难也会越来越多。我觉得可能做家装会更适合一点，公装会困难一些，尤其像酒店设计一类，要克服的困难是很多的。从另外的角度看，这些困难也是一种幸运，是很宝贵的人生体验。

Q：老师对我们现阶段有什么建议吗？

A：我在之前的一些分享会上也建议年轻的设计师不要心浮气躁，做设计不是一天两天的事情，最终呈现的状态还是由一个个的作品决定的。选择这条路是很幸运的，因为设计就是我们的生活，或者说是引领某种生活方式，要静下心来，好好体验、好好生活。对我个人来说，我非常愿意和年轻人交流，因为年轻人保持着好奇心，对新鲜事物感兴趣。到了我们这个年龄段，有的人会丧失好奇心、按部就班，但做设计最重要的就是时刻保持好奇心和灵活的头脑。虽然新的事物不一定绝对正确，但是要有能力潜心去学习它，跟得上时代，才能不被时代淘汰。另外，就是要多走多看、多动手、多思考，同时也要有鉴别好坏的能力。

Q：您觉得目前设计行业有什么样的转折呢？

A：你们未来走上岗位之后能接触到的工装项目不会特别多，这是目前行业所面临的问题。每一个阶段都会出现一批人，像我从日本留学回来开始创业的那段时间，就井喷式地出现了一批人，刚好这个时间段是我国房地产崛起的时代，包括很多酒店类的大型公装项目，这批人抓住了时代的机遇。到现在为止，这波热潮已经过去了，下一波热潮我认为主要是住宅。因为住宅是刚需，这也是我们成立家装协会的原因之一。未来的发展方向在家装方面，大家可以多关注一下。像我们刚开始的时候有很多大项目，根本做不完，现在不需要这样了，在做到一定程度之后，你也要对自己的作品负责。

Q：您认为未来家装设计师会被人工智能取代吗？

A：一定有这个可能性，未来家装行业需求更多可能在豪宅、软装、配饰的设计上。设计的未来可以说它有一定的危机，但也是有机会存在的。很多家装企业现在开始做模块化了，它们有自己的材料库，所有的软装搭配、空间设计都是一体化的。但像整装这一类，我个人不是特别看好，像你们这些年轻人会喜欢自己所有的空间被均质化地规划好，还是自己的空间自己做主呢？看设计要看需求，看需求则要看现在的"人"，比如九零后、零零后、一零后的生活方式是什么？要看未来的趋势，你们可以先看看自己，你们的需求代表了未来群体的需求。

Q：关于我们今后的就职和创业的选择，老师有什么建议呢？

A：以我为例，刚回国的时候我是选择到公司就职，但做了一段时间之后还是选择了创业，这和个人的个性也有关系，我不太喜欢被束缚，每天打卡、经常迟到，也不是一个特别好的员工。辞职后招了三五个人就开始创业，当时的第一个项目就是酒店设计，后来逐渐接触到其他类型的公装项目，那时候市场的大环境是好的，但现在的大环境绝对不再是那样了。现在市场的现状可以去观察下日本，可以先在很好的企业积累经验之后再考虑创业，从小的项目开始做，逐渐树立自己的品牌。国外除了少数的大公司外，更多的是几人到十几人小型企业。我想，未来国内也会越来越理性，有大公司的存在，但也有很多小公司来承担一些小型、精巧的项目。我在日本留学时，也有很多老师有自己的小型事务所，他们有时也会做一些市政的项目。国内据我所了解，很多设计公司现在采用合伙人制，这种方式也未尝不可，深圳有个公司有四十多位合伙人，他们也做得非常好、很能打。所以，就职或创业，关键还是看自己更适合什么。无论未来面临的市场是什么样，最重要的依然是自己的实力、提高自己的价值。

Q：您与我们分享的内容是如何总结出来的呢？是每天都在进行思考吗？

A：这些是阶段性的理论总结，不是每天都思考。做设计到一定的阶段之后，大家需要你去做分享、交流，因此会梳理自己的设计思路、习惯、认知，有的年轻设计师也会觉得比较有启发。每个设计师都有自己的一套方法论。你们十分幸运可以听到这么多位企业导师多年的经验总结。最关键的是你们听了这么多之后，再消化、形成自己的东西。每个阶段不同的认识会带来不同的选择，现在相比于大项目，我更愿意做一些小项目，它可以让你静下心来、钻进去、思考很多细节。

Q：您认为我们在工作站期间，应该侧重于理论的构建，还是设计的学习呢？

A：中期汇报那天我与潘老师也有交流，你们在学校的学习和在企业的学习肯定是有差别的，在学校可能更侧重理论的构

何潇宁与学生合影

何潇宁导师讲堂分享会

建,在企业最大的优势是实操,在这个过程中学习一套对未来工作有用的设计思维方法,它是可以指导你的工作、可以落到实处的,我认为这应该是你们要在工作站收获的最宝贵的东西。可以等你们回学校之后再完善理论,但理论与设计实践的衔接上存在一定难度,这也是未来我们要为之努力的方向。

讲堂导师:孙乐刚

讲　　题:《驰》

授课时间:2020年1月13日

讲堂地点:深圳广田装饰设计研究院一分院

不要循规蹈矩,要洋洋洒洒。你要有想象力,有激情。作为一个设计师,很重要的是你是否能以激情去做设计,这个非常关键。

我来深圳这15年时间里,身边有很多朋友、同事、同学的改变很大,有些人刚开始很喜欢设计,但现在却做了其他的工作。设计虽然是我们所学的专业,但并不等于是一辈子必须从事的事业或者职业,所以将来你们是否能坚持做设计这都不一定。而我想说的是,如果要做设计,那么你要有激情,要有想象力,不要以习惯的方式去对待它,这是我想说的。如果你喜欢设计,有一个最笨的、谁都取代不了的方法,那就是时间。你能不能用时间来认真完成设计的全过程,用时间打磨的一套体系别人是很难超越的,但激情首先是建立在热爱之上,如果你都不爱,自然不用费心努力,也难有作为。

换个角度看世界

步入社会,我们因学的专业而成为设计师助理、设计师、设计总监等身份,通过经验的不断积累,你会逐渐发现你在一个难以摆脱的循环里,不断用经验来进行设计工作,并将这种方式常态化,实际上这已经偏离了你初想的方向。作为一名设计师如何面对不同的项目保持一个全新的状态开展设计,还能有你的初心、有热爱和关怀,这是我认为非常重要的。设计中,你带着新鲜感和好奇心去体验项目特定的空间,你会感受良多。不要用习惯去做设计,这样是做不出好设计的。

重识
"跨区域、跨校际、跨行业"研究生联合培养基地案例库建设

Reunderstanding
"Cross Regions, Cross Universities, Cross Industries"
Construction of the Case Base of Graduate Joint Training Base

孙乐刚导师讲堂分享会

这次课我想和大家谈谈不同的话题，你们的老师们都很厉害，包括老师的作品、履历、公司等。而我能给你们什么呢？我就在想，能不能把我的经验、技术、实践、体验以及我的设计观点，包括我们公司的案例里包含的专业性和大家聊聊。我希望这次的分享能带给大家实实在在的思考，而不是用教条来为大家上课，所以我想以己为例给大家一些启发。

我20几岁参加工作，作为一名毕业生在一家国有企业里做工会宣传工作，受到领导青睐。后来我开始思考我的人生，我不甘心这一眼望到头的职业生涯，我有成立装饰设计公司的想法，跟父母沟通未果，于是我偷偷进行了一段时间的市场调研，并整理成17页的手写调研报告，得到了公司10万块的投资。于是，我开始了我的创业之路。第一次创业还挺成功，赚到了一笔在当时数目很可观的钱，人就开始飘了。于是将赚到的钱又投资了三个公司，这下人更飘了。由于经验不足，当时不知道我的资金不足以同时支撑三个企业，经过半年以后的运营，我用一个企业的资金去填另一个企业的坑，就这样恶性循环，于是现金流断裂，公司就倒闭，这使我摔了一个重重的跟头。

当我和父母谈及我要"下海"时，我父母是不同意的。好在我家里兄弟姊妹多，我便狠下心自己走了，没有打一个招呼。当时我就告诉自己，如果我还能活着回来，我一定要让家里人觉得是踏实的，是荣耀的，要不就当我父母没有我这个儿子。但现实是我失败了，我不想拖累家里人。于是2004年来到深圳打工，在深圳的这十五年，也是我人生中真正的专业经历，我在一家公司做酒店设计主任设计师，两年后我辞职了，我成立了一家设计公司，当时公司只有5个人，经历了上一次失败的教训后，这一路扎实走到现在。

人生中会有很多个第一次，比如会有第一次获奖、第一次签单，你会和你最亲近的人分享这份喜悦。我记得我第一次签的合同是宁波的一个酒店设计，85万左右，我很开心，于是给妈妈打了一个电话分享这份喜悦，但她没有任何惊喜，也没有多说什么，只说好，好，我说这就没有别的了吗？然后妈妈就叫我注意身体，这让我有点受打击。后来我获得第一个设计大奖，在当年是比较难获得的，我又给妈妈打了个电话，告诉她我获奖的消息，这下她就兴奋得不得了，在电话那头的激动情绪我到现在都还印象深刻。从那一刻开始我就觉得我真的要努力，老人对钱的多少并不感兴趣，他们只觉得你过得好，她才开心。后来我贷款在深圳买了第一套房，买房的原因就是希望父母过来，他们看到才会让他们感到踏实，踏实了他们才会过得开心，才不让他们担心我。

这是我第一次和父母分享的经历，我说这些也是一点建议，如果大家能将你最有温度的东西及时分享给你最亲的人，这样你的幸福感也会伴随着你一辈子，这是我的第一个体会。

2008年金融危机，我第一次卖车。我事业刚起步，也是抗不起这种风险的，我的项目款项相继无法收回，而我的团队虽然人不多，但也需要运营，为了维持我团队的生存，也不可能向家里人开口，我只能卖车。卖车救急后，想要维持团队稳定，也就不能让同事知道，那没车我怎么上班呢？我每天起得最早去坐第一班大巴车，这样就比同事早一两个小时到公司。下班的时候，我一定会在远处先看着站台，等待最后一班大巴，确认没有同事后，"嗖"的一下上车。这时车上没有多少人，就一张几块钱的车票可以拥有整辆车，幸福感油然而生，吹着凉风，心情也跟着舒畅了。我觉得连老天都在帮我，在我这么低落的阶段，我没有颓废感，也没有失落，反而觉得是另一种开心，也很感恩。在低谷的时候，你能把快乐藏在心底做基础，你将来也不愁干不成事，这是我的第二个体会。

将来你们当中可能有部分同学会从事其他事业，或者做设计管理。但跟大家说一点，未来什么事情都可能发生，你应该先知先觉，要先判断市场走向，再反过头来看如何定位，这点非常重要。不管你们未来想怎样，我都希望这次课对大家有一定的启发，对你们的将来也能有所帮助。

用陌生眼睛看熟悉空间——颠覆认知

我们在设计的时候，或是好，或是坏，这很正常，因为设计创新会受很多因素的影响，不一定每一次的创作都达到完美的状态，即使你希望得到完美的结果。但一定要走自己的路，用自己的方法，运用自己的观察和体验作为设计的基础，如果你总是跟别人走一样的路，你可能永远都走不出来。所以，我宁可在自己这条路上很惨烈，也不要无声地消失在别人的路上，这是我的第三个体会。

嗅觉会带给人感受上的延伸，而这个东西往往是被忽略的，但是它的意义很重要，千万不能小看。我们单纯从设计本位去谈设计的问题，在概念和视野上难以突破。我更希望将设计和其他方面跨界结合展开思考，然后通过新的方法把设计中所关联的事物重新组织起来，形成新的逻辑关系，并在空间中构成新的秩序，这是设计作为交叉学科的重要特性。

捕捉新鲜的地域文化——唯一性的最好表达

中国历史悠久，文化何其丰富，设计任何项目，都会或多或少地触及当地历史与文化，如何能将这个项目和当地的风土人情完美的结合，是对设计师能力的考验。我最反对盲目挪用历史素材和地域元素，搬用和叠加都是在设计上的伪文化表现。每个地区有鲜明的地域风貌、文化特征和历史基础，需要我们用心去观察、理解、认识，把这些文化基因提炼出来，并运用于设计项目中，将本土的文化传统有"根性"的发展，而不是滥用。

重识
"跨区域、跨校际、跨行业"研究生联合培养基地案例库建设

Reunderstanding
"Cross Regions, Cross Universities, Cross Industries"
Construction of the Case Base of Graduate Joint Training Base

设计的即达性

设计的即达性是什么意思呢？如果你拿到一个项目，开始你的设计，重要的是在设计之前你已经在做怎样的准备，是否已经形成初始的预想，建构了理想的目标，这个目标是否注入了你对项目诸多因素的考察、体会、认识和热情，心理状态和思想准备对于设计前期是非常重要的环节，而不是一来就拿出平面但却没想好自己要做什么。我们做设计前首先要有预设，而后才会有平面方案，以及后续推敲的东西，否则所有的想法是不成立的。就比如我们的公司环境，在设计前我会先做一个预设，我想我们的办公室就服务两类人，一个是我们自己（内部员工），另外就是来访者（外来客户），我怎么来"安排"这两类人呢？通常企业的内部和外部是对立的关系，一方面是拿钱找人服务，另一方面是收钱服务于人，不同的目的、不同的心态、不同的顾虑。公司在旧居民区环境中，来访者到公司看到外部的居民楼会有种破旧感，没有好印象，担心这个公司没实力，而我的目的就是要打破这种心理，让客户建立起对我们的信心。用设计引导来访者慢慢走到公司内部楼上大厅后，会有视觉、听觉、嗅觉的立体呈现。我就是想让来访者产生心理变化，通过空间的营造，一步一步建立起对公司的信心。我认为我达到了这个想法，在对立的关系中达成了平衡，原因是我根据公司现状和处境进行了针对性的预设，这是来自于第一感的直觉和因此而形成的判断，不是所谓的靠细节取胜，不是你的平面图，不是你的流线、交通动线，也不是你的空间要有哪些功能，这些都是技术手段。首先要树立目标，而后在采用技术手段去实现。

互动环节

问：您刚刚说到地域文化，我发现，现在很多项目都要把文化做到设计中，但是我不会去考虑太多文化的东西，我只想把自己对于空间的理解做出来，先从功能开始做起，我会想我怎样去解决这个地方的问题，形式感也是根据我自己的喜好做出来，我不知道这样做出来的东西会不会有很多人去反对？

答：我可以给你两个建议。每个大师都有自己独立的风格，可能你只看见这些建筑上的大师个人风格，你的出发点是没有问题，你有自己的目标是可以的，你不想被文化所累，也是可以的，但是你在未来的项目实践中会吃亏。你的设计思路可能被客户的需要牵着走，只是你没有发现而已，客户可能要的东西很多，甚至他们自己也不清楚到底要什么，关键是你能给他什么？你能用知识和素养说服他吗？你能通过你的了解、调研给他信服的建议吗？这些都和文化相关，如果你没有文化的基础，你靠什么来体现你的专业能力和设计水平，这是第一个建议。第二个建议就是，所谓地域性也好，文化体验也罢，我最反感的就是滥用文化，不要把设计变成"说教"，而要让设计把生活变得有趣。因为设计是为别人服务的，有文化的东西不等于一定要非常张扬地表现出来，如果是这样反而显得没文化了。你要用什么方式来做是你的问题，你需要找到出口，你要知道你设计的目标，而你的目标不是满足你的要求，是为客户达成愿望，我不赞同你这个观点。甲方投资要有回报率，先不说甲方是否通过你的方案，哪怕同意将你的方案用作实验，有可能导致甲方花了大价钱却是为你个人做的个人作品，这是不行的，这是我第二个建议。

了解并表达地域文化会给你的设计增加内涵，会让设计加分。但是传统文化的无根滥用，会使设计变得腐朽、晦涩，甚

行成于思（导师讲堂）
Action Comes From Thinking (The Lecture Hall)

分享会中学生合影

至很沉重，这说明你在对于中国文化的理解上仍有误区。国外一些优秀的设计师在中国顶级公司做设计，听听他们的汇报方案你就会知道，他们在设计的时候真的把中国文化研究得很好，虽然他们研究不那么深，但他们掌握了一套自己建立起来的方法。为什么说好而不深呢？他们站在旁观者的角度，保持对外文化的新鲜感，提取了地域文化典型的那么一点点，但会用得很有趣、很大胆、很创新，你甚至感觉不到中国文化的沉重感，他不是说不敢用，而是用得很好，这就是对待传统文化观念的问题，当然如果用不好就变成以前老的那些作品，会让人感觉沉重、不舒服，你都不知道这个空间是像文化馆还是博物馆。另外你在这个时代，骨子里面有这些固有的东西，可以将这些东西自然而然发生在设计之中，设计随时代而行，这是规律。

讲堂导师：黄志达

讲　　题：《精设计·筑生活》

授课时间：2020年1月7日

讲堂地点：深圳市南山区华侨城锦绣北街2号黄志达设计师有限公司

一、授课内容

我今天给同学们分享的题目是"精设计·筑生活"。设计与生活密切关联，生活为设计提供了无限的创作灵感和题材，人们通过设计来呈现和构建更合理且美好的生活。因此，我想和同学们分享生活方式和设计、设计和商业之间的关系。

过去，大多数行业的发展会受到地产行业的崛起驱动。我们做商业设计，并不需要太介意是商业驱动专业，还是专业驱动商业。多年来，人们的需求逐渐提高，对设计的要求，从十多年前追求表面视觉冲击的效果，演变成对内部系统精细化设计的功能性要求。早年间，设计追求视觉冲击力并没有错，因为感官对设计的判断，特别是视觉，起了80%的作用。我也曾提出"设计的五感"这一理论，五感（视觉、听觉、嗅觉、味觉、触觉）回归到用户心理，使用者感官上会对设计场景进行"好"与"不好"的判断，这是相对浅层的判断。举个例子，我们通常能见到某些空间，它的外在表达似乎完整：有造型精致的、采用流行元素堆砌，但是细看内部结构则经不起研究。设计缺乏内在的脉络，对功能性没有进行系统的推敲和梳理，在实用性上便显得粗糙。

精细化设计,除了符合现代化和时尚的感官,还要能够满足功能性的多维度需求。

今天,我将用产品经理的思维和大家解读THE ICON(深圳湾公馆)的设计。我与团队在这个项目上投入了三年多的时间,选择分享的原因是这个项目的设计定位、市场调研都是运用产品经理的思维去实践,并努力做到极致。我们对项目的未来发展进行前瞻性的预判,预判能力和熟悉市场程度有关,所以设计师需要贴近市场,了解市场变化,才能知道市场将会发生什么。这和打仗一样,指挥官需要熟知现场情况,不知道战况,则无法做出准确判断。

THE ICON位于深圳湾的第二线,它是一个单体建筑(图1)。对于建筑和城市的关系,柯布西耶在《光辉城市》里说过:"一座摩天大楼就是一个最完美的广告"。建筑师的梦想,是把建筑、室内的设计带到城市最前沿并做到最美观,建筑与城市规划之间具有协同性,室内设计关注更多的是生活和细部。我毕业于建筑专业,穿梭在建筑和室内两端,这一背景对于做设计是比较有利的,我们可以用前沿的思维去预判建筑中的不足的地方,比如不适合人居的部分,做出改善。

作为单体建筑,THE ICON建筑面积很小,在限高的情况下要保留开阔的视野。项目的委托人在看了RWD在深圳湾的另两个精装交付的项目后选择了我们,投资人的股东是二手车经济的先行者,在与投资人的股东面谈后,对方表示这个项目的目的在于打造一种当下深圳缺失的生活方式,特别是前沿城市化稀缺的生活方式。我们的团队参与了建筑立面的修改,协助和配合当时的建筑设计团队,从室内往外扩进行优化。由于当时整个建筑体表面比较粗糙,结构没有充分优化,在诸多因素的影响下,我提出,我们要结合委托方的想法对项目重新定义和梳理。我们的团队即刻展开调研,提出了以下问题:THE ICON要售卖给什么样的用户?如何售卖?如何吸引用户?如何达到城市化生活的定义?……经调研发现:这个建筑是在政策允许的条件下,由M0地块的商用建筑改为住宅建筑,其周边遍布招商集团;室内是LOFT结构,面积小、可塑性强,能吸引大批有海外游学回国的八零后、八五后人群。

在做这些调查之前,我们还是要遵循设计的逻辑,将空间美学放在设计前端,去调研人与生活的多维度关系,同时考虑是否能达到品牌的定义和对未来销售及用户定位。对于奢华生活的定义,未来无论是什么样的业态都将有不同的定义,例如从基础版的刚需,到刚改,再到改善,再到再改,最后到突破,所以这五大关系在任何业态上都是存在的。基于这点,首先讲究的是经济上的投入与分配,因为空间和经济指标

图1 THE ICON 深圳湾公馆(图片来源:深圳湾公馆)

图2 洞察奢华生活方式的设计新探索（图片来源：RWD）

有关；其次和审美有关，"精设计"都是在这些维度上探究塔尖上的需求（图2）。

以上是项目的基本调研逻辑，还原到 THE ICON 的调研，我们认为这个项目将在未来三年需求量很大。参考当时政府的公开数据、项目所在地的开发程度、项目所在地的周边配套、用户的画像分析、当时房地产成交情况等，并对比当时同等片区的豪宅房价，参照相关经济指标，推算其三年后的售价。而如今，THE ICON 的售价已经远远超过当时的推算价格。这些分析是很有必要的，因为我们做的是商业设计，会为用户所用，一定要了解市场和用户。

刚刚讲到市场和产品的逻辑，现在回到设计逻辑上倒推这些问题：生活空间要拥有什么？设计能创造什么？用户在空间中能获得什么？总结下来就是马斯洛的需求理论，是人与物质、人与社会以及人与自我的认知，简单化排列为金字塔形，最基层是生理上对安全的需求，顶端就是自我的需求和尊重的需求，这些关系就是构成美好人居生活的部分，因此生活方式可归纳为三点：配套需求、互动、精神空间（图3）。

按照逻辑，设计不仅仅是创造理想的生活环境，更要带来前瞻性的生活方式，我们需要通过设计，为居住者营造良好的社区联动和丰盈的精神空间。生活方式是内外兼修的，社群的联动是横纵向交叉而非单点的，我们在设备设施、社群服务方面给委托方带来前瞻性的思考，在设计的本质技术之外，对项目进行策划，它的精神内核就是我们创造的内空间。

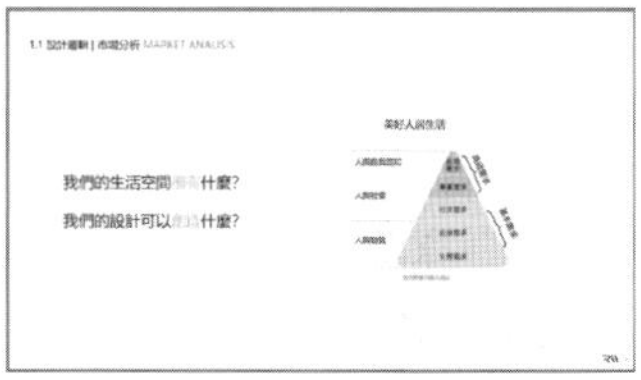

我们对整栋楼宇进行了包括垂直动线，横向动线，室内的户型的结构、尺度、机电、社区的联动等优化工作。经过分析，建筑中下层视野因被前方小高层建筑遮挡，为了解决这个弊端，我们对顶层结构进行了预留，在没有超过限高的情况下，预留了总共四层半的框架，通过退红线提升容积率，为打造标准户型奠定基础，最终得到委托方的高度认同，给予其创造经济增值的信心。

由于建筑地块的特殊性，出于对用地规定和用户使用的安全考虑，住宅不能封闭煤气管道，整栋建筑面朝西边，存在西晒的问题，因此要进行换风对流。南方城市气候高温多雨且紫外线强，在优化幕墙设计时通过模拟日照指数，通过安置百叶形态的阳光板阻挡部分阳光，同时百叶形态的阳光板会对雨水形成阻力，将雨水引入地面设置的隐藏型排水沟，排水沟的位置有较小的坡度，不会对走廊的地毯产生影响（图4）。

我认为城市住宅应有其当代性，我们不断地从设计的角度去思考，如何能够完美地共融空间，而不局限人和社区、人与物、物与物之间的联动。商业策划中，我们根

图3 设计逻辑（图片来源：RWD）

图4 THE ICON 深圳湾公馆1（图片来源：深圳湾公馆）

图 5 THE ICON 深圳湾公馆 2（图片来源：深圳湾公馆）

图 6 THE ICON 深圳湾公馆 3（图片来源：深圳湾公馆）

图 7 THE ICON 深圳湾公馆 J 户型（图片来源：RWD）

图 8 THE ICON 深圳湾公馆 A 户型（图片来源：RWD）

据业主方投资人的现有资源，在一楼展开软性设计——名车汇。一方面可对二手豪车进行展示；另一方面，我们希望这些豪车，未来能为业主出行提供定制服务，真正落地到用户私人管家出行的服务中去。由于项目社区没有花园，名车汇的设计还能为用户提供聚会地点。

在大堂的设计中，我们结合了项目定位，进行未知的探索。我们尝试用设计解决用户的"安全感"问题。大堂在充当公共空间，最好做到"三进"的空间设计，这里的"三进"不同于古代建筑：第一进是管家，利用设备加强访客出入的安全管理；第二进是信报箱，保护住户隐私，当时设计上用于放置新鲜配送的牛奶，现在多用于取件，未来的使用功能上还会进行调整；第三进是电梯厅，设置了人脸识别、指纹识别和 IC 卡识别，提高了安全性。（图 5、图 6）

凡事要讲究理据，结合外部需求和内部真理去考虑，我们整个团队都遵循理性在前，感性在后。我们要把理性的东西梳理好，让委托方判定这个投资是靠谱的，这也是 RWD 核心竞争力的体现。

人是有磁场的，会充分感知空间的尺度，研究空间也是在研究人。设计的价值在于让空间去理解人的需求，每个空间都有不同的个性，做到极致了就是体现人性与空间的情感关系。设计之初站在用户的角度上做出发点，将设计师的角色切换到使用者上，最终呈现设计的"温度"和"魂"，这是"精设计"的体现。我们通过感官来模拟不同用户的生活尺度，进行多版本的平面调整，接着用尺度去匹配不同模数的产品。室内延续了建筑的设计，所有的户型在色彩上都是干净的，我的美学逻辑是 60% 的主色，30% 的辅色，10% 的跳色，遵循 6：3：1 的比例，视觉上能呈现整体的逻辑性，如果想艺术化进一步呈现，可以在装置和艺术品方面进行考虑。THE ICON 深圳湾公馆室内设计如图 7~ 图 9。

室内的推拉门选择的是手动推拉门，原因是电动推拉门有运维成本，并且电机故障的因素是不可控的；我们坚持在楼顶上设置了气象监测，使用户门窗可以在雨天自动关闭，解决了开发商可能遇到的售后服务问题，节省了售后开销；室内的楼梯考虑到用户入住后有自己生活的逻辑，这时候再拆除楼梯的破坏会很大，所以整个楼梯是用螺丝做构件，是轻巧易拆卸的预制型构造。总体而言，精装要考虑材质，思考如做到美观、耐用且节省运营成本。设计要有责任心，要为委托方的长远发展考虑。

今天和同学们交流了很多内容，思维决定思路与未来，我希望大家作为未来的设

图9 THE ICON 深圳湾公馆 J 户型楼梯（图片来源：RWD）

图10 黄志达老师分享案例（图片来源：笔者自摄）

图11 师生合影（图片来源：笔者自摄）

计师，可以认真地观察生活，不断学习和提升自己，开阔眼界，保持好奇心，希望同学们都能达成心中的设计梦（图10、图11）。

二、互动环节

Q：听完黄老师课程讲解后有什么收获吗？

A：能感受到RWD设计项目的几个特点：克制想法在空间的表达、理性地把所有思考带入空间设计、尊重客户想法，最大化地把项目考虑完整，保留足够的空间让客户自己进行创造。RWD在做设计时会给出多个预选方案，经过公司全方面综合考虑才会确定最终方案，而不是依靠设计师个人的喜好，这给了我很不一样的感受。

Q：学校所学的理论知识与刚刚实际讲解的项目有什么差别吗？

A：在学校会更多地考虑如何将设计做得出彩，而RWD的项目考得更多的是关注居住者的实际使用感受，以及如何给空间体验者创造一种情感提升。小到边边角角，大到空间的布局规划，兼顾创意的同时也考虑到了细节。黄老师说过，"认真地做好每一件小事"，这给了我们一个很准确的指引方向。

Q：今天的学术交流会与以往参加过会议相比，有什么不同之处吗？

A：黄老师把一个方案讲得很细致、完整，从前期的所有设计思路，到整个流程的进行及选材都很精准地作了讲解，这是之前没有接触到的。每个环节都是有步骤地深入进行，有很好的体验感。

讲堂导师：颜政

讲题：《设计师成长之路》

授课时间：2020年01月09日

讲堂地点：深圳市罗湖区天安国际大厦梓人环境设计有限公司

讲座分为三个部分，一是设计师工作经历；二是介绍梓人环境设计有限公司（以下简称"梓人公司"）的设计项目，通过具体案例介绍设计的方法；三是演讲互动。（图1）

一、设计师的成长之路

（一）设计师的经历及对设计的理解决定其作品特色

设计师，首先是一类愿意对生活的改变表达热望的人；其次，作为一个专业服务人员，基本的设计工具和图纸语言的掌握是必不可少的；同时，设计师天生就得是领导者，需要具备对结果的预估和所有配合环节的统筹能力。还有几项决定着你能否成为好设计师的关键：包括对人和社会的理解，对文学、艺术的热爱以及对数理的掌握，后面这几项是一名设计工作者能否成为一名优秀设计师的重点。

图1 颜政导师讲堂分享会（图片来源：笔者自摄）

我在大学时期修的是服装设计专业，毕业后一个偶然的机会接触了室内设计，后来也有很多时候被旁人问起为什么选择室内，其实美感是相通的，只是设计的工具不同。最初在公司的设计任务是围绕着机场、市政中心、博物馆等大型公建类项目以及高级酒店的项目进行设计，这些项目让我很早就意识到室内设计师必须具备规划、建筑、结构、机电、灯光、园林等全面的素养。一个优秀的室内设计师，即便不亲自绘制以上这些图纸，在空间素养和对技术语言的了解方面也应该与其他专业的优秀人员势均力敌，如此，才可能做出完整且专业的统筹和配合。后来的工作经历让我体会到，设计师天生就是领导者，在工作未开始之前，不仅要在头脑中有成像的空间画面，还要有对整个项目各环节实施可能的预判。

最后一项就是设计师个人风格的问题。在相同专业语言娴熟程度的基础上，每一位设计师个体对生活的理解不同，对每一种经典和新技术解决的差异，投射在空间中便会有不同的呈现。就今天的中国来讲，是一个变化快速的背景，技术、人的内心、世界的交流方式都有着日新月异的变化，设计师作为生活在其中的人，对空间的尝试和表达方式一定不会是一成不变的，但好的作品，和谐与品质是始终不变的。

（二）设计师对社会、经济、人文的关注程度决定设计水平

1. 经济全球化，社会转型促使文化的多元化发展

近三十年，中国经济的快速提升和发展，随之而来的社会转型对文化的冲击，逐渐重新审视引发大家的思考。东西对峙的文化格局早已打破，取而代之的是更加多元化的发展模式，经济全球化的中西方文化交流和互动越来越频繁，让人很容易想起17~18世纪的东西文化交流、艺术交流的状态，人航海时期中西文化交流所引发的世界格局的改变。历史上中国经历了多年的战争，人对于美的要求已经到了极低的状态。改革开放后，大家像是经历了从压抑时期到文化爆发的时期，就像文艺复兴时期的艺

术一样是特别张扬的、浓烈的。而在当下，到处都是玻璃幕墙的高楼大厦、手机、交通、信息、全世界的交流已经非常广泛了。同时，度假、旅游让我们有非常多时间去感受全世界的各种文化。

我们今天是在接受着西方教育的背景下，每天都在感受着全世界各地信息的状态，你的爱好或者你关注的所有信息，还有你精神的触动，绝对不是你周边的叔叔阿姨，也绝对不只是你所在城市文化的一种激荡，而是全世界的信息在你内心中的激荡。

2. 每一个设计风潮背后都体现着当时的社会价值观

大学我们学习包豪斯，学习"Less Is More"设计风潮。在很长一段时间内，现代主义、国际主义这类建筑或者这种设计风格一直占据着设计发展的主流地位。要知道产生"Less Is More"，还有国际主义这样的文化背后，它能够去满足的人群和在那个时代，那种经过了战争之后拼命在讲求平等、民主，其实也是一种狭隘。虽然它占据了很长一段时间，但是如今艺术思潮的多元化使得后现代主义逐渐兴起，设计开始关注精神价值以及不同人的心理需求，室内设计的多元发展以及文化需求使我们重新审视东方与西方、传统与现代。每一代或者每一个阶段的美学都和人群、经济价值的导向有极其密切的关系。

3. 设计中对女性的关注

在经济变化后人们的情感追求壮阔、崇高，从众从权转化成为追求自我精神内涵的特征。伴随着这些变化的同时，中国的独生子女政策使得中国女性的教育程度普遍提升，受过良好教育的女性进入社会更高层的职业机构。女性地位与收入的提升，也悄然改变着中国一直以来以男权审美为主流审美的现象，而在高级消费者中女性的话语权越显重要。

在两百多年前，西方的工业文明使大量的女性更早地接触了教育，有机会进入社会的经济领域、政治领域。而我们国家在民国的时候，也就是20世纪初很多学校才有对于女性的教育。同时，在中国改革开放之前，很多人讲吃、讲穿是被批判的；讲究美，讲究生活的礼仪是被驳斥的。因此对于美这件事，我们有接近两代人是缺失的。这里面对于女性的研究，以及女性精神的研究，女性在一个职场上面坚韧和温柔两者之间的平衡，不管是从服装设计来讲，还是从产品设计来讲，很少有人做过这方面的研究，所以这方面的积累相对于整个世界范围内都是十分缺失的。在西方美学里可以发现，欧洲的工业产品有这种刚柔并济的东西，设计师对于女性的精神特质有非常细微的感受，最主要的是它的消费者中有男性也有女性，所以在产品的气质里，让男人和女人都能够找到归属感。

4. 做设计不能脱离时代，要关注各种人群的需要

由于我做住宅的商业地产空间比较多，多围绕着住宅的商业会所、住宅别墅等进行设计。房子在中国大多数的家庭里面应该是一个家庭投入最高的对象，在某一个收入层面上，男人、女人都在进行对于这个房屋的选择，所以我的设计就是不分性别的。在我做的项目类别里是属于各个开发商比较高端的系列，而在高端消费者的构成里面，特别是这几年的购房者里女性在家庭中的话语权是很高的。所以，我们怎样去打造空间，一定是让这个空间都能满足家庭各种成员的需要。设计中高端的或是顶级的房子，消费者对于房子的需求绝对不只是满足居住的需求，还包含生活的价值观在里面，这些价值观就反映在我要怎样吃饭，要怎样穿衣，要怎样和我的朋友在我所生活的这个空间里进行交际，包括家庭成员之间怎么去处理和安放生

活的设施、解决生活的交往等问题。

丹纳在《艺术哲学》里面说道：做艺术是不可能脱离时代的，每一个人在创作的时候，都要关注整个时代事实的状况对你内心造成的影响，真正有自己感悟的作品，时代才会给予回应。而设计亦是如此。

二、梓人环境设计有限公司设计案例分享

一共分享四个案例，这四个案例是完全不同的风格，通过具体案例可以看到很多设计的方法。除此之外，公司其他的案例会通过另一个 PPT 展示给大家，里面记录了我们从 2000 年到 2019 年公司的项目，根据时间顺序，随着社会的发展和对客户内心变化的细微揣摩，设计成果不断地发生着变化，但这里面有一个共性，就是客户对我们的要求是想做一个有品质的、优雅的、高级的空间设计。

（一）北京华润置地公司昆仑域系列亚林西 下叠拼别墅项目

亚林西项目历时三年，距今已经有五年时间。这个项目在 2018 年被华润评为企业项目金奖，在 2019 年评为柏林金奖。（图 2、图 3）

项目位于北京金融街旁边，近邻北京医科大。这个地产售价在每平方米二十万左右，其受众是属于小众人群，比如教授、医生、暴发户、金融新贵、知识分子等。华润公司找了三家设计机构，有新加坡的 HBA，意大利的一家设计公司，还有梓人设计。三家公司接到的命题都不一样，HBA 的命题是商务型设计，意大利公司的命题是"烈火烹油，鲜花着锦"，我们的命题是"汝瓷"。

客户找到我们是因为看到我们做的另一个法式的方案，在那个方案里流露出来的专属性和私属性。客户要求做一个"既富且贵"的设计，面对的受众群体是不仅拥有财富，同时还具备良好的知识修养的人群。

项目的建筑条件不算好，客厅长度尺度才 4.9 米，平面图看上去空间的尺度一点都不像豪宅。开始我想把所有的庭院都考虑进来，北京是冬暖夏热的天气，空气中灰尘较大，在没有空调的情况下，冬天和夏天都不会坐在院子里，于是我在庭院里做了一个亭子，一进门穿过长廊，长廊全部是玻璃盒子，坐在亭子里面由玻璃围合着，旁边的壁炉和地热让人在室内温暖舒适，望着外面的落雪，坐在房子里欣赏风景是多么惬意啊。有些可惜的是，庭院最后只实现了楼下负一层的部分。

做一个好的室内设计，一定要室内、建筑、景观统一考虑，从室内窗户透出去，景观也是属于室内设计的一部分，同时还要考虑楼上楼下的互望关系。设计的初期阶

图 2 北京华润置地亚林西下叠拼别墅 1（图片来源：梓人设计）

图 3 北京华润置地亚林西下叠拼别墅 2（图片来源：梓人设计）

段就要考虑所有人在接触这个空间之时，希望在不同位置所感受的场景。

大家可以从照片上看到，最终呈现的效果就是我们最初设想的模样。设计就像写剧本一样，先设定好人在这个空间里面发生的行为和心态是怎么样的，想完之后开始画图。人在空间里面所有的动线都是一种很自然的构图，场景里面用的家具、摆设、温度、色调和尺度等，这些组合在一起带给人的心理感受在最初就设定好了，设定好脚本之后，至于空间里面具体怎样实现，用什么样的材料、光线等，到技术的部分就非常理性了。

一个好的设计师就像一个好编剧，要有一定的文学修养。设计师用设计的方式去抒写人在空间里的故事，把人的这种生活场景想透，设计师就是这个场景里面的主人公，人进入空间之后就感觉是进入了某个时期或者某种生活方式。家具、材料都是角色。所有的东西你觉得这个角色需要它，它就进来。然后角色与角色之间的互动是怎么样的，就像每一个空间的产品和每一个空间的材料、高低、层次关系一样。至于每种东西拿捏到什么度，就是设计师控制了。

我们来看一下设计的深化过程图纸，为了项目里陶瓷锦砖的制作，我在工厂里待了三天，从材料分类、分割、拼格直至最后的组合。项目里的很多墙纸是我们梓人公司在一年多的时间里通过对史料的提炼而设计出来的墙纸。在每一个空间里的墙纸、脚线、铁艺、绘画、家具等细节都会绘制这样的彩色细节图。比如项目中的铁艺栏杆，设计把模型建出之后交予供应商，再进行修改，确定无误后再在工厂加工，所有产品几乎都是为项目的独特而特殊定制的，每个产品也经过了多次的往复，所以完成的结果和最初的设计几乎一模一样。

作品的优秀并不只是设计师个人的优秀能决定的，常常需要整个行业的优秀共同促成的结果。反过来，一个真正优秀的设计师不只是专业能力优秀，还有他的投入和服务感染大多数人沉浸入一种相对专注的工作状态。在客户决定投入一笔资金做项目的时候，客人有时候并不确定他到底要什么，我们需要透过一些碎片去捕捉其真实的内心需求，并能够将其转化成物化的空间，这大概就是一个好的设计团队的品牌。

（二）武汉中海青年路销售中心项目

在设计的初始，客户的要求是需要一个古典气质的大都会风格，建筑平面以及柱网便让我们看到古典的方式在这个布局中不会是最好的方向，古典的空间要求有严谨的秩序感，而本案的空间是异形的，在不动柱网的情况下不可能找到古典秩序中那种端庄严谨的气息。设计的初始我们并没有直接否定客人的需求，做了两个概念方向和一部分透视图，通过这些工作量让客人理解放弃前一个方向的必要。（图4、图5）

建筑外部环境是陈旧的老城，外部庭院可用的尺度也很有限。设计采用了让室内外融合为一体的设计手法，隔着落地玻璃窗，室内外的用材和材质过渡的边界都是一体的感觉。这个案例完成后取得超乎预期的良好效果，其中的启示是，设计师接到业主的任务书后，设计师有责任通过业主对需求的初步表述，去思考这些想法落地的效果，并及时给出更适合的建议。

（三）中海重庆天钻艺术销售中心项目

天钻艺术销售中心项目初期定位考虑既是售楼大堂又是艺术中心。设计既有发展商原有的DNA，即经典的气质，其中又不乏艺术与时尚，这种艺术感不能只有艺术感的画作，或者一两个单品来实现。而是空间本身就给人艺术的感受，汲取20世纪初 Art Nouveau 的艺术手法，刚柔并济的曲线与建筑和地面的图案释放出自由和复合的气息。

在空间的地面上采用了艺术花纹的水磨石，1000 平方米的艺术水磨石，全部是现场完成，是一次很大胆的尝试。地面水磨石的打样，花了两个多月的时间。（图 6）

（四）成都双流销售中心项目

成都双流销售中心是 2017 年的项目，也很有代表性。项目的使用方式前期是销售中心，之后是社区艺术活动中心。所以，在设计中追求一种自在自由参与的艺术氛围。

当我们拿到建筑外观的概念设计，对比外立面，室内传统的结构和布局使两者的关系割裂开来。室内的方式便是在满足功能的前提下，让空间的外形与外部的连接更贴切自然，弱化室内外的便捷，让环境进入到室内。室内与外观呈现出一种结构的美感（图 7、图 8）。

在今天的分享里，我不太想讲风格类的东西，因为我们处在一个变化着的年代，再过五年、十年可能做的东西又会有新的不同。但不论是做古典的感觉还是做现代感觉的空间，设计方法和设计思维都是一样的。不论科技怎么变化，科技都是被包裹在人文外壳的下面，不是说科技的进步可以取代情感和对美的需求，伴随着科技，设计在解决功能的方法上有了更多的可能。

后面我们看的 PPT 是公司这些年来做的设计项目集合，在与不同的业主或者同一个业主合作过程中，我们的设计不是一成不变的，而是随着这个时代在不断地进步和提升。

通过具体案例总结以下设计方法：

（1）做好室内设计，不仅仅是考虑室内空间的布局和装饰，设计应该从整体出发，将室内、建筑、景观统一考虑，因为建筑的外部形态、从室内窗户透出去的景观也属于室内设计的一部分。

（2）保证设计方案与最后方案落地一致，除了要求设计师要有娴熟的专业知识外，还要了解与室内设计相关的专业知识。同时，设计构思是否可行，需要对设计的施工节点反复推敲，材料运用要经过材料商打样确定可以批量生产，才能使用。所以，作品的优秀并不只是设计师的优秀所形成的，而是整个行业的优秀促成的结果。

（3）专业的设计师应该比客户更知道他想要什么，在客户决定投入较高资本做项目的时候，所谓客户说你做什么我都认可，客户只跟你说一个感觉。其实就是设计师

图 4 武汉中海青年路销售中心 1（图片来源：梓人设计）

图 5 武汉中海青年路销售中心 2（图片来源：梓人设计）

图 6 中海重庆天钻艺术销售中心项目（图片来源：梓人设计）

图7 成都双流销售中心1（图片来源：梓人设计）

图8 成都双流销售中心2（图片来源：梓人设计）

对这个感性的感觉拿捏和转换做到了心中有数，通过理性的专业知识把设计效果转换到具体的设计计划、预算、施工计划中去了。客户觉得找你来做这个事情是有把握的，你把他这笔投资很好地落地了，这才是一个好的设计公司。

三、演讲互动

Q1：颜老师刚刚我们看了很多的设计案例，每一个设计案例看上去给人的感觉都是很和谐的，有秩序的，同时也很丰富。我们在设计的时候怎样才能达到这种感觉呢？我自己在设计的时候加入了很多东西组合在一个空间里，但往往给人以"乱"的感觉，应该怎样才能设计得有秩序感，或者说要掌握什么样的技能才能做出好的空间设计呢？

A：设计有秩序感需要掌握美学的规律，简单地说，就是把许多抽象的、美好的画面转化成平面构成和色彩构成，转化成具体的理性尺度。其次，各种美的环节的背后，充分理解和解读各种任务的专业工作之间的前后顺序和逻辑，可以拿多个优秀的案例反复地做这样的探索，探索所有美好背后的规律。我的习惯是要做好这件事，先要知道好的成果是哪些，都需要哪些知识结构以及各专业配合的逻辑、规律等。

我是因为手绘效果图到公司就职的，最初以为图纸的想象力、表现力好就是好的设计师。有一次在工地的经历让我了解到，美与数理逻辑的关系，所有的感觉都要转化成一种可以指导各专业准确表达的图纸语言。于是拿着一套施工图用了三个月的时间在空闲的时候临摹，差不多临摹了三遍，等再次去到工地，短短的时间便了解了许多"感觉"背后的理性控制，这个意识的认知非常重要，有了这样的意识再观察事物，便可自觉地透过表现去揣摩现象背后的形制、数据、色彩，并将其储存于内心，在具体的空间，某种感觉的需要，以往的理性的分解就可以拿出来应用了，这个是对秩序控制非常关键的一步。

设计师也需要良好的沟通能力，无论是与客户还是与施工人员都要有非常准确地传达设计图纸表达的能力，这个过程，就像我们常说的"量变到质变"。

Q2：我觉得您在分享的时候给我最大的感受就是您的观察是很细微的，同时又是宏观的，关注人的感受，也在关注整个社会的进程。我想知道您是天性里面对这方面比较感兴趣，还是后期培养出来的这种洞察力、分析力和思考方式？

A：我是一个容易感动的人，从小喜欢历史、文学、艺术，这会帮助到我更好地捕捉客户潜在的需求，美是个人价值观最抽象的体现，影响它的其实是政治、经济和科技的发展。刚才我提到丹纳的《艺术哲学》里面讲道，每一个时代艺术风格的产生或出现什么样的艺术家，都与设计流变有很大的关系。某种程度上来说，室内设计师如果不了解社会人文，在设计中会比较盲目。因为设计师对人的洞察，对人性心理需求的揣摩，离不开不同的社会背景。乔布斯曾经说过一句话：客户不知道他要什么。人类情感的起伏是有规律的，例如爱和恨、崇高和优雅的体验，是跨越民族的。经济的起伏对文化和人的审美情趣的影响，也是有规律的。

前面提到的洞察、分析能力，需要有一个训练的过程。首先是从专注的临摹开始，比方说有一件作品非常打动我，我便会专注地看：作品用了什么材料，材料与材料之间的对比关系，用了哪些颜色等。并会把这些内容，像庖丁解牛一样记录下来，变成自己的素材。

阅读历史会让我们更了解人性的规律。在设计的艺术表达背后，每一位设计师的价值观多少都会流露出设计师的喜好。在生活中我喜欢特别温暖的东西，比如在严肃中的幽默，或是活泼轻松中透出的深刻。这类东西特别容易触动我，哪怕是一件很小的作品。我不太愿意表达过于沉重的氛围，因为生命的成长本来就需要每个人承受很多的痛苦和挫折，所以更要学会珍惜在压抑中的幽默，在努力中的片刻小闲适。极致的东西也未必是在壮阔的背景中产生的，在和平年代的稚趣、天真和优雅是当下中国人内心的极致吧。

讲堂导师：杨邦胜

讲　　题：《我的酒店设计观》
授课时间：2020 年 1 月 12 日
讲堂地点：YANG 设计集团深圳总部

同学们好，今天这期导师讲堂，我将从酒店设计的角度和同学们交流分享一些我从业二十多年总结出来的设计观念与想法。

一、设计是从解决问题开始

设计的本质就是解决问题。当我们接到一个项目，第一时间要做的就是发现问题，无论是定位、空间功能流线、工程造价或投资回报、竞争策略等问题，都要先找出来，然后去解决它。当客户面对问题犹豫不决的时候，需要用你的专业坚定地告诉他问题在哪里，用怎样的方式去解决是最合理的。每个人的知识修养、对设计的理解、思考方式和处理方法不一样，便形成问题解决时的独特设计思路与设计语言，这些个性化的东西就是设计的魅力所在。我认为，当所有问题解决了，设计也就做好了。

二、文化特性是酒店设计的核心

文化特性是我们团队很强调的理念，我们认为文化是酒店设计的灵魂。当一个酒店有了文化特性，便有了鲜活的生命，从而有了灵魂、思想和精气神。如何赋予酒店文化内涵，我们做的是去寻找项目所在地土生土长、有血有肉、独有的文化特质。特性即特色，是此酒店区别于彼酒店的显著差异，特性的打造能够让酒店在市场竞争中立于不败。酒店有了特性，就有了差异化的亮点，也就形成了客人的记忆点。

文化是个很宽泛的概念，自然风土、人文特色都是文化，它涵盖文学、艺术、宗教、衣食住行等方方面面。同学们将来在设计项目定位时，如何去选择文化的独特性，我鼓励大家多出去旅游、多走、多玩、多看、多感受不同地域的文化差异，你了解得越多、视野就越开阔，真正做设计时文化选择的敏感性就越强。

在现阶段做设计，对同学们来说，最重要的是学习和借鉴。我曾经把普利兹克建筑大师的作品都走了一遍，发现其实他们有一个共同点，就是早期都是学习和借鉴别人，每一位伟大的建筑师或设计师，都会有一个或几个对他影响深远的人，可能是艺术家或者是同行前辈，他们都是在学习借鉴中积淀，然后再去创新突破，最终形成自己的风格和理论。

多经历、多思考，这和我说到的"玩"有区别，无论是好的、坏的、快乐的、痛苦的事情，都要去经历、去体验，去丰富自己的人生与情感，这些最终都会转化为你对设计的理解。像我自己早年在洪涛装饰工作期间，也不是只做酒店设计，还做了大量的剧院、机场、办公项目，做了很多杂七杂八的事情。现在回头看，正是这些各个领域的涉猎让我能够在酒店设计领域做得更有独特性与创新性。

三、没有创意，设计就是垃圾

人们之所以愿意花钱买设计，买的就是创意的价值，所以创意是设计的核心。设计师是创造与众不同、颠覆自我的人，是把一大堆问题掩盖下的项目亮点放大再放大，化腐朽为神奇的人。当你学到了基本功之后，一定不能再去复制，要开始追求独立的思想，用自己的独特手法与方式，创造出新的东西，表达自己的观点与想法，形成自己的个性。

杨邦胜导师讲堂分享会

四、一体化设计

酒店是一个鲜活、有序的微缩世界，酒店设计必须保持这个世界的完整性。一体化设计就是对设计的整体思考，做一个项目不能只局限于室内设计师的身份，设计是无界的，设计师要把自己的角色不断转换，变成一个建筑师、景观设计师，或者是客人。考虑空间体块的转换、光线给人的感受、空间景观的效果，还要考虑员工服饰、空间花艺、客人进来的生活方式引导等问题。所以，设计师要做一个杂家，知识面非常广，这样才能做出好的作品。

五、传统的滋养和设计的突变

设计从来都不是无中生有。华夏文明源远流长，传统文化博大精深，我们在成长的过程中总是在有意或无意地被传统滋养和影响，当这个养分吸收到足够强大的时候，就会带来爆发，进而开花结果，成为设计突变的催化剂。这也是为什么当你见多了好的设计后，就会精准地发现一般的设计存在的问题。

值得注意的一点是，文化无优劣之分，但生活品位会有所区别。当品位上升到艺术和境界的表达，上升到用价值观的语汇去诠释，甚至是带着个人的设计思考来解读时，就会看出设计的手段、表达与审美的高低。所以，尽管我们受着传统的滋养，依然还是要转变思维，去感受不同国家尤其是在艺术设计等方面有影响力的国家的文化，在文化反差中发现自己的长处，师夷长技、融会贯通，从而形成独特的东方语言，传递我们自身的文化。

六、做吝啬的设计

我很讨厌为了装饰做设计，喜欢用建筑师的观念做设计。设计的语言要干净、材料的使用不能复杂，空间可能会使用超过三种材料，但这些材料如果色彩很接近，那么空间依然会很干净，如果空间不大，只用一种材料表达，那么可以通过工艺分缝来丰富空间细节。所以，做设计一定要谨慎落笔，用尽量少的东西表达丰富的内容，而不是用堆砌、加造型、装材料等手段去解决问题。以上是做吝啬的设计第一层含义。

做吝啬的设计第二层含义是做环保节能的设计。地球的资源是有限的，我们多用了世界就少了，污染可能就增加。所以，我们提倡用最少的材料、最简单的手法，做最丰富、最有力量的作品。

第三层含义是对成本的控制和降低，成本对客户来说很重要，我们做酒店不能抱有材料越贵、投入越多，就越能做出精品的想法，通过设计去解决问题而非通过材料去装饰问题，这也正是考验设计能力的一个点。

七、设计的分寸与境界

做设计需要有分寸感，哪个地方多一点，哪个地方少一点，哪个地方要一笔带过，哪个地方要重点刻画，哪个地方用好的材料，哪个地方用性价比高的材料，都需要精准把握。要把握好这个分寸，需要通过做设计、做项目去慢慢积累经验。境界是指项目定位之后产生的高度与格局，包含了人性、艺术性和神性三个层面。当设计做到功能合理，好用、实用就实现了人性；空间看起来美、令人舒服、愉悦就达到了艺术性；而当人进入空间，感受到一种摄人心魄的力量，就升华为了神性。

设计的境界其实就是设计师的格局，假如你接到一个国家大会堂的项目，如果你不能理解领导对国家繁荣、社会稳定、城市名片打造的看法，怎么可能会得到信任和委托呢？因此，设计不只需要设计师有专业的知识，不只是智商高，情商也要高。

互动环节

Q：杨老师在高强度的工作中是如何保持活力与新鲜的呢？

A：第一，每一个项目都是鲜活的个体，演绎的方式各不相同，得到的挑战感也不一样。第二，源自我对设计的热爱，我做设计从不会想着去赚多少钱，而是想着怎么把设计做到最好。设计师一定要有职业追求，只有热爱才会对项目产生无限热情，只有喜欢才会主动去做，所以千万不要把设计当成生意，而是当成兴趣爱好来玩。第三，是从设计之外得到的乐趣，每个项目分布在全国各地，出差考察、采风，体验当地的风土人情能够带来很多快乐，比如去到张家界就可以吃到土家族在炉子上烧的腊肉。

Q：设计需要和方方面面的人沟通，请问您是如何去培养对事物敏锐的洞察力，以及发现问题的能力？

A：这是一个长期积淀的过程，在设计实践过程中多听多看。这是作为一名成熟设计师应该具备的能力，你需要对项目有精确的分析，了解客户的真实诉求，用很巧妙的方式进行沟通，不是一味迎合，要把我们的专业意见以让客户接受的形式，输出给他。另外，做设计还需要想到客户都可能没有想到的点，我们作为设计师需要创造出新的东西，给客户带来惊喜。

Q：我们现在很多人面对一个问题，会有一种间歇性的努力，无法把握好这个度，杨老师是如何安排生活和工作的？

A：这个问题很重要，一个人应该将工作和生活平衡得很好。我有两个孩子，现在基本上周末我都会预留时间陪他们。但是在他们小的时候我忽略了这一点，父亲对孩子的陪伴是很重要的，通过自己的待人接物、行为习惯等对孩子起到引导作用。与家人的情感都是需要通过陪伴来培养的，所以这几年我一直在弥补过去对他们陪伴的缺失。工作和生活有时候还是需要作出一些选择，没有对错，如果孩子说今天爸爸没有陪我，但是看到爸爸为了工作努力奋斗，这也许在另一方面带给他正面的影响。

身体对于设计师也很重要，我今年已经53岁了，但我还是40岁的状态。在工作没有安排的情况下，我会周日去健身房锻炼2小时，在出差的时候把运动鞋带上，在酒店的健身房运动一下。这是我特别想给你们分享的，因为我年轻的时候不懂，也没人给我讲要注意身体。在50岁之前，我基本是不运动的，但现在我觉得身体很重要。身体锻炼好了之后，你的思维会更清晰，从而你的工作效率也会更高，所以我不赞成每天加班，尽量不要熬夜，12点之前一定要睡觉。

Q：您觉得现在整个设计的大环境处于怎样的状态呢？在未来我们的就业方向上有什么好的建议吗？或者您认为我们这一代的未来有怎样的机会呢？

A：中国的酒店市场逐渐饱和，尤其是一线城市，在未来不会有大的增长，但一线城郊和三、四线城市还会有很大的增量空间。顶级奢华酒店在建数量会减少，而中档、经济型酒店会有大的爆发。在中国酒店业金字塔底端，经济、快捷型酒店很多，但是品质都不高,这些酒店需要好的设计。目前,房地产市场低迷,投资降低,在基本面上是下行状态,但随着"一带一路"的建设,在中亚和东南亚会逐渐有更多的投资与建设,国外已经有很多项目委托给我们,我们企业目前不缺项目。

  人生的成功有时候正是基于正确的选择,如果你们在未来选择设计这条道路,我不会赞成一开始就创业,一开始就做公司一定不会做大做好,除非你的能力特别强。行业内大部分都是名师出高徒,你跟着哪个导师,进入哪个平台其实很重要,站在巨人的肩膀上,你会进步得很快。刚开始工作应该选择好的平台,而不是收入高的工作,沉下心来打好基础,积淀自己才能使自身更具有价值。发展事业有很多种途径,未必是创立公司,在一家好的企业里做到高管和合伙人也是一种方向。这不是一个单打独斗的时代,合作共赢是很好的选择。当然,无论是做设计,还是当老师,又或是从事其他职业,都需要根据自己的兴趣爱好和个性特点做综合判断。

循行利导
集智而续

Make the Best Use of the Situation
& Continuously Gather Wisdom

工作站第二阶段网络视频远程指导

第二阶段网络视频远程指导

2020年2月28日,两地工作站第二阶段校企联合培养网络视频远程指导开始,通常情况下研究生们都在各自学校同导师一起参加设计方案与论文研究的进度汇报。但此时正是"新型冠状病毒"疫情在中国肆虐的时候,师生们都在各自家中处于自我封闭的状态,以孤独的方式抗击疫情。也许是在家里孤独久了,当群里发出指导会议通知的时候,研究生们的回复是很快的,看来是真的想返校上课了。我想形成这种现象有两个原因:一是想尽快回归到正常的学习状态,担心自己的学业受到疫情的影响;二是随着在家时间的延长,接受父母教诲的压力越来越大,反而向往学校无拘无束的生活。网络视频远程指导是工作站第二阶段主要的联合培养手段,虽然没有现场指导那么直观,但对研究生们后续学习仍具有明显的成效,深受大家的认同,现已开展了4年。由于疫情影响,全国的高校都在推行网络视频授课,很多人都不适应这种教学形式,而我们却习以为常,工作站导师们进入网络课堂可以说是驾轻就熟。

2月28日下午2点,第一次网络视频远程指导会拉开了第六季校企联合培养进入第二阶段的序幕,研究生和导师们都提前进入网络会议室,依然按照第一阶段汇报的顺序进行,唯一不同的是深圳与北京两地工作站合并一起(15人),一次完成,对导师们指导的压力会更大一些。由于网络视频远程指导将持续到5月底,而成果出版却不能等到那时,必须赶到6月培养成果汇报展上作为重要成果呈现。此外,鉴于本次进站研究生人数已突破以往,论文出版量增加不少,加之将每位导师对研究生的指导和流程安排详尽记录在册,又使该书文字量陡增许多,如果只追求培养过程的完整性,反而导致成书的时间和效果难以两全。因此,第二阶段网络视频指导的具体内容将不在此表述,仅将近期几次指导计划安排作简单介绍,以便使联合培养研究生工作站的发展线索、改进过程有一个较为清晰的呈现,尽可能地使其具备可借鉴的条件。

迄今为止,网络视频远程指导已进行了三次,每一次面对研究生们不断出现的新问题导师们尽可能地指出问题所在,并协助他们调整,就这样每一次指导会都要超时。研究论文始终都是历届研究生的短板,大多数学生对文字的表述能力较差,也从未写过一篇正式的论文,可以想象初次写一篇一万字左右的专业论文，对于他们是何等的艰难。但研究生们依然满怀对理论的好奇和对项目的热情去积极尝试，这对导师们有所触动，几乎所有的研究生论文都完成了一万多字的写作量，虽然质量存在较多问题，甚至常常出现基础性错误、网络口语式的表达、概念模糊、结构逻辑不清楚等问题，但只要他们意识到这些基础性问题的存在，并保持对理论研究的兴趣，都可以在今后的学习中一一解决。

四川美术学院校企联合培养硕士研究生（环境设计专业）
2019-2020 工作站第二阶段第三次远程教学通知

一、教学时间：2020 年 4 月 7 日（星期二），14:00

二、教学方式：腾讯会议软件，通过电脑、手机进行视频会议教学

三、教学主题：项目设计进度检查

四、参加人员：

1. 本届工作站全体学员（深圳工作站 11 名，北京工作站 4 名，共 15 名）
2. 高校学员导师
3. 企业导师
4. 教学主持：赵宇教授

五、流程安排与学员准备内容

时间	内容
13:30	参会人员准备设备，调试连接
14:00	教学开始，赵宇主持教学
14:10 ~ 17:30	学员分别报告项目设计进度（每位同学报告时间 4 分钟），教师点评指导（点评指导时间控制在 10 分钟内/学生）
17:30	潘召南教授总结课程，布置学习任务
学员准备材料	项目设计进度报告，PPT 文件，10 页以内。包括：设计标题与场地、拟解决的问题与对策、设计定位、设计进度，目前的设计成果（图片）。

六、设备与连接协调：

王佳毅，电话：1852 x x x x 389

张　毅，电话：1762 x x x x 686

四川美术学院研究生处

2020.04.04

附：2019-2020 工作站进站学员名单

进站研究生学员名单 本届学员共 15 人，四川美术学院 11 人，中央美术学院 1 人，西安美术学院 1 人，天津美术学院 1 人，四川大学 1 人。深圳工作站 11 人，其中四川美术学院 8 人，其他高校 3 人；北京工作站 4 人，其中四川美术学院 3 人，其他高校 1 人。

序号	姓名	所在院校	性别	学号	联系方式	校内导师与联系方式	工作站导师
01	杨海龙	天津美术学院	男	1812012123	1313×××521 819×××822@qq.com	彭军 1390×××888	张青
02	解颜琳	西安美术学院	女	122018224	1552×××007 116×××0755@qq.com	周维娜 1360×××218	程智鹏
03	李梦诗	四川大学	女	2018221055105	1325×××483 928×××672@qq.com	周炯焱 1380×××150	何潇宁
04	欧靖雯	四川美术学院	女	2018120168	1998×××636 295×××822@qq.com	赵宇 1380×××527	颜政
05	王梓宇	四川美术学院	男	2018120152	1338×××545 453×××299@qq.com	潘召南 1380×××460	杨邦胜
06	刘祎瑶	四川美术学院	女	2018120154	1573×××213 398×××032@qq.com	许亮 1330×××403	琚宾
07	王艺涵	四川美术学院	女	2018120150	1303×××885 358×××1524@qq.com	龙国跃 1303×××566	严肃
08	帅海莉	四川美术学院	女	2018120147	189×××1980 357×××082@qq.com	刘蔓 1360×××089	孙乐刚
09	曾韵筑	四川美术学院	女	2018110066	185×××9723 185×××218@qq.com	谢亚平 1375×××959	颜政
10	邓千秋	四川美术学院	女	2018120157	130×××7510 244×××4562@qq.com	杨吟兵 1370×××585	刘波
11	周诗颖	四川美术学院	女	2018120148	152×××3026 727×××151@qq.com	刘蔓 1360×××089	黄志达
12	荣振霆	四川美术学院	男	2018120159	156×××1663 107×××2150@qq.com	余毅 1390×××182	张宇锋 北京站
13	何嘉怡	四川美术学院	女	2018120165	137×××6860 617×××731@qq.com	潘召南 张宇锋	张宇锋 北京站
14	陈心宇	四川美术学院	男	2018120166	1762×××700 chen×××@msn.cn	赵宇 1380×××527	张宇锋 北京站
15	赵雪岑	中央美术学院	女	12180500034	1881×××813 547×××341@qq.com	王铁 1380×××270	张宇锋 北京站

重识
"跨区域、跨校际、跨行业"研究生联合培养基地案例库建设

Reunderstanding
"Cross Regions, Cross Universities, Cross Industries"
Construction of the Case Base of Graduate Joint Training Base

学生参加工作站第二阶段网络视频会议

我们这届有一个突破性的举措,就是吸收了一名学设计理论的研究生进站,其目的不仅仅是从理论的角度对设计企业的现状和发展过程作系统的了解与梳理,此外,想借助该研究生的理论基础和文字能力带动和帮助其他同学加强力量研究的能力,在协助老师看稿、审稿、校对的工作中了解其他专业的研究关注点,通过相互的学习拓展自己的知识眼界。目前,我们正在积极尝试这种方式,组织了几名设计学理论的研究生参与到这些工作中,收到了很好的效果。

工作站学习本身不是目的,而是重在过程,重在体验到、看到、理解到、意识到,设计的目标、作为设计师应该具备的能力和素养、空间与环境的针对性,以及团队合作的责任,这一切都值得研究生们沉浸下来去作基础性的研究,只有这样才能达成自己最终的目的。对于参与的学校和工作站的管理机构,以及校内外导师,主要的目的则是重在探索,探索研究生的培养方法、工作站的运行管理机制,以及产学合作理论与实践互鉴启发的作用。

两地工作站每年每届的持续探索育人方式,对于参与的所有企业和导师都加载了额外的工作压力和负担,不问回报地坚持付出,已经不是给谁面子的问题,而是所有人无言地表达了内心中坚守的一份单纯的信念和责任。我们都相信社会发展需要这份付出,因为可以在学生的未来看到一份收获。这可能就是为人之师的本分,无论是教师还是设计师。

潘召南

2020 年 4 月 16 日

寻　道　/　授　业

重识

"跨区域、跨校际、跨行业"研究生联合培养基地案例库建设
深圳·北京校企艺术硕士研究生联合培养基地
产教融合与设计创新

Reunderstanding

"Cross Regions, Cross Universities, Cross Industries" Construction of the Case Base of Graduate Joint Training Base / The University-enterprise Joint Training Base of Shenzhen & Beijing for Art Major Postgraduates / Integration of Education and Design Innovation

重识
"跨区域、跨校际、跨行业"研究生联合培养基地案例库建设

Reunderstanding
"Cross Regions, Cross Universities, Cross Industries"
Construction of the Case Base of Graduate Joint Training Base

丘陵地貌运动休闲特色小镇景观设计研究
——以江西赣州沙石镇运动休闲特色小镇景观设计为例

◎ 杨海龙

Study on Landscape Design of Hill Landform Sports Leisure Town
—— Taking Landscape Design of Shashi Town, Ganzhou, Jiangxi Province as an Example / Yang Hailong

摘 要

随着社会的发展，人民的生活水平也在不断地提升，人们对于绿色健康的生活方式有了一定的追求，体育运动需求日益增长且趋向多元化。全民健身蔚然成风，花钱买健康的理念得到越来越多的人的认可。为了挖掘市场需求，契合国家经济发展的需要，"特色小镇"应运而生，成为国家新的经济增长点。

全国各丘陵地貌小镇抓住"旅游"这一契机竞相打造适合自身的旅游项目，创新旅游产品，实现小镇发展。本节通过研究丘陵地貌的沙石镇现存问题，借助环境学、生态学以及可持续发展的理论，在不破坏生态环境的前提下，结合乡村发展的自然条件特征以及市场需求，建设一个以体育健康为主题的体育、健康、养老、文化、宜居等多功能叠加的运动休闲特色小镇。

全文结合市场需求以及国内外优秀设计案例作为研究的基石，通过实地调研确定丘陵地貌发展运动休闲小镇的可行性，使用 SWTO 分析法分析了沙石镇运动休闲小镇发展存在的优势、劣势、机会以及挑战，提出生态 + 特色体育运动 + 特色产品 + 农事体验的产业模式。

关键词

丘陵 小镇 特色小镇 运动休闲

第 1 章 绪 论

1.1 研究背景

1.1.1 运动休闲特色小镇的提出

2017 年国家体育总局在《关于推动运动休闲特色小镇建设工作的通知》中提出：要在全国扶持建设一批体育特征鲜明，文化气息浓厚，产业聚集融合，生态环境良好惠及人民，健康的运动休闲小镇，探索以乡村 + 体育 + 旅游的运动休闲特色小镇的产业模式。

1.1.2 旅游业的发展

进入 21 世纪以来，党中央、国务院把扩大内需、促进消费确立为促进国民经济发展的长期战略方针和基本立足点。旅游业是第三产业的重要组成部分，是世界上发展最快的新兴产业之一，被誉为"朝阳产业"。《国务院关于加快发展服务业的若干意见》提出，要围绕小康社会建设目标和消费结构转型升级的要求，大力发展旅游、文化、体育和休闲娱乐等面向民生的服务业。

1.2 研究的目的及意义

1.2.1 研究目的

本文以不占优势的丘陵地貌小镇的自然条件为出发点，将处于劣势的丘陵地貌条件作为运动休闲小镇的特色，了解不同的丘陵地貌运动休闲小镇在建设过程中面临的优势、不足、机会和挑战，在这个基础上提出相应的解决策略并以此为理论依据为赣州市沙石镇运动休闲小镇的建设提供决策依据。

1.2.2 研究意义

（1）构建丰富文化生活

运动文化是一种特殊的意识形态，一些传统的运动中包含着优秀的文化承载，比方说中国的射箭、武术、赛龙舟等运动中凝聚着中国历代优秀的文化，人们在参与过程中能直观地感受到运动中凝聚的文化。在建设运动休闲小镇的过程中将一些传统运动项目融入进去能够丰富人们的文化生活，促进人们对文化的认同感，有助于民族文化的继承与创新。

（2）促进运动休闲产业经济的发展

乡村旅游具有参与性、体验性和文化性，它包含了运动休闲、住宿、交通、娱乐、餐饮、购物等方面，从而逐渐成为城市居民选择的休闲方式之一。2019年2月，国家发改委印发《加大力度推动社会领域公共服务补短板强弱项提质量 促进形成强大国内市场的行动方案》的通知，文件中提出要完善重点地区旅游基础设施、推进多种旅游业态发展、加快发展体育健身休闲运动和竞赛表演业，到2020年旅游对国民经济的综合贡献度达到12%，所以通过建设运动休闲特色小镇对于我国运动休闲产业的经济发展起着重要的作用。

（3）提升小镇的建设品质

本文通过研究国内外运动休闲景区的创新项目以及发展业态，结合自然生态、户外运动以及乡村农业旅游等复合体验，提升运动休闲小镇旅游产品的层次性，促进运动休闲小镇迸发出更强的生命力。

（4）有利于政府对策借鉴和指导

目前，我国对于丘陵地貌的运动休闲特色小镇研究甚少，本文通过对丘陵地貌的沙石镇进行分析与设计，并给出发展策略，为沙石镇政府提供决策建议，对于江西省其他地区丘陵地貌小镇建设提供借鉴与指导。

1.3 研究方法与框架

1.3.1 研究方法

通过实地调研法，了解当地人们的需求以及城市居民的消费倾向；通过案例分析法，对多个典型的丘陵地貌运动休闲特色小镇进行调查，研究已建成的丘陵地貌运动休闲景观如何形成、变化和发展，从而为丘陵地貌运动休闲小镇景观研究提供实例基础；通过文献分析法，利用网络各大平台查阅相关资料，获得现有成果的认识，并总结出丘陵地貌运动休闲小镇景观的发展动向。

1.3.2 研究框架（图1-1）

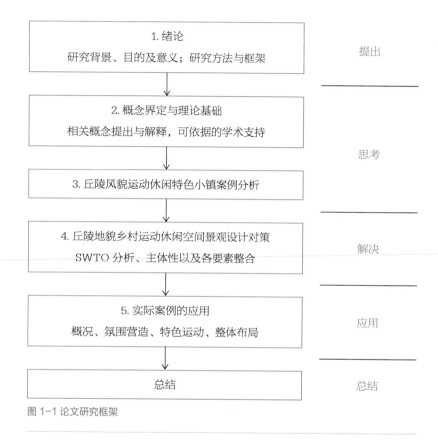

```
┌─────────────────────────────────┐
│ 1. 绪论                          │     提出
│ 研究背景、目的及意义；研究方法与框架 │
└─────────────────────────────────┘
              ↓
┌─────────────────────────────────┐
│ 2. 概念界定与理论基础             │
│ 相关概念提出与解释，可依据的学术支持 │     思考
└─────────────────────────────────┘
              ↓
┌─────────────────────────────────┐
│ 3. 丘陵风貌运动休闲特色小镇案例分析  │
└─────────────────────────────────┘
              ↓
┌─────────────────────────────────┐
│ 4. 丘陵地貌乡村运动休闲空间景观设计对策│    解决
│ SWTO分析、主体性以及各要素整合    │
└─────────────────────────────────┘
              ↓
┌─────────────────────────────────┐
│ 5. 实际案例的应用                 │    应用
│ 概况、氛围营造、特色运动、整体布局  │
└─────────────────────────────────┘
              ↓
┌─────────────────────────────────┐
│ 总结                            │    总结
└─────────────────────────────────┘
```

图1-1 论文研究框架

第2章 概念界定与理论基础

2.1 相关概念

2.1.1 运动休闲活动

运动休闲运动具备的功能与特征，在一定程度上满足了人们的精神需求。运动休闲尤其户外运动，滑草、野外骑行、登山探险、露营、亲子活动等可以满足不同人群的心理和生理需求。随着我国经济的发展，大众把健康娱乐看得越来越重，我国运动休闲产业也获得了新的增长机遇。

2.1.2 丘陵

丘陵，世界五大陆地基本地形之一（图2-1），是指地球岩石圈表面形态起伏和缓，

图2-1（图片来源：www.spro.so.com）

绝对高度在 500 米以内，相对高度不超过 200 米，由各种岩类组成的坡面组合体，起伏不大，坡度较缓，地面崎岖不平，由连绵不断的低矮山丘组成的地形。丘陵坡度一般较低缓、切割破碎、无一定方向，一般没有明显的脉络，顶部浑圆，是山地久经侵蚀的产物。

2.1.3 小镇

小镇最早是指驻兵镇守的比较小的州郡中较小者，《南齐书·柳世隆传》中提到："东下之师，久承声闻。郢州小镇，自守而已。"现在指比城市小一点，居民不多的集中地，一般在环境较好的地方。

2.1.4 特色小镇

特色小镇建设主要表现为产业上坚持特色产业、旅游产业两大发展架构；功能上实现生产+生活+生态，形成产城乡一体化功能聚集区；形态上具备独特的风格、风貌、风尚与风情；机制上是以政府为主导、以企业为主体、社会共同参与的创新模式。

2.2 理论基础

2.2.1 环境心理学

人作为环境心理的主体，对周边环境存在着感知（图 2-2）。不同的环境，会给人的听觉、味觉、嗅觉、触觉、视觉带来不同的感受，通过设计师的经验与研究，把人的参与过程进行模拟感知，从而获得个人以及人群对不同环境空间层次的感受。环境心理学研究的是人与环境的相互作用，在这个互动过程中个体改变了环境，反过来这个个体也会随着时间以及周边发生的事物被影响，本文利用人与环境的这一特性来研究环境变化对人的感知产生的变化。

2.2.2 人居环境理论

人居环境是指人们生活、居住、工作、娱乐的场所，是人们生存和发展的基础，也是人们征服大自然、改造大自然的重要场所。人居环境的研究是以整个地区的规划开发、城市发展以及其他问题为研究对象。人居环境对应的是复杂的人居环境大系统，我们在研究时需要着重从人与环境的关系这一点来深入研究，将正确的人居环境理论合理利用到丘陵地貌的运动休闲小镇中去，从而创造良好的人居环境。

图 2-2 环境感知

第 3 章 运动休闲特色小镇景观设计案例分析

3.1 安溪县龙门镇

3.1.1 项目概况

龙门镇位于泉州市安溪县，地形属于丘陵地貌，山林资源十分丰富，全镇正在全力推进生态旅游体系建设。主要打造三大品牌：一是大龙门森林公园，打造野外运动休闲品牌；二是天湖旅游——温泉度假村，打造高尔夫和温泉文化品牌；三是村内水库茶叶公园度假村，打造生态休闲和茶文化品牌。

3.1.2 运动休闲设计启示

图 3-1 漂流（图片来源：www.360kuai.com）

发展"运动+娱乐模式"，以户外运动方式形成的旅游休闲产业，这一产业是以旅游模式进行运营的，包括攀岩、野战、漂流、登山、露营等（图 3-1）。旅游开发公司在龙门投建集户外运动、拓展训练、休闲旅游等为一体的综合型基地。

发展"运动+赛事模式"，由于龙门镇地势地貌多样，大山绵延、花岗岩壁高耸、山间小道错综复杂及现有的水库、河流等，经常开展铁人三项、登山、定向越野、河道汽车赛等极限运动比赛。

图 3-2 龙门镇茶田（图片来源：www.360kuai.com）

落实"运动+茶旅休闲"模式（图 3-2），将茶元素融入核心区建筑中，凸显浓浓茶味。

3.2 新西兰皇后镇

3.2.1 项目概况

皇后镇位于新西兰东南部，瓦卡蒂普湖北岸，被阿尔卑斯山环绕着，依山傍水；春天百花盛开，夏季蓝天艳阳，秋季层林尽染，冬季白雪皑皑，四季分明，无限风光尽在此方，皇后镇被誉为"世界探险之都"、"户外活动天堂"。

图 3-3 高空弹跳（图片来源：www.360kuai.com）

3.2.2 运动休闲启示

皇后镇利用高山峡谷、急速湍流、冬季白雪皑皑等优势开发了高空弹跳、激流泛舟、跳伞、滑雪、蹦极、喷射快艇、漂流、山地自行车等户外运动（图 3-3、图 3-4），为各地户外运动爱好者提供了良好的体验场地，从而吸引了世界各地的户外运动爱好者，并且培养了一批运动专业人才。

图 3-4 雪上摩托车（图片来源：www.360kuai.com）

户外运动是皇后镇旅游系统中的一个重要元素，是形成体育旅游共生体的基本条件。皇后镇的户外运动中多带有探险性，有很大的挑战性和刺激性。皇后镇利用其多变的地理景观，以体育运动为主题，开发参与性强的旅游活动，将皇后镇静态的自然风光转变为动态的户外活动，也使皇后镇的旅游事业经久不衰。

皇后镇将体育与旅游二者中最强的元素进行提炼，强强联合，重点开发，体育与旅游共同发展，互惠互利，彼此共同发展。

3.3 案例对比分析（表3-1）

案例对比分析　　　　　　　　　　　　　　　　　　　　　　　　表3-1

案例	主题类型	主题	项目核心
安溪龙门镇	运动体验目的地	运动	运动+赛事
新西兰皇后镇		探险	创意运动项目+特色服务
借鉴	在主题设计方面应当遵循当地特色，因地制宜打造特色主题活动		在打造运动休闲项目时要注重当地的自然资源利用，在此基础上不断创新、优化赛事内容，让游客保持新鲜感

第4章 沙石镇运动休闲小镇景观设计对策

4.1 沙石镇运动休闲小镇发展战略分析

根据现场调研以及对沙石镇的优势、劣势、机会、挑战进行了SWOT分析，现整理表4-1如下：

沙石镇运动休闲小镇发展战略分析　　　　　　　　　　　　　　表4-1

	优势 S	劣势 W
内部分析	山水俱佳的生态环境 可采摘的脐橙资源 保留完好的客家田园生活 户外运动的自然优势	区域特色不明显 旅游设施不完善 旅游资源开发程度低 人口流失严重
	机会 O	挑战 T
外部分析	运动休闲特色小镇符合经济发展趋势 赣州市经济发展趋势向好 国家政策支持	周边环境的良性循环缺乏保障 同类市场竞争加剧 旅游产品的创新与延续

4.2 适合开展的运动项目

通过实地调研，从地形、环境、气候、面积等方面分析沙石镇的特征，沙石镇自然条件较好，山林资源以及水资源丰富且具有良好的生态农田，适合开发以下运动（表4-2）：

4.3 发展休闲观光产业

运动项目　　　　　　　　　　　　　表4-2

项目名称	针对人群范围	运动等级
山地越野	全市	A
山地骑行	全市	A
山地摩托	全国	A
山林探险	全国	A
登山	全市	A
滑草运动	全国	A
野外露营	全国	B
森林步道	全国	B

注：AB为运动的剧烈程度，A级运动为高强度运动，B级运动为强度较小的休闲运动。

通过沙石镇的调研，可以充分利用现有的人文资源以及自然资源发展观光旅游业，促进消费。比如山间民俗，对于民俗而言又分为不同的类型，可以设置艺术体验型、复古经营型、赏景度假型、农村体验型，当地村民可以出租闲置房屋并在此基础上加以改造变成具有地域特色的民宿。对于丘陵地貌的民宿而言，观赏性是不可或缺的一个功能定位，它是自然与人文的完美结合，民宿依山势而建，隐于自然之中，但是在建设民宿时要考虑到基地的阴坡和阳坡。（图4-1）

图4-1 山间民俗（图片来源：www.+image.so.com）

4.4 助推户外运动大众化

我国人民对于运动休闲项目的好感度正处于一种爆发的阶段，对于大多数人而言，户外运动不单单是一项健身的方式，更多的是它的趣味性，即娱乐性，越来越多的人更偏向于好玩的运动体验。我们在设计中应更多地向新西兰皇后镇学习，通过丰富的山地地形特征创新旅游项目吸引游客，从而带动经济发展。

图4-2 登山步道坡度示意（图片来源：www.tfj.cn）

4.5 根据坡度大小合理的设计骑行赛道以及登山道路

在设计登山道路和山地骑行赛道的时候一定要考虑到坡度的大小问题，坡度越大，所消耗的体能也就越大。有节奏的坡度设计可以达到健身的效果以及保证比赛的正常进行（图4-2）。设置登山以及骑行赛事可以向游客提供设备租售服务，从而带来营收。

第5章 赣州市沙石镇运动休闲特色小镇景观设计研究

5.1 项目概况

近年来赣州市章贡区不断调整优化产业结构，充分利用地处赣州市中心城区的区位优势和峰山的天然资源促进了休闲农业和乡村旅游的发展。赣州市章贡区沙石镇运动休闲小镇便是在这样的背景下产生的。

5.1.1 项目区位

项目地距离赣州市章贡区2千米，距离火车站5.5千米，赣州黄金机场位于基地西北向18千米的凤岗镇峨眉村（图5-1）交通便利。

5.1.2 项目现状

场地概况

沙石镇是典型的丘陵地貌，大部分都是森林、草地和农田，生态条件较好。但是场地内由于大量废弃砖厂造成部分裸露地面（图5-2），场地内有部分脐橙资源和平菇生产基地。基地内水系较为发达，东西南北贯通各村落。基地内有楼梯村、霞峰村、埠上村三个村落，部分存在客家风貌。但是乡村内道路状况较差，多断头路，村与村之间无连接性图（5-3）。

为了深入了解当地人民的诉求，对三个乡村的村民做了一份调研问卷数据统计（表5-1），从人们的诉求以及愿景提出问题，并在这个基础上进行调查研究。调查结果显示人们对于运动休闲的意愿比较强烈，但是对于三个乡村本身而言，人口流失以及留守老人和留守儿童的问题较为严重，三个乡村产业均以农业为主，各乡村产业结构较为单一，产业结构亟须调整升级。

5.2 交通分析

在景观设计中，道路往往包含着通行、观景、运动、休闲以及各功能区衔接的功能。在丘陵地貌中，交通路线需要设置在地势较为平坦的丘陵与丘陵的交界处。在这个基

丘陵地貌运动休闲特色小镇景观设计研究——以江西赣州沙石镇运动休闲特色小镇景观设计为例 / 杨海龙
Study on Landscape Design of Hill Landform Sports Leisure Town
—— Taking Landscape Design of Shashi Town, Ganzhou, Jiangxi Province as an Example / Yang Hailong

图 5-1 项目区位（图片来源：笔者自绘）

图 5-2 场地概况（图片来源：笔者自绘）　　图 5-3 场地概况（图片来源：笔者自绘）

调研统计表　　　　　　　　　　　　　　　　　　　　　　　表5-1

调查问卷统计表

序号	问题	选项	答案	人数	占比
1	您家庭的主要收入来源是？	A	农产品种植	5	25%
		B	外出务工	12	60%
		C	农产品加工	2	10%
		D	其他	1	5%
2	您家庭年收入是多少	A	10万以上	0	0%
		B	5-10万	1	5%
		C	1-5万	15	75%
		D	1万元以下	4	20%
3	您认为村里进行新农村建设应该从哪方面入手？	A	修路绿化	12	60%
		B	医疗建设	0	0%
		C	污水处理以及饮水	4	20%
		D	文化建设	4	20%
4	认为村里发展遇到最大的困哪是什么	A	人才缺乏	2	10%
		B	资金短缺	6	30%
		C	项目缺乏	10	50%
		D	技术人才缺失	2	10%
5	您村的主要产业是什么？	A	传统农业	16	80%
		B	旅游业	0	0%
		C	特色农产品	1	5%
		D	其他手工业	1	5%
6	您认为改变乡村最有效的办法是什么？	A	教育	6	30%
		B	改革落后产业模式	10	50%
		C	加快扶贫开发力度	4	20%
		D	走新型农业道路	0	0%
7	您认为美丽乡村的美应该体现在哪里？	A	优美的村容村貌	17	85%
		B	良好的思想观念	1	5%
		C	健康的生活方式	1	5%
		D	完善的生活设施	1	5%
8	您对于乡村文娱活动的看法有哪些？	A	很好，经常去	4	20%
		B	偶尔去	10	50%
		C	没感觉	6	30%
		D	纯属摆设	0	0%
9	您对乡村振兴战略的具体期望有哪些？（多选）	A	提高农民生活水平	20	100%
		B	缩小城乡差距	8	40%
		C	改变乡村以往的面貌	8	40%
		D	建设保护发扬乡间文化	4	20%
10	对于乡村振兴有哪些实质性意见？	希望能有年轻人回来，把年轻一辈留下 希望能有一些可以务工的产业，让村民有一份收入保障 希望道路能够更加通畅一些 希望能够保留乡村的乡土气息，少污染，不破坏环境 希望有市场，有人可以买我们的农副产品 希望能够多一些公共设施，乡村没有任何娱乐设施 希望我们本地的乡间习俗能够保存			

丘陵地貌运动休闲特色小镇景观设计研究——以江西赣州沙石镇运动休闲特色小镇景观设计为例 / 杨海龙
Study on Landscape Design of Hill Landform Sports Leisure Town
—— Taking Landscape Design of Shashi Town, Ganzhou, Jiangxi Province as an Example / Yang Hailong

图 5-4 交通分析（图片来源：笔者自绘）

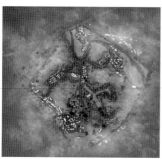

图 5-5 功能分区（图片来源：笔者自绘）

础上考虑将游客通达服务核心的位置作为主要交通入口，而交通的主干道设计应从全局考虑，需要距离每个主要功能区都适中，然后贯穿整个基地（图 5-4）。交通对于未来的发展有一定的预见性，了解人在景观环境中将会产生哪些习惯，这有助于未来设计落地之后人的各类需求。一定要考虑到游客的需求在哪里，在这个基础上处理好人与人、人与各活动区、人与道路的关系。

5.3 功能分区

考虑到不同的使用人群以及场地内的自然条件将场地分为：一个服务核心、一条休闲运动轴和四根运动休闲活动体验带（图 5-5）。在这个基础上划分出登山探险区、骑行健身区、游泳活动区、亲子活动区、休闲垂钓区、田园体验区和休闲广场区。

5.4 特色运动项目

5.4.1 森林健身步道建设

森林健身步道具有自然荒野性和生态完整性，是重要的生态地标、文化地标和美景地标。在丘陵山地上进行建设，满足生态性和功能性，减少对地面植被的破坏，游客在使用过程中既欣赏了美景又达到运动休闲的目的。

健身步道的设计一定要注意与环境的关系（图 5-6），坚持因地制宜的原则。多使用当地材料，使步道可以融于自然，步道途经处尽量可以看到水库、草甸、花海、村落等优美的景观，可以给人带来更好的登山体验。

5.4.2 滑草运动

滑草运动符合新时代的环保理念，又具备新奇的特点，所以颇受人们的喜爱（图 5-7）。比赛不仅促进了这一运动的发展，也为各个滑草场提供了大批的专业指导人才。滑草场地长度在 120~300 米之间，宽度在 30~80 米之间为佳，草地坡度（约分为 8 度斜角 20 米长，6 度斜角延伸 20 米长，4 度斜角延伸 30 米长，2 度斜角延伸 30 米长，加平地及向上缓冲延伸 20 米）。丘陵地势相对山地较为平缓是滑草运动绝佳的运动场地，滑草运动对于人们来说是一项能够亲近大自然，感受到蓝天、白云、碧草、阳光，还有远望无尽的群山带来的自然享受。

5.4.3 野外露营

露营是一种短时的户外生活方式（图 5-8），过去是军事或体育训练的一种项目，如今成了普通群众追求的休闲活动。沙石镇多山多水，具有优质的自然条件，露营者徒步或到达露营地点，沙石镇有山谷、湖畔，露营者可以在此生篝火、烧烤、野炊或

图 5-6 森林步道（图片来源：笔者自绘）

图 5-7 滑草（图片来源：笔者自绘）

图 5-8 露营（图片来源：www.cq.qq.com）

图 5-9 竞技类活动（图片来源：笔者自绘）

者唱歌，对于露营基地选择会给游客带来不一样的体验，露营的场所尽量选在地势高、地形平坦、营地开阔的场地。在沙河镇丘陵山顶设置相关露营基地，为游客提供租赁、销售生活用品以及露营指导等相关服务。

5.4.4 竞技类活动

对于起伏丰富的丘陵来说，自然的资源条件可以为某些项目提供天然的运动场地，从而提升价值。除了游客自发的运动健身需求之外，场地内组织者应当一年四季不间断地举办各项体育赛事，比如丛林探险（图 5-9）、户外篮球、笼式足球、游泳、跑步、骑行、钓鱼等各项活动。通过运动竞赛，可以宣传体育运动，吸引和鼓舞人们参加体育锻炼，推动群众性体育运动的开展；使观众受到高尚体育道德作风的熏陶与激励，振奋精神，增添乐趣，丰富和活跃业余文化生活。通过各类竞技类赛事的举办可以更好地定位沙石镇运动休闲主题，带动相关产品以及服务行业的消费，并催生一批具有专业性的人才从而带动就业。

5.5 运动休闲氛围的营造

5.5.1 运动项目 + 运动人群的布置

运动休闲的氛围首先体现在场地所能支持的运动休闲项目，在沙石镇运动休闲小镇项目中，通过场地内的地理环境以及气候特点总结出适合场地内的运动休闲活动。其中登山、骑行、跑步、游泳钓鱼是天然所具有的特色运动，在这个基础上通过强村公司 + 户外运动协会打造滑草、漂流、户外篮球、笼式足球等旅游赛事。整个运动休闲氛围的营造不单单是项目的打造，更多的是人的参与而表现出来的一种氛围。在设计方案中通过入口花海探险到登山体验再到户外骑行以及客家特色活动贯穿整个项目地，让游客在进入项目地就感受到人群以及环境带来的运动休闲体验（图 5-10）。

5.5.2 材质选取

对于小镇而言，最大的特色在于它能够回归到自然，让人感受到自然对心灵的冲击。在材质选取上应尽可能避免钢筋混凝土，对于山间步道以及通往乡村的小道还原乡土，尽量不做硬化处理以保持原始现状为主。可以使用一些砂石步道、竹林步道、岩石步道等自然的材质。对于特色小镇中的建筑，整体建设中也要考虑到就地取材，多采用当地材料，让建筑更容易融入环境当中（图 5-11）。

图 5-10 服务中心（图片来源：笔者自绘）

图 5-11 植物搭配（图片来源：笔者自绘）

5.5.3 植物搭配

合理地进行植物配置可以有效改善运动休闲场地内不利的环境，植物不仅具有观赏功能它还能在景观中发挥着遮阴避阳、调节气温、控制局部湿度、隔离噪声以及吸尘防风的作用。尤其是在赣州这样一个夏季炎热的城市，良好的植物配置可以给运动场所的游客带来舒适的感受。

5.6 本章小结

特色小镇是近年来国家关注的一个焦点，本文通过深入调研，对丘陵地貌的沙石镇进行一个系统全面的分析，了解丘陵地貌的沙市镇开展运动休闲项目的优势，并以运动休闲的特色小镇满足当代人们对于健康的需求。运动休闲小镇崇尚自然、返璞归真正是当下大众的普遍追求，通过在丘陵地貌设计出个性突出的项目以及环境优美的运动环境，引导城乡居民参与到健身的活动中去，在该基础上总结出丘陵地貌运动休闲小镇设计应树立因地制宜、可持续性、科学、生态的设计观。通过运动休闲活动特色旅游项目带动当地就业，并衍生出相关运动休闲产品，以此带动沙石镇经济的发展。

第 6 章 不足与展望

本文主要是针对丘陵地貌运动休闲特色小镇发展提出新的思考，对于小镇而言，其本身便具有独特的自然优势以及特有的文化习俗。本文通过人们对健康生活的追求入手，探索生态条件良好的小镇，以运动休闲为主题丰富城乡居民的文化生活，带动小镇经济发展。但是在研究丘陵地貌的运动休闲内容的深度上仍然很浅，对于不同的运动受众没有做系统的数据分析，缺少使用者对不同运动项目的新鲜度以及依赖性的数据统计，很多运动项目在舒适度上仍然需要通过实践来检验。希望可以在未来的研究中弥补科学验证上的短缺，将人的行为细节研究得更加深入，满足城乡居民绿色健康的生活方式，为其他地区建设丘陵地貌运动休闲特色小镇提供理论依据。

参考文献

[1] 田晓军. 城市化进程中小城镇景观设计研究 [D]. 杭州：浙江大学 ,2006.

[2] 胡勇. 城市近郊乡村景观格局营造方法的研究 [N]. 科技创新报 ,2015.

[3] 荆新卫. 创意乡村景观研究 [D]. 杭州：浙江农业大学 ,2016.

[4] 宋丹妮. "点状供地"破解休闲旅游用地瓶颈 [J]. 土地科学动态 ,2018.

[5] 余慧容. 快速城镇化背景下的乡村景观保护机制与模式 [D]. 北京：中国农业大学 ,2017.

[6] 王志文. 产业融合视角下运动休闲特色小镇建设研究 [J]. 武汉体育学院经济管理学院 ,2018.

[7] 刘肖彤. 特色田园乡村规划设计研究 [D]. 兰州：甘肃农业大学 ,2018.

[8] 张莉. 简述乡村景观规划设计的因地制宜性 [J]. 四川省建筑设计研究院，2020.

[9] 范臻. 山地城市住宅小区运动休闲空间设计分析 [D]. 重庆：重庆大学，2011.

[10] 李安荣. 运动·休闲·生态文化 [J]. 广东园林，2006.

[11] 陈湖. 社区户外体育休闲场所景观设计研究 [D]. 长沙：中南林业科技大学，2011.

[12] 蔡沁亮. 社区运动休闲景观研究 [D]. 南京：南京林业大学，2009.

[13] 尤海涛. 基于城乡统筹视角的乡村旅游可持续发展研究 [N]. 青岛大学，2015.

[14] 沈才梅. 环境心理学在绿地景观设计中的应用分析 [D]. 重庆：重庆文理学院，2018.

[15] 郭冲. 基于公众评价调研的唐岛湾公园骑行环境设计方法研究 [D]. 青岛：青岛理工大学，2015.

[16] 孙宇岸. 垂钓运动发展研究 [N]. 体育文化导刊，2017.

重识
"跨区域、跨校际、跨行业"研究生联合培养基地案例库建设

Reunderstanding
"Cross Regions, Cross Universities, Cross Industries"
Construction of the Case Base of Graduate Joint Training Base

城市枢纽空间慢行系统景观设计研究
——以深圳超级总部基地中央绿轴为例

◎ 解颜琳

Study on Landscape Design of Slow Traffic System in Urban Hub Space
—— Taking Central Green Axis of Shenzhen Super Headquarters Base as an Example / Xie Yanlin

摘 要

在城市现代化发展的进程中，人口扩张导致城市工程建设的趋势只增不减，公众生活作息变快，身心压力无法及时疏通排解，身心亚健康已成为大多数人的常态。在土地、资源、能源有限的背景下，城市枢纽空间作为城市空间的重要组成部分，对满足公共交往与互动，增强人群心理健康有着重要意义。如何利用开敞的公共空间，打破市民两点一线的固化的生活模式；如何增加市民户外休闲运动的时间长度并提高质量，增加景观的使用效率；如何激活城市枢纽景观活力是本节的研究重点。

本节从城市枢纽空间景观环境研究出发，分析总结当前国内外的发展模式和趋势。以深圳超级总部基地为例走访调研，总结其基本空间结构、社会结构现状与特征，探讨慢行系统与多维复合城市空间功能的关系。从城市关系、景观互动、自然生态、生活方式四个设计层面，探索深圳超级总部中央绿轴景观设计在实践中的可行性，为城市枢纽慢行系统空间设计提供一个新思路。

关键词	研究类型
城市枢纽 公共空间 慢行系统 景观设计	应用研究

第 1 章 绪 论

1.1 研究背景

在城市空间集约化交通发展的背景下，城市高强度的开发，建筑密度的增加，人们出行目的、需求的不同，直接导致了城市交通需求的转变。依据城市交通管理局调研表明：近年来，我国机动车的迅速猛增直接削弱了城市对慢行系统的关注，导致城市慢行空间被占用或被忽略，慢行空间环境差的问题，造成城市交通压力，严重影响行人的心理健康。实现从"车本位"向"人本位"城市发展模式的转变，营造安全、便捷、舒适、多维复合的城市慢行系统景观设计迫在眉睫。

从城市枢纽空间慢行系统景观环境出发，在经历了高速且粗放的城市化发展之后，城市建设进入更精细的"科学治理"时代。反观现有的城市枢纽空间慢行系统景观空间构建类型单一，忽略了不同人群之间偶发互动的多种可能，忽略了人群工作、生活日常交通通过的感受，使得城市成为功能性的孤岛式场所而非积极的社会交往空间，已难以满足当代人对美好城市生活的需求。

1.2 研究对象与内容

本节从研究高强度开发下的城市枢纽空间慢行系统景观营造入手，明确研究城市发展、慢行景观空间、使用者行为等相关概念，梳理国内外相关文献资料，对其特征、研究对象等进行详细分析，总结影响枢纽空间慢行系统景观设计的主要问题和需求、影响因素、设计原则、设计策略和方法。在此基础上，探究深圳市超级总部基地中央绿轴慢行系统景观设计的营造特征，提出深圳超级总部基地中央绿轴慢行系统的营造策略。

1.3 国内外研究现状

在国外，专家学者通过对城市交通出行方式进行研究，诞生了许多城市交通的理论研究。例如，乌纳夫原则首次提出了城市街道人车和谐共存，主张慢行交通优先，实现人车共行；德国提出"交通安宁计划"，其目的是为保障慢行交通出行安全，以营造舒适、便捷的街道空间；在新城市主义理论的阐述过程中，其核心是取代汽车在城市中的主导地位，以区域性交通站点为中心，以适宜的步行距离为半径，构建复合式的、舒适的空间尺度；简·雅各布斯在《美国大城市的死与生》一书中通过对各地城市街道的实际调研，分析不同的空间特性，从人的角度出发，对人的行为活动点做深刻研究，认为传统的街道除了发挥交通功能之外，还应该具备"多样性"的功能，这是激发城市活力的重要构成要素。

在国内，同济大学建筑与城市规划学院庄宇、吴景炜从城市商业中心区对城市慢行系统进行了研究，在文章《高密度城市公共活动中心多层步行系统更新研究》中通过对上海徐家汇慢行环境的案例研究，总结目前商业中心区存在的现状问题，提出连接、跨越模式，步行系统串联模式，步行系统网络化模式，步行系统立体化模式四种慢行系统构建策略。费移山、王建国通过对香港城市交通层面进行案例研究，探讨慢行系统的基本构成，结合慢行人群的出行习惯，将慢行系统与城市交通、居住空间等联系起来，以此来营造城市居民交通出行适宜的空间尺度和功能完善的慢行系统。慢行景观是提升慢行系统的重要组成部分，从景观层面分析了环境问题和交通发展问题。提出慢行系统除了满足交通功能层面的便捷，更应该与出行环境自然、人文特征等需求结合起来，有机联系周边城市业态及公共空间，成为缝合城市的超级景观带，带动城市公共空间的复兴。

在文献研究中发现，国外研究比国内要相对完善，而国内对慢行系统的研究较浅，虽然研究逐渐增多，但争议也比较庞杂。虽然存在对城市慢行系统景观设计的营造需求，但是，目前针对城市枢纽空间慢行系统景观环境营造策略的研究较少。

1.4 研究思路与方法

1.4.1 研究思路

本论文以"提出问题－分析问题－解决问题"为研究思路。从现有的心理学、环境学、行为学等设计学理论出发，总结城市枢纽慢行空间使用者的行为和心理特征，并结合国内外优秀设计案例，通过分类和总结，得出影响城市枢纽空间慢行系统景观设计的现状问题、产生原因、限定因素和设计原则，并实践应用于深圳市超级总部基地中央绿轴景观设计。

1.4.2 研究方法

本文以理论结合实践的研究方式进行分析研究，归纳总结，具体分析。拟采用文献查阅法、案例分析法、实地调研法，以及行为模式追踪的设计研究方法，对深圳超级总部基地中央绿轴公共空间进行了解和设计分析，完成论文的研究工作。

1.5 论文框架 (图 1–1)

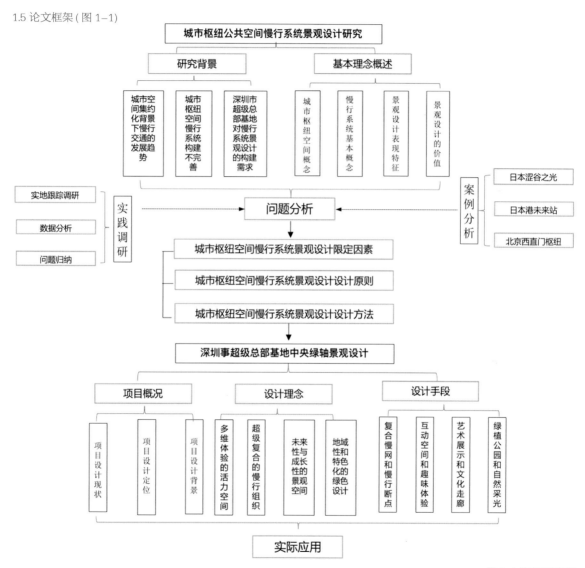

图 1-1 论文研究框架

第 2 章 相关理论及其研究概况

2.1 城市枢纽空间概念

城市枢纽空间是城市建筑综合体的一种特殊类型，是以不同的功能为载体，以轨道交通枢纽为依托的城市大型综合体。在王建国的《城市设计》和毛保华教授的《城市轨道交通规划与设计》著作中，"枢纽"称为两种以上交通方式或多条线路交汇的场所，其具有必要服务功能和控制设备，为城市内外交通、私人交通、公共交通等提供场所的综合性市政设施。龙固新在其著作《大型城市综合体开发研究与实践》中提到：一个大型的综合体，融合了办公、商业、公园等不同功能，是实现土地集约、功能混合的城市聚集体，同时与不同的功能、城市交通相互联系。综上所述，城市枢纽空间我们可以理解为城市枢纽综合体公共空间，是依托轨道交通枢纽，以交通换乘为目的，融合多种活动、功能于一体，统一城市环境、基础设施的有机复合整体。

2.2 慢行系统的概念

慢行系统是指步行或自行车等以人力为空间移动动力的交通系统，由步行交通与自行车交通两部分组成。而慢行系统作为慢行交通的空间载体，是承载慢行交通出行的空间要素，是完成慢行活动的各种物质空间要素的总和。慢行系统总体分为慢行交通空间和公共空间两部分，空间形态上表现为慢行分区和单元、慢行路径、慢行节点等。

本文所研究的慢行系统特指城市枢纽空间与周边城市公共开放空间之间的研究，以"步行 + 自行车为主体"的慢行应用模式，为不同类型的行人提供舒适的慢行环境。

2.3 景观设计在城市枢纽空间慢行系统中的表现特征

（1）景观立体化特征：多层面立体化景观空间设计伴随着城市交通一体化的发展，必将成为中国城市枢纽空间景观结构形态发展的未来方向，并将促成传统城市由水平式横向发展向立体化发展的转变，即地表空间、地上空间、地下空间等多层面道路交通系统等。实现从单一到多元，从个体到场域，从个体封闭的空间到为开放的城市网络的转变，使城市与自然互为对立逐渐转变城市化的景观和复合立体型城市形态。

（2）场所精神性特征：人群对慢行功能、美学及文化诉求随着时代的发展、人们生活方式与行为方式的转变而转变。在设计上，开始满足人群在精神层面的追求，并赋予其文化内涵。人们通过对激活慢行空间的活力、有序管理与自发行为之间关系的思考，揭示了精神、文化的特征，进而使它融入设计理念和设计形式，营造高品质的公共空间和完整共享的慢行空间，还路于人，实现绿色、交往、宜居、可持续的理想化城市。

2.4 景观设计在城市枢纽空间慢行系统中的价值

"轨道 + 慢行"的综合多维交通组织模式，是对我国枢纽空间阶段建设做出的回应和思考，而景观设计作为构建城市枢纽空间慢行系统的重要组成部分，与人群日常生活是息息相关的。在完成其基本交通功能的同时，创造舒适的生活环境，实现人、交通、公共空间、生态环境，激发城市风貌更新和城市景观品质提升，改善枢纽空间慢行系统环境品质，增强人群在城市生活体验活动，折射城市文化和特色，实现城市与人的共融、共情。彰显城市经济实力发展的同时，也反映着民众的生活品质，传递着城市的文化脉络，对城市枢纽空间的整体性、使用效率的提高、视觉、心理、环境语言和文化环境的丰富具有一定的积极作用和现实意义，为今后城市枢纽空间慢行系统景观设计提供设计参考。

第 3 章 城市枢纽空间慢行系统景观设计研究分析

3.1 目前研究现状与问题分析

为应对城市道路空间使用的复杂化，区域与周边道路网络功能不明确、快慢交通冲突、慢行主体行路难等社会问题，城市设计提出轨道+慢行的生活出行方式。但是，我国站城一体化公共空间慢行系统的快速发展，造成城市道路层级目的性极强，业态相对复杂和商业模式对人群活动的引导固化。导致人群长期处于交通混乱、压抑的环境，引发多种城市焦虑症。深圳作为大湾区建设和再发展的核心城市，城市枢纽空间慢行系统的景观设计正深刻地影响着深圳乃至全中国的城市发展格局。笔者以深圳福田中心区和深圳北站为例进行实态调研和数据采集（图 3-1）：

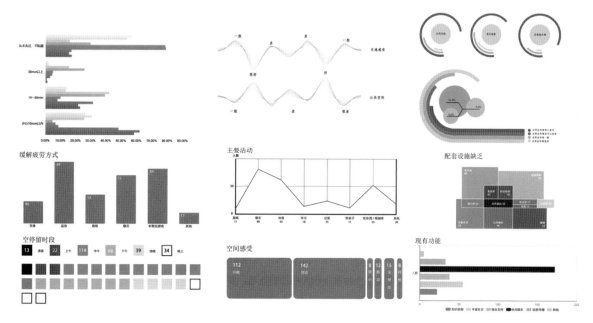

图 3-1 调研数据归纳图（图片来源：笔者自绘）

图 3-2 慢行组织被破坏（图片来源：现场拍摄）

图 3-3 人本尺度缺失（图片来源：现场拍摄）

（1）景观基础空间功能单一：人群交往空间及公共活动空间单一，基本陈设无法满足人群日常停留和生活需求；各种设施匮乏，设施不匹配、缺失都是明显的现状；公共空间缺乏对满足人群心理需求的环境设计，景观设计也缺乏必要的艺术性与独特性。

（2）慢行路径组织模式单一：慢行交通空间层级分析无序化，慢行区域与周边道路网络功能不明确；慢行通道被打断，没有形成完整的、连贯的慢行系统（图3-2）。

（3）人本空间尺度的缺失（图3-3）：没有做到从人性的角度出发，造成相关公共空间资源浪费；欠缺对不同使用人群的实际应用情况分析，缺乏对人与空间、环境关系的分析。

（4）城市枢纽空间自然生态的缺失：生态肌理流失，城市景观肌理遭到不同程度的破坏，城市枢纽空间及其边缘地带环境恶化、水土流失、绿地系统不完善。这些问题需要做针对性解决。

3.2 城市枢纽空间慢行系统景观设计的限定因素分析

3.2.1 空间的尺度

空间尺度的大小，除了满足基本功能要求之外，更需要将人的行为尺度与环境空间相协调作为衡量标准。人在空间内的行为方式和心理感受，是"尺度"所关注的核心，也是尺度的"度"之所在（图3-4）。空间尺度过大，会造成人在空间使用中的安全缺失，空间尺度过小会造成人的压迫感。根据相关资料表明，人们步行距离的长短主要受到自身机制的影响，人群比较容易接受的步行距离在500~800米的范围之内，时间大概5分钟。对于城市枢纽空间来说，冗长乏味的步行空间容易使人感到疲惫，也容易造成人在复杂环境中的紧张感。因此，慢行系统景观要素中，空间环境形态和尺度的协调统一是追求舒适、宜人的景观设计前提。

3.2.2 空间的通达性

通达性主要表现为个体行为上通过的物质和时间，个体可以从任一点通过交通系统到达，并在过程中发生个体的必要活动、自发活动和社会活动。因此，慢行空间活动环境是个体发生相关活动的场域，直接导致个体是否愿意在此通行、停留、交往互动（图3 6）。

3.2.3 空间的安全性

慢行空间的安全性是至关重要的。资料显示，在诸多事故调查中，慢行使用者受

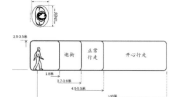

图 3-4 空间尺度和人的领域感（图片来源：WSDOT/PEDESTRIAN FACILITIES GUIDEBOOK）

图 3-5 通行中的自发停留和交往互动（图片来源：古德网）

到的伤害相对较大。超过 70% 的人认为"慢行环境的不安全"是阻碍他们使用慢行系统的主要原因。

3.2.4 设施的宜人化

慢行公共设施是指用于开放的户外活动的、能被感知的设施，在城市设计中扮演着重要角色，与人生活需求和日常活动息息相关。在慢行系统景观设计的过程中，要充分考虑人的心理、生理、行为因素，妥善处理人与设施的关系，最大限度地为人提供完备的公共设施服务和宜人化的设计（图 3-6），是激发城市生活活力的重要因素。

3.3 设计原则

3.3.1 功能性原则

功能性是指景观与周围环境进行的物质、能量和信息交换以及景观内部发生各种变化和所表现出来的性能。对于城市枢纽空间来说，慢行系统是交通出行的承载体，是其首要满足的功能。主要为人们日常出行提供便利，保证人们快速安全地到达目的地，强调方向性、可达性和可识别性。同时，慢行系统要与场地外部形成通达的连接，对城市整体交通体系进行补充与完善。除了承载交通功能外，还承载一定的城市功能，主要是指在城市枢纽公共空间范围内为人们提供慢行活动场所，串联不同的功能分区和景观节点，强调场所的开放、休闲、娱乐等多样的功能。

3.3.2 系统性原则

从宏观角度出发，分析研究整体与要素、要素与要素之间的关系。城市枢纽空间作为城市交通与城市生活的空间节点，其公共空间慢行系统是城市慢行系统的组成要素，需要与城市慢行系统建立良好的连接关系，共同影响城市整体慢行系统的发展变化。其次，从微观角度来看，城市枢纽空间慢行系统也是由多种要素构成，如慢行空间的使用者、慢行行为、慢行环境等，其整体的完整性需要各个要素相互作用、配合来完成，各要素间不是孤立的存在，而是相互关联、相互影响的。因此，系统性的原则，对城市枢纽空间慢行系统的景观设计研究有重要意义。

3.3.3 多样性原则

慢行系统的多样性涉及空间和功能两个层面。空间和功能的多样性是提升城市活力的关键，可以适应不同的活动及使用人群，除了满足基本的慢行交通功能以外，还赋予其不同且多样的景观功能和空间体验，包括社交、运动、休闲、娱乐等。通过景观设计中的变化和差异，实现慢行空间从被动空间到活力之地的转变。

3.3.4 趣味性原则

景观空间的趣味性是必不可少的。人对外界的认知主要依靠心理认知与感官体验来实现，通过色彩变化、形态变化、景观事件等醒目的空间状态来提升空间的丰富性和趣味性，从而打破单一型空间的单调节奏，引发人们对特定景观设计的好奇心和关注度，增强人群感官体验上的刺激，从而达到心理愉悦，缓解城市环境带来的心理压力。

3.3.5 前瞻性原则

设计必须立足于现在，着眼于未来。应对传统的城市交通、空间、公共服务等在未来可能发生的变化，遵循前瞻性原则，使其长时间保持市场竞争力，承受住时间的考验。

（1）在设计上，设计定位紧紧抓住市场发展的特征与未来走向，依据现代城市枢纽空间慢行系统景观设计发展趋势与使用者独特的体验需求，创造符合时代发展、大众活动需求，引起人们思想共鸣的景观设计。

（2）新材料与新科技的结合，采用满足人的生理、心理及健康需求的环保型高科技材料应用，注重城市健康与环境的可持续发展。

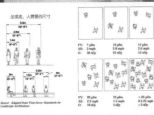

图 3-6 宜人化设计（图片来源：WSDOT/PEDESTRIAN FACILITIES GUIDEBOOK）

第 4 章 城市枢纽空间慢行系统景观设计方法探索

4.1 垂直立体化景观

随着城市形态的改变，不同公共空间数量的增多，城市立体化思路开始引入景观垂直立体化设计，旨在有限的空间内建立舒适、宜人的公共空间，提高空间利用率和丰富城市公共空间。在城市枢纽空间慢行系统景观设计中，通过构建结构多层的人为界面，并对其进行空间上的组合设计，形成垂直立体化的景观空间，创造绿色环保、可持续发展的"生态之城"。本节从以下三个层面进行探索分析（图 4-1）：

（1）空间形态的垂直立体化：充分利用空间的水平界面、垂直界面、斜面界面以及地下空间界面充分设计和利用城市立体化。

（2）景观要素的垂直立体化：主要是通过地形、植物进行立面化造景，比如垂直绿化或者地形落差。另外，构建立体化的景观设施，使空间丰富。

（3）慢行交通的垂直立体化：场地内的交通不局限于地面，从三维的空间层次出发，建立立体化、便捷的慢行交通系统。

图 4-1 垂直立体化设计（图片来源：古德网）

4.2 多感官体验景观

多感官体验景观是现代景观发展的趋势之一，是景观设计发展的部分内容形式，对营造富有特色体验的空间场所和设施有着重要意义。通过"场地+材料+情感"的设计手法应用在景观设计中，凭借其独有的互动性与体验性正慢慢深入现代生活，依靠行人的互动参与性构建起行人与景观沟通的桥梁，使景观设计的感知方式从三维到多维。多感官体验景观除了我们通常理解的视觉、触觉、听觉、嗅觉及味觉五感的感官体验外（图4-2），还包括对空间、时间、位置等体感感知。让人们主动欣赏、感受、领悟、融入其中，激发人们内心的美妙感觉，实现人与景观良好互动，充分拉近人与自然的距离（图4-3）。创造更美好、更丰富、更和谐的景观空间，构建慢行空间活化的"体验之城"。

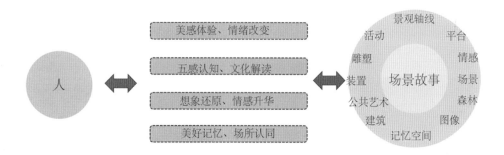

图4-2 五感体验（图片来源：笔者自绘）

图4-3 沉浸式体验

4.3 多维复合化景观

城市枢纽空间慢行系统景观设计是城市公共空间的功能复合和慢行交通空间的复合，除了承担通行换乘的基本要求，还需要承担一定的城市功能。从生态视角、文化视角、人本视角等多维视角研究景观的结构、形态、布局与功能，运用多维化的理念，解决景观设计中存在的问题，建立空间事物间的广泛联系，实现从简单到复杂、单一到复合的发展过程。并通过策略性组织水平、竖向维度空间单元、城市慢行系统、周边环境关系间的相互渗透，将建筑与城市公园、公共艺术有机融合，形成城市公共空间慢行系统景观设计的一个整体，构建多元参与、现代社会治理为核心的"开源之城"。

4.4 现代智能化景观

随着科技的进步和互联网时代的到来，简单的观赏性景观已经逐渐不能满足人们的需求，科技智能化发展直接影响着人类社会活动和生活方式的变革。如何将智能、科技、交互融为一体，打造与众不同的景观是我们设计研究的重要前提。城市枢纽慢行空间作为一个微型的智慧城市体系（图4-4），以物联网智能感知设备和基础网络为基础设施，融合先进的云计算、移动互联网技术，实施高效有序的运行管控。以环线系统、构筑物、公共设施以及个人设备的互联为基础，全息感知行人、车辆，最大程度实现城市智能交通管理系统（ATMS）。缓解城市慢行系统出现的道路堵塞、湿度增加、环境污染加剧等问题。打造弹性空间，塑造高品质慢行系统为特征的环境友好型智慧出行服务体系。构建以安全可靠、高端智能、互融共生为数字经济核心的"创新之城"。

图4-4 万物互联的智能感知和高科技材料

第5章 设计实践——以深圳超级总部基地中央绿轴景观设计为例

5.1 项目背景及概况

深圳超级总部基地作为连接深圳与国际，沟通现在与未来，宜居宜游、开放共享的全球城市功能中心。承接粤港澳大湾区发展需求，助力粤港澳大湾区发展的核心引擎。（图5-1）

该项目位于深圳湾总部基地片区的中央地段，是由白石四道、深圳四路和深圳支二街环绕而成的片区。城市轨道2号线、9号线、11号线（机场片区）等在该片区交汇，使该片区拥有深圳湾地区得天独厚的海湾资源，成为城市门户形象突出、城市综合开发价值极高的地区。本次设计依托超级总部区位优势与规划框架对城市结构进行深入研究，旨在从中国城市中的"城市层"的概念出发，探索具有创新性的城市综合体景观设计策略。（图5-2、图5-3）

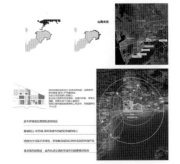

图5-1 深圳超级总部基地区域图（图片来源：笔者自绘）

5.2 项目设计理念

5.2.1 渗透融合的公共空间

构建景观、建筑、空间一体化渗透融合的公共空间。通过台地升起和立体空间结构，构建相互渗透的复合景观系统。使景观有机地从地面绿地向上生长蔓延，并嵌入多条公共步道向上连接空中步行平台，将原本相互独立的建筑和街道景观系统融为一体。模糊建筑与景观的界限，形成业态丰富、空间宜人的多层景观体验。（图5-4）

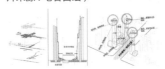

图5-2 深圳超级总部基地空间现状（图片来源：笔者自绘）

5.2.2 多维共享的活力空间

基于不同场地功能空间的定位，叠加不同层级、多维的设计要素。综合不同人群

图 5-3 营造策略的思考（图片来源：笔者自绘）

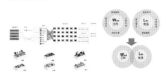

图 5-4 渗透融合的公共空间（图片来源：笔者自绘）

图 5-5 复合多元、多维共享的公共空间（图片来源：笔者自绘）

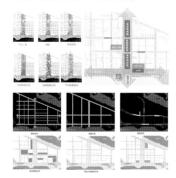

图 5-6 功能分布图（图片来源：笔者自绘）

结构需求，分配公共活动空间，跨层组合满足不同体量的企业面积需求，创造充足的面积弹性和空间组合裕度。构建除了供交通空间使用，同时兼顾社交功能，结合空中绿植景观设计，打造多元复合、功能多样的空间活动和慢行景观环境，体现深圳超级总部独特的多维共享空间（图 5-5）。

5.2.3 超级互联的慢行空间

由于深圳超级企业的独特性空间类型，依托于轨道基础设施，在垂直方向上联结不同标高交通系统的可能性，构建人性交通系统和复合的公共空间，调整空间主动线以契合轨道交通与空间步道间最便捷的交通流线，形成超级互联的慢行系统。为中央绿轴景观设计提供了全新的观赏视角和视线廊道，构成慢行空间网络与超级智慧、超级链接、超级视角下的超级智慧景观设计。

5.2.4 绿色智能景观空间

为应对科技带来的社会变化、城市转变和对传统的交通、空间、公共服务在未来可能发生的剧变，深圳超级总部中央绿轴在景观设计中最大限度地探索未来城市"汇数据、去边界、筑场景、创应用"的设计路径，将物理空间与虚拟空间深度融合，把握住科学逻辑和生态逻辑，创造独特属性的城市场景和生态与生长形式的绿色智能景观。为未来，延续传统、强化底线、科技创新、产业发展、城市规模发展等不确定因素预留弹性、防范风险、适度超前。

5.3 项目设计手段

5.3.1 多层次，多空间，多功能，一体化设计

（1）多维立体化空间

基于用地集约化、功能复合化是现代城市的发展趋势，也形成了高低错落的、立体的景观层次特征。在垂直空间中自下而上依次设置地下层的枢纽中心、地面层的中央公园、空中层的连廊系统及塔楼层的主体功能核心（图 5-6）。形成疏密有致，紧凑多元混合公共服务节点；将轨道与周边功能区进行无缝连接，形成慢行交通、商务洽谈、休闲娱乐，全天候、全时段的多维一体化立体景观。

（2）开放空间与公共活动

复合单元作为超深圳级总部未来的一个开发模式，充分实现了企业和城市生活功能的集聚与混合，同时每个单元都考虑多元复合，提供居住与城市生活配套服务支撑，使其相互有机组合构成健康的城市机体。通过建筑物底部的内凹退界和建筑的局部架

空,留出更多公共空间,形成尺度宜人、具有场所感、层次错落、功能多样的地景式绿色空间。将氛围引入建筑物周围,模糊了室内外的空间界线,与空中连廊衔接形成一个多元而活跃的公共空间,强调疏密有致、紧凑多元混合的公共服务节点。引入多种多样的活动,提供活力的创意商业、特色展览、特色产业、休息停留、休闲阅读等服务,提升商务中心区的亲切感与人性化,营造充满活力的城市公共空间。(图5-7、图5-8)

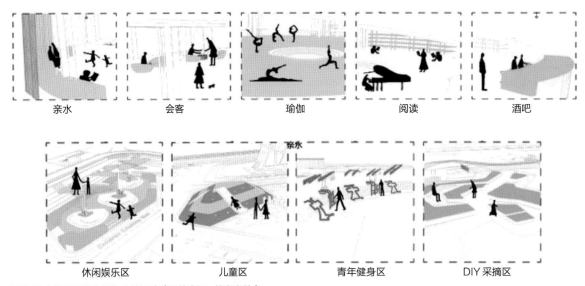

图 5-7 多样的开放空间与公共活动(图片来源:笔者自绘)

图 5-8 慢行空间和公共活动(图片来源:笔者自绘)

（3）文化、艺术的趣味性

中央绿轴作为承载超级总部基地人文活动的空间，充分将公共空间与文化、艺术相结合，整合艺术展示、艺术表演、娱乐休闲空间场所，构建独特的"场所精神"。充分建立人对空间的文化认知，融入雕塑、艺术涂鸦等展示地区的文化魅力空间，强化艺术与文化属性，营造有仪式感、节庆感、适合承载城市人文活动的空间，并通过空间本身的变化引导人群行进，构建可游憩的慢行系统和互动交往区，溯源场地记忆，回归地表活动，实现人与自然的情感共融，构建独特的"场所精神"。

5.3.2 复合慢网、慢行断点的交通组织

梳理现状交通，加强交通系统与生态环境、行人行为特征、智能科技的协调发展，打造"枢纽引领、通道便捷、网络完善、系统智能，品质优越"的"绿色，智慧、高效、共享"绿色复合慢行交通系统。

（1）延续城市东西走向的城市肌理，实现南北方向的视线通廊，将城市步行系统引入滨海公园区块，形成"十字形"空间骨架和公共走廊。贯通城市慢行断点，提高基地与滨海公园的联系，同时为地块北侧的城市空间提供一个景观和生态通道，构建慢行节点和慢行网络。

（2）特色慢行观光线——平台建造，对行人流量进行分配，交通节点与服务节点进行耦合。主要为特色观光线路，设置专用步道、自行车道及游憩活动场所，提供舒适宜人的游览线路。

（3）城市绿道——依托基地绿色慢行走廊绿道，主要为城市型绿道，串接城市主要公共交通枢纽、公共开放空间，提供人的休闲空间及低碳安全出行平台。

（4）组团绿道——设计采用小区块、密路网的人性化慢行系统，减少人群通行的目的性，侧重以公共休闲为导向的立体慢行系统景观设计。细致打造舒适便利、变化有致的组团绿道网络。优化慢行流线，以慢行交通为纽带，联系道路、轨道和绿道系统，激活城市街道生活的同时，连接绿地、公园、亲水空间，形成鼓励慢行出行的绿色健康生活方式。（图5-9）

 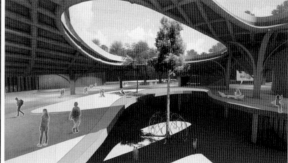

图 5-9 慢行断点组团设计（图片来源：笔者自绘）

5.3.3 生态、生长型的绿色公园

（1）绿色慢行体系

通过塑造微地形，创造不同的行进景观体验，丰富景观层次，引入自然光、新鲜空气、植物等自然要素，构建慢行景观功能的多样化，在统一的形式中，场地对不同分区赋予不同的景观类型及功能，实现通行中的自然采光和通风，提高慢行空间舒适度。

（2）绿色公园体系

设计以城市公园绿地系统为主，发挥主要的生态和游憩作用，以点状、线状的形式分布，增加退台花园、垂直绿化等不同的景观绿地类型和生态特征。重点强化周边地块底层空间与公园的一体化设计，引导建筑设计采用围合空间、绿化平台、立体连接、局部架空、坡面延伸等多样化设计手段，将公园与周边地块进行景观一体化打造。营造景观体验性，移步异景的全季型、生长型景观。（图5-10）

5.3.4 智能化的基础设施

（1）智能路灯

采用 LED 照明系统以及配套的传感器网络路灯系统取代原有的道路照明系统，显著地减少了旧灯产生的热量，从而为城市节省了消耗成本，成功地解决了无效使用街道照明，并借助路灯传感器接收有关环境的信息，通信设备信息，为电动车充电、城市无线网基站等服务。

（2）智能垃圾处理

智能垃圾箱可以利用"真空吸尘器"将废弃物吸入地下存储空间。集中搜集的废物焚化后用于城市供热系统，减少了等待垃圾集中搜集的过程中气味带来的空气污染，以及垃圾搜集车带来的噪声污染和资源消耗。

（3）智能自行车系统

通过互联网应用实现自行车的定位，线上缴费，实现"共享"。

（4）智能噪声传感器

由于城市公共活动的聚集，过度的噪声开始影响人群日常生活。智能噪声传感器对场地噪声进行实时监测，再通过相应的噪声处理措施，当地市民通过政府干预控制该场地的噪声污染。（图5-11）

第 6 章 总结及展望

城市枢纽空间慢行系统景观设计的应用是城市生活方式的转变，它超越了过去单纯对城市物质层面的关注，着眼城市居民的生活状态和居住环境，寻求解决城市发展过快带来的问题，从而提高居民的幸福感。

本节针对深圳慢行空间尺度失衡、出行品质下降、城市活力不足等问题分析，通过对"慢行"系统的景观设计实践、理论研究，

城市枢纽空间慢行系统景观设计研究——以深圳超级总部基地中央绿轴为例 / 解颜琳
Study on Landscape Design of Slow Traffic System in Urban Hub Space
—— Taking Central Green Axis of Shenzhen Super Headquarters Base as an Example / Xie Yanlin

图 5-10 生长型绿色慢行空间（图片来源：笔者自绘）

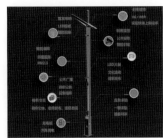

图 5-11 智慧化基础设施

探索对我国城市发展的适用性，也是助力深圳在"一带一路"和粤港澳大湾区战略中发挥关键作用的重要举措。本节同时提出了城市枢纽空间慢行系统对我国未来城市发展建设中的必要性和前瞻性：首先，它促进我们对原有发展模式进行反思和转型；其次，随着物质经济质量向生活质量的转变，以慢行空间构建为基础，从用地、交通、文化、生活方式、公共空间等提出适宜枢纽空间慢行系统景观设计的发展策略，从合理规划慢行道路空间、改善慢行、增设智能化设施、整合街道设施布局和优化立体慢行空间体系等角方面提出了城市枢纽慢行空间活力重塑，为探索今后城市发展提供新思路。

参考文献

[1] 武进. 中国城市形态：结构、特征及其演变 [M]. 南京：江苏科学技术出版社, 1990.

[2] 施旭栋, 孔令龙. 从车性的城市回归人性的城市——基于国庆的城市慢行系统建设构想 [C].2009 城市规划年会论文集, 2009.

[3]（加拿大）简·雅各布斯. 美国大城市的死与生 [M]. 金衡山译. 南京：译林出版社, 2001.

[4] 费移山, 王建国. 高密度城市形态与城市交通——以香港城市发展为例 [J]. 新建筑, 2004(5):4-6.

[5] 王建国. 城市设计 [M]. 南京：东南大学出版社, 1999:235-236.

[6] 徐凯涛. 慢行系统下的城市环境设计 [D]. 天津：天津大学, 2009.

[7] 杨保军. 唤醒对街道生活的感觉 [J]. 瞭望新闻周刊, 2005(22):25.

[8] 王秀娟. 公共交通导向的城市土地开发模式研究 [D]. 上海：同济大学, 2008.

[9]（丹麦）扬·盖尔. 环境心理学 [M]. 北京：中国建筑工业出版社, 1991.

[10] 李增道. 环境行为学概论 [M]. 北京：清华大学出版社, 1999.

[11] 杨观宇. 城市舒适性步行系统的影响要素及其应用研究 [D]. 广州：华南理工大学, 2012.

[12] 谢凯旋. 轨道交通枢纽综合体公共空间步行系统设计研究——以北京西直门轨道交通枢纽综合体为例 [D], 2013.

[13] 段汉明. 城市设计概论 [M]. 北京：科学出版社, 2006.

[14] 付诗云. 城市街道步行空间的人性化设计研究 [D]. 武汉. 湖北工业大学.2014.

[15] 刘皆谊.城市立体化发展与轨道交通[M].南京：东南大学出版社,2012.

[16] 姜婷婷.基于感官体验的景观设计研究[D].南京：南京艺术学院,2014.

致谢

为期一年的四川美术学院——深圳校企联合研究生培养研究生工作站随着时间的悄然而逝，迄今已近尾声。期间在深圳的收获不可悉数。

回想起来，至今我仍然感谢导师周维娜教授给予我这个实属难得的机会，不辞辛苦地为我创造了参与实践的机会，能让我在深圳拥有很多美好的回忆和成长。同时，感谢我在深圳的企业导师程志鹏先生，无论工作是否繁忙仍然牵挂着我的学业和成长，让我在这半年的企业实践中获得意想不到的突破。最后，感谢四川美术学院和深圳工作站各位导师对我的大力支持，感谢各位老师教会我们如何应对市场变化、行业发展、企业需要，并让我们通过亲身体验，认知专业，认识企业，理解自身能力建设的重要，为今后择业与从业做好准备。

重识
"跨区域、跨校际、跨行业"研究生联合培养基地案例库建设

Reunderstanding
"Cross Regions, Cross Universities, Cross Industries"
Construction of the Case Base of Graduate Joint Training Base

两栖生活方式下的居住空间设计探索

◎ 李梦诗

Research on the Design of Living Space Under Amphibious Life Style / Li Mengshi

摘 要

高速交通和移动通信技术的进步，让"距离"不再是阻碍，城市与乡村、定居与旅行、工作与生活不再是对立的概念，为居所的选址提供了更多的可能。越来越多的城市人选择离开"城市"，来到"乡村"，这种城、乡之间的两栖，不仅是对居所选址的转变，更是个体对生活方式的主动选择。两栖者来到乡村并不是追求"出世"的生活，而是以更平和的心态"入世"，希望与人、与乡村建立联系。本文将信息化社会的发展趋势需要与栖居的理想相结合，以两栖生活方式下的居住空间为研究对象，以设计社会学为研究切入角度，尝试调和外在生活方式与内在精神生活的冲突，并探索对空心村、乡村传统互助关系瓦解等社会问题在居住空间设计中的解决途径。两栖生活方式对乡村居住空间的影响是一个从融入、到差异、到活化的动态过程：通过两栖者对空间创造性的使用方式，形成兼具包容性与个性的空间特征。基于目前的研究成果，总结出平衡两栖关系的设计原则，以及扩展生活与文化功能，提升行为与反思层设计，优化空间配列和丰富空间层级的设计策略，并将之运用到凤阳邑村·大梦行居的设计实践中。

关键词

两栖生活方式　设计社会学　居住空间设计

第 1 章　绪 论

1.1 研究背景

用于居住的空间不仅指物质形态，更是特定社会文化下的组织制度体现。栖居的理想从古至今一直存在，但在我国当今的社会背景下，又呈现出新的变化，本文所探索的居住空间根植于当今城乡两栖的社会现象。从我国城乡比重变化中可以看出（图 1-1），近年来大量农村人口涌入城市，我国乡村人口比重逐渐下降，直至低于城市人口比重。出于城市虹吸效应，越来越多的农村人口长期外出务工、在城镇购房或者在村外建房，让农村的住宅空间出现闲置现象。新修订的土地管理法自2020 年 1 月 1 日起施行，内容包括允许已经进城落户的农村村民自愿有偿退出宅基地，鼓励农村集体经济组织及其成员盘活利用闲置宅基地和闲置住宅，允许集体经营性建设用地直接入市等，为城乡一体化发展减少了制度性障碍。从政策变化可以看出，城乡之间的关系从二元对立逐渐步入协调统一。

城市生活创造的价值和便捷无可否认，社会、经济、交通、通讯的发展，使"独自生活"成为可能，人也正因此不得不面对孤独和遥远的联系，越来越多的人需要真实的、近处的社会关联。两栖生活方式将有这种心理需求的城市人聚集到了乡村，他们来到乡村并不是追求"出世"的生活，而是以更平静的心态"入世"，希望与人和乡村建立联系。对于两栖群体来说，一方面是受到流出地"推力"的影响，另一方面是受到流入地"拉力"的影响，城市的推力和乡村的拉力共同作用，促成了

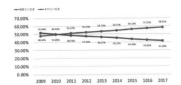

图1-1 我国城乡人口比重变化图（数据来源：《中国统计年鉴2018》及中国国家统计局网站）

① 国内学界对第二居所的概念尚未统一，但普遍认同第二居所主要用于养老、休闲、度假、生活方式体验等，强调居住功能和自用性，且第二居所居住的时间和频率总体上要低于常住宅。

两栖群体的移居动机。两栖群体具有流动性特征，从旅游类型的角度而言，两栖生活方式介于阶段性旅游迁移和永久性旅游迁移之间。从住宿产品角度来说，两栖生活方式下的居住空间介于第二居所和常住居所之间。两栖群体内部具有差异性，虽然都是迁居，但不同的自我经历的思考，会产生不同的择居观念。个体选择两栖生活方式的原因有所不同，追求精神归属，希望与乡村建立真实的联系是他们普遍的特征。两栖个体的择居动机、生活方式的特征影响日常行为实践，通过不同的居住行为对居住空间产生不同的影响。

1.2 研究意义

本文以两栖生活方式作为分异标准，在一定程度上突破了经济社会属性、年龄圈层及地域，以普适性为基础，将群体自身内在的复杂性至于首要地位。

从宏观角度而言，两栖现象是城乡社会交换、区域社会交换的结果，它本身具有缩小城乡区域间差距的意义。两栖不仅是指地理空间上的两栖，也是个体精神生活需要建立的平衡，因此，它首先满足了个体对生活方式的诉求。个人精神的发展和社会性培养互为保障，相互促进。两栖群体希望建立人与人之间亲密、真实的关系，在一定程度上，有利于重构互助的乡村社会关系。不同于经济优先的大型资本介入，两栖群体主要以知识、技术、信息等社会资源为媒介，以自身的在地生活为出发点盘活闲置空间，通过外部力量激活乡村内在资源，从精神内涵的角度，以点带面的方式助力乡村建设。

1.3 相关研究综述

20世纪60年代以来，西方学者们针对西方社会中人们急剧变化的价值观念和各种人生理想冲突的现实，试图通过对生活方式的选择问题的研究寻求解决各种价值冲突的答案。笕裕介在《社会设计中》对"社会设计"的定义是"运用人类的创造力，探求社会中各种复杂问题的解决方案的行为，突出设计的社会价值"，强调了同理心在设计过程中，对融入美感和乐趣的作用。本文主要运用了设计社会学中社会群体思想分析、社会变迁对设计的影响、社会流动对设计发展的影响三方面的内容。

我国第二居所旅居①起步于20世纪80年代，2000年以后才开始有相关研究。目前，我国的第二居所还处在起步阶段，相关成果集中在经济学、社会学、旅游地理学等领域，缺乏相关居住空间设计理论研究。日本在二战后形成的住居学，开始对居住空间、生活方式及居住行为的关系进行研究。近年来随着建筑用途的多样化以及为了避免建筑废弃，日本学界开始关注建筑构成关系的状态以及由此产生的空间性格和意义，形成了利用现存建筑进行改造更新的"建筑构成学"。唐纳德·A·诺曼在《设计心理学3：情感化设计》中，将情感元素划分为本能、行为、反思三个层次，并提出针对不同层次的设计原则。以上研究为本文提供了理论基础，但针对两栖生活方式下的居住空间设计理论有所欠缺。相关理论与研究对象的关系，如图1-2所示。

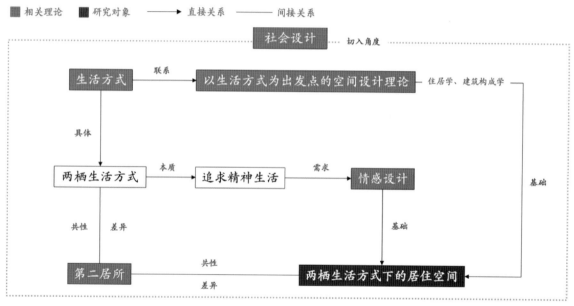

图1-2 相关理论与研究对象的关系（图片来源：笔者自绘）

1.4 研究方法与逻辑结构

本选题从位于大理市凤阳邑村的实际项目出发，通过调研、访谈、查阅文献等研究方法，梳理两栖生活方式的特征，提出两栖生活方式下的居住空间设计原则与策略，针对实际项目，进行设计探索的实践。两栖生活方式作为生活方式的一种，其基本特征可以运用生活方式的相关理论进行研究。第二居所与两栖生活方式下的居住空间既有共性又有差异，第二居所不能涵盖两栖生活方式下的居住空间，但能为两栖生活方式形成的空间现象提供分析思路。在体现社会价值的基础上，进行两栖生活方式下的居住空间的设计探索。以生活方式为出发点的空间设计理论（如住居学、建筑构成学），以及情感化设计理论，为两栖生活方式下的居住空间设计提供理论基础（图1-3）。

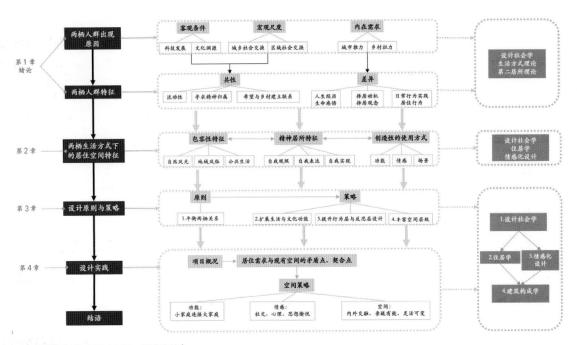

图 1-3 逻辑结构（图片来源：笔者自绘）

第 2 章 两栖生活方式下的居住空间特征

2.1 包容性特征

从居住空间角度来说，生活方式可以理解为人们的居住行为，也就是他们对居住空间的使用方式。两栖生活方式与居住空间是互动的关系，居住空间对两栖生活方式具有一定的包容性，而两栖生活方式对居住空间、居住环境也有积极的适应性。两栖人群对乡村有地方依恋情结，他们来到乡村往往是被乡村的自然资源或人文资源吸引，在居住空间上体现为主动融入乡村自然环境与人文环境。经过现场调研和访谈分析，在案例一中（表 2-1），两栖者被流入地良好的自然条件吸引，通过就地取材、引入自然风光的方式使居所与自然环境融合。案例一中的两栖者通过房东与当地居民建立了良好的关系，并在乡村社会中担任了"新乡贤"的角色，遇红白喜事等相关文书事物，村民们都会来找她，因此，她的居所中，一部分空间带有"乡村会客厅"的意义。在案例二中，两栖者曾有流入地旅行史，同样受到得天独厚的自然条件吸引来到乡村，通过居所依山地地形而建的方式融入乡村自然环境。两栖者利用闲暇时间，在居所中免费为当地学生开设英语口语课，并开放部分空间给当地美术老师授课使用，因此，在他的居所中，有一部分空间承载着"乡村公共教育"的意义。

案例一分析　　　　　　　　　　　　　　　　　　　　　　　　　　　　　　　　　　　表2-1

	项目选址：大理·凤阳邑村·大梦行	案例1:大理·四十英尺民宿	案例2:大理·利舍庄园
业主职业	作家	前副总编	商人（餐饮业）
家庭组成	母子二人	夫妇二人	夫妇二人及子女
迁出地	深圳	北京	美国
迁入时间	2019	2010	2010
迁入原因	1.孩子有读写障碍，但对自然十分感兴趣，大理更适合孩子的教育、成长；2.曾在大理居住过一年，喜欢大理良好的气候、文艺氛围	1.偶然的机会开始思考人生的终极意义，想过与众不同的生活；2.不仅因为大理良好的自然条件，更因为遇到了合适的房东	1.在美国生活多年，希望回到祖国安度晚年；2.有在云南旅行的经历，喜爱大理得天独厚的自然环境
乡村生活经验	无	无	无
对目前生活方式的定义	漫漫长路中的一站，无拘无束，随遇而安	在乡村年完成一场"生活实验"	苍山脚下的美国乡村之梦，理想的晚年田园生活
为什么要以民宿为经营模式	吸引更多有创造力的、有趣的人	与世界建立更宽广、更有弹性的联系	资助贫困学生
与村民的交往	打算在自己的居所留出空间可以给村里的小朋友们放电影	红白喜事等相关文书事务，村民都会主动来找这位老师	庄主利用闲暇时间，在庄园里免费给当地学生上英语口语课
居所与环境融合的方式		就地取材	建筑群随地形而建

两栖生活方式对居住空间的影响是一个动态的过程，并产生了相对静态的空间特征。两栖生活方式下的居住空间需要承载两栖者对生活的多样化需求，也需要承载乡村原有的历史记忆，因此具有包容性特征。两栖群体希望建立人与人之间亲密、真实的关系，由相对孤立的生活方式向分享的生活方式转变，私人空间与公共空间相互渗透。两栖生活方式下的居住空间是使两栖个体精神愉悦，两栖群体内部联系紧密，两栖者与当地居民和谐共处的居住空间，体现在空间对不同个体、不同社会群体、自然与文化、过去与当下及当下与未来的包容。适度设计是实现包容性特征的有效途径，在"有度"的基础上才能延续乡村居住空间自然的生命力。

2.2 精神居所特征

两栖居所是在日常生活中寻求"诗意栖居"的精神居所。两栖生活方式的主体是一个个具体的人，每个个体的居住需求有较大差异，但他们的共性是注重精神生活，在不寻常的日常生活体验中，反映他们对自身、对社会的基本认识和要求，并在居住空间中完成对自我的认定与归属。案例一中的两栖者已在乡村生活七年，在自我生活实践的过程中，不断发现自身的创造性，拓宽自己的边界。她认为在乡村的生活不仅提升了她多方面的生活技能，也在与其他两栖者和当地居民长期的交往中，深入了解了更多不同的人生。

由于两栖生活方式与传统的乡村生活方式不同，两栖生活方式下的居住空间也必定与传统乡村居住空间形成差异。两栖个体的自身人生经历和生命感悟，将产生不同的择居动机和择居观念，继而影响居住行为和居住空间。两栖群体是社会群体中的细分,分化过程中的政治和经济因素相对较弱,他们更强调自身的创造性、独特性。因此,两栖居住空间是在融入乡村的基础上形成差异,在空间中体现个人的价值追求,个性化的居住需求。在案例一中,两栖者的居所是一栋完整独立的小建筑,以就地取材,引入自然风光的方式与大理乡村环境融合,以内部空间错落关系与当地传统居住空间均衡关系形成差异。案例一中的两栖者有着"维而不持"的人生观,希望在乡村建立起人与人之间更宽广、更有弹性的联系,错落的空间关系能够形成丰富的视线和动线,在主人与客人之间看与被看的互动过程中,达到两栖者内心向往的自由状态。两栖生活方式下的居住空间有着精神居所的特征,在物质空间中体现为自然与人居、传统与现代、生活与工作、交流与独处的边界模糊状态。

2.3 创造性的空间使用方式

在居住空间中,满足同一需求可以有很多种不同的途径,空间使用的方式有时比使用目的更重要。在既定气候条件、建筑材料、技术水平的约束下,居所最终的形式和空间,以及两者的相互关系,取决于特定两栖人群对理想生活的定义。两栖群体注重自身创造性的发展和体现,在居所中也会融入创造性的空间使用方式。两栖者是其居住空间的主体,他们有支配居住空间的权利和自由,创造性的使用方式可以满足人在空间中的自主性需求。两栖者与原有居民的生活方式不同,他们的居住空间在某些情况下会产生交叠,因此两栖生活方式下的居住空间需要面对不同的人群、满足多样化的居住需求。"活动"是造成多样性的原因,随着活动递进,空间变异性增强。随着时间的推移,两栖者的居住行为也会发生变化,他们会根据自己的需要对空间进行创造性地使用,因此,两栖生活方式下的居住空间需要功能上的灵活、可变。

两栖生活方式对原有乡村居住空间的影响是一个从融入、到差异、到活化的过程,其中,融入是活化的基础,差异是活化的动力源泉。活化是指赋予乡村闲置居住空间以活力,改变衰落与静止的状态,使其逐渐恢复生机,在空间中体现为两栖者创造性的使用方式。活化不仅是两栖生活方式对乡村原有居住空间的影响,更是两栖生活方式在社会和文化层面的价值体现。当人群的划分突破了政治和资本,人们的交往方式和交往范围的作用就会逐步凸显,人与人之间的社会关系是社会文化的组成部分,社会文化影响力是将人的生活方式与环境联系起来的首要因素。两栖群体的共性在于希望与乡村建立联系,在居住空间内形成家族和社会共生的空间,不仅实现了跨地域的日常交往活动,也在此过程中逐步实现个人社会身份地位的转变,完成城乡之间社会信息的传递。两栖生活方式使两栖人群内部,两栖群体与当地居民之间的交往更加密切,通过不同社交的活动激活了乡村闲置的居住空间,让日益瓦解的乡村传统互助关系逐渐恢复。

第3章 两栖生活方式下的居住空间设计原则与策略

3.1 平衡两栖关系的设计原则

两栖生活方式下的居住空间设计研究,主要是探索两栖群体如何更加舒适、合理以及方便地生活,平衡两栖关系的设计原则是满足合理性的基础。如果将两栖社会现象,两栖生活方式下的居住空间设计都看成系统性的整体,那么两者之间就是母系统与子系统的关系。两栖群体在城市与乡村间的流动,实际上是个人社会关系的转变,平衡新的"人与人"、"人与地"

图 3-1 "将大三岛打造为日本第一宜居岛屿"计划（图片来源：伊东丰雄《建筑改变日本》）

关系十分重要。两栖生活方式根植于当前及未来一段历史时期的社会土壤，也在很大程度上受制于这一历史时期。因此，两栖生活方式下的居住空间不仅要满足当下的空间需求，还要延续历史，预见未来。本章节中的设计原则从设计社会学的角度出发，提出平衡当事人视角与乡村关系的设计原则，是为了在可控范围内减少对未来的消极影响，对居住空间进行适度设计，使其具备延续性。

案例三（图 3-1）是伊东丰雄的"将大三岛打造为日本第一宜居岛屿"计划，探讨了今后社会的应有状态及与两栖生活方式相关的议题。提出在回归建筑本源的同时，关注乡村潜力，重新从乡村材料、素材、工法、技术、生活方式中获取灵活创意与制作手法。对两栖生活而言，当地居民与两栖者之间的人际关系，是不可或缺的重要存在。为了当地文化与风貌的传承，在对这片土地上的传统进行传递的同时，面向未来的全新视角也同样不可或缺。因此，需要在保护原有建筑的基础上进行改造，同时使其满足两栖者的居住需求。该计划中开展的民居再造项目，其意义并非局限于活用空置房屋，还担负着令岛上的美丽风景得以传承的历史使命。"大三岛故乡休憩之家"使用的是旧宗方小学的校舍，其浓郁的怀旧气息曾被作为电影的取景地。伊东丰雄提出采取抗震加固等措施解决现有问题，保留岛屿记忆，一层的教室与校长室现已被榻榻米铺装，改造成为可供聚会使用的会场与可供住宿使用的单间。

在两栖者的人生经历、生命感悟、择居动机、日常行为实践的基础上建立起当事人视角，有利于对两栖者居住行为、居住心理的理解。具备当事人视角后，找出其居住需求与乡村居住空间的矛盾点、契合点，目的是让两栖生活方式与乡村生活方式取得平衡，并相互促进。以设计原则统合设计策略，实质是为设计策略制定限制，设计原则决定了居住空间设计中社会和文化方面变化的"程度"。下文中三个设计策略，从功能、情感、到物质空间是层层递进的关系，它们决定了居住空间设计产生变化的"要素"。

3.2 融合居住功能，情感的空间设计策略

3.2.1 扩展生活与文化功能

住居学相关理论中将居住空间的功能划分为三个层级：第一层是保护的功能，主要包括生存、生理、心理的防护功能；第二层是生活的功能，主要包括生产和家族功能；第三层是文化的功能，主要包括文化、地域及自我实现的功能。两栖生活方式下的居住空间在第一层保护功能上并无太大变化，需强化居所的心理功能。在第二层生活功能与第三层文化功能上需要有所扩展。在第二层生活功能方面，除了农业生产外，

由于两栖人群有着不同的职业，生产功能扩展为其他业态；由于两栖者的居所有可能成为乡村社会的纽带，家族功能也向社会功能扩展。在第三层文化功能方面，对自我实现的需求最明显，在传承地域文化特色的基础上，可将两栖者对地域文化的个性化解读融入居住空间设计（表3-1）。

两栖生活方式下的居住空间·功能层级　　　　　　　　表3-1

空间功能层级	基础功能	两栖生活方式下的居住空间
1. 保护功能	生理、心理保护	强化心理功能
2. 生活功能	生产、生活等家族功能	业态多样化、扩展出社会功能
3. 文化功能	文化、地域、自我实现功能	三个功能层级中以文化功能为主，且强调两栖者对地域的个性化解读

在"将大三岛打造为日本第一宜居岛屿"的计划中，移居或回迁至此的人们在大三岛上开展着充满活力的活动。以农业为例，他们追求无农药与自然栽培法，培育新品种，将自己的农产品加工为果汁、果酱在网站与市集中出售。两栖者与当地居民成立了名为"大三岛大家的酿酒厂"的公司，利用荒置的田地建立葡萄园，葡萄酒将被培养成为岛上的主要产业，不光为岛上居民，也为移居或回迁至此的年轻人提供新的就业机会。两栖者在进行着自然循环型农业生产的同时，担负着当地小学的自然、农业授课工作，还经营着由自家改造而成的农家民宿。伊东丰雄以"发现大三岛的魅力并对岛内远景提案"的主题为基础，提出"面向城市中心居住者的共享住宅"的课题，对共享住宅方案中居住者间的距离感以及建筑对自然的关照尤为重视。通过丰富空间活动与业态、扩展空间的社会功能，不仅满足了两栖者的生活所需、体验了城市中无法获得的富足的自然生活，也让小岛重新焕发生机。

3.2.2 提升行为与反思层设计

日本岛根县立大学联合研究生院教授藤山浩在其著作《田园回归：田园回归1%战略·重振本地人口与就业》中认为，如果每年可以确保占本地人口1%比例的外来移居者数量，那么此地区将不会有消亡的风险，并能够保持安稳、持续发展的状态。案例三中的大三岛在2011年以后的五年间，共有99人移居至此，定居的稳定性也高于其他地区。其原因在于从行为层与反思层创造了令人可以安心生活的环境，与其说是在大三岛还有一处住宅，不如说将其想象成大家共同生活的共享住宅可能更为贴切。两栖者们与当地居民一同创造新的生活方式，其关键在于"大家在分享的同时参与行动，从而追求无利益瓜葛的纯粹交流"这一主旨。两栖者与当地居民之间的新联系不可或缺，体现经济合理性以外的全新价值将十分重要。

两栖生活方式的本质是追求精神生活，情感是建立精神生活与物质空间的有效途径。情感化设计理论将人的大脑活动分为三个层次：先天部分被称为本能层次；控制身体日常行为运作的部分被称作行为层次；大脑的思考部分被称为反思层次。在两栖生活方式下的居住空间设计中，应强调三个层次的相互作用，并提升行为与反思层的设计。（表3-2）

两栖生活方式下的居住空间·情感设计层次　　　　表 3-2

情感设计层次	具体内容	对应居住空间特性	两栖生活方式下的居住空间
1. 本能层次	形态、肌理、色彩、体量等	外观等物理特征	对乡村自然、人文环境回应与差异
2. 行为层次	功能、易理解性、易用性、感受	空间的愉悦和效用	增加功能随场景变化的空间，强调空间节奏和丰富的空间关系
3. 反思层次	人与人的互动过程、人与物的联系、唤起的回忆	自我形象、个人满足、记忆	增加促进交流的空间、与自然对话的空间、可进行创造性使用的空间

针对行为层的设计，两栖生活方式下的居所需要增加功能随场景变化的空间，强调空间节奏和丰富的空间关系。通过提高实用性与灵活性，增加两栖者在空间使用过程中愉悦的感受。反思层的设计需要强化人与人的互动过程、人与物的联系，通过增加两栖居住空间中交流空间、建筑的外部空间、可进行创造性使用的空间，从两栖者的身心体验出发，让两栖者在社交的过程中获得满足，在领悟自然的过程中观照自身。情感化设计的目的在于使居住空间带有情感，能与两栖者产生心灵的共鸣。如果说现代城市社会是冷漠陌生人的社会，传统乡村社会是联系过于密切的家族社会，那么两期生活方式所构建的社会则是介于两者之间的状态，让人在自主体验孤独和联系的过程中，获得思想的自由、满足和愉悦。

3.2.3 优化空间配列和丰富空间层级

本文的研究对象是两栖生活方式下的居住空间，是对乡村现有居住空间构成关系的状态以及由此产生的空间性格和意义进行改造。本节从物质、空间的角度，总结出两栖生活方式下居住空间的设计策略，从空间配列和空间层级中把握两栖居住空间部分与整体关系的关系。由于两栖群体具有流动性特征，其所对应的居住空间需要在不同情景下，满足不同个体的使用需求。乡村原有居住空间是其民居长久发展的结果，故内部空间大多承袭原有体系，空间配列和层级关系较为单一，不能很好地满足两栖群体在上述功能、情感的需求。建筑构成学突破了原有建筑类型分类，以构成学角度研究两栖生活方式下的居住空间，可提升其适应性，应对两栖生活方式对空间功能、情感需求的灵活变化。优化空间配列，即：增加建筑化的外部空间，并使空间内部关系、内外关系的集合与两栖者的居住需求相匹配，实现功能与情感在空间中的有机构成，呈现两期生活方式居住空间中新的可能性。在两栖居所中，"自由"并不是以封闭的空间来呈现，而是以空间来控制与人交往的节奏。复合型空间配列中聚散关系、内外关系的变化，能较好地满足两栖者独处与社交、人居与自然的不断转换（表 3-3 中的复合型）。

空间层级的丰富不是指层级数量的丰富，而是指层级关系的丰富。空间层级划分总体可分为两种情况，一种是以对称关系进行划分，易产生均质化的空间形式、明确的空间界限；另一种是以非对称关系进行划分，易产生差异化的空间形式、暧昧的空间界限。依据两栖生活方式的特征，以非对称关系进行划分的空间层级，能更好地满足两栖者对居住空间功能、情感的需求（表3-4中的非对称关系）。空间配列突出居住空间整体的联系性、使用的合理性，非对称的空间层级划分模糊了空间的界限，空间配列与空间层级共同构成了动线在多个维度的变化。通过优化空间配列和丰富空间层级，创造不确定的整体与部分、内部与外部的关系，能够带来新的空间体验，继而激发两栖生活方式居住空间的活力。

居住空间配列　　　　　　　　　　　　　　　　　表3-3

室内空间（■入口、■连接）			建筑化外部与室内空间（■动线、■视线、■建筑化外部）		
类型		特征	类型		特征
主室型		内向性强烈	缓冲型		视线不能穿过室内，室内空间私密度较高
准主室型		内向性较弱	延长型		室内空间被延长到建筑化外部，有利于控制建筑化外部对室内的开放程度
室型		分散性较弱	延长强调型		建筑化外部是住宅中心，划分、调节多个室内空间
室并列型		分散性强烈	缓冲延长型		对居住行为的容纳度较高
复合型		丰富室内的分散与聚集节奏，在两栖空间中形成变化的独处——社交体验	复合型		建筑化的外部和室内交替融合，在两栖空间中形成丰富的自然——人居体验

居住空间层级　　　　　　　　　　　　　　　表 3-4

层级关系		内外分割顺序		楼墙分割顺序		层级类型	
对称关系（均质、明确）		内 – 内		墙 – 墙		单层实用型	
				墙 – 楼		跃层型	
				楼 – 墙		复层实用型	
非对称关系（差异、模糊）		内 – 内		楼 – 墙		主层型	
				墙 – 楼		吹拨型	
				墙 – 墙		主室型	
		内 – 内		墙 – 楼		多层内院型	
				墙 – 墙		单层内院型	
				楼 – 墙		架空型	

第 4 章 两栖生活方式下的居住空间设计探索

4.1 项目概况

　　项目位于云南省大理市凤阳邑村，是一栋 2019 年建成的白族民房，业主为这栋小楼命名"大梦行居"，需进行设计的三层室内空间共 366 平方米，前院占地 88 平方米，后院占地 180 平方米。凤阳邑村是一个基础设施较为完善的自然村，整个村落背靠苍山、面向洱海、交通便利，世俗与自然融为一体，给人进退有度的感受。贯穿凤阳邑村的茶马古道，始建于汉、成于唐宋，仅存数百米，是大理州内唯一保存完好的茶马古道。凤阳邑老村形成于元代以前，由于十多年前的一场自然灾害，村民们陆续搬出，在临近 214 国道的位置另起了新房并形成新村。因此，老村的风貌保存完好，居住在老村的居民们也承袭了部分传统的乡村生活方式。大梦行居是位于凤阳邑古村尽头的新房，带有新旧交替、漫步时空的隐喻。（图 4-1）

业主是一位自由作家、独立制片人、"飞米粒家庭成长社区"的发起人，是一位热心社会公益、喜爱与人建立联系的创意工作者。同时，她也是一位单亲母亲。由于11岁的儿子不适应传统、单一的教育体制，但对自然有着极高的天赋和热情，于是业主决定从深圳迁居到自然条件优越的大理，在孩子完成基础学业的同时能更好地成长，也能很好地满足业主写作，与当地居民和当地其他两栖者建立联系的需求。在两栖者人生经历、生命感悟、择居动机、日常行为实践的基础上建立起当事人视角，有利于对两栖者居住行为、居住心理的理解，进而找到两栖者居住空间需求与乡村居住空间的矛盾点、契合点。

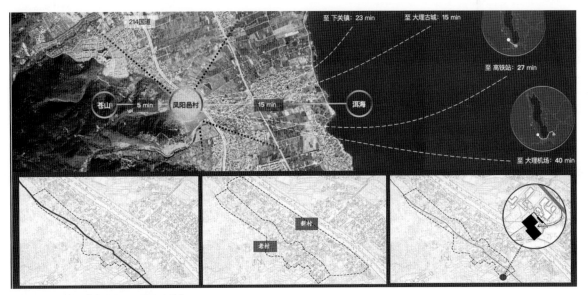

图4-1 项目区位（图片来源：笔者自绘）

4.2 居住需求与乡村居住空间的矛盾点、契合点

通过调研和访谈，目前大梦行居内除了需要考虑业主母子的居住需求，还需考虑房东一家、管家、留宿的客人和不留宿的客人在空间内的活动。空间隔绝、离散、封闭的现状（图4-2），以及动线不合理交叠的情况，不能很好地适应业主居住需求。本次需要在不改变建筑外立面和结构的条件下进行空间设计，租约到期后如果业主不再续租，房东也能舒适、便利的自住或转租给其他两栖者，大梦行居需要具备较强的适应性和延续性。凤阳邑村的自然与人文环境符合业主择居理念，在融入原有环境的基础上进行差异化设计，明确了以下设计原则：以引入风景、就地取材的方式融入原有自然环境，以延续传统居住空间制度、延续茶马古道的方式融入原有人文环境。

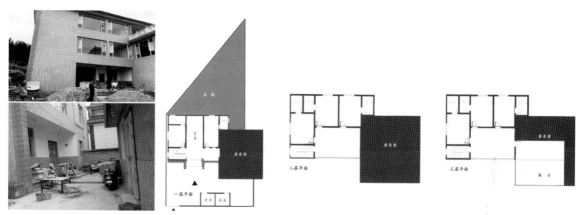

图 4-2 空间现状图（图片来源：笔者自绘）

4.3 大梦行居设计策略

4.3.1 功能：以小家庭连接大家庭

除了日常生活起居，大梦行居既承载着家庭的意义也承载着邻里的意义，通过业主展开的活动，将小家庭连接成大家庭。为解决动线不合理交叠的问题，在扩展功能的同时，需重新界定空间性质。一层是开敞自由的"共享空间"，面向业主母子、房东一家、管家、留宿的客人和不留宿的客人，包括厨房、餐厅、活动沙龙空间、艺术展览空间、茶室、种植区、种植记录房（树屋）。二层是促进交流的"共融空间"，面向业主母子、管家和留宿的客人，包括管家房、客房、公共客厅、公共阳台。三层是业主母子亲密联系的"共生空间"，包括业主卧室和工作室、孩子卧室和游戏空间以及提供晾晒和休闲的阳台。（图 4-3）

图 4-3 大梦行居平面图、轴测图、剖面图（图片来源：笔者自绘）

4.3.2 情感：社交、心理、思想愉悦

形成社交、心理、思想愉悦的身心体验，需要本能层设计、行为层设计与反思层设计的协同作用，并提升行为与反思层的设计。从本能层而言，大梦行居以室内空间的家庭生活连接前院的社会生活及后院的自然生活；充分利用自然光影，形成活泼、温柔、安静的空间氛围；在空间材质上选用砖、木、石、水泥、草编、棉麻、金属，以自然的粗粝彰显生活的细腻，并延续白族室内空间以白色调为主的传统（图4-4）。从行为层而言则是提升空间效用，将第二层与第三层部分空间贯通，方便业主与管家日常交流使用。从反思层而言，两栖者的个人满足需要在独处与人交往的交替中才能实现，不同于在城市的居所，大梦行居的交往空间层次需要更加丰富、独处空间与自然相连。

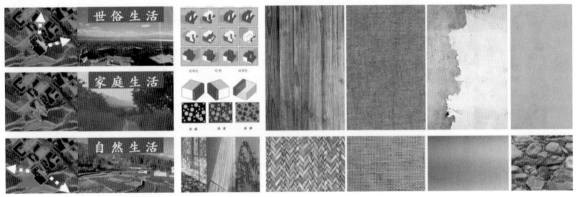

图 4-4 大梦行居平面图、轴测图、剖面图（图片来源：笔者自绘）

4.3.3 空间：内外交融、亲疏有致、灵活可变

（1）内外交融：大梦行居共六个建筑化的外部空间，采用复合型建筑化外部与室内空间配列。一层共 A、B、C 三个建筑化外部空间，A 位于入口处，包含了餐厅、厨房、业主与房东一家共享的庭院，和内部空间形成缓冲延长型配列关系，对居住行为的容纳度较高，且对房东居住区域保有视线上的私密度。B 为延长型，将房东居住空间延伸到厨房，并形成一处私密度较高的绿化庭院。C 为延长型，将室内共享空间延伸到种植区。二层公用阳台 D 与客房、管家房形成延长关系，增加交往空间、立体绿化的同时将客房的视线延伸到远山和梯田。三层的露台 E 与房东居住空间邻接，与业主起居空间形成缓冲关系，视线不能穿过室内，提升业主起居空间私密度。通过复合型建筑化外部与室内空间配列，使建筑化的外部和室内交替融合，在大梦行居中形成丰富的自然与人居体验。（图4-5）

（2）亲疏有致：大梦行内部空间为复合型配列方式，丰富分散与聚集的节奏，空间由下至上、由外至内私密度逐渐提升、公共度逐渐减弱，在大梦行居呈现变化的独处与社交体验。以非对称关系对大梦行居进行空间层级划分，整体为多层内院型层级，以前院为中心延续院落式社会生活。内部空间为主层型层级，以一层共享空间为主层，形成一层片段化的空间动线，

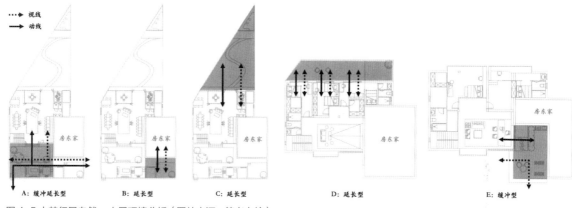

图 4-5 大梦行居自然 – 人居环境分析（图片来源：笔者自绘）

强调前院的分散与统合作用，使前院与业主居住空间主体、房东居住空间主体、外部厨房、外部餐厅形成暧昧的关系。一层内部空间与前院、后院之间形成穿越型的动线关系，增加一层内部空间的不明确性，模糊室内外的概念。一层空间内部形成回游型的动线，没有明确的集中性，突出共享空间使用过程中自由的空间体验。

（3）局部设计灵活可变：一层共享空间中，折叠门不同的状态可以改变空间氛围及模式，在满足沙龙、艺展、茶室等功能的同时，增加使用的愉悦度。二层公共客厅采用地板坐式，必要面积比座椅方式小，容易实现功能多项转变，让留宿的客人获得放松、安定的交流氛围。三层儿童房中置入了一个集合体块，将儿童房的各个功能组合，增加新的趣味游戏空间，根据不同的需求可灵活变化，满足日常起居、学习、游戏、小伙伴留宿等需求。造型上意在与凤阳邑村传统民居建筑的坡屋顶、门窗意象进行呼应，使空间隔而不断，保证私密感的同时增加流动性。开洞的位置、大小不同，不仅带来丰富的观景、光影，也可供身体通过，或视线交流、伸手触及。位于三层的业主工作室采用开放式设计，在获得良好观景视野的同时，可以实现多种功能的转换。（图 4-6）

图 4-6 大梦行居效果图（图片来源：笔者自绘）

第 5 章 结语

一种生活方式的产生必定是多种因素在特定时代产生的结果，单纯的支持或反对并不足够，我们需要在充分理解的基础上通过对居住空间的设计，让它发挥积极的作用。两栖生活方式能更好地激发城市与乡村各自的优势，在未来，两栖生活方式也许会成为一种普遍的生活方式。本文希望对未来两栖生活方式下的居住空间设计提供思路，建议在平衡两栖关系的基础上，扩展生活与文化功能、提升行为与反思层设计，在优化配列和层级的过程中呈现物质空间。虽然探索了两栖人群及其居住空间产生的原因、影响和特征，并在此基础上梳理了文化、功能、情感、空间三者相互呈现的关系，但由于缺乏实际经验，论述中部分内容探讨不够深入，具有一定局限性，设计较为缺乏创新性。以上不足之处以期在未来的学习和实践过程中弥补。

参考文献

[1] 杨大禹，朱良文. 云南民居 [M]. 北京：中国建筑工业出版社，2009.

[2] 魏娜. 弥漫空间 [M]. 北京：中国建筑工业出版社，2019.

[3]（日）坂本一成，塚本由晴，岩冈竜夫等. 建筑构成学——建筑的设计方法 [M]. 陆少波译. 上海：同济大学出版社，2018.

[4] 坂本一成，郭屹民. 反高潮的诗学——坂本一成的建筑 [M]. 郭屹民译. 上海：同济大学出版社，2019.

[5]（日）筧裕介. 社会设计——用跨界思维解决社会问题 [M]. 李凡译. 北京：中信出版社，2019.

[6] 张宗登. 设计社会学 [M]. 合肥：合肥工业大学出版社，2015.

[7]（日）岸本幸臣，吉田高子，后藤久，等. 图解住居学 [M]. 胡慧琴，李逸定译. 北京：中国建筑工业出版社，2013.

[8]（美）唐纳德·A·诺曼. 情感化设计 [M]. 何笑梅，欧秋杏译. 北京：中信出版社，2016.

[9]（法）加斯东·巴什拉. 空间的诗学 [M]. 张逸婧译. 上海：上海译文出版社，2013.

[10]（英）阿兰·德波顿. 幸福的建筑 [M]. 冯涛译. 上海：上海译文出版社，2013.

[11]（美）阿摩斯·拉普卜特. 文化特性与建筑设计 [M]. 常青，张昕，等译. 北京：中国建筑工业出版社，2004.

[12]（德）安德雷亚斯·莱克维茨. 独异性社会——现代的结构转型 [M]. 巩婕译. 北京：社会科学文献出版社，2019.

[13] 徐从淮. 行为空间论 [D]. 天津：天津大学，2005.

[14] 刘传喜. 乡村旅游地流动空间研究——基于新农人视角 [D]. 杭州：浙江工商大学，2017.

[15] 塔娜，申悦，柴彦威. 生活方式视角下的时空行为研究进展 [J]. 地理科学进展，2016（S10）：1279-1287.

[16] 吴冬蕾. 略论中国近现代城市居住空间模式的变迁 [J]. 建筑与文化，2011：94-95.

[17] 郭凌，吉根宝，罗良伟.从游客到旅居者：旅游中的"新移民"研究[J].贵州民族研究，2015：157-160.

[18] 张春明.大理白族民居的结构与构造浅析[J].艺术科技，2017：226-227.

[19] 刘学蔚.从"陌生人"到"旅居者"——西方移民研究思潮略论[J].湖北社会科学，2013（S10）：105-108.

[20] 唐香姐.生活方式型移民研究综述[J].地理科学进展，2016（S09）：1096-1106.

重识
"跨区域、跨校际、跨行业"研究生联合培养基地案例库建设

Reunderstanding
"Cross Regions, Cross Universities, Cross Industries"
Construction of the Case Base of Graduate Joint Training Base

建造技术变化下的空间呈现方式研究

◎ 欧靖雯

Study on the Spatial Presentation Mode Under the Change of Construction Technology / Ou Jingwen

摘 要

建筑空间的形成是一种复杂的发展过程，伴随着各种各样的因素。随着社会的不断变化，技术在建筑中的地位也越来越凸显。建筑技术经历了多次的转变过程，建筑空间的呈现多样的局面。

人类通过技术创造自身的生活环境，同时调节着人与自然的关系，成为沟通人与社会的中介。为了满足人们生产生活的需要，空间逐渐从社会性的过程，转向经济、技术和艺术的范畴。针对当下在建筑设计中夸张的使用技术、建筑中技术使用不合理以及室内风格乱象等现象展开论述，通过举例说明建筑空间同技术的结合。

本文试图从历史维度出发，以不同时期的西方代表性建筑的技术历史为主要研究对象，结合我国建筑发展历程，总结归纳其发展的阶段性特征，以及空间的不同呈现方式。研究比较每个阶段建筑技术与空间的关系，总结技术在空间之中的特征。最后，回归对社会现实问题的关注，思考当下我国室内空间的技术与空间的未来发展趋势。并结合实际设计项目，反思当下的设计方式，以促进我国建造技术对未来发展的理性认识。

关键词

建造技术　空间呈现　技术变化　空间特征

第 1 章　绪　论

1.1 选题背景

建筑是人们生活过程中形成的物质场所，建筑的材料和技术是建造的基础和方式。社会的进步变化主要依赖于科学的进步，技术与生产力的发展也推动着建筑行业发展。

西方建筑有着浓厚的技术传统，而技术的不断改变又带来了不一样的空间呈现，从最初古希腊柱式的构成，到古罗马柱式用途的转变；拱券的形成到拱廊、顶的出现，都是技术不断改变所成就的不同空间。1899 年巴黎世博会的机械馆和埃菲尔铁塔是建造技术创立新时代的纪念碑。城市向前的步伐从未停止，人们所创造的建筑空间逐渐取代了自然形成的环境成为人们主要的生活生产空间。传统的建筑空间面临着技术的转变和空间的更新，需要探索新的设计方法，寻找新的可持续发展的建筑材料和技术手段。吴良镛先生提及："科技给人类社会带来变化，换句话说，是一个新的文化转折点。"人类需要从社会、文化和哲学等方面综合思考技术的作用。

研究内容

现当下，在建筑空间的设计中出现了炫技和滥技现象，因此如何运用技术使室内空间达到和谐统一是本文的关注点。本文主要以历史上技术在建筑空间的运用，以及如何在建筑空间呈现中融入技术的设计策略为主要研究内容。本文不对单独技术类别进行深入探讨，主要阐述技术变化下其与空间呈现的关系。

1.2 相关概念的厘定

1.2.1 技术与建造技术

技术起源于古希腊，一般是指"在劳作方面的经验，知识和技巧也指其他方面的技巧"。技术大多时候都代指在建造上的应用方面，因此技术在 21 世纪后又被界定为"人类改变或控制客观环境的手段和活动。"清华大学建筑学院张利在论文中提出，建筑设计主要涉及的技术类别有三种：第一类是数字化的技术，建筑师在设计时常用到。第二类是建筑材料的相关技术，材料和技术相辅相成，材料更是技术在空间中的表达。第三类是与建筑内部某些功能相关的技术。

在本文中所界定的技术是建筑中的建造空间的技术。回顾建筑历史，建筑师们都擅长将技术运用于对空间的建造之中。吴良镛的《广义建筑学》第三章科技论中指出"现代建筑运动的先驱都崇尚技术，歌颂技术，并且探讨基于技术条件下的建筑艺术"。在建筑中，建筑师大量利用技术建造空间，解决人们对空间的需要，灵活变通空间的功能。密斯·凡·德·罗认为：建筑的本质就是结构，形式只是技术的结果，"我们不承认建筑形式问题，只承认建造问题。"这可以说明，注重技术在建筑空间中的创作已经在那时显露出来。技术不是艺术的附属品，没有建造技术的发展，建筑空间很难发生本质性的改变。

1.2.2 空间与空间呈现方式

空间类似于一种三维状态，在一个有限的三维空间中，涵盖基本的建筑功能。人们在这个场所可以居住、工作、学习和生活。

早在原始社会，人们为了基本的生活，需要有一个可以依靠的场所，因此就产生了空间。室内和室外的空间存在一种围合状态，被围合的空间称为内部空间，围合这个空间之外的是外部空间。建筑空间是内部空间与外部空间的统称，在本文中所研究的空间指向室内空间。

空间呈现主要指建筑中空间表达的形态，这个形态可以是多样的，是各种元素组合而成的结果，以及包含各时代的人们的主观感受和社会的客观因素。近现代建筑在破除了古典建筑形式桎梏的基础上，空间的形成、分隔和组合上产生了极大的灵活性和多样性。

1.3 研究目的与意义

1.3.1 研究目的

针对不同时期的技术变化与空间的梳理分析，技术在建筑空间中的表现不再是一味地炫技，而是回归空间本原的问题，回归对人的关怀。设计应该回归设计本源的问题，空间呈现方式作为技术改变下最直观的展示。本文尝试顺着时代的发展，梳理技术变化下的空间呈现方式，从而提出技术在空间中的设计策略。并且通过北京华润置地石景山销售中心的项目进行设计初探。

1.3.2 研究意义

社会的进程中，人们的物质需求不断提高，新的要求的出现必然与原有的空间形成矛盾。原本的空间逐渐存在误区的现状，不能满足日常所需，最终会导致对旧空间的否定，从而促使新形式空间的产生。因此，探讨建筑历史中建造技术的改变和空间呈现方式的演变，可以发掘技术与空间呈现的更多可能性。

1.4 国内外研究现状

国内，吴良镛在《广义建筑学》的"科技论"一章中，对技术的可能性、经济发展的现实性以及技术的政策问题进行了相关的阐述。庄惟敏在《关于建筑创作的泛意识形态论——"试验的作品"与"商业的产品"》中提及建筑创作的精髓不是源于形而上的文化和理念上的释义。彭一刚在《建筑空间组合论》中也提及获得某种形式的空间，与结构材料和技术条件的发展水平有关。

国外，英国彭妮·斯帕克的著作《设计与文化导论》的第三章和第七章阐述了技术对设计的影响，提出技术和设计是一种新的联合。19世纪的结构发展以理论方面的奥古斯特·肖阿西的著作《建筑史》为代表，他认为"建筑风格的演进仅仅是技术发展合乎逻辑的结果。"很多国外研究都提及了技术与空间形式的问题。

1.5 研究方法

本文对于技术和空间呈现方式的研究主要利用网络资源、查阅大量资料、归纳总结技术与空间呈现的变化关系。案例分析法，针对国内外大量的优秀案例进行分析比较，以深化本文的理论观点。最后，结合华润置地北京石景山销售中心案例加以论证。

1.5.1 研究框架（图1-1）

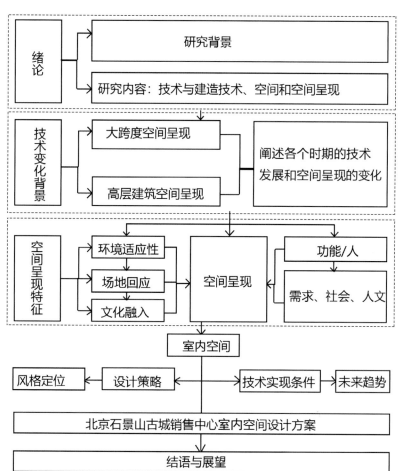

图1-1 论文研究框架（图片来源：笔者自绘）

第 2 章 技术演进与空间建造概述

2.1 技术变化的背景

建筑是人类生存的一种方式，也是人类生存的迹象。在人类进化的过程中，有些理想随着时代和科技的发展变成了现实，是不同国家和民族人民生活的真实反映。

纵观建造技术的发展历程，人们自发地运用技术手段，改造生活环境，创造出舒适的生产生活空间。从"构木为巢"的原始建造技术，到依靠机械为生产力的技术，以及当代的数字化技术，技术的发展都给建筑领域带来了巨大变化。

战后的西方社会经济快速发展，以工业革命为标志，将人类带入了一个全新的时期。这个时期人们相信，新技术、新材料的出现能够带领社会走过政治与经济形势严峻的 20 世纪 70 年代，进而进入繁荣的时期。1851 年伦敦世博会修建的水晶宫代表着一个新时代的划分，大面积建造技术的发展由国家的经济发展带动。水晶宫不仅体现那个时代的技术创新，还展现了一种全新的结合建造技术的设计思想（图 2-1）。一战后，在设计领域，一系列探求与时代特征密切相关的新设计运动在西方陆续展开，其中现代主义设计运动对整个设计领域产生了深远影响，促使了包豪斯学校的成立。

图 2-1 水晶宫（资料来源：《新建筑》）

二战后，大量的建筑更注重空间的功能和实用，建筑空间开始呈现多样的局面。新技术革命给人们灌输新的价值观与世界观，正如吴良镛先生提及："科技给人类社会带来变化，换句话说，是一个新的文化转折点。"技术在建筑形态的变化中，对建筑空间的出现提供条件，为建筑的形式带来了新的可能。

2.2 历史维度下的技术与空间呈现

古代建筑历经长时间的演变，在早些时候，人们迫于生活所需，开始建造基本的房屋和交通环境。基本生活得到满足后，为了进一步适应生产生活的需要，开始丰富精神层面，修建教堂、神殿等各种其他建筑物。

建筑的早期工艺技术也经历了同样的发展，早期人们使用许多天然材料来搭建房屋如泥土、树干、茅草等。到后来发展了土坯、石材、砖、瓦、木材等材料，因此出现了巢居和穴居这样的居住空间。建造技术也经历了同样的发展，工具的使用经历了从石斧、斧、凿发展到机械的过程。

在技术的变化下，建筑空间的结构和材料也同步更新。从早期的梁柱结构、到拱券和穹顶的出现，框架体系的发展，建筑的空间形式也在发生着转变。社会的转变、新技术的出现、人们审美意识的觉醒、不断扩张的生产力、生活方式的转变、人们需求的增多等因素，都在推动着建筑形式的变化。

2.2.1 大跨度空间呈现

随着第二次工业革命的爆发，工业化大生产的影响开始扩展到生活的方方面面，城市化也进一步加深，高层建筑和大跨度的建筑顺时出现。在这个阶段，除了对传统木材等建筑材料使用，冶金工艺和施工工艺的发展进步促使钢材和钢筋混凝土也逐渐应用于建筑设计之中。

将钢材作为建筑材料是在19世纪最后阶段流行起来的，1883~1890年间建造的横跨福斯湾的大桥，是第一座完全采用钢材的桥。之后人们将钢筋混凝土运用于建筑中进行了不断的实验，促使了框架结构的出现。同一时间段，玻璃也被运用在设计方案之中。玻璃的大量使用创造了建筑外立面独有的光亮、轻盈、透明、精致的外观，并且引发了建筑表皮技术的发展。1851年的英国水晶宫就是第一座凭借钢材和玻璃外墙建造起来的大跨度建筑。

古代用作最大跨度的结构形式是砖石拱顶或者穹顶，以便充分利用砖石材料的抗压特点，譬如古罗马各个时期教堂的穹顶。古罗马万神庙直径43.3米的穹顶在建成后的一千六百多年间一直是世界上跨度最大的建筑（图2-2）。在此时期，除了建造技术的进步和空间形式的变化外，结构和力学已经开始融于设计。1889年巴黎世博会机械馆，馆顶跨度107米，是依据力学和结构搭建原则建造的大跨度建筑之一（图2-3）。建造技术的存在本身依赖于建筑物的存在，它的发展同样需要建筑空间来呈现。

大跨度的结构发展，在近代的建筑中，人们已经尝试过多种方式表现在建筑空间中。工业革命之后，首先发展起来的是将小木块用铁质紧固件连接起来后制作大跨度的木质桁架拱技术，1852年建成的伦敦国王十字车站是大跨度木质拱最代表性的建筑。从20世纪30年代开始，由于空间结构理论的发展，形态作用结构体系被广泛应用，促进了大空间结构发展的高潮，出现了多样的建筑空间。1958年建成的耶鲁大学冰球场是一座悬索结构大跨度建筑，因为造型原因被人们亲切地称为"鲸鱼"。以顶棚上一条90多米长，高23米的弓形钢筋混凝土拉起两边的绳索，构成了优美的空间曲面屋面（图2-4、图2-5）。

西班牙建筑师爱德华多·拖雷哈在20世纪30年代设计的马德里扎祖拉赛马看台（图2-6），是一座薄壳建筑的经典，深远的出挑以及波动的薄壳创造出一种近乎飘浮的感

图2-2 罗马万神庙（资料来源：佐藤达生《图说西方建筑史》）

图2-3 1889年巴黎世博会机械馆（资料来源：《弗莱彻建筑史》）

觉。大跨度的建筑空间出现，体现技术同艺术的统一，建筑师也在技术发展的过程中，摸索着不同空间的表达方式。

2.2.2 高层建筑空间呈现

上文提到高层建筑也是建筑空间有着比较突出的发展，在古代，圣彼得堡大教堂穹顶高 120 米，科隆主教堂高 157 米，建筑师一直都在探寻技术带来的高度建筑空间。兴起于 19 世纪末的芝加哥学派在当时的技术上创造了高层金属结构，在建筑设计上展示了形式与功能的关系。1908 年建成的辛格大厦成为人类有史以来第一个超过乌尔姆教堂的建筑物。1929 年建成的纽约帝国州大厦成为首栋超过埃菲尔铁塔的建筑物，到后来的纽约世贸中心双子塔、西尔斯大厦的出现等，标志着技术发展给建筑形式带来了新的机会，技术同时也在回应着功能的需求。（图 2-7）

从古代建筑到现代建筑中延续而来的传统结构与形式关系被打破，人们对技术带来的新形式态度从排斥到接受并且被更加灵活地使用。建造技术为建筑的呈现方式赋予了更多的自由，激发了建筑师的创作热情。

图 2-4 耶鲁大学冰球场 1（资料来源：混凝土世界）

图 2-5 耶鲁大学冰球场 2（资料来源：混凝土世界）

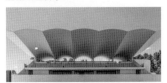

图 2-6 马德里扎祖拉赛马看台（图片来源：《建筑技艺》）

图 2-7 帝国大厦、纽约双子塔（图片来源：《建筑学报》）

第 3 章 技术条件下的建筑空间的呈现特征

3.1 建筑空间的呈现形式

回顾建筑的发展历史，建筑空间出现多元化的特点与人们对建筑的需求有很大的关系，为了达到某种功能，必须有与之相对应的空间形式。能否建造出某种形式的空间，要看当时的技术条件和对材料的运用。

建筑空间面对的是这个空间的使用人群，传统的空间设计和创新更多是一种符合社会规律的过程，与地域文化密不可分。从近代开始，空间形式日益复杂和灵活多样，古老的砖石结构已经不能适应。为了冲破结构对空间分隔的约束和局限，许多建筑就必须得抛弃砖石结构而代之以钢或钢筋混凝土框架结构体系，从而适应新的要求。每出现一种新的构成方式，都为新的空间呈现的诞生提供另一种可能性。

空间的构成形式

空间和空间的形式是建筑设计的主要内容，空间的形式由天棚、墙面、地面三个元素构成。在一个空间中，不仅由不同的建筑构件协同构成，空间中活动的主体人群也构成了空间的语境。人在空间中通过物质交流彼此的信息，促成了空间语境的产生条件。"建筑或许是我们这一生中使用的最长久的人工制品之一。"空间的构成要素还包含家具、电器、陈设等物件。

常见的室内空间一般呈现矩形平面的长方形态，空间中长、宽、高的比例差别，形态可以有繁多的变化。如果一个很高的空间，由于竖向的感受比较强烈，会给人往上拉伸的体验。或者一个空间横向的形态比较突出，会给人一种空间很深的感觉。颐和园的长廊靠山临水，空间形状十分狭长，处于其中就会有一种深远的感觉。

除了常规形态室内空间外，设计中为了适应少数特殊的需求，也会有其他形态的室内空间。弧形或者异形的空间，会出现一种指引的内在表达，指引人们朝某一方向前进。利用好空间变化呈现的不同形态，可以达到意想不到的效果。

3.2 建筑空间的呈现特征

3.2.1 建造技术与空间环境的适应性

建筑在建造过程中，不是作为一个单独的体量存在的，建筑同周边的环境共同生长生存。赖特在《建筑有机论》中提及："建筑应是从它所在的环境之中，生长出来的。"人们在长时间的建造过程中，根据所在地的地形和当地的气候条件，结合自身的生活方式，利用当地材料发展了当地的建筑形式。

在我国的传统建筑中，人们的居住空间充分展示了建筑和周边环境协调的重要性。例如，我国贵州地区的吊脚楼（图3-1、图3-2），这种传统的筑构技术所形成的建筑空间，体现了对自然环境的适应性。贵州地区的气候湿热多雨，森林丰富，木材相对较多。地形山多田少，这里的居民大多选择依山建房，吊脚楼的建筑空间形式也适应山坡的高低地形变化，木构造的吊脚楼体现了建造技术与空间环境的适应性。

3.2.2 回应生活方式的空间呈现

建造技术不仅要适应当地空间的周边环境，也要对人们的生活方式产生一定的回应。空间呈现的不仅是周边关系，也是对整个空间使用者的回应。空间的呈现方式要满足人的生活习惯和社会习惯。

福建客家土楼的空间呈现就是对生活方式和习俗回应的一种技术构筑方式。因为历史的原因，客家人举族南迁，他们的生活习惯与当地不相同，强烈的自我保护意识促使他们形成了聚居的生活模式，以地缘或者血缘关系为媒介。客家土楼主要以方形和圆形这两种形式居多，形成包围的封闭形态，最外围的夯土墙厚度达一米以上。墙壁上的窗户都很小，达到采光目的同时，为了防范外部的入侵。土楼的内部结构是木

图3-1 苗寨吊脚楼1（图片来源：网络）

图3-2 苗寨吊脚楼2（图片来源：网络）

图3-3 福建永定土楼1（图片来源：网络）

图3-4 福建永定土楼2（图片来源：网络）

结构的围廊式集体住宅，有的土楼形成一层层由小到大的圈层结构，分别划分不同的功能空间（图3-3、图3-4）。

技术不仅在各个阶段都为建筑提供了不同的空间形式，同时也需要回应使用者的诉求，不仅满足居住的需要，也要发挥建筑的最大价值。

3.2.3 地区文化融入空间呈现

从技术的发展来看，技术条件下呈现的空间是对当地文化和时代的反映。建筑空间的产生也是对当地文化与材料的结合，并且采用了当时适应的技术条件。由此可见，地区的精神文化发展，对空间的形成也有着引导的作用。

12世纪之后，欧洲建筑中的骨架券、十字拱等结构体系已经发展得相当系统化，教堂的内部空间基本由十字尖拱覆盖，组成了相对于理性的框架结构体系。整体建筑沿中轴线向上不断延伸，形成一种高耸的空间形态，这与欧洲的信徒文化相关。这种十字拱和骨架券的建造技术，创造出一种精神化的神圣空间，充分地展现了欧洲文化。

我国历史悠长的哲学思想、绘画、艺术等物质文化对城市的空间环境、建筑形态、建筑内部空间的呈现方式等产生了深刻的影响。例如，上文所提及的福建土楼空间形态、北京的四合院、苏州的江南园林等，当地的文化都融入了建筑空间之中。古代建造技术以木材为主，到各个地方因地制宜地产生了不同的建筑空间形态。空间呈现不仅是技术支撑，同时也与不同时期的文化生活息息相关。

第4章 当代技术支持下的室内空间呈现

4.1 室内空间的呈现要素

室内空间是一种有限的空间，其内部满足建筑的基本功能，为人们提供日常所需的场所。本文重点探讨室内空间的呈现方式，内部空间与外部空间的不同在于内部空间不仅有界限，同时还要有墙面、地面和顶棚三者围合出的空间。

室内空间的形成过程有两个状态，一是建筑空间修建之后呈现的一种水泥状的自然状态，二是通过居住人的想法改变之后的一种状态。从建筑的角度来说，这两个状态义是空间的两种形态，前者是现实形态，后者是建立在设计理念基础上的理念形态。

室内空间的呈现经过了两个过程：首先是设计师对空间尺度的把控、形式和功能等作最初的了解过程，然后是人们在生活中不断地对室内空间进行营造的过程。在室内空间呈现这个话题下，涵盖着对空间的形状、尺度、方位、色彩以及肌理关系的多重考量。最终，一个空间如何呈现也与空间使用者息息相关。

4.2 建造技术在室内空间中的设计策略

4.2.1 基于建造技术的思维模式的设计

建造技术的出现使建筑空间形成更加多样化，同时也使建筑设计更加开放，空间形态更加大胆。基于建造技术的思维模式，也是要求设计师在一开始的设计阶段就要将技术纳入考量之中，将建造技术体现在方案设计之中。

日本建筑师坂茂使用纸为主要材料来搭建房屋，将材料和建造技术带入设计的过程。其设计的新西兰纸教堂，室内呈三角形，由98支相同大小的纸皮长管搭成。通过纸筒之间独特的连接构造方式，建造了一个不一样的建筑空间。纸的运用是坂茂最出彩的地方，其基于技术和材料出发去建造空间的思维模式尤其值得研究学习。（图4-1）

另一个例子是获得阿卡·汗奖的医院，从设计之初，设计师就将技术融入设计策略。建筑师经过试验，利用砖拱技术开发了新的结构语言，搭建了一种新的砖拱结构，形成了独特的建筑空间。随着近些年来技术的多样化发展，设计师应当将技术融入室内空间的设计思考，从建造出发，调整设计的思维模式。（图4-2）

4.2.2 适度的建造技术

追求技术融入设计的思维模式并不是一味地追求在设计上一定要采用最前沿的技术手段，而是有针对性地对建筑所处的位置、整体建造的水平衡量之后，力求发挥最大的优势，实现技术带来的空间呈现。诺曼·福特斯指出在使用某项技术时，要因地制宜，而不是技术的先进与否。他曾经说道："技术是实现社会目标和更多可能性的一种手段，最先进技术建造的空间也同样关注砖瓦砂石"。

曼尼尔博物馆由皮亚诺设计，建筑整体以白色和灰绿色的色调为主，外立面由传统技艺的柏木制成的百叶板构成。这座建筑最出彩的就是外墙的"叶片"。叶片由最常见的钢筋混凝土浇筑而成，继而也达到了建筑空间的美感和协调统一。任何技术能够在适合的场所产生最大的效果，其呈现较好的空间就体现了价值所在。（图4-3）

4.3 技术在当下的室内设计中的运用——以深圳梓人环境设计有限公司（以下简称"梓人公司"）的案例为例

成都中海秦皇寺售楼处室内设计

此项目是中海在成都的一个售楼处设计，主要受众为高端消费人群。项目位于成

图4-1 纸教堂（图片来源：灵感日报）

图4-2 砖拱技术（图片来源：《适宜技术》）

图4-3 曼尼尔博物馆（图片来源：网络）

都市天府新区路旁，靠山而建。梓人公司考虑到项目场地的特殊性和复杂性，对外围的景观采用依山就势的方案，减少对场地周边的破坏，打造生态绿廊。售楼部顶部采用屋顶绿化，打造公共休憩平台。将屋顶设计为景观眺望台，然后把售楼处的一楼架空，给人群增加丰富的行走体验。

室内部分，梓人公司希望建筑与景观具有互动性，因依山而立，使室内空间顺势而为，延续外部的景观生长形态，曲中有折。整个空间都呈现一种飘逸、自由的形态，室内的装饰与建筑完美融合，无论从外而内，还是从内而外，室内与建筑形态都是和谐共生。（图4-4）

项目设计初期因场地的复杂性以及甲方的一些想法，原本要打造另一个风格的空间。经过梓人公司的探讨和反复推敲，立足于场地的特殊地势，将建造的思考方式提前融入方案设计，采取用当下 GRG 技术打造曲线的空间呈现方式。曲线的室内空间与外部建筑浑然天成，形成一体，内部犹如一个流动的公共艺术展馆。

图 4-4 成都中海秦皇寺售楼处（图片来源：梓人设计公司）

第 5 章 空间呈现方式创新设计实践
——北京石景山古城销售中心室内空间设计方案

5.1 项目整体概况

5.1.1 项目区位

古城石景山销售中心项目位于北京市石景山区，石景山区位于长安街西段，因"燕都第一仙山——石景山"而得名，自古以来就是京西历史文化古城。根据北京市新出台的总体规划，石景山面临着产业转型升级，未来将定位为国家级产业发展示范区，以及绿色低碳、山水文化的生态宜居的形象。

5.1.2 项目背景

此项目是华润在北京石景山区的一个销售中心设计，主要面对刚需型以及相对高端客群，注重品质和功能空间的打造。周边有很多公园资源，北京首钢也坐落于石景山区，且与项目位置相近。首钢的前身是石景山钢铁厂，是 1919 年北洋政府时期创立和遗留下来的旧厂区。随着首钢在石景山 40 年的发展，石景山成为北京工业发展的一个标志。20 世纪 90 年代之后北京的许多工业企业逐渐退出城区。首钢是石景山一代人成长的记忆，也是带动石景山区发展的重要因素。（图5-1、图5-2）

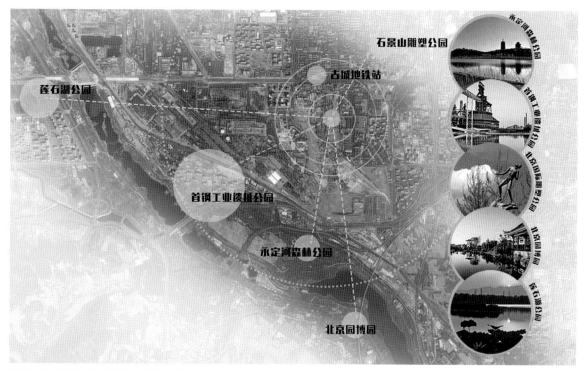

图 5-1 项目周边（图片来源：笔者自绘）

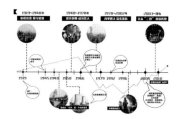

图 5-2 首钢与石景山的发展历程（图片来源：笔者自绘）

5.2 方案设计

5.2.1 设计概念

近些年来销售中心的设计风格都是偏新中式、古典欧式或者现代简约的风格居多，大体相似的设计风格给人一种视觉上的疲劳。所以，这次对方案的设计试图将趣味性和互动感带入常规的销售中心设计，甚至将来可以继续延续这个空间的使用。将首钢作为设计记忆点，结合首钢和石景山的历史特点及元素，打造一个有趣味性和互动性且具有文化特色的销售中心。基于建造的思维模式，重新构造一个空间呈现，通过材料和技术，将建筑和环境联系起来，将过去和未来联系起来。

5.2.2 销售中心空间呈现

（1）形态提取

销售中心是一个下沉式建筑，总共有三层。设计范围是一楼及负一层空间。建筑

图 5-3 销售中心平面布局（图片来源：笔者自绘）

图 5-4 销售中心设计范围（图片来源：笔者自绘）

中间部分有二层高的叠水中庭景观，由于基础空间的特殊性，因此后期的设计不宜过大的空间改动（图5-3、图5-4）。伊塔洛·卡尔维诺在《看不见的城市》中表示："城市会将自己的过去藏起来，将痕迹遗留在街巷的角落。"设计试图融入卡尔维诺的城市理念，想在设计中融入城市概念，将城市藏入这个空间。设计提取首钢工厂中仓库钢架的结构，以及工厂场地内筒仓的元素，基于建造技术的思维模式，将提取的融入空间的呈现中。

（2）沉浸式步入体验

初入设计场地，便是一条长长的走廊，下至地下一层才正式进入整个销售中心。负一层由两个洽谈空间、两个模型区以及饮水吧组成。通过上文描述的设计策略，将空间划分的同时使得其在视觉上联系起来，营造出"体验式"的空间感受，增强顾客的好奇心和停留感。

（3）场地回应

在设计过程中，发现石景山区有很多传统的公园，且在首钢厂区中有石景山，石景山有首钢。一种包围反被包围，且传统的和工业的形成强烈对比，成为石景山区一大特色。设计部分也同理，融入一些工业元素，考虑到今后空间的继续使用，现代空间中一小部分工业元素的点缀，但不强烈。空间呈现上充分考虑未来使用，不仅满足前期使用，也将建筑功能发挥到最大价值。

第 6 章 结语与展望

本文以历史维度下技术的变化与空间的不同呈现方式作为研究方向，立足于不同的角度阐述具有代表性的空间呈现，以及不同时代技术发展带来的空间转变。

建筑空间中的建造技术处于独特的角色定位，在历史上带来的惊喜使得人们开始重视技术在建筑中的作用。本文列举了技术变化下的空间呈现特征，空间的形成除了自然成因，更多的是人为的建造，空间要与周围的环境相适宜，空间的呈现也要时刻关注人的生活方式。本文最后总结出，在室内设计中要树立基于建造的思维模式以及采用适度技术的设计策略，从技术的角度对建筑的创作手段提供一种新的思维方式。

建筑师在设计的过程中，都有自己的思维方式，他们面对不同的建筑空间需要解决的问题都不尽相同。本文并非强调绝对的技术解决策略，不崇拜技术至上，而是综合地运用设计方法，多重考量去解决建筑空间的问题。任何建筑空间的呈现都是功能、形式和技术三者平衡的结果。

对本课题而言，前文对于西方的建造技术以及我国的建造技术理论知识研究深度尚浅，研究范围却过于庞大，没能够系统清晰明了地阐述技术与空间的关系，建造技术发展中仍然存在很多现象及问题有待继续研究，希望以后有机会对课题做进一步的完善和补充。

参考文献

[1] 吴良镛. 人居环境科学导论 [M]. 北京：中国建筑工业出版社，2001.

[2] 阴训法. 论技术主体的社会建构 [J]. 东北大学，2005.

[3] 吴良镛. 广义建筑学 [M]. 北京：清华大学出版社，1989.

[4] 肯尼斯·弗兰姆普敦. 现代建筑：一部批判的历史 [M]. 北京：中国建筑工业出版社，1988.

[5] 周圆成. 室内空间形态的尺度研究 [J]. 湖南师范大学，2013.

[6] 彭一刚. 建筑空间组合论 [M]. 北京：中国建筑工业出版社，1998.

[7] 王倩. 论建筑环境中的"适宜技术" [J]. 南京艺术学院，2005(02).

[8] 程岗. 高技术建筑的历史与发展研究 [J]. 重庆大学，2009.

[9] 罗西子. 西方现代建筑技术发展及其对新中国建筑影响研究 [D]. 重庆大学，2017.

[10] 范伟，彭曲云. 空间语境中的形与意 [J]. 家具与室内装饰，2011(48).

[11] 布莱恩·劳森. 空间的语言 [M]. 北京：中国建筑工业出版社，2007.

[12] 王倩. 论建筑环境的中的适宜技术 [J]. 南京艺术学院，2005.

[13] 张军. 高层办公建筑生态设计策略初探 [J]. 东南大学，2007.

[14] 伊塔洛·卡尔维诺. 看不见的城市 [M]. 南京：译林出版社，2006.

重识
"跨区域、跨校际、跨行业"研究生联合培养基地案例库建设

Reunderstanding
"Cross Regions, Cross Universities, Cross Industries"
Construction of the Case Base of Graduate Joint Training Base

彼此——风土在时尚酒店设计中的转译
◎王梓宇

Each Other —— The Interpretation of Local Custom in the Design of Fashion Hotel / Wang Ziyu

摘 要

自 20 世纪 80 年代以来，我国酒店行业得到了快速的发展。酒店设计需要满足当下不同类型、不同需求的消费者。文化性与时尚性是酒店消费的两大特征。消费者不再满足于传统酒店的同质化产品，更加追求个性时尚的旅居体验。特别是近年来旅游业的兴旺发展，酒店作为旅游业态的重要组成部分，鲜明的地域特色设计容易受到消费者的青睐。时尚酒店作为酒店设计的重要类别，不再只限于都市背景之下，需要更多渗透有风土文化特色的地区，由此催生了具有风土特色的时尚酒店设计。

目前时尚酒店设计的发展，呈现同质化、表面化的现象。一方面酒店设计要紧跟潮流趋势，体现酒店设计的趋向性、时代性、差异性、创新性。另一方面，风土元素的利用和地域文化表达在酒店设计中要么矫揉造作，要么浮于表面。由此看来，虽然具有风土特色的时尚酒店有较好的发展前景，但是目前对酒店设计中风土元素的时尚转化研究相对不够深入。

本文以风土转译作为设计探索的新方法展开研究，通过分析风土与时尚的彼此联系来探究酒店设计方法上的突破。根据前期文献总结、实地调研分析自然性风土和人文性风土引入室内设计的策略。再通过普者黑英迪格酒店的设计实践进行实证研究。

关键词

风土　时尚酒店　设计转译

第 1 章　绪 论

1.1 研究背景与现状

近年来，国内一直积极探讨酒店设计的在地性思考，推动了中国酒店设计的发展，涌现出一大批高水平的设计作品，风土作为重要的在地性研究内容，在建筑学、地理学、民俗学等交叉领域获得拓展，而在酒店设计行业的思考还处于较为滞后的状态。酒店设计常常从地域主义的角度进行思考，虽然风土与地域主义存在一定的相关性，但仍有不同之处。不难发现，借助地域主义，将其包装成商业化的设计成果，却缺乏对在地性的深度研究和理解。因此，在运用中常常处于趋向模糊的状态，混淆了"地域"、"风土"、"传统"等概念。所以，有必要对其进行重新梳理与定义，确立清晰的酒店设计风土观。

随着社会的转型和发展，人们的消费水平不断提高，旅游热潮持续升温，入住高档度假酒店成为游客休闲度假的主要消费方式，因此酒店的设计需要满足游客的多方面要求，从功能体验、风土文化、时尚消费的角度全新认识酒店设计的未来走向。

研究现状

何为时尚酒店，目前还尚未有具体定义，但在设计行业者的心目中对时尚酒店的概念依然存在一些共识：服务完善、体验非凡、感受独特、产品精良、印象深刻等，显然这些关键词成了设计行业内对时尚酒店的重要标签。酒店的分类众多，按照不同定位可分为商务型酒店、度假型酒店、会议型酒店、观光型酒店、公寓型酒店等。时尚酒店并非是在某一具体功能定位中形成的酒店类型，在不同功能定位的酒店类型中都可以看到酒店时尚潮流的特征，例如度假型酒店会结合时尚与地域的特征。

  国外酒店在设计模式上更为成熟，有更全面、更细致的理论基础，较为注重酒店设计如何通过提高差异化使酒店更具有竞争力，另外十分注重用户在酒店中的体验，Roger J. Callan, Ruth Fearon 在《Town house hotels – an emerging sector》一文中提出酒店的差异化和个性化是精品酒店增长的主要动力。霍华德·沃森在《酒店设计革命》对酒店进行了全面且细致的分类与案例展示，并阐述了酒店是如何通过创新设计的方法强调用户的感知体验。我国酒店行业发展较晚，对于"风土"在酒店设计中的研究还处于起步的阶段，"风土"在地域性设计中有着重要的价值，它所涵盖的内容不仅仅是地域与传统，"风土"深刻地演绎着特殊地域的 DNA。

1.2 研究目的与意义

1.2.1 研究目的

  本课题的研究旨在探索风土在时尚酒店中的转译方式，从民族性角度将风土的概念融入设计，体现酒店空间中的地域特征和当代时尚的风格。从全球化视野来看，东方设计元素越来越多地被运用在酒店设计之中，这得益于中国十余年来旅游业的兴盛，使得酒店行业随之而发展，也极大地激发了酒店设计行业异军突起。本次研究主要从风土观察、时尚理论、转译方式、酒店设计四个方面展开，以风土观察为基础，将地域文化植入设计中，并通过本土材料的运用，真实地体现了风土的质感。

1.2.2 研究意义

  风土元素在时尚酒店设计中的转译方式研究，是通过建立传统与当代、历史与现实、地域与人文的相互观照，对在地性的人文精神、风土人情、自然风土资源进行普查与筛选，撷取精华，利用现代性设计理念、技术手段将其转化，形成满足当代社会精神与物质消费观的新设计理念。

  目前，酒店的发展呈多样化趋势，度假型的酒店不仅要呈现地域化特色，还要符合当代人多方面体验的要求，尽可能兼顾消费能力不同的人群的旅居期望，是度假酒店设计必须思考时尚性和在地域性两大特性的表达。因此，研究风土并将其特质进行设计转译，融合于时尚的空间语言表述，这样才能使时尚酒店具备特色发展的条件，才能彰显酒店文化的独特性和差异性。

1.3 研究方法与框架

1.3.1 研究方法

  文献研究法：查阅相关研究成果和相关文件，整理并梳理关于"风土"、"时尚酒店"、"地域文化"的文献资料，在了解目前已取得的研究成果的基础上，进一步对风土在酒店设计中转译研究中的问题进行归纳、分类、比较，充分掌握研究所需要的资料。

  案例实践法：通过设计实践，对理论研究进行实验和验证，普者黑英迪格酒店的选址十分符合本选题的研究方向，酒店的品牌文化也凸显着独特的风土观，该项目从风土观察、设计理念、材料分析、空间整体塑造等方面入手，全方位探索地域文化在酒店设计中的应用。

田野调查法：通过调研、访谈、实地考察，围绕室内设计在地域性研究中对普者黑民居建筑进行风土观察。首先，本课题主要针对建筑的材料、院落布局、空间结构及传统观念进行考察，旨在探索当地特质民居建筑形成的成因，当地风土对建筑发展的影响因素，以及风土和特质民居建筑的关系。其次，对英迪格酒店项目进行考察，为后期的理论研究同设计实践的结合提供依据和素材。

1.3.2 论文框架（图1-1）

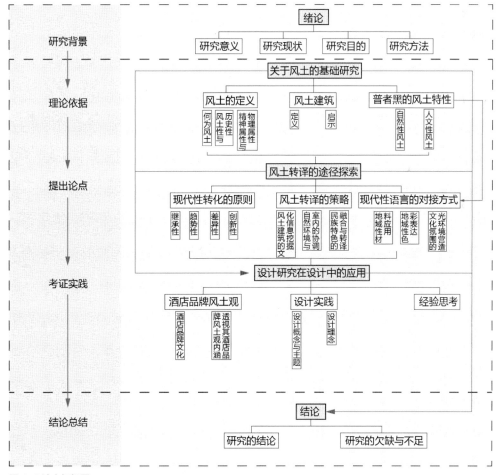

图1-1 论文框架图

第 2 章 关于风土的基础研究

2.1 风土的定义

2.1.1 何为风土

关于风土的记载，最早可追溯至晋代周处所著的《阳羡风土记》，该书记载了阳羡一带的岁时、祭祀、饮食、物产、地理等方面的情况。此后，元代的周达观在所著《真腊风土记》中介绍位于柬埔寨地区的古国——真腊的历史、文化。另外，还有《桂林风土记》、《深州风土志》、《岳阳风土记》等。由此可见，风土一词被视作地域环境和风俗文化的总称，而不同地域环境形成了不同的风俗文化，风土的内涵在不同地域存在差异，但同时也证实了风土的概念具备广泛的含义。

日本著名思想家和辻哲郎在其著作《风土：人间学的考察》中记载了对亚洲和欧洲各地风土特性及各自地域文化的传统特质进行了周密论述。本书讨论的是历史、文化以及民族相互关系的问题。书中通过对季风型、沙漠型、牧场型三种风土类型的考察，进而分析了各个地区的宗教、哲学、科学、艺术和文化特征，解释了人的存在与风土的关系。

在法国，葡萄树的种植者及葡萄酒酿造师常常会将"Terrior"这个法语单词挂在嘴边。在葡萄酒领域将"Terrior"译为"风土"。"Terrior"指的是葡萄树生长环境的总称，包含了土壤类型、降水量、温差条件及光照条件等所有影响葡萄酒风格的自然因素。葡萄园的风土特色可以通过葡萄酒的香气和风味真实地反映出来。

总而言之，国内外对于风土的定义从各个领域和学科都能找到答案，虽然解释不尽相同，但可将"风土"总结为特殊地区的自然因素和人文因素影响下产生的差异性，差异性的内涵由风土体现出来。

2.1.2 风土的历史性与风土性

和辻哲郎认为关于风土现象，我们常会进入一个误区，认为风土对自然环境和人之间的关系有影响，从这个角度来看往往忽略了人在历史中从具体风土现象剥离开来，变为只将风土作为自然环境的观照。风土现象是人对自我进行了解的方式，而人具有个体性和社会性的双重特征，而自我理解的过程同时也是历史性的。所以，既没有脱离历史的风土，也没有脱离风土的历史。

风土的风土性和历史性可以对应到人在空间性和时间性上的联系。时间与空间的相继不离是历史与风土的相继不离。从和辻哲郎对风土特性的分析中不难发现，每个特殊环境的地理条件不尽相同，所以导致人们对自然的认识也存在差异，影响到人们对不同食物产生的欲望，同时影响到劳作方式和建造方式，这是从空间的角度来看；而从时间的角度来看，我们会发现历史的发展是动态的，即使在同一区域下的人们也会随着经验的积累和文化的沉淀不断演绎出新的风土现象。

2.1.3 风土的物理属性与精神属性

风土并非只是一个抽象化的概念，我们更多地需要从风土的根源上理解其本质。自然中的风、植物、动物，还有与人类行为相关的建筑、工具和食物，其本身是风土的物质化表现。但如果从人存在的个体性感知来看，自然风光或给人以清新，或给人以壮观的心理感受；从认知存在的社会性意义来看，某种动物、植物或被奉为神与图腾，作为精神信仰，而人类行为中的节日庆典、人类发展的宗教礼俗更满足着人类的精神需求。由此可见，风土不仅具有物理属性而且具有精神属性。再比如，农民因为劳作利用地域性材料而制成的工具和这些被利用的材料都具备风土的物理属性，其中风土的精神性蕴含在人类行为和风土的物理属性之中，而其中的精神属性被察觉和被理解的方式是工具成为手工艺品，而制作工具的过程被视为非物质文化。

2.2 风土建筑

2.2.1 风土建筑定义

1964年，维也纳建筑师伯纳德·鲁道夫斯基在MoMA举办了一场名为"没有建筑师的建筑"展览，展览实现了对现代主义运动的颠覆性意义。展览所展出的作品不是由建筑师所创作，鲁道夫斯基将该类建筑称为乡土的、自发的、本土的建筑，这种建筑即为风土建筑（Vernacular Architecture）。

广义上的风土建筑是指当地居民同当地建筑工人以非标准化和非正式化的自发性组织方式所建造的房屋，不同于设计师所设计的房屋，风土建筑没有设计师的干预，是基于经验的建造。狭义上的风土建筑往往被认为是乡土的建筑，与现代城市中建筑区别开来。

2.2.2 风土建筑的启示

风土在酒店设计中的转译方式与批判的地域主义事实上有着紧密的联系。批判的地域主义强调其主张不是对逝去传统的简单回归，而风土建筑的形成也受到自然环境和人文环境的因素影响，这多少都与批判的地域主义产生一定的对等关系。此外，批判地域主义对探索风土转译的设计方式产生了一定的启示。

2.3 云南普者黑的风土特征

2.3.1 普者黑的自然性风土特征

云南普者黑（图2-1）位于云南省文山壮族苗族自治州丘北县境内，距县城13千米，是国家4A级风景名胜区。普者黑属于典型的喀斯特岩溶地貌，以"水上田园、湖泊峰林、彝家水乡、岩溶湿地、荷花世界、候鸟天堂"六大景观而著称。

普者黑村是景区内五个自然村里规模最大的一个，全村1063户，共5100人，耕地面积约10000亩（约666.67公顷），海拔1465米，年平均气温16.20°C，年平均降水量1174.2毫米。普者黑村莲花塘组团片区位于普者黑村的东北部，地势东高西低，高差约1.5米，西北临湖，风景优美，气候宜人。湖水环绕村落，有着丰富的水殖鱼虾，

图2-1《翡翠装饰的村庄家》 何大恩 摄

村落周边由许多卡斯特地貌小山包围。

普者黑在彝语中为"鱼虾富饶的地方"之意,丰富的鱼虾资源与当地人的饮食文化和养殖产业联系紧密,普者黑的居民依水而住,依水为生。普者黑莲花塘片区的西面位于普者黑旅游景区的湖泊和湿地,因此当地的风土建筑和水环境的关系十分密切,水是赋予建筑场所精神的重要元素之一,是当地风土建筑突出的内涵所在,人处在这片区域自然会跟水发生关系,可见,水是普者黑风土建筑的重要影响因素。

2.3.2 普者黑的人文性风土特征

普者黑地区的人文性风土资源十分丰富,但其挖掘和更新不足,出现不合理的现象。普者黑主要由壮族、苗族、彝族、白族、回族、瑶族、汉族构成,少数民族人口多于汉族,且民风淳朴。也有独具民族特色的节日庆典,如彝族的花脸节、火把节、冬月节、草马节等,又如苗族的花山节和壮族的三月三。境内有大龙山洞旧石器时代古人类活动遗址、新石器时代的狮子山崖画、春秋时期的乐器—草皮铜鼓、明朝白蛮的火葬罐群等,还有独具特色的丘北花灯《放羊调》,民族传统曲艺《天体歌》、《三胡说唱》等,以及舞蹈《恋脚舞》、《霸王鞭舞》等民间文艺。

丘北县基础建设相对落后,整体经济不发达,产业结构也存在很多问题,农民的人均收入低,财政收支也存在矛盾,是国家重点扶贫开发县。普者黑景区的开发主要由政府主导,在"十二五"期间,县政府提出了"旅游兴县"的发展战略。

第 3 章 风土在时尚酒店设计中的转译方式探索

3.1 现代性转化的原则

3.1.1 继承性原则

和辻哲郎认为风土具有"风土性"和"历史性"的双重特征。"风土性"是指特殊地域的气候、气象、地质、地力、地形、景观等的全称。"历史性"是指特殊地域的人在该地域产生的过去,每个地方都有不同的风土文化,是特殊地域经过长期发展和前人的经验积累而形成的。由此可见,从风土的历史性上来说,其本身就具有继承性的特征。

酒店设计越来越注重对传统文化和地域精神的继承。风土文化的继承具有自发性的特征,即风土的基因内化在这个民族的每一个个体的基因之中。当地的人对传统文化有自己独特的理解,这种理解方式是本真的、清晰的、惯识的。根植在民族之中的文化内涵一代一代地继承至今,无论是他们的生活方式、建造方式、宗教礼俗,都是文化延续的最好证明。

酒店也应充满文化内涵,文化是酒店的灵魂。酒店的设计需要继承一个地域的文化,故特殊地域的酒店空间必然有这个地方的内涵。无论是居住者在酒店中的使用体验还是从室内到达室外,这种特殊的地域文化应该始终贯穿着居住者的行为感知。作为设计师,在进行酒店设计时,应该深入了解地域文化,深入分析地域文化的历史发展脉络。

3.1.2 差异性原则

环境决定论认为地域文化的差异是由自然因素所决定的。这种差异的形成与其说取决于文化特质,倒不如说取决于不同的自然环境条件。地域性建造的实质是资源条件变化导致的传统不断演绎的结果。

从风土的风土性这一空间维度来看，不同地区必然存在着差异性。不同地区的气候特征、地形地貌等自然环境条件都会有所不同，这也会引起不同地区的人们在生活方式、民居建造、民风民俗中的差异。这些差异恰好体现着风土的内涵。

差异化在酒店设计中解决了市场竞争的问题，差异化是一个酒店的个性，每一家酒店都是不同的，即使是同一家酒店的不同设计者，他们做出来的方案也不一样。酒店设计需要鲜明的个性，让一个地域的血液融入酒店之中，体现出的不仅仅是该地区酒店的文化内涵，更是因为这个地域的特殊风土才使得酒店具有了鲜活的生命力。

3.1.3 趋势性原则

酒店设计需要适应社会的不断发展和用户的需求变化，设计师应该具备对于趋势和需求的预见能力，这样才能把握时代的脉络，让设计理念得到延续。酒店设计的人性化、舒适性将更加受到重视，所以酒店的设计应该以人为本，所有的设计理念和设计要素都需要迎合用户的心理需求。另外，应该注意到的是酒店的竞争力将越来越大，在酒店设计中只有凸显酒店特色才能在竞争中形成优势。牢牢抓住趋势，将地域文化与社会发展的需求相结合，才能持久地让设计理念在时代潮流之中站稳脚跟。

3.1.4 创新性原则

格罗皮乌斯在其所著的《全面建筑观》中提到，"真正传统的东西是不断发展变化的，它的本质就是变化而非静止不前，传统必须能够推动人不断创新和发展。"由此可见，我们必须要用发展变化的思维对待传统文化，我们在进行实践的过程中不仅要继承传统及其相关理念，更要在前人的经验之上创造出新的东西。

风土在酒店设计中的转译研究，需要在已有的理论基础之上，同其他学科结合，形成具有创新意义的设计理念。酒店的发展不仅要考虑地方文化的适应性，也要考虑设计的创新性，酒店设计的创新不仅要从艺术上的表现形式上体现，而且要在技术的表现手法上体现，同时注意使这种新意得以延续、发展和完善。

3.2 风土转译的策略

3.2.1 风土建筑的文化信息挖掘

风土建筑包含着一个地方文化的丰富内涵，风土建筑的建造方式具有自发性特征，它们没有设计师的干预，而是当地居民和当地工人凭经验建造的。普者黑村的风土建筑由土墙和红瓦构成，呈现出红色或黄色的物理特性，这种建筑材料来源于玉米田地，当玉米收割后，工人将土制成土砖，然后堆砌成墙，墙体（图3-1）下半部分会用稀释的培土冲制均匀，一般都有着填缝和加固的作用。墙体厚度达到60厘米，这比后来用到的水泥砖和红砖更加牢固，同时保证了冬暖夏凉的功能效果。后来建的民居开始出现黏土红砖和水泥空心砖，但红砖细腻的肌理和空心砖蕴含的工业气息在格调上与传统的土坯砖的古拙相去甚远。盖房的冷摊瓦（图3-2）由于云南独特的地理环境和土质，所以也呈现出了红色或黄色的物理特性，这种特征在阳光的反射下显得格外突出。建筑的底座会用尺寸较大的夯土堆砌而成。

普者黑民居在建筑营造上有别于江南民居的精致典雅和北方合院的宗法礼制，普者黑民居则显得朴拙无华，自由不拘。

土坯墙、冷摊瓦、木架构、毛石台、石板路等，无不折射出当地民居建构的风土特色，没有华而不实的装饰和多余的累赘，与气候、地理等风土环境融为一体，一切都显得顺理成章和浑然天成。

  普者黑民居无论是从材料、结构、功能、设计都可以对地域性酒店设计产生很大的启示，它有助于我们深入了解建筑的建造方式、材料语言，从而了解当地农民的生产、生活、建筑之间的关系，以及普者黑的邻里文化，使我们在做酒店设计时更加深刻理解风土在空间中的内涵。

图 3-1 建筑墙面（图片来源：笔者自摄）　　　　图 3-2 建筑屋顶（图片来源：笔者自摄）

3.2.2 自然环境与室内环境的协调

  度假型酒店的设计无论是在公共空间还是私密空间，无论是室外还是室内的设计都应该注重与环境的协调关系，使室内外的环境相互渗透，让用户更加亲近自然，使人与环境能够产生对话。目前，国内对这方面的研究大多是基于绿色设计的理念展开，从绿色、生态、环保的角度尝试研究。营造人与环境和谐相处的酒店空间，将空间、人、自然形成一个有机的整体，这是度假型酒店设计的趋势，也是室内环境设计需要完成的目标。

  室外景观要素的构成包含了植物、水景、景观小品以及当地独具特色的自然风光。而室内 – 人 – 室外的关系建立还要从室内的审美功能、室内生态功能以及心理功能等方面展开研究。通过对景观引入室内的研究，可以净化室内环境，同时能让人在室内就能领略到自然风土的魅力，陶冶人们的情操，净化人们的心灵，可以让人们获得精神上的享受。

3.2.3 民族特色的融合与转化

  民族特色的转化需要从酒店用户的视觉、听觉、嗅觉、味觉、触觉这五感进行全方位的思考，传统的酒店模式往往只从视觉让用户体验，这种体验的方式较为单一。其实可以从用餐文化、酒店服务人员的着装和用语、文艺表演、空间材料质感体现等方面进行思考，在结合当代人的心理需求之上，用户的体验呈现多维的、丰富的、新颖的感受。

此外，酒店设计需要匹配当代人的精神需求，酒店越来越重视在地性因素的思考，而且人们的精神诉求也在不断变化，故需要根据这种不断变化的精神需求将地域民族特色进行转化，形成符合当代人精神需求的功能体验。

3.3 现代性语言的地接方式

3.3.1 地域性材料应用

普者黑的风土建筑恰如其分地使用了当地的自然材料，建筑的营建是依靠玉米田地的红土制成土坯砖堆砌而成，这是一种极具风土性的建造行为。虽然当地建筑的材料在历史上有过不断地更新，但传统建筑的材料始终离不开红土这一最原始、最天然、最简单的材料，这种风土建筑与环境浑然天成，如在同普者黑的红土地里生长而出。

自然和人工的材料都可以体现出浓厚的风土性，并给人最直观的印象，但很多风土性的直观表述，无论是从形态上还是从功能上都无法在室内酒店空间中直接使用，这就需要对功能进行转化，即可以放弃原来的功能，运用现代材料与技术提取原来的基本形制，根据原来形制赋予新的功能意义，这是对传统的一种新的诠释。

图 3-3 东四胡同博物馆改造项目
（图片来源：https://www.gooood.cn/dongsi-culture-centre-china-by-march-urban-art-centre.htm）

材料技术的发展近年来不断取得突破，有非常多的材料和技术应用到室内设计之中，同时，传统材料也会随着时间的推移不断更新、不断进步，所以我们使用材料的时候应该考虑到现代人进步的审美需求和使用感受，可以通过现代技术将材料进行转化（图 3-3），以适应酒店的功能体验。

3.3.2 地域性色彩表达

材料的颜色和质感是紧密联系在一起的，普者黑风土建筑墙面的粗糙质感和红土给人以最直观的印象，这种印象构成了人们对于普者黑的风土记忆。普者黑地区的特有色彩来自于云南红土高原所特有的色土以及当地的密云蓝天。

色彩在设计中通常是用来引起关注、统一空间、提升美感和表达一定内涵的。色彩可以使设计更具视觉上的愉悦性，但如果对色彩的使用不恰当会使设计的形式与功能受损。不同的文化对于不同的色彩都会赋予不同的意义，各个颜色本身没有统一的象征标准。

3.3.3 文化氛围的光环境营造

空间光环境的应用需要适应空间中的各部分功能，根据空间的结构和功能对灯光进行设计，使用户能够清晰地理解空间的功能作用。酒店设计中的灯光照明设计一方面要考虑到技术功能性；另一方面，光环境需要从灯光照明的艺术性进行思考，营造出具有文化氛围的空间光环境。

  光的发展从最开始的自然光到原始时期的钻木取火，再到后来的烛光，以及后来战国时期的豆形灯、汉代的长信宫灯、唐代的三彩灯台、宋代的白釉黑彩瓷灯、清代的蓝玻璃刻花烛灯……中国的"灯"经历了漫长的发展史，无论是从灯具还是灯光的角度来看都有厚重的文化深埋其中。时至今日，已经通过现代技术发展出既环保节能又绚丽多彩的灯光。

  我国古代的灯具因手工艺术卓群、颜色绚丽多彩而备受瞩目，所以在实用性和观赏性上取得了很高的成就，在美化空间、装饰空间和营造空间的文化氛围上具有较强的艺术性作用。酒店设计在灯光设计上应充分利用灯光的艺术性作用提升空间的文化内涵。

第 4 章 研究在普者黑英迪格酒店设计中的应用

4.1 项目概括

4.1.1 地理位置与项目信息

  国际英迪格酒店项目位于云南省文山州丘北县普者黑阿诺小镇（图4-1），在普者黑景区正对面。其北侧是主要交通干道：普碳公路。项目着力于打造"旅游度假、健康疗养、风情商业、时尚娱乐、亲子休闲、民族人文"等主题丰富的康养休闲度假体验，规划国际酒店、会议会展等度假配套设施。目前酒店已在建设中。

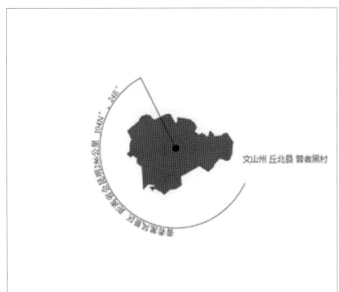 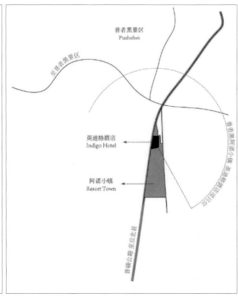

图 4-1 项目区位示意图（图片来源：笔者自绘）

4.1.2 酒店品牌定位

英迪格酒店属于洲际集团旗下的高端精品酒店，有别于传统的奢华酒店，更为注重的是文化的融入和艺术感的设计。英迪格作为酒店中的潮牌，最突出的特点就是时尚潮流，其风格和调性不同于其他豪华酒店。激发灵感、创造潮流、大胆创新是该酒店设计追求的目标。

酒店品牌明确了酒店的特性："探奇揽胜，深入当地。"英迪格酒店尤为强调酒店本身与周边环境同样是独特的个体，同时折射出周边的邻里文化，这种邻里文化可以从视觉、听觉、味觉等方面感受到。

4.1.3 酒店设计整体概括

普者黑英迪格酒店（图4-2）属于阿诺小镇旅游开发的核心项目之一，建筑位于阿诺小镇内部。建筑的设计是典型的度假型酒店建筑设计，建筑的布局丰富，且具有创意。配合水景、当地植物和特色的景观设计，使酒店独具特色，休闲而具有活力。室内设计从用户的角度出发，深入当地文化，打造出具有个性特征的时尚酒店。酒店的设计希望让游客"身在酒店，心在桃园"，即使远离喧嚣，也可以生活在优雅舒适的环境中，创造出人们真正想要的度假体验。

图4-2 普者黑英迪格酒店（图片来源：http://news.dichan.sina.com.cn/2020/01/06/1206160.html）

4.2 普者黑英迪格酒店设计方案

4.2.1 设计理念

设计方案从"转译"这一关键词展开。深入理解风土，对普者黑地域文化进行提取，通过材料语言、空间形式、色彩表达等方式使当地的风土文化在酒店设计之中重新进行演绎。普者黑的风土资源十分丰富，具有得天独厚的气候优势和喀斯特地貌以及诸多自然村落。另外，普者黑的民族构成丰富，建筑、宗教、节庆、农作等人文特征突出。本次设计探索的目标，旨在结合时尚个性的酒店特色与浓厚风土气息的氛围感知，寻找它们彼此的联系。

4.2.2 设计概念与主题

设计的概念以普者黑的风土建筑（图4-3）作为线索展开，将当地传统的风土建筑的材料作为空间呈现的语言。首先，因为传统材料更容易造成在风土记忆中产生冲击。其次，风土建筑是就地取材的，并与环境融为一体，它浓缩了当地风土资源和人文价值，集中体现着当地的风土特征，将风土变迁沉淀在了风土建筑之中。探索风土建筑的材料语言，将其转化形成全新的设计概念。在设计转化的思路上，一方面是"用旧为旧"，

图4-3 普者黑风土建筑（图片来源：笔者自摄）

从风土建筑中的材料质感、色彩形式、工艺特征的保留来实现；另一方面是"用旧为新"，通过现代性的设计语言对传统材料进行重新演绎。同时，为了满足现代的需求，需要用新材料对传统材料进行更新。

前奏：大堂作为酒店的公共空间，最主要的作用就是前台办理与咨询，另外有休息、等待的功能。每一位来酒店居住的客户都会经过大堂，大堂可以说是酒店的重要门面。普者黑英迪格酒店的大堂空间开阔，整个空间接近一半的区域都有窗户，使空间内部最大限度地与室外的环境展开连接。在平面的布局上也应充分利用空间优势，建立起空间—人—自然的联系，将室外的风土环境最大限度地引入室内。另外，当游客一进入大堂的时候就能感受到当地浓郁的风土气息，同时感受到酒店潮流个性的空间氛围。当人们走进酒店，就成为故事中的主角，大堂就是这个故事的开端。故事需要情节，而酒店的故事情节，就是由空间情节所决定的，即在大堂中重点刻画当地习俗和仪式的体验（图4-4~图4-6）。

过渡：中餐厅的面积相对较小，专为游客提供餐饮服务，为酒店提供服务的同时也可以作为独立餐厅对外营业。在进行设计思考的时候可以从味觉与嗅觉的感知上使游客体验到当地的风土。风土蕴含着人与环境的关系。食物作为风土呈现的方式在用餐文化上可以恰如其分地进行表达。另外，在色彩搭配、材料运用及陈设装饰上需要在现代人的审美需求之上对地域特色进行转化，使用户在故事情节中能产生兴趣。（图4-7）

高潮：客房对于用户来说是一种更为私密和安全的空间。酒店设计在空间上十分注重私密性，往往使人与外界的对话产生隔绝。酒店的设计在注重私密性的同时又要使人与当地环境发生关系，这样才会提升用户的使用感受，尤其是度假型酒店。（图4-8）

在功能上，空间的布局应该具有更多的趣味，从而提升酒店的品质和个性。另外，客房也应该一定程度地将室外的环境引入室内，无论是在休息观望时，还是淋浴洗漱时，在保障私密的基础上都能观望到室外的景观，与环境进行互动。

人们进入客房，首先收到信息的感官是眼睛，视觉体验在设计中十分重要，设计时是可以将对当地风土的感受转化到视觉上的，无论是材料质感体现，地域性色彩表达都可以通过特定的设计语言进行转化（图4-9）。

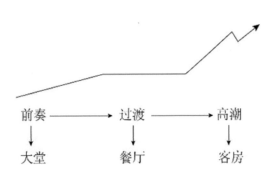

图4-4 情节感知图（图片来源：笔者自摄）

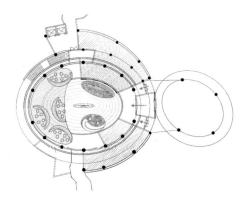

图4-5 酒店大堂平面图（图片来源：笔者自绘）

图 4-6 大堂效果图（图片来源：笔者自绘）

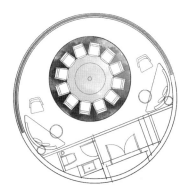

图 4-7 中餐厅平面图（图片来源：笔者自绘）

图 4-8 客房平面图（图片来源：笔者自绘）

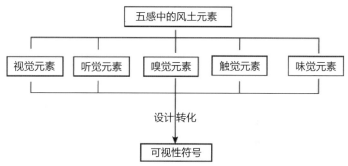

图 4-9 五感的转化（图片来源：笔者自绘）

第 5 章 结论

5.1 研究结论

本文研究主要站在酒店设计发展的立场，通过研究风土在时尚酒店中的转译方式，深入地域文化，并在结合现代性设计理论基础之上，探索地域文化在现代性设计语言中的转化方式，凸显酒店的个性与特色的同时，还要体现出酒店文化的内涵。风土作为重要的研究对象，需要从风土的根源解析其存在与地域之间的关系，从历史性这一时间维度全面理解一个地区的风土变迁，从风土性这一空间维度上发现普者黑同其他地域之间的差异。

风土在酒店设计中的转译方式应用，是从材料、色彩、陈设、空间布局整体进行考量。过去的风土或是与现代人类发展不能契合的风土，故需要用现有的技术手段和设计理念对其更新，形成满足现代人功能需求和精神需求的设计。

5.2 论文的局限性

（1）理论研究需要基于事实和实践进行论证，本次对普者黑英迪格酒店设计方案的思考过程中没有落实到具体的方案实施，无法将研究的结论通过与业主、用户的沟通，站在他们的角度全面地审视设计的偏好、使用体验等问题。

（2）课题的研究大多基于文献分析，虽然有过短暂的田野调查，但风土的感知需要经过漫长的在地性研究，同当地人深入接触，需要对当地的自然环境和人文风俗有一个亲身体验的过程，这样才能了解当地风土的根源。

（3）可供参考的设计案例相对不足，目前对于风土的研究基本是停留在理论中，鲜有将其付诸实践的案例。

（4）风土在设计学科中的应用研究，需要一步一步进行分析与转化。本文对于将风土在酒店空间中的时尚性转化为研究的呈现较为粗浅，需要进行更多的尝试与探索。

参考文献

[1] 和辻哲郎，陈力哲. 风土 [M]. 北京：商务印书馆，2006.

[2] 王淑华. 主题酒店设计中的文化特征研究 [D]. 昆明：昆明理工大学，2013.

[3] 蔡尚志. 乡村建造的风土观察与实践——以细屋熊村为例 [J]. 建筑与文化，2019.

[4] 潘玥. 西方风土建筑价值认知的转变. 伯纳德·鲁道夫斯基和"没有建筑师的建筑"思想形成过程研究 [J]. 建筑学报，2019.

[5] 付月姣. 酒店室内设计中地域文化的应用研究 [J]. 福建茶叶，2019.

[6] 陈柏宏. 时尚现象的审美研究 [D]. 桂林：广西师范大学.2019.

[7] 常青. 风土观与建筑本土化风土建筑谱系研究纲要 [J]. 时代建筑，2013.

[8] 邱海东，骆桢荣，王裕军. 特色酒店设计之"七性论"——对当代特色酒店设计发展的规律性研究 [J]. 设计，2019.

[9] 徐伟楠. 与历史环境相协调的酒店建筑设计 [D]. 西安：西安建筑科技大学，2004.

[10] 李欢. 主题酒店公共空间设计研究 [D]. 成都：西南交通大学，2007.

[11] 刘石磊. 风景旅游区度假酒店设计的地域性表达 [D]. 大连：大连理工大学，2008.

[12] 潘召南，赵宇，杨邦胜等. 顾·艺术设计学科产教合作创新性人才培养模式实践 [M]. 北京：中国建筑工业出版社，2019.

[13] 罗文兵，李跃虹，艾茗，陈文斌. 探索地域文化的现代建筑表现手段——丽江悦榕酒店设计随想 [J]. 建筑学报，2009.

[14] 窦光妍，杨茂川. 新技术背景下地域性在主题酒店客房设计中的应用 [J]. 艺术探索，2010.

[15] 于小飞. 光环境下的艺术设计——灯光的空间创意研究分析 [J]. 现代装饰 (理论)，2016.

[16] 刘平平. 景观元素在室内环境设计中的应用研究 [D]. 杭州：浙江农林大学，2014.

致谢

经历半年的工作站学习,终于完成了课题论文,这段时间的学习要感谢很多人:

首先,我要感谢我的导师潘召南教授不辞辛苦地付出,为我们提供了一流的学习平台,以及对我的辛勤栽培。导师的学识渊博、才思敏捷、治学严谨,使我在论文研究的过程中获益匪浅。

同时,我要感谢我的企业导师杨邦胜先生,在繁忙的工作中抽出时间对我的学习进行指导;感谢杨邦胜先生无论是在职业精神方面,还是在社会责任感上都对我产生非常积极的影响。感谢YANG设计集团对我提供的大量帮助,感谢刘丽方小姐、黄佳小姐、张松原先生等设计师对我在设计研究上所作出的指导。

最后,我向所有为我提供支持和帮助的各位校内导师、企业导师、YANG设计集团的同事朋友们致以诚挚的感谢!

重识
"跨区域、跨校际、跨行业"研究生联合培养基地案例库建设

Reunderstanding
"Cross Regions, Cross Universities, Cross Industries"
Construction of the Case Base of Graduate Joint Training Base

江南私家园林尺度在酒店设计中的体现与应用
——以西塘良壤酒店设计为例

◎ 刘祎瑶

The Embodiment and Application of Jiangnan Private Garden Scale in Hotel Design
—— Taking Design of Lianglin Hotel in Xitang as an Example / Liu Yiyao

摘 要

江南私家园林作为中国古典园林中的重要组成部分，以其独特的尺度、选址、布局与构景成为园林研究的热门内容。在江南私家园林的构成要素中，尺度作为核心要素却极易被忽视：大到江南私家园林的整体规划，小到园林中一草一木、一件陈设品的摆放都与尺度息息相关。同时，随着审美意识、民族意识的提高和经济的发展，人们在选择酒店时，越来越重视酒店的艺术性与文化性。如何在酒店设计中，体现出中国古代文人的身份地位以及气质，展现的江南私家园林特征，彰显独特价值，成为一个新颖却富有挑战性的课题。

本文的目的在于研究江南私家园林尺度在酒店设计中的体现与应用。通过对江南私家园林尺度的探析，得出尺度在江南私家园林设计中的共性与个性，最后将江南私家园林中的尺度与酒店设计相融合，使酒店设计更具有中国特色、民族特色以及个人特点。基于传统设计的角度，融合现代设计语言，从中归纳和整理出酒店设计的新思路和方法。

关键词

私家园林　尺度　酒店设计

第 1 章　绪 论

1.1 课题研究背景

江南私家园林是中国古典园林的重要组成部分，而尺度又是江南私家园林的重要组成要素。尺度带给人的感受不同于具象化的亭楼阁榭给感官带来的直接性和冲击性，而是潜移默化地影响着人类的行踪轨迹及心理认知。在江南私家园林中，尺度的把控不仅反映出了造园者对全局空间的把控，也反映出了其所想表达的文化气韵。"以人为本"的园林设计符合目前设计的发展趋势，通过适宜的尺度，满足人们的视觉享受同时体现出了设计者和游园者的文化修养。

随着我国经济的迅速发展，酒店设计也面临着一系列的机遇和挑战。一方面，酒店设计的材料方式与风格都有了质的创新升级。另一方面，行业也面临着同质化严重以及缺乏特色的问题，找到民族文化归属感和认同感是时代发展的必然要求。江南私家园林作为中国传统的私人住宅，在深刻展现了中华民族特色的同时，也反映出了历代不同园林主人的节操气韵。江南私家园林是历史给我们留下的宝贵遗产，总结江南私家园林的尺度规律，结合酒店设计手法，将使酒店设计更具有文化底蕴。

1.2 课题研究现状

我国江南私家园林尺度研究较少，仍处在初期探索阶段。目前，国内研究重点是对尺度的概念、尺度带来的效应以及空间尺度的介绍，缺乏在室内设计应用上的文章。对于尺度理论的研究主要借鉴国外的成果，但缺乏创造性，对研究程度也并不深入。同时，也很少有研究将江南私家园林尺度与酒店设计相结合。

1.3 课题研究意义

江南私家园林在中国传统文化的影响下具有浓郁的地域特色，蕴含在其身后的构成要素的价值需要我们进行再认知和不断发掘。尺度作为其重要的构成要素，必须要深入挖掘其带来的美学价值和身心感受。

论文将江南私家园林中的尺度和当代酒店空间设计相结合，初步探索出江南私家园林设计中可以借鉴的尺度关系，运用这些尺度关系将起到完善、美化、升华酒店设计的作用。

1.4 研究内容及方法

1.4.1 研究内容

本文主要研究内容为江南私家园林尺度在当代室内设计中的价值体现与运用。首先，通过对江南私家园林尺度的探析，对其进行个性与共性的总结。其次，依据理论依据和分析案例得出江南私家园林尺度与当代空间设计的关联性。最后，将江南园林尺度的价值体现和运用在当代酒店设计中，这也是本论文研究的核心内容。

1.4.2 研究方法

（1）文献综述法

通过图书馆文献资料、中国期刊网、中国知网等多个数据库搜查到国内外相关学者的研究成果，进行深度提炼和总结，更加充分地完善了相关理论，为论文撰写奠定了理论基础。

（2）实地调查

根据本文提出的研究内容与意义，为了从实际的情况出发，准确了解江南私家园林的尺度与当代室内设计空间，作者对江南私家园林：网师园、拙政园等进行实地考察，同时对浙江西塘园林酒店：良壤酒店进行了实地考察。

（3）案例分析法

本文选取了典型的国内园林式室内空间设计案例，从设计理念出发探索其设计意图，并得出江南私家园林尺度给当代酒店设计所带来的影响与价值。

第 2 章 江南私家园林的尺度探析

"虽由人作，宛自天开。巧于因借，精在体宜。"是《园冶》一书中最为精辟的论断，亦是我国传统的造园原则和手段。其意思是指虽然是造园者手中做出来的却好像从天上带来的，巧妙的地方就在于能够依照原材料的样子，它的精美就在于形体适度，大小得宜。尺度的选取不同，所造成的身心感受也不同，园林的气韵美学则在尺度的把控中生成。

2.1 江南私家园林尺度的概念

尺度一词按照《辞源》的解释有两种含义：一是计量长度的定制，二是标准。尺度则是一种衡量的标准，即尺度可以释义为"以尺为度"。同尺寸不同，尺寸是一种特定的数值。尺度与尺寸的区别在于对于量的精确度。而比例又是通过尺寸所得到的。钦·弗朗西斯在《建筑：形式·空间和秩序》中写道："比例是指建筑形式和空间的实际尺寸之间的数字关系"。由此可知，尺度、尺寸以及比例是一种从属的关系。良好的尺度必然包含准确的尺寸和合理的比例。尺度的把控对于人的情感调节起到特定的作用。

而在江南私家园林中，尺度包含两个方面：一为如建筑、路径等客观存在于园林内的实际尺度，另一方面则为以人为主体的感官尺度。尺度侧重的是以人为出发点探索园林空间与构成元素之间相对大小的关系，并不单纯地是对尺寸和比例的测量。尺度的把控跟人的关系息息相关，合理美观的尺度设计是园林设计的重中之重。

2.2 江南私家园林尺度的构成要素

2.2.1 构成江南私家园林尺度的客体要素

客体要素强调的是客观事物带给人的心理感受，是通过显性的因素所呈现的。在江南私家园林空间中存在着诸多构成园林的客观事物，如园林场地里的山水景观、建筑、道路及植物小品等，这些要素都影响了园林空间的尺度。通过设计师在造园过程中对园林尺度的整体把握，才能营造出园林的层次感与丰富性。

（1）江南私家园林中的山水要素

"造园掘土，低者成池，高者为山。故园林无水者，改不多见（无水不成园）。有水而鱼莲生。老树难。湖石山虽固定而具自然之形，虽天生而赖堆凿之巧。"水体与山体的映衬，是园林里不可或缺的要素。江南私家园林讲究野奢情趣，注重自然环境，但由于占地面积相对较小，水体多为自然的集中和向心形态。而假山多以叠山的手法围绕在水景周围，给人平旷致远之感。山水尺度在全园中所占比重以及山水各自尺度的比重和比例决定着园林的灵动性和空间感。通过对其他江南私家园林的调研发现，山水尺度多占园林面积的 1/5~1/3，同时水池宽度与山体高度多为 1/5~1/4。在山水周围的山石尺度平均不超过 2 米，而高大的山石则是作为某个空间主题的升华，作为空间的点缀，如留园的冠云峰（图 2-1）。

图 2-1 留园冠云峰（图片来源：网络）

江南私家园林山水比例分析表　　　　　　　　　　　　　　　　表2-1

园林	网师园	留园	拙政园	狮子林
中部园区面积	约 1600 平方米	约 3200 平方米	约 12300 平方米	约 4500 平方米
山石面积	约为 340 平方米	约 955 平方米	约 4000 平方米	约 1500 平方米
水体面积	约为 410 平方米	约 1120 平方米	约 2500 平方米	约 1518 平方米
山水比例	4/5	4/5	3/5	1
水体占比	1/4	1/3	1/3	1/3
山体占比	1/5	1/4	1/5	1/3

（2）江南私家园林的建筑要素

江南私家园林是中国最古老的生态住宅，它遵循生态自然，因地制宜，充分利用了地形地貌。山水是主，建筑是从。江南私家园林同皇家园林不同，相地多于城市内的亲民尺寸。江南私家园林没有体量较大的庙殿宫宇，单个建筑尺度相对较小。江南私家园林的建筑类型包括实用建筑、观赏建筑以及连接建筑（图2-2）。江南私家园林中建筑本身的尺度高度几乎不会超过8.5米，适合园宅合一的定位。由于建筑尺寸的固定性，为给园林营造出"小中见大"的特色景致以及园林的深远之感。同时江南私家园林通常通过建筑到中心点或中心景观的视距控制近景、中景、远景。如表2-2为建筑到中心点的视距尺寸及心理感官，表2-3则为网师园建筑尺度量化表。

图2-2 网师园建筑（图片来源：笔者自摄）

视距一般规律分析表　　　　　　　　　　　　　　　　表2-2

距离	≤ 10 米	10~20 米	≥ 30 米
类别	近景	中景	远景
主要建筑	连接建筑（桥、廊）	实用建筑（楼、轩）	观赏建筑（亭、阁）
作用与感受	起到自然的过渡的作用，使人有亲切舒适之感	起到扩宽景面的作用，使人有平旷致远之感	起到在视觉上扩大园林面积的作用，使人有心旷神怡之感

网师园主要建筑节点比例量化表　　　　　　　　　　　　　　　　　　　表2-3

名称	开间（米）	进深（米）	檐口高度（米）
轿厅	10.86	6.68	4.57
小山丛桂轩	10.9	5.8	3.2
濯缨水阁	6.8	4.3	2.7
撷秀楼	14.8	6.7	7.4
月到风来亭	2	2	4.1

（3）江南私家园林里的道路要素

路径在组织行进方向的基础上，同时起到了划分空间以及带给游览者趣味情趣的作用。在江南私家园林中，路径的特征有：游览性、与景的对应性、形态的变化性以及迂曲的回环性等。江南私家园林由于要在小面积中追求园林的深远之感，园林道路分为主园道路与次园道路，次园道路通常占比较大。路径通常可以细分为：围绕园林外圈以及围绕水景的大小环圈；通向住宅的较私密路径；登高望远以观光功能为主的狭小路径和住宅区内的活动路径（图2-3）。通过调查研究，发现江南私家园林在路径尺寸的设计中，路径宽度设计尺度相同。如主要幻想路径多为3~4米，次要观赏环线多为1.5~3米，园内登高望远小路以及室内、长廊路径多为1.2~1.5米。而路径长短则根据园林的大小面积而设计，但无论园林面积的大小，人每行走25~30米则会有景观的出现来消除视觉疲劳。（表2-4）

图2-3 网师园环水路径（图片来源：笔者自摄）

江南私家园林尺度探析表　　　　　　　　　　　　　　　　　　　　　　表2-4

园名	园林面积（平方米）	路径面积（平方米）	路径面积比园林面积	路径实际长度（米）	主园路长度（米）	主园路长度比路径实际长度	次元路长度（米）	次园路长度比路径实际长度
拙政园中部	12300	2600	0.21	1300	810	0.45	405	0.48
留园	4300	2175	0.25	650	280	0.42	385	0.58
网师园	5600	1400	0.25	629	290	0.43	292	0.57
狮子林	4800	1230	0.28	660	310	0.37	530	0.63

（4）江南私家园林里的植物景观要素

植物是空间尺度中的调和剂，江南私家园林中对植物的运用也十分考究。在园林中心较为开阔的空间中多使用高大的乔木并在水景边配合灌木使得空间比例协调并且层次丰富，同时营造出自然的气氛。

2.2.2 构成江南私家园林尺度的主体要素

与客体要素相反，主体要素多指隐性的因素带给人们的心里感官。园林是与"人"不可分割的，从建造的过程到居住和观赏，都是以人作为尺度确定的标准。所以，生理要素和心理要素是构成江南私家园林尺度的主体要素。

（1）生理要素

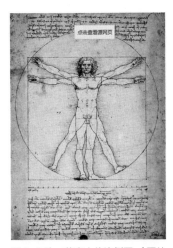

图2-4 达·芬奇人体比例图（图片来源：网络）

人体的尺度是人的生理构成以及尺度研究中的一个重要因素，在各个学科领域中都研究得非常广泛。在欧洲很早之前就有人对人体进行了研究。比如文艺复兴期间达·芬奇曾根据圆周理论，绘制出了著名的人体比例图（图2-4）。对人体尺度的研究，是确定人在活动之间所需空间尺寸的重要依据，也是确定人在生活活动空间中各种装置以及活动范围尺度的参考要素。

生理感官指人的视觉、听觉、嗅觉、味觉和触觉。在尺度设计中，视觉因素带给人的感受是最明显的。人体尺度的研究使视觉最佳区域的研究有了精确的数据参考。江南私家园林通过对尺度的设计控制人们的视距，使人在游园中产生不同的感受。人的眼球观察景物的最佳角度为60°，园林中心点到不同节点的视距给人带来不同的感受，同时对空间的划分起到了不同的作用。

（2）心理要素

心理要素也是构成江南私家园林尺度设计主体要素的重要因子。心理要素主要为对空间尺度的感官：其中包括公共空间尺度心理和私密空间尺度心理。人们在空间中的心理感受是设计中一个必须重视的方面，设计师应该把握人在公共空间中的尺度需求，提升景观可游览性。同时，人们在园林里对私密空间的需求也同样重要，在公共空间中人们需要的是相互交流和认知，而私密空间给人的是一个自我思考自我调节的场所。

2.3 江南私家园林尺度的共性与个性

2.3.1 江南私家园林尺度的共性

（1）以空间整体性为主

江南私家园林不同于皇家园林，它没有中轴对称布局所带来的威严性，却有着中国古代文人特有的审美情趣。江南私家园林如同古代山水画卷一般，看似自然随意却有着对整体性的操控和重点的突出。江南私家园林受占地面积的限制，园林内的水体面积相对不大，而观赏路线以及建筑分布多沿水体布置，为达到深远之感，在尺度的把控上做到"以小见大"，通过布置"近景"、"中景"、"远景"来达到相应的效果。（近景：尺度较小，设计精致的景物，如水体；中景：以高度不高的山体为主；远景：高大的山体与建筑）。人对尺度的感知多数是通过视距的变化而得出不同的心境，在江南私家园林中，通常以增加建筑和景观之间的视距而使得园林更有层次感以及建筑围合所造成的封闭感。这些尺度的处理手法则是遵循了空间的整体性原则。

（2）满足人体工程学

按照国际工效会所下的定义，人体工程学是一门"研究人在某种工作环境中的解剖学、生理学和心理学等方面的各种因素：研究人和机器及环境的相互作用；研究在工作中、家庭生活中和休假时怎样考虑统一工作效率、人的健康、安全和舒适等问题的科学"。人体生理尺度属于静态尺度，是人活动的基本尺度，行为尺度则是研究人的动态尺度。在江南私家园林尺度的设计中，满足了人的功能需求，同时这种尺度也给人带来舒适亲切之感。从景观小品到路径尺度的设计都体现出了古代人以人为中心的设计原则。例如，江南私家园林的门洞按照江南地区男性平均身高而设计，相对于北方皇家园林尺度较小；住宅区域和园林区域的路径尺寸同样符合人机工程学的要求，在相对私密性的场所，路径多为1.2~1.4米，既满足私密性也有曲径通幽之感。小到座椅、窗棂，大到房屋、花园都反映出了江南私家园林以人为本的规律性。

（3）统一的"天人合一"的指导思想

"天人合一"的思想一直贯穿于江南私家园林的规划布局，从其对尺寸的掌控也不难发现。"天人合一"是古代追求的最高境界，讲究人与自然的和谐共生，人们纵情于自然之间。江南私家园林讲究的是"虽有人造，宛自天成"，以人造山水打造出自然之感。所以在尺度的原则上，用适度的人工处理以对自然尺度进行模拟，如网师园里的四季假山堆砌。同时，"天人合一"的思想讲究含蓄之美，这在园林尺度里也有明显地体现。江南私家园林对尺度的处理手法欲扬先抑，通常由尺度较小的空间进入尺度较大的空间，或在园林入口设置尺度较大的山石，避免园林一览无余。

2.3.2 江南私家园林尺度的个性

江南私家园林经过历朝换代，经历了不同的园林主人。每个园主的经历和年龄阶段对园林尺度的设计和园林所占面积的大小也对尺度的设计产生了不同的影响，如留园的建筑密度就远大于拙政园，趣味性较强。但在江南私家园林中，尺度的设计与运用正因为在遵循共性的基础上，同时有着各自园林的风格，才使得江南私家园林成为中国古代园林中的瑰宝，以及现代研究的重点。

2.4 尺度设计在江南私家园林中起到的作用

尺度设计在江南私家园林设计中起到了不容小觑的作用。首先，尺度统一了园林的空间。园林的诸多元素都可以通过尺度设计得到统一，其统一方式体现在了部分与整体的统一空间与环境中。其次，江南私家园林在把控整体尺度的基础上，通过尺度的围合又将大空间划分为多个小空间。起到了划分空间的作用，形成了丰富的空间系列。最后，园林尺度不仅具有判定空间大小的作用，也体现了不同的历史与文化特征，江南私家园林的尺度也多反映了明清时期文人雅士的气节。

第 3 章 江南私家园林尺度在酒店设计中的原则与方法

酒店设计包含了景观、室内和建筑一体的功能，和江南私家园林的园宅合一形成了相辅相成的关系。随着经济的发展，人们对住宿质量的要求显著提高。园林式酒店也随之孕育而生。同时，随着人们审美意识的提高，越来越多的民族性和美学性应用到酒店设计中，而江南私家园林正是体现民族性和审美性的产物。如何在酒店设计中与江南私家园林尺度设计找到结合点，使人在酒店空间里拥有游园般的体验，是酒店设计中的一大挑战。

3.1 江南私家园林尺度在酒店设计应用中的原则

3.1.1 功能和形式统一的原则

在江南私家园林中，讲究实用性和美观性（及形式与功能）的统一。例如栏杆的选择，江南私家园林中根据不同的功能分别有高、中、低三种尺度，这些尺度通过设计，在满足实用性的同时也增加了艺术性。在酒店设计的运用中，也必须遵守功能和形式统一的原则，做到实用性和美观性的结合。

3.1.2 以人为本的原则

尺度设计首先要满足人的生理与安全，它是人的基本需要，也是为人们提供便捷舒适与安全的必要条件。在江南私家园林中，人机工程学是其尺度设计的共性。而在酒店设计的运用中，应根据酒店空间的目标人群定位，以人为本，同时注重无障碍设计的尺寸标准。

3.1.3 可持续性发展的原则

经济发展所带来的一系列环境问题是当今社会所不能忽视的问题，它关系到当前人们生存环境的质量以及后代的生活资源。酒店设计的可持续发展不仅仅是材质等表面的改变，更是在酒店空间中浓缩自然尺度，构建人与自然的和谐尺度关系。因此，要在尊重生态环境的前提下，设计出生态自然景观，同时避免资源环境浪费，保持江南私家园林尺度在酒店设计运用中的尺度文化生命性。

3.2 江南私家园林尺度在酒店设计应用中的方法

3.2.1 尺度数据直接表达法

在酒店设计中，将江南私家园林中的尺寸直接运用是最简单直观的方法。通过在酒店设计中对江南私家园林尺度的应用，可以在酒店空间中使游览者有游园之感。如根据江南私家园林尺度在酒店入口放置山石，也可避免室内空间一览无余地暴露，或是将江南私家园林的路径尺度放置在酒店的交通流线中，如运用网师园的入口山入空间的尺度，每个不同出入口的尺度不同，可使整个酒店空间层次丰富，增添趣味性。

图 3-1 田水月室内空间 1 （图片来源：网络）

图 3-2 田水月室内空间 2 （图片来源：网络）

3.2.2 尺度数据处理优化法

随着酒店设计的发展，人们对酒店环境的要求不仅仅停留在满足必要住宿中，在注重功能性的基础上，自然生态的美观性也需体现在酒店设计中，让人们更能享受空间所带来的舒适性。酒店空间的设计没有江南私家园林的面积之大，但同样也可以拥有山水自然景观。提取江南私家园林的山水景观尺度进行处理优化，把握山水景观尺度的一般规律运用到景观或者室内设计中，或对比例进行等比缩小，或在重要节点处进行夸张处理（图 3-1、图 3-2）。尺度数据处理优化法虽没有尺度数据直接运用让人的感觉直观，但可通过不同节点的组合营造出游园之感。

3.2.3 主题空间突出法

正是因为每个江南私家园林的尺度不同，才使得每个园林不仅仅独立且有自己的气韵。江南私家园林尺度在酒店设计的应用中，应在遵循其尺度一般规律的基础上遵循其特殊性。酒店空间设计同样也注重"主从关系"，任何空间的处理手法不可能是千篇一律的，应抓住最突出的部分进行设计。如商务型酒店应主要把住宿区域作为重点设计部分，而度假型酒店则更应该将重点放在公共游览区域。

3.2.4 设计情感升华法

尺度与情感息息相关，大的尺度会给人带来威严之感，而小的尺度会增加空间的灵动性。江南私家园林的尺度处理多反映出个人的喜好，但却做到了自然和人的统一。江南私家园林尺度处理的最高境界则是"天人合一"，真正做到了人、自然、社会的有机统一。在当代酒店设计中，可以学习江南私家园林的造园思想，将其思想转化为现代的演绎，使现代尺度赋予尺度新的文化精神。如苏州博物馆的尺度设计虽不同于传统的江南私家园林，但却保持了中国原有的人文气息与神韵。

第 4 章 案例分析——江南私家园林尺度在西塘良壤酒店室内设计中的运用

4.1 案例项目概况及介绍

西塘良壤酒店位于西塘东区核心，紧邻西塘古镇，占地面积达 4 万多平方米，临河临水的精致客房（60~130 平方米），围合 4000 平方米的中央水景庭院——纳良庭而建，细腻地将江南人文融合入当代精致生活美学。西塘良壤酒店（图 4-1、图 4-2）

图 4-1 良壤酒店 1（图片来源：网络）

图 4-2 良壤酒店 2（图片来源：网络）

室内设计由国内知名设计师琚宾设计，力图在有限的空间里打造出"游园"之感。

4.2 江南私家园林尺寸在良壤酒店室内设计中的应用分析

4.2.1 园林尺度在公共空间中的运用

西塘良壤酒店整体布局灵感来源于江南私家园林，图4-3为西塘良壤酒店总平面图。整体布局以水景为中心景观，建筑沿四周分部，打造出游园之感。整体空间的尺度把控包括整体山水、建筑、路径尺度要素，这些要素是酒店气韵塑造的灵魂。

（1）公共空间山水建筑尺度

图4-3 良壤酒店平面图（图片来源：网络）

酒店总占地面积约为19000平方米，中心水景大约3000平方米，水景与总占地面积比例为1/6，营造出以小见大之感。为了满足酒店功能性的要求，建筑占比面积较大，建筑占地面积约为酒店占地面积的1/3。酒店里对水的引用，使人在有限的空间范围内感受到园林所带来的自然景观。

（2）公共空间整体路径尺度分析

以良壤酒店1层为例，路径总面积约为1400平方米，主要路径则为环湖四周的路径，营造出一种亲近自然之感。进入客房及餐厅、书吧等公共空间的路线为次要路径。同时，在特定的景观节点有特定的游览路线，路径尺寸也有所不同。这些路径尺寸遵循了人机工程学的原则，同时路径面积和总面积相得益彰，营造出江南私家园林之感（表4-1）。如图4-4所示，圆形虚线为景观节点，蓝色虚线区域为酒店主要游览路径。

图4-4 西塘酒店1F环湖路径（图片来源：网络）

酒店主要路径（不包含节点）宽度为2~3米，足够三、四人并肩而行，在景观节点处尺度面积相对较大，宽度为8~10米，游客可以驻足欣赏，景观节点处设有不同尺度的艺术品陈设，增强了空间的丰富性。同时节点到节点处尺寸距离大致相等，让人在空间游走中不会感觉视觉疲劳。（图4-5）

（3）公共空间植物尺度分析

图4-5 西塘良壤酒店环湖路径（图片来源：网络）

以酒店室外部分为例，酒店的选址环境受到局限，无法像江南私家园林一样打造原生态自然植物景观。酒店在中心区域设置了植物景池，丰富了空间的层次性。通过植物种类的选择，打造了四季不同风格的变化。（图4-6）

（4）公共空间视距分析

图4-6 西塘良壤酒店公共空间植物图（图片来源：网络）

以酒店入口空间为例，在进入入口室内空间时，首先看到的是陈设的艺术品，避免了室内一览无余的展露，使游览者有"游园"之感，随后沿着由非物质文化遗产竹编形成的小路环绕而至大堂接待区办理入住。表4-2为良壤酒店入口室内空间视距量化表，不难看出江南私家园林尺度的设计在酒店里的运用。在遵循江南私家园林的尺度上，同时注重了人在游行过程中对外部景观的视距把控，使游人在过道中不会有视觉疲劳，同时丰富了空间的层次感，拉伸了空间的深远。（图4-7）

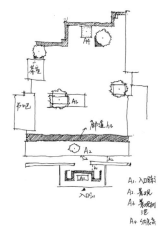

图4-7 酒店入口空间平面图（图片来源：笔者自绘）

良壤酒店入口室内空间路径量化表　　　表4-1

	竹编隔断路径h1	竹编隔断路径h2	廊道路径h3
宽度	2.6米	2.8米	2.0米
长度	50米	20米	50米

良壤酒店入口室内空间视距量化表　　　表4-2

	入口到A1	入口到A2	入口到A3	入口到A4
距离	4米	16米	35米	60米
类别	近景	近景	中景	远景

（5）公共空间室内尺度分析

江南私家园林多为文人雅士所居住，在满足居住功能的同时，室内空间也容扩了接待功能、会客功能、祭祀功能、用餐功能、阅读功能等。在酒店公共空间室内设计中也需满足以上的基本功能。以接待厅为例，在其仅有的112平方米的空间中，有15平方米的室内景观。用花艺陈设配上景池，将园林尺度运用到室内之中，使人在室内也能感受到自然之感。同时，外立面的幕墙选取落地玻璃，可以充分观赏中心水池，满足了园林尺度"天人合一"的思想。（图4-8、图4-9）

4.2.2 园林尺度在客房中的应用

客房不同于酒店公共区域，其属于私密区域。若能在客房室内中营造出游园之感则是酒店的升华之处。若将江南私家园林总的尺度运用在客房室内设计中，则能使居住者更有亲临园林之感。以套房为例，良壤酒店的套房面积为115平方米，分为客厅、衣帽间、卫生间、阳台、玄关、卧室几个部分。根据其交通流线可看出空间的划分并不是直接从一个空间进入另一个空间，而是如同园林中的迂回曲折之感。一进房门，首先看到的是植物小景，同江南私家园林一样避免了室内空间一览无余的视觉效果，玄关路径为1.6米，符合人机工程学尺度。同时，最低处层高为2.7米，最高处层高为

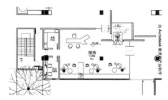

图4-8 接待空间平面图（图片来源：网络）

图4-9 接待空间效果图（图片来源：网络）

图 4-10 套房平面图 1（图片来源：网络）

图 4-11 套房平面图 2（图片来源：网络）

4.0 米，避免了空间一成不变的单调，增加了空间的丰富性。同时，客房与酒店中心景观的观赏角度是人体最佳观赏角度 60°，形成了良好的视觉效果，注重了室内室外空间的协调统一。（图 4-10、图 4-11）

4.3 江南私家园林尺度设计在当代室内空间设计中的启示

江南私家园林尺度所涉及的审美观念直到当代都是值得我们去深入研究的，它符合人机工程学的特征以及可持续发展的特征。我们了解江南私家园林尺度的根本目的是将其运用到现代空间设计中，更方便人们的生活。在当代室内空间的设计中不仅仅是直接对江南私家园林尺度的生搬硬套，更重要的是在了解其本质规律的基础性上，更深层次地理解尺度的文化意义和传递的东方美学与哲学性，使室内设计不再千篇一律，致力于发展有中国特色的、民族性的可持续发展的空间设计。

第 5 章 总结与展望

本文通过实地走访调研、查阅归纳总结文献以及实际案例分析等方法的结合，对我国江南私家园林的尺度在酒店设计中的应用进行分析论述，以"尺度"为设计核心，再具体到酒店空间的设计中。本文对江南私家园林进行实地考察调研，通过测量、照片分析等方法，探析私家园林尺度，归纳总结了江南私家园林尺度的共性和个性，以及在应用中的原则和方法。同时通过案例分析，针对私家园林尺度在酒店设计中的运用，提出了应致力发展有中国特色的可持续性发展的空间设计。

本文主要是通过理论分析研究江南私家园林尺度在酒店设计中的应用。部分观点存在一定的不足和局限性，还需要进一步做出更深层次的探索分析。后续研究可将江南私家园林中更多不同的传统文化元素与酒店设计相结合，使设计更全面。

参考文献

[1] 郭永久. 园林尺度研究 [D]. 北京：北京林业大学, 2012.

[2] 周萌. 江南古典园林空间尺度研究 [D]. 广州：华东理工大学, 2016.

[3] 李萌萌. 苏州古典园林造园元素与手法在现代室内设计中的应用研究 [D]. 西安：西安建筑科技大学, 2016

[4] 王嵩. 中国古典园林的尺度、组景和视知觉 [J]. 古建园林技术, 2016.

致谢

　　首先在此特别感谢工作站的平台和机会，让我们有机会去国内一流的设计机构里跟随设计大师学习，感谢四川美术学院和各个公司的无私付出与奉献。我有幸在深圳水平线设计学习。四个半月的时间虽然不长，却弥足珍贵，让我不仅学习了设计的思路方法，也学会了为人处世的原则。

　　本课题在开题以及调研过程中得到了校内导师许亮老师和校外导师琚宾老师的关心与指导，同时公司的设计师也给予了具体的设计指导与帮助，使得课题顺利进行。

　　在此，我向帮助和支持我的许亮老师、琚宾老师以及四川美术学院、天津美术学院、清华大学美术学院、四川大学的诸位老师们、深圳市水平线设计公司致以真诚的敬意与感谢。

重识
"跨区域、跨校际、跨行业"研究生联合培养基地案例库建设

Reunderstanding
"Cross Regions, Cross Universities, Cross Industries"
Construction of the Case Base of Graduate Joint Training Base

传统企业文化在商业展示空间中的现代演绎
——以茅台企业展厅设计为例

◎ 王艺涵

Modern Interpretation of Traditional Corporate Culture in Commercial Exhibition Space
—— Taking Exhibition Hall Design of Maotai Enterprise as an Example / Wang Yihan

摘 要

2013年"一带一路"理念被提出。2014年全国两会提出"互联网+"并在中国行业迅速发展。习近平总书记在党的十九大报告中指出，"文化是一个国家、一个民族的灵魂"。2019年，国家科技部等六部门印发《关于促进文化和科技深度融合的指导意见》并提出，到2025年，基本形成覆盖重点领域和关键环节的文化和科技融合创新体系，实现文化和科技深度融合。新时代市场经济体制下，大众的消费理念转变，企业文化用传统方式输出，已经不足以在激烈的经济环境下生存。企业竞争在不断增强，企业在竞争中如何持续科学稳健地发展，了解研究企业的诉求，用商业展示空间，塑造独特的企业文化，提升品牌的力量，使企业延续生命，由此引出本次研究课。

论文理论框架主要提出对茅台传统企业文化的反思，融合多元化时代背景下设计模式进行研究设计，通过文献研究、案例分析与实地考察等研究方法，总结出现有的展厅研究基础。对茅台企业文化深入研究，寻找出茅台企业文化与现代演绎展示空间的关系，提炼现代演绎展示空间的设计方法、设计原则。以茅台贵阳展厅设计为实践，将茅台企业文化与展示空间设计结合，强调茅台企业的创新、国际、人文等理念，对企业文化展示空间设计表达的再整合、研究企业文化展示空间设计发展趋势以及探索展示空间给企业运用带来的价值。

关键词

传统企业文化　茅台企业文化　商业展示空间　现代演绎

第1章　绪　论

1.1 研究背景和选题意义

1.1.1 选题背景

（1）响应国家政策，文化科技融合

2019年国家科技部等六个部门提出《关于促进文化和科技深度融合的指导意见》（以下简称"意见"），《意见》指出文化与科技相辅相成、相互促进，先进文化理念是科技创新的思想源泉，科技创新是推动文化产业转型升级、实现高质量发展的有力杠杆。

我国处于发展中国家阶段，与发达国家相比，我国文化产业还存在不少短板。比如：原始创新能力不强，文化创意不多，文化产品缺乏特色；产业体系还不健全，产业链条较短，中高端价值环节薄弱；产业发展方式单一，互联网等新技术运用不足，优质文化产品、文化服务供给能力不强。

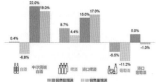

图 1-1 全国现代商品主要商品类 2017vs2018 销售额和销售增长（图片来源：网络）

图 1-2 消费者购物驱动因素选择占比（图片来源：网络）

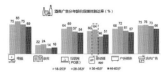

图 1-3 酒类广告分年龄阶段媒体触达率（图片来源：网络）

（2）加强企业文建，推动国企发展

习近平总书记在党的"十九大"报告中指出，"文化是一个国家、一个民族的灵魂。文化兴国运兴，文化强民族强。没有高度的文化自信，没有文化的繁荣兴盛，就没有中华民族伟大复兴"。企业是社会的细胞，优秀的企业文化是中国特色社会主义文化的重要组成部分。

国有企业是中国特色社会主义的重要物质基础和政治基础，是推进新时代改革开放再出发的航母队。国有企业文化需要有新作为，通过继承创新、统筹均衡与创造特色，大力弘扬中华优秀传统文化，提升文化软实力，才能保障国有企业持续科学稳健发展。

紧跟市场前沿，引领文化输出

2018年正式进入消费升级时代，消费者不再一味地追求高价格产品，更注重其品牌带来的文化、体验、服务等"背后溢价能力"，高收入的增长带来高品质生活的追求。《尼尔森：2018中国消费市场的十大特点和趋势》提出，2018年销售通路渠道迅速升级，店铺更迭速度加快，线下实体门店仍然是零售的主要渠道。

国人消费白酒市场，呈现理性消费

在《尼尔森：2018-2019酒类趋势研究报告》提出，92%的白酒消费人群在2018年购买白酒维持或超出了前一年。与此同时，白酒市场呈现一种理性消费趋势（图1-1），消费者不再盲目地追求高端白酒，消费人群更加注重酒的口感、醉酒度和包装，包装能让光瓶酒脱颖而出（图1-2）。35岁以下的年轻酒类消费者更容易被新媒体吸引（图1-3）。符合大众消费者需求的产品占领市场，科技融入生活，传统酒企应该以更开放的姿态去拥抱年轻一代的心理需求，积极面对新兴的数字媒体时代。

1.1.2 选题意义

茅台集团在2019年提出从"茅台文化"到"文化茅台"的进步建设，文化作为茅台物质和精神财富的总和，"文化茅台"将引发茅台企业质变，跨入崭新的发展阶段，同时作为白酒行业中的翘楚，茅台在文化上做出表率，做到创新。深入探讨传统茅台企业文化自身地域环境、产品特点、历史文化等，对茅台企业文化诉求理解、认知、体会，同时满足时代背景下茅台企业、消费市场、国际市场的需求，结合打造全新的茅台企业文化商业展示空间，探索商业展示空间给企业带来价值，并整合展厅设计手法，探索顺应时代需求的展厅设计发展趋势。

1.2 研究内容与方法

本文主要通过对传统茅台企业文化在商业展示空间的现代演绎进行研究，深入了解茅台企业文化，探索企业商业展示空间的设计原则与方法。打破对传统商业展示空间的设计形式，根据时代背景下融合多角度、多元化方式，从功能布局、空间分割、行为体验、数字交互、流线设计等几方面，探讨研究茅台企业文化，对前沿的商业展示空间设计，进行分析、提炼、融合、蜕变、提升得到设计原则与方法。通过对贵阳茅台企业文化展厅设计进行设计实践，进一步探索并分析茅台企业文化顺应时代需求下展厅设计新模式，完善理论，为企业文化展厅设计总结出有价值的理论体系（图1-4）。

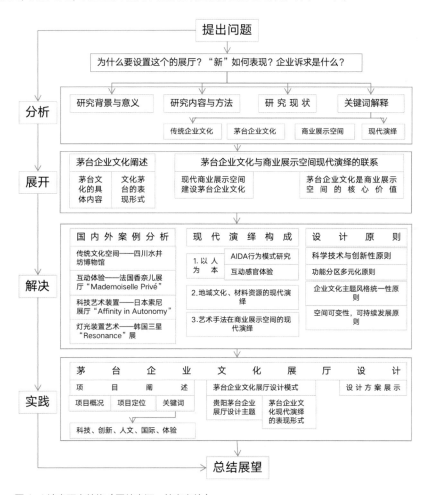

图 1-4 论文研究结构（图片来源：笔者自绘）

本文主要采取的研究方法如下：文献研究法，通过在网页、图书馆查阅展厅设计、商业展示空间设计、茅台企业文化文献和相关资料，对文献进行分类、总结、归纳出商业展示空间设计理论知识；案例分析法，寻找出国内外相关具有代表性的展示设计案例，分析设计模式和手法，提炼出展示设计的创新点以及受众指引，为课题开拓视野；实地考察法，根据前期对茅台企业文化的整理以及对展厅设计的认知后，对设计项目企业进行实地调研，亲身体验茅台地域环境、更贴切了解企业的多种文化。

1.3 关键词释义

1.3.1 传统企业文化

企业文化是在一定的条件下，企业生产经营和管理活动中所创造的具有该企业特色的精神财富和物质形态。企业文化创新形成于企业理念创新、制度创新、行为创新、产品创新、形象创新等相互作用、相互关联的体系之中。 企业文化中价值观是企业文化的核心，是推动企业发展的不竭动力。传统企业中具有明显的中国古老文化底蕴的企业和具有明显区域特色的企业，是机械无法大规模生产、无法复制的。

1.3.2 茅台企业文化

茅台企业文化隶属于茅台酒文化、历史，茅台具有独特的地理环境、水资源、气候、地域环境、酿造工艺等，茅台企业在生产经营过程中形成了自己特有的文化理念，其核心价值观是"以人为本、以质求存、恪守诚信、继承创新"，企业精神是"爱我茅台，为国争光"。

1.3.3 商业展示空间

商业展示空间是展示设计的一种表现形式，其主体物为商品。伴随着人类社会政治、经济的阶段性成长逐步构成，需要对企业进行分析，挖掘提炼企业的核心价值和形象特点。根据市场定位对空间进行有目的、有计划、符合逻辑的设计，将所要表达的信息展现给消费者，最终给消费者提供空间展示、体验与销售商品及其功能，同时宣传企业品牌形象与理念，达到完美沟通的目的，促进消费并引领消费的作用。

1.3.4 现代演绎

运用现代设计语言，通过对空间、环境的创造，借助道具设施和技术，注入企业文化脉络，增加人物体验感受重新演绎空间，赋予空间生命色彩。具有信息和内容传播、引导、实现对观众心理、思想和行为产生的有意识的影响。

1.4 研究现状

从 1815 年英国水晶宫国际博览会的召开，展览活动初步形成；到第一次世界大战和第二次世界大战之后各种综合性的展示形式出现，商业展示空间设计渐入佳境；到现今，商业展示空间设计迎来了全新的面貌。

我国在商企业文化与商业展示空间设计研究方面，中国美术学院硕士丁法传，通过企业展厅空间形态创意表现研究得到三种空间表达形式；广西师范大学硕士孔静，研究了个性化的企业文化特征在商业展示空间中的展现方法；齐鲁工业大学硕士张蕾通过对"海尔集团"的企业文化的研究，设计研究出更加具有文化性、创新性和时代性的创意展示空间；学者张婷，通过对新的经营模式探索研究了商业展示空间设计的发展趋势；北京林业大学贾娣、黄仪探索了模块化设计在可变形空间中的运用，以自由的拆组方式对商业展示空间进行研究。

通过各种文献表明，企业文化在现代商业展示空间设计中也扮演着越来越重要的角色，新商业模式、新技术、新形式和新精神的不断呈现，企业文化如何与商业展示空间融合越发受到关注。

第 2 章 茅台企业文化阐述与商业展示空间现代演绎的联系

2.1 茅台文化

茅台集团成立于 1951 年，经过几十年的发展历程，在酒文化保质、文化传承、坚持"爱我茅台，为国争光"的基础上做到了与时俱进、不断创新。茅台酒护身健体，不伤饮者，达到忠孝节义四全，是谓国酒文化。茅台酒秉承发扬中华酒文化和中国文化精髓的历史使命，全力推动茅台发展再上新台阶，努力把茅台打造成为受世界尊敬的企业，为中华民族的伟大复兴和铸造民族品牌精神而奋斗。

2.1.1 茅台集团在国民心中的地位

茅台集团是我国大曲酱香型白酒的鼻祖和典型代表，其酿造工艺已经成为国家级首批非物质文化遗产。总部位于贵州遵义市茅台镇，平均海拔 423 米，占地约 1.5 万亩，其中茅台酒地理标志产品保护地域面积为 15.03 平方公里，员工 3.6 万余人。

2.1.2 茅台企业文化理念

茅台秉承"弘扬国酒文化、追求创新卓越"的企业使命。企业持续创新谋求长期发展，通过观念创新、制度创新、产品创新、技术创新、营销创新、管理创新、文化创新，不断推动企业从优秀走向卓越。

作为中国酒业的持续领先者，并积极参与经济全球化做到享誉全球的企业愿景，目标在国际上建立了影响力，立志成为国际一流酒企。

企业核心价值观：天贵人和，厚德致远。以人为本，以和为贵，强调企业长治久安，团结和谐；同时也对自然赐予茅台得天独厚的酿造环境，坚持继承传统工艺，树立与时俱进、宁静致远。

企业精神：爱我茅台、为国争光。企业将个人利益、企业利益和国家利益紧密联系在一起，员工要以茅台的企业使命来要求自己，同时企业要努力创新、做大做强，为国家、社会赢得尊严、争得荣誉创造最大价值。

企业经营理念：理性扩张、统筹发展。"做好酒的文章，走出酒的天地"茅台企业追求低投入高产出，保持可持续发展，追求利益与企业发展相平衡，统筹好各利益方的关系，科学、稳定、可持续发展，实现合作方双赢、共赢。

企业决策理念：谋则科学民主、定则果断执行。坚持民主决策同时发挥集体智慧，决策要科学、大胆、求真务实，一旦确定便果断执行。

企业人才理念：以才兴企、人企共进。茅台以人才为最宝贵的资源和财产，是企业发展的动力源泉，茅台企业的前景及与员工的和谐发展。

企业领导理念：务本兴业、立德树人。领导在坚持茅台企业核心价值理念下，担负起领导者的责任，做到求真务实，致力于完成企业愿景，振兴茅台创造业绩为国争光。

2.1.3 独特地域性、精湛的工艺技术、丰厚的历史

茅台酒厂地处于茅台镇，山水之间、吊脚楼的形态形成了一系列特有的地域文化元素。茅台酒的原料采用当地颗粒坚实、饱满、均匀的红缨子高粱，粒小皮厚，小麦制曲结合上赤水河河水优质的水质经过蒸馏酿出的酒特别甘美。

茅台的生产工艺（图2-1）繁琐、精炼，酿酒周期长，一年一个生产周期，从原料进厂到成品出厂，至少需要五年时间。制酒需经九次蒸馏，八次发酵，七次取酒。温制曲、高温发酵、高温酿酒，对中国白酒产生了重大影响。长期储存是茅台酒形成的关键因素之一。其勾兑技术，对中国白酒行业也做出了巨大贡献。

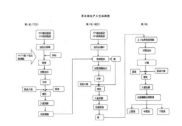

图 2-1 茅台酒制作工艺流程（图片来源：网络）

时代的变化，给茅台酒厂集团公司带来了挑战和机遇。国酒茅台将以铸造一流企业为愿景、以走新型工业化道路，做好酒的文章，走出酒的天地为发展方向，向着更快、更高、更强迈进。

2.2 "文化茅台"的表现形式

党在"十九大"报告中指出，"文化是一个国家、一个民族的灵魂"。2018年茅台提出"文化茅台"的初步设想理念，2019年茅台集团对"文化茅台"有了新的阐释。在经济全球化下，茅台企业品牌推广需要从文化入手，找到新动力，提升竞争力，实现与消费者有效的交流。向世界展示中国的文化、展示茅台企业的文化，让中国本土文化在国际上得到认可。

2.2.1 企业宏愿：国际化表达，品牌跨越

2019年茅台集团党委书记李保芳在"文化茅台"中指出，"建设'文化茅台'，就是茅台立足现状、谋求跨越，'做足酒文章、扩大酒天地'，逐步形成茅台的新时代特质。"

针对此，茅台可联名知名设计师，打造出带有茅台印记的艺术品，通过展览、交

图 2-2 COACH 与 NASA 推出了联名系列（图片来源：网络）

图 2-3 江小白产品（图片来源：江小白官网）

图 2-4 贵州首届茅粉节（图片来源：网络）

流等活动形式，将茅台与艺术品相融合，展现茅台生活美学的另一面。通过艺术家人气带动茅台文化传播，为茅台多场景化打下坚实基础。比如，NASA 与多种品牌合作（图 2-2），增大了影响力成为潮流玩家。

2.2.2 创新卓越：顺应时代新特质、满足市场消费

茅台作为国民心中白酒领导者的地位，虽然品牌名声威望颇高，但是近年来多种小型酒业，比如江小白（图 2-3），以造型简单、色彩鲜艳的小瓶酒包装、多媒体形象宣传、线上线下的网红商业经营模式、抓住"90 后"主要消费群体，强调新青年文化，再加上价格优势逐渐开始在白酒市场一蹴而就。

茅台作为具有高度历史沉淀的品牌，其核心为打造品质。在经济全球化的督促下，茅台结合其创新精神，需重新审视企业，打造具有独特魅力的民族品牌，顺应时代需求、发展趋势，达到中国人乃至世界范围人群的喜爱。

2.2.3 全民茅台，公益茅台

茅台集团近年来开展了多项与"茅台粉丝"的活动。众所周知，茅台的消费人群广大，茅台集团自 2013 年开始招募粉丝团并开展线下的粉丝团活动，2017 年开展了第一届全球"茅粉节"（图 2-4）活动，从"名酒"到"民酒"，茅台不断向消费群体靠拢，重视消费群体的体验感受，同时将茅台的文化以更为亲切的方式让人接纳。不仅如此，茅台在国内外开展了公益活动，建有茅台文化特色的机制，将茅台文化推广至全国、国际范围。

2.3 茅台企业文化与商业展示空间的现代演绎

互联网向行业渗透，促使着传统行业凭借时代运行互联网、科技等新媒介手段将传统经济正向网络经济转轨，这一有机联系的连接，以互联网为代表的连接型技术逐渐渗透入各行业，引发了信息革命。

2.3.1 现代商业展示空间建设茅台企业文化

展览品牌间的竞争取决于展览企业文化力的强弱。茅台企业能够赢得客户的忠诚，不仅在于它的形象包装，更在于它的文化品位和企业文化的建设。展示茅台企业文化建设时，还要综合考虑其他因素，要充分囊括茅台企业的文化理念，再借鉴国内外的经验，实现茅台企业文化对未来发展变迁，具有一定的发展性和前瞻性，同时对企业

图 3-1 水井坊博物馆老作坊（图片来源：网络）

图 3-2 主题一香奈儿格拉斯展厅（图片来源：网络）

图 3-3 香奈儿康朋街 31 号展厅 1（图片来源：网络）

图 3-4 香奈儿康朋街 31 号展厅 2（图片来源：网络）

图 3-5 其他区域：香奈儿播放厅、各种互动体验、休息阅读区（图片来源：网络）

文化有效的展示可达到产品营销的作用。

2.3.2 茅台企业文化是商业展示空间的核心价值

任何商业展示空间，品牌塑造都很重要。拥有一个具有较强影响力的企业文化商业展示空间，弘扬茅台企业文化精神是展示空间最后的目标。在商业展示空间中融入企业文化，就好似注入了空间生命和价值，促使商业展示空间从生硬静态转变到灵活动态，赋予了商业展示空间独特的风格。

第 3 章 传统企业文化在商业展示空间中现代演绎的设计手法

3.1 国内外传统企业文化在展示空间现代演绎的案例分析

3.1.1 传统文化展示空间——四川水井坊博物馆

水井坊博物馆（图 3-1）遗址位于成都市水井坊历史文化街区。整个博物馆的参观流线有两条主线：一是对酿酒工艺的叙述，二是抓住时间顺序从传统到现代进行阐述。可纵览酒窖发酵、基酒储存、勾兑、包装等生产过程。遗址展示区北侧为酒文化，以天井为主题进行空间组织，形式灵活多变。材料上对传统材料进行了重绎，达到现代和传统相结合。

3.1.2 互动体验——法国香奈儿展厅"Mademoiselle Privé"

2019 年，展览"Mademoiselle Privé"在上海西岸艺术中心开展。展厅运用全新概念，以三个"品牌经典"设置三大主题。主题一：格拉斯（图 3-2），1921 年创造的五号香水。将五号香水烘托至极，香味扑面而来，同时中央圆形空间的墙壁上镶嵌了一瓶瓶五号香水，在嗅觉、视觉上使人产生惊艳之感。主题二：康朋街 31 号（图 3-3），1918 年，香奈儿高级定制服装在这里创立。整个空间都被从天花板垂坠下来的面料填充满了，面料将整个展厅分成了 7 个小空间，每个小空间按一定的主题展出了由卡尔·拉格斐设计的香奈儿高定服，该展区还有卡尔·拉格斐的设计手稿展出。主题三：芳登广场 18 号（图 3-4），臻品珠宝创意工作室与工坊所在地。进入展厅先看到的是正中央圆形空间的外墙，是为这次展览特别创作的漆画，创作来自香奈儿女士家中的乌木漆面屏风。还放置了在 1932 年创作的唯一一个钻石珠宝系列"Bijoux de Diamants"的复刻版。

其他区域（图3-5）：放映区，参观完三个展厅后，大家可以坐在放映室的阶梯上观看卡尔·拉格斐与关于嘉柏丽尔·香奈儿的系列短片，讲述香奈儿的故事。互动体验区，根据三个主题展厅分别开设了不同的体验课程：LESAGE刺绣坊的互动式绣艺体验、描金工艺之美体验、"薄膜封口密蜡封印"手工封瓶技艺。休息阅读区，摆放着Mademoiselle Privé字样的座椅，放置了许多关于香奈儿的书籍，可坐下来让你跳进香奈儿文化海洋。

3.1.3 科技艺术装置——日本索尼展厅"Affinity in Autonomy"

索尼是日本一家全球知名的大型综合性跨国企业集团，成立于1946年，在2010提出"创新源自好奇、梦想成就未来"的企业文化口号。

图3-6 索尼展厅"Affinity in Autonomy"——唤醒、自治区、一致区、附属区（图片来源：网络）

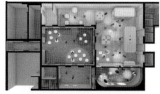

米兰设计周"Affinity in Autonomy"展旨在探索人与机器之间的关系，与索尼企业的创新理念吻合。每一个场景都运用了索尼技术来控制展品与参观者之间的互动，积极运用高科技来提升活动体验，探索未来人类和科技之间的关系。

第一部分：唤醒，是一个简单的光和颜色装置，发光的斑点状形状，模仿游客的身体运动；第二部分：自治区，在一个类似球体的笼子里有一个钟摆。它的摇摆不受地心引力的影响，而是受到房间里有人在场的影响，所以它似乎在迎接人的到来；第三部分：一致性，是最大规模和沉浸式的，有许多不同大小的光滑的白色球体。球体被编程成以自己独特的方式对附近的运动做出反应，随机排列组合；第四部分：附属区，游客可以与各种索尼产品（如爱宝狗）互动。（图3-6）

3.1.4 灯光装置艺术——韩国三星"Resonance"展

展示了三星设计的思虑，定义了什么样的体验和心动瞬间更能给予并丰富我们的生活。

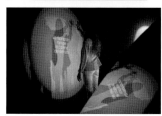

图3-7 韩国三星"Resonance"展览平面图、"棱镜"（图片来源：网络）

观者进入一个迷宫般的空间（图3-7），充满五彩渐变的灯光，观者通过他们在日常中的自然行为，如呼吸、说话和触摸，最终成为展览的一部分，如"棱镜"。将观众沉浸其中的这些互动体验终将成为创造全新可能性的钥匙，它们改变着环绕我们的世界。这个展览给观者带来一个沉浸式的世界观，去体验技术如何融入日常生活。

3.1.5 案例总结

图 3-8 空间模式（图片来源：笔者自绘）

图 3-9 犹太人博物馆内部、秋之落叶（图片来源：网络）

图 3-10 法国波尔多红酒博物馆图书室、五感体验、全息投影（图片来源：网络）

通过对不同国家、不同企业品牌展厅设计案例进行分析。

我国的对于传统企业文化的表达，还着重于对于传统材质的更新塑造，更为注重空间中材料的表达和对于传统工艺文化的纯艺、复刻的方式进行展示，手工艺、历史氛围厚重，做到了对传统文化、手工艺和企业精神的延续，但空间展示方式过于传统，极少运用现代科技，空间色彩、功能单一，大多为固定形态，更新换代可能性较低。国外的传统企业的展厅方案中，在色彩运用上从古板走向开放，更为鲜艳的色彩出现在空间中，功能增多并逐步走向人体的体验感受，沉浸式体验使参观者与环境产生共鸣，引发参观者内心的渴望，将体验感升级，空间可用形式多变的多重组合方式。

每个案例都针对不用企业的企业精神和文化特色，提取特有精神理念在设计中，结合企业中特有的商品、色彩、视觉平面等用符合当下的审美进行设计展示。

3.2 传统企业文化在商业展示空间现代演绎的构成内容

在传统的设计手法基础上去探索新型的模式，是本次课题现代演绎的核心。通过一些相关案例总结如下：

3.2.1 以人为本设计理念

设计之初，从人类的视角出发。能够在特定的场景中诠释产品的特性，以整体空间的观感，激发消费者对美好生活的憧憬，成为一个赋予情怀、情感温度的展示空间。

（1）互动感官体验

人物对于空间模式（图3-8），从平面视觉转化到立体空间，随着心理需求的增加，人与展品关系相互映衬、界限模糊，体验空间模式的出现；人作为社会的存在物，思想的突破进一步革新，物体与物体间的引力，促使空间成为一个互动场所。

空间中融入人物体验，赋予了空间生命色彩，比如由丹尼尔·里伯斯金设计的柏林犹太人博物馆（图3-9），里伯斯金在设计中表达了缺位、虚无和消失的感受，让参观者身临其境。商业综合体在环境设计理念中不断出现，五感情感体验愈发重视，比如，法国波尔多的葡萄酒博物馆（图3-10），突破自我用体验感全新表达，用趣味十足的互动展示葡萄酒的文化。

（2）用户行为模式——AIDA 模型

只有了解了目标用户是怎样做决策，怎样做出行动的，企业才能悄无声息地对外干预用户行为，才能表达企业的文化，促使企业营销运行。

图 3-11 用户行为模式——AIDA 模型（图片来源：网络）

图 3-12 立面与室内之间创造了一个 100 米狭长的展厅（图片来源：网络）

图 3-13 酒杯玻璃吊灯、木质拱廊（图片来源：ArachDaily）

AIDA 模型（图 3-11）也称"爱达"公式，主要含义是指一个推销员必须把顾客的注意力吸引或转移到产品上，使顾客对产品产生兴趣，然后再促使其采取购买行为达成交易。主要内容：Attention，引起注意；Interest，诱发兴趣；Desire，刺激欲望；Action，促成购买。商业展示空间设计中，要理解用户心理需求，用更为大胆的颜色、空间氛围、文字等引起注意。

3.2.2 地域文化、材料资源的现代演绎

企业的在地性、地域性考察研究，涉及的地域性材料、地域环境、地域特色等这些地域人文历史因素是对应企业的展示空间设计精神属性的表达。

不同的材料能够带给参与者不同的体验。其一，可以将地方材料通过新形式表达，打破其物理属性赋予其新含义，比如俄罗斯的"Au Pont Rouge 交互体验店"（图3-12），运用半透明隔层材料营造一种明亮诗意的空间，给予一种新的空间感知，模糊了空间与空间、人与空间的界限；其二，现代材料对传统进行转译，用当下的钢筋混凝土去重塑历史的样式，在传统的形式上不但表达了历史的痕迹同时结合了时代特征；其三，当地材料的直接运用，赋予参与者心境，同时降低空间营造成本，比如法国波尔多红酒博物馆的酒杯玻璃吊灯、木质拱廊（图 3-13）。

3.2.3 艺术手法在商业展示空间的现代演绎

我国商业不断发展，不仅仅体现在跨地区、跨国界，同时也开始跨领域、跨专业性的融合。由于一次次信息技术的革新，多媒体信息传播丰富了展示设计艺术，装置艺术、行为艺术、视觉艺术、灯光照明等多种形式开始应用到商业展示空间之中。艺术性会以一种更为独特的视觉冲击力去营造展示空间，更为突出空间的主题文化，比如日本 TeamLab 追求技术与艺术的团队，通过打破艺术、科学、技术、创造界限，大胆的色彩用全新艺术手法为观众带来突破现实的沉浸式体验，拉近作品与观赏者的距离（图 3-14）。

3.3 传统企业文化在商业展示空间现代演绎的设计原则

3.3.1 企业文化、主题风格统一性原则

针对不同的企业文化，提取不同的设计元素，呈现出不同的展厅形态。企业展厅要有明确的企业主题，就好似企业文化是企业的灵魂，主题也是一个展厅的核心，传

达明确的企业信息。

3.3.2 空间、功能分区多元化原则

商业展示空间（图3-15）可主要分为三大板块：展示板块、体验互动板块和营销板块。构成方式体现在人、空间、产品为基本构成物结合展示形式语言共同构成了商业展示空间。

从平面上，一个展厅合理的人流动线规划会促使参观效果达到最佳值，使展示空间输出达到最大。从头到尾，有始有终。一条有始有终的参观路线上增设多种参与方式和互动路径，使参观路线不仅仅有内容识别，也增加了互动乐趣。

从立面上，艺术设计方面需考虑参数化、整体性；硬件设施上考虑顶棚、展陈形式、空间产物、铺装艺术等层次表达。功能分区多元化则是将多种不同的对象相互组合，将原本单一的功能区域交叉构建新型的、灵活运用的、多维度的展示体系，能够有事半功倍的效果，功能性是每个区域空间实用性的表现。

空间功能分为三类：具有互动、洽谈、销售、体验、娱乐等功能的大众空间；表达企业销售数据、文化历史、企业文化、商品种类等功能的信息空间；以及快速过道、艺术装饰相关功能性的辅助空间。

3.3.3 科学技术与创新性原则

现代科技发展，数字化时代的更迭，科学技术成了更多行业的宣传媒介。不单单是色、声、光、电，还赋予了展厅味、嗅、触感等感官特征，使得视觉更为逼真，参与者心理感受和情感冲击力增大，从而使展厅获得更大的效果。新技术的渗透使商业展示空间不再是单一的、死板的、传统的，空间中蕴含了更为个性化的特征，从心理和视觉上留下深刻的印象，强化了展示信息的表达。

3.3.4 空间可变性，可持续发展原则

1962年，美国女生物学家莱切尔·卡在《寂静的春天》提出了发展理念。10年后，两位著名美国学者巴巴拉·沃德和雷内·杜博斯的《只有一个地球》，把人类生存环境的认识推向可持续发展的境界。时代更迭步伐增快，在更新换代过程中难免产生建筑、材料方面的垃圾，在空间中灵活性运用装置成为合理且实现可持续发展的关键，不仅提高了空间利用价值，还赋予了空间一定的灵活性，适当降低了企业在展示空间的成本摄入。

图3-14 "teamLab:AForest WhereGodsLive—earth music&ecology (teamLab 神明居住之森林)"展览（图片来源：TeamLab官方网站）

图3-15 商业展示空间三大板块和构成

第 4 章 贵阳茅台展厅设计

4.1 项目概括

4.1.1 项目概况

茅台企业文化展厅是深圳广田建筑装饰设计研究院正在进行的一个设计实践项目,该项目位于贵州省贵阳市老城区与观山湖交汇处的联合广场五号楼。联合广场是贵阳唯一以"艺术、生态、人文"为主题的商务领地。原建筑场地由大片玻璃幕墙、柱体支撑。具有三个垂直电梯、两个楼梯(其中一个为主入口)的配套设施。(图4-1)

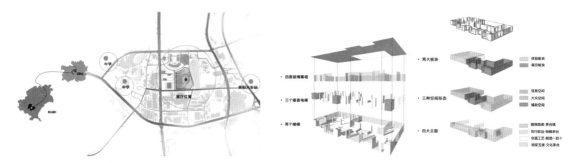

图 4-1 项目区位、原始场地建筑分析(图片来源:笔者自绘)

4.1.2 项目定位

茅台企业在贵阳的新展厅,在坚持党的领导下,不断发展和完善企业文化,将企业文化以现代演绎的展厅设计方法表达茅台企业的新理念、新形式、新精神。该展厅要以艺术化、科技化以及企业文化内涵为设计方向,以茅台爱好者、旅游者、时尚达人为主要人群,打造互动体验型展示空间。

4.2 贵阳茅台企业展厅设计模式

4.2.1 贵阳茅台企业展厅设计思路

本次展厅以'创新·体验'为中心主题。

"走进茅台·体验不一样的茅台"。茅台在国内已经名声显著,但多数人对于茅台有根深蒂固的老传统、死板的印象,如何打破禁锢的思想,实现茅台价值的延展提升,达到"文化茅台"的理念表达。设计一方面从传统的角度,深度了解了茅台企业的地域环境特色、企业文化精神和企业视觉色彩,提炼出设计元素,共同营造出具有浓厚的茅台企业文化色彩的商业展示空间,打破人们对茅台表现形式的传统视阈(图4-2)。另一方面,用现代演绎的多种设计手法将企业传统精神理念进行表达。

在茅台企业展厅平面布置(图4-3)时,首先要考虑空间功能布局、人体行为流线。本次设计将建筑分为内容展示、文

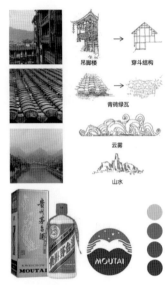

化体验两大板块，内容展示板块主要是对茅台企业文化、地域环境、历史过程等进行展示，文化体验板块更多的是互动体验商品以及商业营销的作用。结合本次项目主题，赋予每个空间相对应的接待、展示、互动体验、感官体验、洽谈娱乐、销售等功能性。

根据人体行为模式和心理环境研究，融入对茅台酒的体验感受，合理设计出一条带动人们情绪变化的步行参观路线（图4-3），提取飞仙、酒、河水元素，空间呈现流线型，空间以初遇茅台、认知茅台、浅尝茅台、品味茅台、回味留念茅台的体验感受为展厅空间序列，每个空间对应展示、互动体验、感官体验、洽谈娱乐、休息、销售等功能，最后形成"赜探引索·漱滟茅台"、"笃行致远·荣耀茅台"、"非遗工艺·从一到十"、"琼浆玉液·品味茅台"、"茅台周边·心系茅台"五大主题，一层层递进的空间序列展示关系进行展示茅台企业文化，不同区域通过装置艺术、多媒体互动、感官体验、场景复原、VR体验等多种设计手法，整条流线将空间空间分割、重组到达空间的参与、互动、文化体验。

图4-2 地域元素、视觉色彩（图片来源：笔者自摄、自绘）

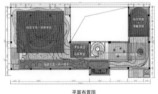

图4-3 平面布置、空间流线图（图片来源：笔者自绘）

4.2.2 茅台企业文化现代演绎的设计表达

设计关键词：茅台企业文化、现代演绎，设计通过用现代演绎的手段来打造茅台传统企业，并使之形成一个具有浓厚茅台气息的主题性展示体验空间。

（1）色彩提炼运用

结合前面章节设计手法，设计大胆地运用色彩，提炼茅台主题色彩的红、蓝、白、黄、黑及茅台酒瓶的视觉设计，整个空间不脱离企业特色的色彩，展现企业特有的logo形象，赋予空间特定的含义，同时吸引参观者眼球，使参观者瞬间进入强烈茅台特征的空间之中。

（2）地域文化的现代演绎

设计中展示空间中融入茅台酒生产的原料、当地的建筑特色还原材料，结合当下有机玻璃、新型钢材、混凝土等材质，新旧呼应，唤醒消费者内心的归属感、亲切感，感受茅台企业的历程、蜕变。

（3）科技文化、艺术展示空间

建造富有茅台文化底蕴且兼具有美感的商业展示空间，采用展现茅台文化的跨界艺术装置，合理运用声光电技术，打造互动体验感十足的品鉴区域，打造有别于传统的酒文化馆，仿佛进入艺术展览空间，营造品牌氛围、强化品牌文化。

（4）空间可移动性表达

展厅右边板块着重展示企业文化方面的知识，左边板块大多采用可移动家具形式，赋予空间观赏性、互动性、体验式等功能，使空间具有包容性、灵活性、可变性、开敞性，达到资源的最大化利用，尽可能实现空间资源的可循环利用。

4.3 茅台企业展厅设计方案展示

4.3.1 入口：赜探引索·潋滟茅台

展厅入口主题为"潋滟·茅台"。大面积磨砂玻璃的现代材料对入口深景处理，通道运用水雾喷射形成雾墙，主要展示茅台的地域环境，天棚布置提取飞仙纹的灯光装置，周边使用玻璃幕墙，地面有踩上会散开涟漪的感应装置，幕墙中的弧形过道框显出一副从天而降的赤水河水落在酒坛形态上的茅台镇沙盘里，使人仿佛置身于云雾之中，初探潋滟茅台。（图4-4）

4.3.2 影像厅：笃行致远·荣耀茅台

设置全息沉浸式投影室，讲述茅台"一摔成名"的历史故事，让参观者快速融入茅台的文化之中，不知不觉学习到了茅台的企业文化。墙面做了当地夯土石和乳胶材料进行对比，感受茅台辉煌历史、获奖状况、销售业绩等。（图4-5）

4.3.3 非遗工艺·从一到十

主要对茅台酒的从一到十的酿酒工艺、酿酒原料、生产车间进行展示。复原古法酿酒场景，对面展示12个节气不同包装的茅台酒和小麦装置艺术，往前走则进入"从一到十"的酿酒工艺长廊，地面铺装上标示1~10分别对应每个口诀的内容和场景。在对酿酒工艺有所了解后进入VR酿酒工艺体验区体验现场。（图4-6）

4.3.4 中心体验区：琼浆玉液·品味茅台

从用户行为体验、材料、科技、茅台勾窖酒文化入手。企业正发生改变，在经济全球化下，茅台企业品牌推广需要从文化入手，找到新动力、提升竞争力实现与消费者有效的交流。

此区域更加注重参观者的身体感受，为多种年龄段人考虑，设置酒吧台和沙发休闲区域，让茅台与参与者更贴近。将原本展厅所存在的柱子包裹成圆柱并进行飞仙的雕塑形态。中间类似酒水洒下的装置艺术与像水摊开的吧台成为中心，由曲线围和的周边墙体可做投影幕，开启时呈现瀑布的画面。（图4-7）

4.3.5 出口：茅台周边·心系茅台

此区域陈列多种企业产品和周边产品达到商业营销作用，周边产品体现企业的与时俱进。同时与入口呼应意味深长、回味无穷。

走出展厅时穿梭在挂在空中的印有茅台飞仙纹路的红帘里，企业的英文字母呈现在玻璃墙上，整个空间科技又充满了茅台韵味再次点题，强调茅台企业使人流连忘返。（图4-8）

图 4-4 入口－赜探引索·潋滟茅台效果图（图片来源：笔者自绘）　　图 4-5 影像厅－笃行致远·荣耀茅台效果图（图片来源：笔者自绘）

  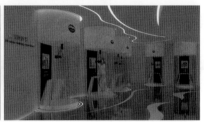

图 4-6 非遗工艺·从一到十效果图（图片来源：笔者自绘）

图 4-7 琼浆玉液·品味茅台效果图（图片来源：笔者自绘）

传统企业文化在商业展示空间中的现代演绎——以茅台企业展厅设计为例 / 王艺涵
Modern Interpretation of Traditional Corporate Culture in Commercial Exhibition Space
—— Taking Exhibition Hall Design of Maotai Enterprise as an Example / Wang Yihan

图 4-8 出口－茅台周边·心系茅台效果图（图片来源：笔者自绘）

第 5 章 总结与展望

本文通过相关文献收集、案例分析和实地考察等方法研究，在数字化科技时代的来到，各种科学技术、理论知识、设计都将跨领域跨专业的相互渗透，传统的展示空间形式正在面临革新，企业的发展也面临着考验。展示空间设计中整体空间结构的营造有很大的作用。展示空间的艺术氛围、动静分割、路径流线、层次表达等都与展厅设计密切相关。空间从封闭到开放、从单一输出到多方位表达、从静态到动态、从被动到主动的趋势进行着，从后现代设计到现在多元化设计时代，人们开始重新审视设计，通过这次整合各种审美理念去创造、可变、具有模数化、科技化以及文化内涵的空间表达。

我国对于文化、文化与科技相关政策的推出，强调了文化是人类社会历史发展过程中所创造的物质财富和精神财富的总和，在设计中融入文化就似赋予设计生命和延续，不同企业的文化决定了展示空间的内容，恰当地运用企业文化理念汇聚在空间之中才具有独特性，促使消费者积极学习企业文化，更加和谐、主动地对企业了解，与空间、企业文化产生关联性，达到共性。设计与文化融合，建设着人类的物质和精神文明，促进社会的发展，延续社会的生命力。

参考文献

[1] 黄立萍. 展示设计 [M]. 重庆：重庆大学出版社, 2018.

[2] 于幸泽, 俞勇. 在场与立场——德国装置艺术巡回工作坊 [M]. 北京：中国建筑工业出版社, 2018.

[3] 孙磊. 展厅设计 [M]. 重庆：重庆大学出版社, 2018.

[4] 艺力国际出版有限公司. 互动装置艺术——科技驱动的艺术体验 [M]. 武汉：华中科技大学出版社, 2019.

[5] 丁法传. 企业展厅空间形态创意表现研究 [D]. 北京：中国美术学院, 2017.

[6] 张蕾. 企业文化在展示空间中的研究及运用 [D]. 济南：齐鲁工业大学, 2017.

[7] 林兴家. 商业展示空间的艺术化探索 [D]. 济南：山东师范大学, 2010.

[8] 曹月娟, 胡勇武. 走向文化之路：新传播视阈下的企业文化传播和企业形象构建 [M]. 上海：上海交通大学出版社, 2017.

[9] 崔青青. "弹性空间"在商业展示空间中的设计研究 [D]. 北京：中国矿业大学, 2018.

[10] 袁仁庆. 文化创新对茅台集团公司跨越发展的影响研究 [D]. 北京：对外经济贸易大学, 2013.

[11] 李保芳. 关于"文化茅台"建设的一些思考 [J]. 当代贵州, 2019.

[12] 张立. 推动文化与科技深度融合 [J]. 科技传播, 2019.

[13] 张华麟. 有"色"建筑——论色彩效应对展示空间的影响 [J]. 文艺生活·文艺理论, 2015.

致 谢

在 2019 年，有幸参与四川美术学院校企联合培养硕士研究生工作站项目。感谢工作站给予与行业大师接触的机会，感谢四川大学、西安美术学院、天津美术学院、中央美术学院的教授们在每次课题汇报时的耐心指导，感恩与各个大学专业佼佼者们的相遇和交流。

课题研究中，感谢校内导师龙国跃教授和企业导师严肃老师对我的悉心指导。感谢严肃老师提供"贵阳茅台展厅"实际项目作为本次课题的研究。在校内常研究美丽乡村课题，接触展厅较匮乏，严肃老师将公司前沿的设计资料分享于我，阶段性地关心我的课题进展，支持我学习，同时在广田集团装饰研究院的帮助下到达茅台镇进行了实地的调研工作，为课题研究夯实了基础。

重识
"跨区域、跨校际、跨行业"研究生联合培养基地案例库建设

Reunderstanding
"Cross Regions, Cross Universities, Cross Industries"
Construction of the Case Base of Graduate Joint Training Base

酒店设计去边界化表现形式研究

◎ 帅海莉

Research on the Form of Non-boundary Hotel Design / Shuai Haili

摘 要

随着社会的发展、科技的进步和生活水平地提高，人们对物质的需求逐步转变为对精神的需求。需求的增多和发生转变后，在设计活动中对原有的事物进行重组、添加，形成多元化的设计组合，用这种新的设计方式可以给人带来新的生活方式和新的体验。新的设计方式不再是单一专业的发生，而是融合多专业后，整体性的呈现，设计边界也越来越模糊化，这直接影响到多领域、去边界设计的出现。

此次课题设计实践中，运用去边界化设计思维方式，以更宽的视角把多领域、去边界化作为设计点，以酒店设计为实践，打破传统酒店的大众认知习惯，赋予其全新的体验和感受。让酒店和艺术馆完全分属两个领域的两种产业相结合，打造集酒店、艺术展览与艺术商业于一体的空间，尝试以艺术馆酒店设计的新方式来模糊"纯酒店"印象，为不同的人提供独特体验的酒店艺术空间，给人带来新的感受。

关键词

酒店设计　去边界化　艺术馆酒店

第 1 章　绪　论

1.1 课题溯源

如今，随着生活水平的提高，人的需求呈现多元的趋势。通过设计来实现人的需求也成为当下设计师的使命。现代人的需求发生转变后，对原有的事物进行重组、添加，形成多元化的组合。用新的设计方式满足新的生活方式和新的体验，比如 VR、AI 等新的科技手段的出现是为了满足人的新需求；西西弗书店及方所书店因其将书店、文创周边、水吧结合而受到大众的喜爱和欢迎。空间服务功能的多样化已经成为满足人们多样化需求的方式，这也是时代变化和人的需求产生的新的反映。

当今人们的物质生活水平日益提高，对于人文精神的意识感官也不断递增。在社会分工趋于精细化、专业化与模糊化的当下，人文之间的沟通交流更加便捷，同质化设计的对比竞争也愈发激烈。行业的沟通合作、设计间的灵感互通、理论界的交叉讨论应运而生。设计呈现出的交集部分越来越被重视，去边界化设计逐渐体现出其重要意义，并逐步发展成为一种科学分支作为讨论，这是精准态度的追求，是时代发展的缩影。

设计为人服务，所有设计活动受制于人的需求影响。比如酒店设计的演变，酒店从一开始仅解决住宿功能，随着需求变化，到现在的主题性、高科技智能化酒店等层出不穷；大型购物商场从最初的大百货售卖到现在儿童游乐、滑冰场、电影院等新的购物体验方式的加入，这些都在传递着多领域的必然性，而如何将不同领域通过设计来很好地结合在一起，于是，去边界化设计也由此提出。

长期以来，酒店客源市场一直处于两极分化状态：高端商务游客喜欢入住豪华的高星级酒店；一些自助旅游和普通公务客青睐价廉物美的经济型酒店。而一些没有集团品牌效应但又独立于普通经济型酒店的"中间"一级酒店，在硬件设施、服务水准上无法和定位高端客户的品牌高星级酒店抗衡，在成本控制、营销渠道和房间价格上又比不上经济型酒店，客源流失较为严重。正是因为目前酒店存在这样的问题，所以笔者想用去边界化的设计方式，将酒店与艺术馆结合来增加酒店的竞争力以及经济效益。

1.2 选题意义与研究思路

1.2.1 选题的意义

通过选题研究，认知人与社会发展对设计产生的影响。梳理多专业整体设计发生的背景和原因，在研究中找到专业间的内在逻辑关系，并依此推导其对设计产生的实际意义和价值。

运用多专业设计思维方式，在课题设计实践中，以更宽的视角把多专业、去边界化作为设计点，尝试将酒店与艺术馆结合的新方式来模糊"纯酒店"印象，为不同人提供独特体验的酒店艺术空间，给人带来新的感受，进而完成课题目的。

1.2.2 研究思路

本文的研究思路是从发现问题，分析问题，最后在设计阶段来解决问题三个方面入手。通过对相关书籍资料和文献的研究以及对类似优秀案例的实地参访考察，从理论到实践进行系统地研究。论文从宏观到微观展开研究，宏观上对酒店设计的发展规律、酒店的现代呈现方式进行归纳总结，对当下酒店设计的现状进行简要阐述，从而发现问题；微观上分析参访的类似优秀设计案例，阐释酒店设计去边界化的表现形式。

1.3 研究对象与创新点

1.3.1 研究对象：以酒店设计为例

社会节奏的加快，人的压力逐渐加大，旅游成为人舒缓压力的方式之一。在旅游中，酒店选择是决定旅游质量的关键。如今，酒店根据面向人群的不同，大多是一些商务型、精品型、度假型、生态型等酒店。笔者认为酒店设计方式可以用一种新的视野来考虑，给人带来新的感受和新的商业价值。

区别于普通主题酒店，本文将研究视角主要集中于艺术展览与艺术商业相结合的艺术馆酒店。因此，本文的研究内容是现代酒店空间中的跨业态、去边界化设计，并通过对类似优秀案例的分析，探讨如何将艺术馆的现代艺术形式运用于酒店室内空间，让酒店与艺术馆融合。

1.3.2 创新点

此次研究内容的创新点在于"模糊设计界线"，将艺术馆这一展示设计类别与酒店设计融合在同一空间中，除酒店整体定位外，模糊"纯酒店"印象，保留酒店功能的同时融入艺术展示与艺术商业，而艺术馆则可以成为通往其他领域的触角。打通艺术、酒店和设计之间的墙垒，"去酒店化"的同时也模糊了设计界线，让人产生新的认知。希望通过研究为现代酒店设计提供一个新的设计思路，为今后对于相关课题研究和案例实践提供一定的参考和借鉴。

1.4 国内外研究现状

在中国知网上以关键词的方式检索"去边界",共有 13 篇文献,其中没有关于设计或环境设计门类的文献研究;以关键词的方式检索"去边界化"或"去边界化设计"均为 0 篇文献;以关键词的方式检索"设计的表现形式"共有 5689 篇文献,其中室内设计分组中共有 147 篇文献研究,大多研究的是材料材质、软装、色彩、风格在室内设计中的表现形式;检索"模糊设计"共有 173 篇文献,室内设计门类中只有 2 篇文献,一篇研究现代展示空间中的模糊性设计,通过对"模糊空间界面"、"模糊性设计手法应用"等方面研究来探讨现代展示空间设计理论方法价值和实践价值,另一篇研究室内空间的模糊界面设计技巧,具体包含形态方面的技巧、材质方面的技巧和灯光方面的技巧;检索"艺术馆酒店"共有 2 篇文献,真正谈论艺术馆酒店的只有一篇,其解构了位于哥本哈根市中心的 Hotel fox 的跨界营销体系,将 Park 酒店转型(跨界)酒店行业,加入艺术家和设计师元素,创造出仿如艺术展廊的酒店,变成生活创意型酒店,成为一种生活方式的潮流模范。同时,Hotel fox 也用自己的成功已经向我们预示着,波涛汹涌的生活方式酒店浪潮已经离我们越来越近了。

贝聿铭曾说过:"设计师要做杂家而非专家。"不可否认,在我国现阶段的去边界化设计方式研究仍处在探索阶段,去边界化设计要求设计师具有极高的设计综合能力。

1.5 研究方法

1.5.1 文献查阅法

通过对相关文献资料的查阅,分析酒店设计的演变规律,探究时代和人的需求变化呈现的多专业、跨领域、去边界特点,以及去边界化设计的表现形式。

1.5.2 案例分析法

寻找跨业态、去边界化室内设计的类似相关案例,进行分析和归纳,借鉴其中的理念思想运用到艺术馆酒店设计中。

1.5.3 实地调研考察法

对国内一线城市——深圳的类似酒店进行实地考察,并对调研对象的空间、业态形式进行分析,为课题的实践打好基础。

第 2 章 酒店设计的演变

酒店(HOTEL)一词来源于法语,可追溯到千年以前,早在 1800 年《国际词典》中写道:"酒店是为大众准备住宿、餐饮、服务的一种建筑或场所。"具体地说,酒店是以它的建筑物为凭据,通过出售客房、餐饮和综合服务设施向客人提供服务,从而获得经济利润的组织。在中国酒店也被称为"饭店"、"宾馆"、"旅店"、"旅馆"等。

中国的酒店业开始于 20 世纪 80 年代,以贝聿铭设计的香山饭店,始建于 1960 年的上海西郊迎宾馆(由协泰洋行汪敏信设计的建筑,实际出自建筑师鲍立克之手,圣约翰大学建筑系第一批毕业生同济大学李德华教授和王吉盚教授参加了设计)为典型代表。进入 21 世纪,伴随着旅游业的蓬勃发展,酒店业成为许多资金关注的热点,酒店项目井喷,这一时期的酒店设计呈现出多元化、细分的特征。同时，品牌酒店管理公司的前期介入更对建筑师提出新的挑战。如何应对体验经济下更为人性化、更为多元化的酒店设计；如何在管理公司的运营要求和设计创意之间求得平衡，成为这一时期职业建筑师们值得思考的问题。

对于现代的酒店，它不仅仅是消费者短暂栖息的居住空间，而是一种生活方式的表现，代表一部分人的消费层次和生活标准。随着现代科技的发展和人们的精神需要，现代酒店设计也在迅速地发展和演变。

2.1 酒店使用者的近代需求方式

对酒店客人而言，酒店要带给人好的服务和入住体验。酒店作为人们商务或休闲旅途中的居所，它要满足人们基本住宿和餐饮的条件。而酒店设计不仅是材料和陈设的堆砌，也要有空间氛围的营造；酒店客人需要在工作或者旅行之余在酒店中寻求轻松愉快的体验，所以酒店设计就需要与娱乐性相结合，为顾客提供娱乐性设施；要更加灵活的空间功能来满足不同时间，不同人群的使用需求；低碳减排也是现在及未来所有项目的共同目标。

对投资者而言，经营方要取得合理的利润，要保证酒店的营利性。

2.2 酒店设计的现代呈现方式

随着城市化的发展，商业活动得以快速发展，同时，人们生活和居住的标准也在提升，酒店的视觉感受和舒适度达到了全新的高度。尤其是在商业地产蓬勃发展的今天，作为城市制高点的需求以及项目高端定义的要求，成片开发的城市综合体往往围绕着高档星级酒店展开。城市综合体的酒店也如雨后春笋般出现在人们的视野，让酒店通过与其他功能建筑的结合，变成一个标志性的休闲旅游目的地。比如与底层零售商业的结合，可以提升酒店的品质及功能，打造高层酒店的顶部空间，有特色的酒吧、餐饮区或是观光台都会成为游客必访的景点。可见，现代酒店中加入了越来越多的功能来满足客人的不同需求。

第 3 章 酒店设计中的去边界化表现形式

3.1 "去边界化"的释义

边界 (Border) 也用 (Boundary)，首先意味着差异 (Difference)、区隔 (Distinction) 或界限 (Border)。具体说，边界是限度或边缘的界限，是两个及以上领域得以区分并表明差异的刻度。并且，这种区分结果是具有社会共识性的，而不是主观臆断的。

在中国，设计被细分成了很多领域，每个领域都有着其既定的规则和风格体系，这是设计的边界。若设计师想超越这些规则和体系并不容易。所有的这些风格体系都有其指导的方法论及强有力的工具性，同样也都有着偏见性和局限性，因此也干涉和阻碍了设计实践者的自然发展。如果设计实践者被限制在一种既定规则和风格体系中时，那他的作品将停滞在旧有的框架中难以突破和发展。

设计的边界和社会的边界有着千丝万缕的联系，不同时代中设计的边界也一直在变化、重置和消解。三宅一生用"一块布"将西方服饰传统的打版工艺解构了，用"褶皱"颠覆了平整才是好衣服标准的固有旧观念，用"平面剪裁"对顶"立体剪裁"，挑战整个西方的服装工业行会和潮流趋势联盟。隈研吾提出的"负建筑"概念，用原木、石头、竹子等自然材质对顶加工混合的非自然材质。原研哉十分强调陌生化与未知化所带给设计与生活的可能性，打破人们既定的、顽固的观念，为深入认识事物与重组新秩序埋下伏笔。在这个时代，设计是需要被打破重组的，随着社会发展，空间资源日益紧缺，去边界化设计模糊空间使用界限，为同一空间带来更多地使用可能。同时，去边界化可以跳出旧有的设计框架，作为一种新的设计方式来指导设计，打破原有的一空间一功能的设计思维，探索一条设计新路。

正如朱锷在《消解设计的界限》一书中所说："虽然各自的表述方式不同，但根底下的主张并无二致，他们正在以优雅纯粹的东方式感性线条，消解着一切设计的界限，微妙地清理和修正着现代设计的审美方式。"真正好的设计，不是来自对既定体系的知晓和遵循，而应该更多地来源于对日常生活的观察留意和思考。设计师不应被限制思维，应该尝试不同领域的设计，跳出既有框架，在设计时以人为本，综合考虑人的各种需求，站在人的真实需要的角度思考问题。通过不同的角度去考究，从而达到融会贯通、消解设计的界限，回归设计的本质。这与本文想要表达的"去边界化"目的不谋而合。

3.2 在酒店室内设计中的去边界化表现形式

3.2.1 去边界化的表现形式

在酒店设计领域当中，体验感是设计师及业主着重考虑的因素。在设计中的种种空间和细节，都是为了搭建我们想要的体验状态。此次研究"室内设计中的去边界化表现形式"是在将艺术馆空间融入酒店空间这一设计形式下，把艺术馆理念植入酒店设计，模糊酒店本身具有的功能性，增加酒店的新功能，尝试去边界化的艺术馆酒店设计，具体表现形式为：功能上将酒店服务功能与艺术馆服务功能模糊化，一定要有特定的空间构成意义和功能价值属性，在整体的空间比例、空间关系上要有一定的把控，空间中既要满足艺术馆的展览需求，又要满足酒店客人的住宿需求，将艺术展示气息及一些艺术经营的部分放在需要的空间里面，如酒店大堂和客房满足酒店服务功能的同时作为艺术展览的主体部分，其余空间作为艺术展览的延续部分。在整体调性上，用一定的调色去分界每个功能，模糊艺术馆与酒店的边限，将艺术馆元素与酒店结合，从整体到局部到细节都呼应，合理规划功能模块于空间中的定义，似艺术馆但又身处酒店之中，形成每个空间丰富化的理想模块，在空间建构与空间材料中，进行一定比例的调整，形成一定的平衡效果，与整个模式设定保持调性统一。

3.2.2 酒店设计去边界化案例分析

（1）深圳 MUJI 酒店设计

2018年1月18日，无印良品全球第一家酒店 MUJI HOTEL 正式在深圳开业。MUJI HOTEL 这栋六层楼的建筑位于深圳市中心的深业上城综合体西北角，包括了无印良品位于深圳深业上城的店铺、无印良品餐堂（MUJI Diner）和无印良品酒店（MUJI Hotel Shenzhen）。无印良品将酒店（图3-1）、零售店铺（图3-2）、书店（图3-3）、水吧（图3-4）、餐堂（图3-5）集为一体，酒店入口和零售店铺门口分别位居这栋建筑的两侧（图3-6）。

笔者对此进行了实地考察，一层包含酒店大堂、餐堂、零售店铺一楼、书店和酒吧，在这几个空间里可以互通有无，没有明显界限。整个空间风格承袭了 MUJI 一贯的简约风，酒店房间中70%的物品都可以在旁边的零售店铺买到，在这样多业态下，每个业态之间都能相互引入客流，打造着一种 MUJI 生活方式。

图 3-1 深圳 MUJI 酒店（图片来源：笔者自摄）

图 3-2 深圳 MUJI 零售店铺（图片来源：笔者自摄）

图 3-3 深圳 MUJI 书店（图片来源：笔者自摄）

图 3-4 深圳 MUJI 水吧（图片来源：笔者自摄）

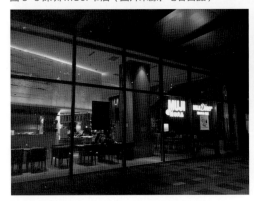
图 3-5 深圳 MUJI 餐堂（图片来源：笔者自摄）

图 3-6 深圳 MUJI 酒店入口和零售店铺门口（图片来源：笔者自摄）

在无印良品这一去边界化案例下不禁让人反思，围绕生活方式进行的去边界化布局是否有边限？不难发现，无印良品的跨界都是与店铺有关。可见，无印良品的跨界是无界之界，是去边界化的。

日本良品计画株式会社良品计画代表取缔役社长松崎晓曾说过："无论什么业务，都是在同一理念下的分支。"当下，人们对美好生活的向往驱动着消费的升级，而对设计思维融入生活的需求也越来越强烈，去边界化设计已经成为一种趋势。

（2）深圳后海木棉花酒店设计

笔者实地考察了由季裕棠担任"设计总顾问和品牌创意总监"的位于深圳后海片区的木棉花酒店。酒店最大的亮点是大堂书吧（图3-7），一进入酒店映入眼帘的不是酒店接待台，而是琳琅满目的书籍墙，会让顾客以为进入的是书店而不是酒店。大堂接待台则"藏"在书吧的后面（图3-8），整个大堂空间让人惊艳。高达10米的书架、复古的藤椅，以及各种由专业书店挑选的精品书籍，布满整个酒店大堂空间。顾客可以在这里看书、喝下午茶，也可以在书吧包房（图3-9）与朋友畅聊待上一整天。这些书籍是可以售卖的，在大堂夹层中设有一个小型展览区（图3-10），可以做小型艺术展览或定期举办小型讲座。

深圳后海木棉花酒店是一个集书吧和酒店于一体的酒店设计案例，这样新鲜的碰撞使后海木棉花酒店成为打卡圣地，为酒店带来不少客流的同时，也提升了酒店形象。去边界化的设计方式打破了酒店固有的印象，碰撞出新的火花。

图3-7 深圳后海木棉花酒店大堂（图片来源：笔者自摄）

图3-8 藏在大堂书吧后的酒店接待台（图片来源：笔者自摄）

图 3-9 书吧包房（图片来源：笔者自摄）　　　　图 3-10 大堂夹层小型展览区（图片来源：笔者自摄）

3.2.3 小结

去边界设计本身蕴含了大量的话题性，在这个互联网时代，所有框架都具有数据性和逻辑性，如何成为吸引眼球的亮点等同于经济效益。而深圳无印良品酒店的将酒店、零售店铺、书店、水吧、餐堂多种业态与酒店业态集为一体，以及深圳后海木棉花酒店的将书吧与酒店服务功能相结合，正是去边界化设计的成功案例。通过多种业态与酒店空间相融来进行酒店设计模式的规划，将酒店与多业态结合的去边界化表现形式，既模糊了酒店功能，同时又为酒店增加了一些特殊的体验，或者说是缓解区。这样的多业态去边界化，可以给酒店带来更多客流的同时还会带来多重的经济效益。

第 4 章 艺术馆酒店设计研究

4.1 艺术馆酒店设计概念阐述

选择将艺术馆和酒店相结合，可以从以下三个层面开展：

（1）从人的层面，人在进入到艺术空间中，会产生自然的约束力，不会大声喧哗，而酒店是需要安静的，在这一点上，艺术馆和酒店很契合。

（2）从空间环境层面，一个长期进行艺术品展览和艺术品售卖的酒店，不仅仅用艺术品作为点缀的艺术主题酒店，利用酒店的灰空间为艺术品、艺术提供更多延展空间和可能性。为消费者创造有品质的消费体验，更多想象空间得到逐一填充的氛围和状态艺术表述，生活方式，科技引领，人与艺术的沟通，与智能技术的交互，都在一方空间里得以实现、展现，使艺术最大限度地可知、可达，飞入寻常百姓家。

（3）从酒店经营层面，首先，艺术品展览会为酒店带来人流量，为酒店创造更多的客流。其次，展览中的艺术品售卖及大堂水吧为酒店带来营利，酒店的客流也为艺术品出售带来更多的可能，实现双向盈利。

将酒店和艺术馆完全分属两个领域的两种产业结合，为酒店设计领域提供了新思路。这是一种颠覆性的尝试。

4.2 研究成果在项目实践的运用——麓湾酒店

4.2.1 项目概况

项目位于深圳市龙岗区东部（图4-1），与坪山中心区更为接近。处于深汕公路和宝龙大道交汇处，北面接近厦深铁路，交通资源丰富。项目地块拥有坪山最佳景观资源，享受最便利交通环境，服务半径横跨龙岗及坪山中心区，受众人群从工业区到居住区不等，范围广、多元化，未来极具升值空间。

4.2.2 设计理念

将麓湾酒店定位为艺术馆里的酒店，集酒店、艺术展览与艺术商业于一体的经营理念和经营模式，区别于市场上千篇一律的酒店模式。在这样一个艺术馆里的酒店空间里，在尊重人的心理情况下，利用空间处理来重新整理和调理人的心情，让人有不一样的酒店体验，对酒店产生新的认知。

酒店中的展览由艺术机构或艺术家个人合作举办，在展览作品的同时根据艺术家个人意愿可以将作品进行售卖。这样可以带给艺术家本人以及酒店双重的知名度和经济效益，也可满足个性化社会需求，还能让艺术可知可达飞入寻常百姓家。除此之外，酒店里可以定期做小型艺术讲座或讲堂，让艺术馆酒店更加生动有活力。

4.2.3 麓湾酒店大堂设计方案

酒店大堂原本的功能是作为酒店咨客和团队接待的，在保留这两个功能的前提下，将艺术馆融入其中，形成一个外部印象和室内印象，让人对酒店原有的印象发生转变，这是一个除了充满艺术诱惑力以外，艺术品的经营买卖也可以给住客带来另一种新感觉的空间，可以住在酒店里下楼看个展，又或是经历外部的忙碌、紧张、喧嚣后进入酒店的一瞬间，空间组合、灯光营造及酒店氛围的包裹，形成一个仪式感，逐渐慢下来，让人放松，感受艺术感受生活。

图4-1 麓湾酒店基地（图片来源：深圳广田设计院一分院）

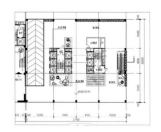

图 4-2 原始结构图（图片来源：深圳广田设计院一分院）

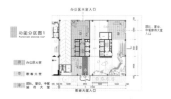

图 4-3 酒店大堂功能分区图 1（图片来源：笔者自绘）

图 4-4 酒店大堂功能分区图 2（图片来源：笔者自绘）

图 4-5 夹层效果图（图片来源：笔者自绘）

　　酒店位于玻璃幕墙写字楼里，其原始结构为底层架空（图 4-2），我将其外围以玻璃幕墙的形式闭合架空空间，作为酒店大堂，并将办公区与酒店大堂分隔，使办公楼人流与酒店人流路线不混乱。一楼空间划分 3 各入口，分别是办公区大堂入口，散客大堂入口，（团队、宴会、中餐）接待大堂入口（图 4-3），这三个入口将人流路线合理规划。观展人员主要从散客大堂入口进入，酒店咨客主要从团队接待大堂入口进入。当然，一楼大堂作为公共区域服务给酒店客人，两个入口都保留了酒店前台的咨客和团队接待功能，真正的酒店业务服务规划在高区酒店大堂，所以把一楼公共空间利用起来也作为艺术馆空间进行艺术展览，这也合理利用了空间资源。

　　一楼大堂经过合理布局规划后主要分为 7 个使用功能区（图 4-4）：（1）为办公区，独立于一楼大堂，写字楼的办公人员主要从这里进入，合理规划人流路线，方便管理；（2）为展览区，这一区域呈"回"字形，是一楼区域最大使用面积，适合展览布局，可灵活布展，观展路线相对合理，利用一楼空间层高优势添加一夹层（效果图如图 4-5），根据展览需求夹层也可为展览服务，增添空间层次感的同时也有"对望"的概念在其中，人在高处望，解决人的私心，满足人的私密性心理，将人的内心部分"埋"在设计之中，展览区空间处理干净，墙面为哑光的石材面，大量"留白"，作为衬托将精彩留给展览作品；（3）为水吧区（图 4-6、图 4-7）布置在平面的右下角，不会将展览区块破坏，同时合理利用原有扶梯下的空间，将其作为操作室，空间上做跌水处理，让人仿若在水面上休憩，并将艺术展品同样融入这一区域，延续艺术空间的同时给整个空间带来一些生机，满足客人需求，也为酒店带来一定利润；（4）为团队大堂区（效果图如图 4-8），保留服务台，为接待酒店客人提供服务，也可作艺术馆展览服务台功能；（5）为散客大堂区（图 4-9），大门做异性隧道形态特殊设计处理（图 4-10），吸引眼球，让人从门外就能感受到这里的艺术氛围，同时人在通过"隧道"（图 4-11）进入时，在这一空间氛围渲染下引导人的心境，进入室内豁然开朗，艺术展览顿时呈现在眼前（图 4-12），这里没有像一般酒店那样将服务台布置在正对大门处，而是将服务台布置在大门旁侧，弱化酒店服务功能，更强调艺术馆的气质；（6）为卫生间、行李间区域，布置在大堂服务台之后，可暂存行李及应急需求；（7）为电梯、扶梯及配电等区域。具体平面布置如图 4-13。

图 4-6 水吧效果图 1

图 4-7 水吧效果图 2（图片来源：笔者自绘）

图 4-8 团队接待大堂效果图（图片来源：笔者自绘）

图 4-9 散客大堂效果图（图片来源：笔者自绘）

图 4-10 北立面图（图片来源：笔者自绘）

图4-11 "隧道"入口效果图1（图片来源：笔者自绘）　　图4-12 "隧道"入口效果图2（图片来源：笔者自绘）

图4-13 酒店大堂平面图（图片来源：笔者自绘）

图4-14 Hotel fox 房间图（图片来源：马思洁，杨禹.睡酒店，还是睡艺术馆？——解构Hotel fox跨界营销体系[J].经营者,2008(06):44-45.）

4.2.4 麓湾酒店客房设计方案

酒店客房可借鉴Hotel fox（图4-14）成功的跨界营销体系，与艺术家合作设计布置，保留酒店原有住宿条件及功能下，可对床单、墙壁和天花板等软环境进行加工，让每一个房间都与众不同，每个房间都是一个个人艺术展，将艺术馆概念延续至整个酒店氛围（图4-15、图4-16）。把每一间房的图示附上酒店网站，既展示设计艺术家的个人信息，也展示房间的设计说明，这样一来，客人便可以根据自己的心情和爱好来选择房间的风格。

每个艺术家都会有不同的艺术表现风格，不同的艺术展览房间使每位住客都会在这里获得独一无二的体验，也给了住客一个重复住这个酒店的新理由。不同于其他酒店那样普遍依靠会员积分、折扣奖励等勾住客人的心。这样的酒店设计形式对客人的重复吸引来源于客房独具匠心的艺术设计，顾客能够从中获得超凡的酒店艺术体验，即使是重复入住的顾客，也依然会觉得新鲜无比。

第5章 结语

随着现代城市化不可逆的进程，社会也在慢慢地发生着转变，城市人口素质不断提高，酒店为满足人的更多需求也向着多元化发展。而随着制造社会向创意社会的发展，普遍的实用观点也开始向审美主义延伸，标准化、普遍化、快餐式的酒店虽然勉强能满足基本的住宿需求，但追求个性化的需求犹如雨后春笋般涌出，而酒店的建筑形态、装修特色、服务质量等，都将成为消费者选择的标准。

图 4-15 客房效果图 1（图片来源：笔者自绘）

图 4-16 客房效果图 2（图片来源：笔者自绘）

在这样的社会趋势下，一个代表全新消费者需求，并以一种别具一格面貌呈现的酒店设计应运而生。去边界化的酒店设计，尝试酒店与艺术馆相结合，让酒店犹如艺术展廊一样。艺术家们的独创性可以把这个酒店演绎成有设计感并且非常独特的创意生活方式酒店。生活方式酒店的趋势必然，这也是现代酒店发展的一种趋势。

参考文献

[1] 吴智雪. 跨界设计融创精神下的环艺专业教学探索 [J]. 美术大观，2015(09)：136.

[2] 谢小龙. 概述现代酒店设计的演变 [J]. 企业导报，2011(18)：247.

[3] 丁晓莉. "市场多样化需求下的酒店设计"论坛 [J]. 时代建筑，2011(05)：154–157.

[4] 朱锷. 消解设计的界限 [J].21 世纪商业评论，2010(04)：108–109+111–112.

[5] 陈茜.MUJI 跨界 无界之界 [J]. 商学院，2018(Z1)：65–67.

[6] 马思洁，杨禹. 睡酒店，还是睡艺术馆？——解构 Hotel fox 跨界营销体系 [J]. 经营者，2008(06)：44–45.

[7] 傅娟. 当代消费文化与酒店设计趋势 [J]. 新建筑，2005(02)：60–63.

重识
"跨区域、跨校际、跨行业"研究生联合培养基地案例库建设

Reunderstanding
"Cross Regions, Cross Universities, Cross Industries"
Construction of the Case Base of Graduate Joint Training Base

以设计师为中心的设计公司文化生态研究
——以深圳市梓人环境设计有限公司为例

◎ 曾韵筑

Research on the Cultural Ecology of Design Company Centered on Designers
——Taking Shenzhen Ziren Environmental Design Co., Ltd as an Example / Zeng Yunzhu

以设计师为中心的设计公司文化生态研究——以深圳市梓人环境设计有限公司为例 / 曾韵筑
Research on the Cultural Ecology of Design Company Centered on Designers
—— Taking Shenzhen Ziren Environmental Design Co., Ltd as an Example / Zeng Yunzhu

摘 要

室内设计成为专门的行业与学科是发生在改革开放之后。1978 年 12 月，中国共产党十一届三中全会召开，国家将工作重心转移到经济建设上，开始实施改革开放政策。深圳、珠海、汕头、厦门被设为经济特区并在 1981 年下半年相继开始开发建设。随后国家又开放了天津、上海、广州等 14 个沿海港口城市，并提出要逐步兴办经济技术开发区。国门的打开增加了国内外室内设计文化交流，不仅引来了国外大批优秀设计人才，也带来了国外的设计理论和新技术，为室内设计行业的发展注入了活力。1998 年 7 月，国务院印发《关于进一步深化城镇住房制度改革加快住房建设的通知》，提出停止住房实物分配，逐步实行住房分配货币化。住房制度改革的核心是实现住宅的商品化，这促进了市场化房地产发展，也催生了房地产住宅装修的持续升温。落后的建筑内部环境已无法满足社会对生活品质的要求，迫使院校培养室内设计专业人才，同时大型的装饰工程公司、建筑设计公司也开始拓展室内设计领域的项目，这为中国室内设计公司发展奠定了基础。同时，科学技术的革新，特别是材料技术和信息技术的发展对室内设计行业发展起到了推波助澜的作用。社会稳定和财富的积累，使人的需要开始从物质需求向精神需求转变。室内设计作为第三产业的服务行业，得到了"大施拳脚"机会，越来越多的国内设计师开始承担重任，专业的室内设计公司也开始涌现出来。

中国 20 世纪 90 年代以前，室内设计属于建筑设计的一部分。建筑装饰施工单位直接包揽从设计到建设的工作，缺少规范性，导致了设计直接服务于施工的局面，室内设计师几乎没有独立性和发言权，普遍承担着绘制图纸的工作。随着住房制度改革和住宅逐渐商品化，室内设计开始受到人们的重视。社会需求的转变，使住宅不但要满足人居住功能的需要，而且经过设计的空间也成为一种文化身份的表现，越来越多的人需要对室内进行设计，促使室内设计师的地位逐步提高，承担的责任也越来越重要。室内设计师们开始有了自己的话语权。

深圳是中国改革开放开设的第一个经济特区，它在建设速度和规模上是最大的。深圳紧邻香港，改革开放早期得到了香港很多方面的支持。"九七"香港回归，深圳利用与香港的区位优势，频繁地进行交流，使得深圳了解资讯比其他城市更快。2008 年 11 月，联合国教科文组织授予中国深圳"设计之都"的称号。

本文以深圳市梓人环境设计有限公司为研究对象，以设计师、设计公司与社会的互动为核心，研究以下几个问题：中国室内设计公司产生和发展的社会背景；设计师的个人品位如何推动其价值的实现；以设计师为中心的设计公司文化生态的形成。本文借用文化生态学的方法来研究设计公司文化现象，其中社会、设计主体——设计师、设计公司共同构成设计公司文化生态的主体，具体表现为设计价值观、设计文化、设计方法、社会贡献等要素。通过对梓人环境设计有限公司设计案例的分析，论证设计公司的文化生态带动的效益。深入挖掘设计案例中特定的文化语素与精神内涵，还原设计师创作的状态与设计思路，展现设计的过程。希望对从事设计行业工作者给予启发。

关键词

设计师　室内设计公司　文化生态

第1章 绪 论

1.1 研究背景和意义

1.1.1 研究背景

早期，艺术家与设计师没有明确的分工，设计师职业也没有明确地定义。1914年以前随着大规模消费的兴起，艺术家、建筑师、工程师等人，他们以不同的方式为消费市场提供视觉服务。20世纪20年代末，美国出现了第一批顾问设计师。经济危机导致美国通用汽车公司面临倒闭危机，公司副总裁斯隆雇佣车身建造师哈利·厄尔来设计具有吸引力的汽车外观，并成立了汽车公司造型部。将美学元素引入汽车批量生产中，通过改变汽车外形的设计带动消费。很快其他国家也纷纷效仿这一做法，决定将艺术造型设计引入产品，来增加产品的竞争力。顾问设计师这一职业在两次世界大战之间逐渐成熟起来。

设计师常以自由设计顾问的形式开始自己的设计公司。设计师的设计理念、对某个设计领域的偏爱以及对设计过程的观点，给公司带来一种领导风格和战略定位。因此，设计公司的战略是以其创始人的背景、理念和商业战略为基础的。以设计师为中心的设计公司，一个人带领团队，为有共同兴趣的企业工作。个人的设计才能极大地影响公司的发展。

室内设计的产生和发展建立在批量化、标准化的工业生产及自由竞争的市场经济基础之上。深圳作为中国改革开放开设的第一个经济特区，在改革开放的历史舞台上扮演着重要角色。深圳市梓人环境设计有限公司（以下简称"梓人设计"）是中国室内设计行业中极致品质的领跑者，在创始人的带领下逐渐走向世界，设计作品在国际设计领域屡获大奖，得到法国DNA Paris Design Award，英国LICC，美国IDA Honorable Mention winner，意大利A' Design Award等多家全球顶级设计机构的高度认可。反思在今天这个快节奏、竞争激烈的市场环境下，"梓人设计"能够生存、成长并且得到行业认可，可见其具有一定的独特性。本文以"梓人设计"的成长、发展为研究案例，通过个案的分析，思考设计师的身份角色，以及以设计师为中心的中国室内设计公司的发展现状。

1.1.2 研究意义

（1）给予设计工作者启发

观察国内顶级室内设计公司如何开展设计工作，了解设计师角色的多维性，以及设计师如何树立设计价值观，希望对从事设计行业工作者给予启发。

（2）设计史研究的"在场"

目前国内设计史研究重视理论，缺乏对中国当代设计师的生存现状研究，希望通过本次对"梓人设计"个案的分析，了解室内设计行业发展的历史背景、室内设计公司现状和存在的问题，真实记录与分析鲜活的中国当代设计现场。

（3）设计构思的过程研究

以往国内对设计师设计的案例总结研究较多，希望通过本课题以梓人设计公司为对象的个案研究，跟踪公司代表性设计案例，了解设计项目发生的社会背景状态，设计师如何构思，设计项目如何推进。

1.2 研究综述

1.2.1 设计师及文化生态概念的界定

（1）设计师：设计师与艺术家不同，其设计作品属于商业艺术，必须符合市场的需要。设计师活跃在各个领域创造或提供创意的设计活动中，运用各种视觉传达的方式表现工作内容。关于设计师身份认同问题，李砚祖在论文《设计的文化身份》中提到：设计师通过设计的产出而确立自我的设计师身份，即按照一定之规使自己的设计为社会所接受，其设计师的身份即可确立。自20世纪20年代起，美国的工业设计师们开始创办属于自己的职业设计师事务。当时瓦尔特·提格、亨利·德莱弗斯、诺曼·贝尔·格迪斯等人设计的产品被社会认可，他们称自己为职业工业设计师。同一时期的中国上海，随着社会消费需求的上涨，以月份牌广告设计为主的职业设计师出现。此后，设计师职业逐渐被社会接受。20世纪80年代，各设计领域建立专业的设计协会机构，机构对设计师的职业身份起着不同的保护作用，同时这些机构也建立了设计职业的标准。比如：美国室内设计师协会（ASID）、中国建筑装饰协会等。

（2）文化生态：“文化生态”是借用生态学的方法来研究文化现象而产生的一个概念。1955年，美国文化人类学家朱利安·斯图尔德指出：文化生态是指具有不同地方特色的独特的文化形貌和模式的起源。熊春林、黄正泉、梁剑宏发表的论文《国内文化生态研究述评》中，对"文化生态"的定义是：人类适应环境而创造出来并身处其中的历史传统、价值观念、社会伦理、科学技术、宗教信仰、文艺活动、民间习俗等，是人类文明在一定时期形成的生产生活方式与观念形态等，是一种生存智慧、生存策略。文化生态以社会历史文化为基础，同时，社会相对人而言是一种文化生态系统。人、社会、文化生态三位一体。本课题的"文化生态"是指文艺活动上，设计公司的生存智慧和生存策略。设计公司的生存智慧即设计主体——设计师的价值观念，设计师的社会责任。设计公司的生存策略即设计公司的设计管理，核心工作方法，市场开拓方法。所以，设计师、设计公司、社会共同构成设计公司文化生态。

1.2.2 文化生态研究现状

通过知网文献检索筛选发现文化生态研究主要集中在民族与民俗文化生态、传统村落文化生态、非遗文化、文化保护等等方向，没有专门研究公司文化生态的文献。在国内生态文化研究述评中，《国内文化生态研究述评》指出：文化生态是一种生存智慧、生存策略。文化系统由文化主体和环境共同构成，文化行为有主观的取向。《近十年来国内文化生态问题研究综述》指出：文化生态不仅要探讨文化与外部环境之间的相互作用，还要研究文化内部各要素之间的有机联系。

顺应以上概念，思考本课题"以设计师为中心的设计公司文化生态研究"中文化生态是指：设计公司的生存智慧和生存策略。即设计师的生存智慧与设计公司的设计管理。侧重"设计师"与"设计管理"的研究。经笔者筛选后研究现状如下：

（1）关于设计师的研究主要集中在设计师身份、设计师设计思想、设计师设计活动三方面。

李砚祖发表的论文《设计的身份"场域"：从个人到民族》中，应用布尔迪厄社会学中的"场域"概念与"身份"概念，提出了"设计身份场域"的概念。从"身份"的关系性出发，研究设计与身份的关系。文中指出身份表现出的差异性与同一性主要是个人维度偏重于差异，民族维度偏重于同一，两个维度纵横交错。设计身份场域包括设计师的职业化身份、使用者的身份及企业领导者和管理者的身份，不同的身份对设计的诉求是不同的。设计作品呈现的个性、风格与设计师的个人品质、使用者的身份、符号与品牌等因素有关系。

季伟发表的论文《高文安室内设计理念研究》中，以香港设计师高文安的发展为基本脉络，以设计师的作品为案例，研究了设计师的创作习惯、设计风格与设计观念，通过以点带面的方法揭示中国室内设计的崛起。论文中缺少对设计师所处社会环境的梳理，主要是描写了设计师的成长经历和设计观点。笔者吸取这一缺点，将其作为课题研究的一部分在本课题中整体梳理至中国改革开放以后，国家政策与经济发展、科学技术和多元化的社会需求给室内设计行业造成的影响。

苗瀚文发表的论文《深圳室内设计师群研究——基于设计社会学的视角》采用设计社会学的研究方法，以深圳室内设计师群为对象，围绕深圳室内设计师群生成、存在、发展、延续的历史脉络，从一个"观察者"的角度阐释深圳室内设计师群的内在特性和外部"生态"。以揭示其群体性设计生产活动的变化轨迹和社会意义，并从侧面为设计社会学中的设计群体研究提供具有代表性的研究范例。苗瀚文认为室内设计师群的持续发展需要设计师自身不断进取同时还需要社会力量的介入。论文对深圳室内设计师群体的发展历程、社会历史背景、运作模式和设计风格变迁四个方面做了较为完整的梳理。

（2）关于设计公司管理的研究主要集中在设计公司的设计管理、管理流程、市场营销战略、客户关系管理、进度管理等方面。

罗义芳、平苹、江林鹏、黄政峰、云洁发表的论文是以工商管理专业方向对室内设计公司进行的研究。在陈颖、倪文琼发表的论文《室内设计公司的市场营销战略》中，指出目前中国室内设计公司存在三种组织形式：由知名设计师自主创建的事务所，共同成长的数名设计团队转化而来的公司，依据社会资源而建设的小型企业。

本课题的研究对象是以深圳梓人环境设计有限公司为案例，梓人设计总监颜政的设计身份有设计师、管理者两个维度，她的个性与风格在设计行业具有差异性的特点，但作为中国设计师与其他国家设计师对比时，又具有中国当代设计师共有的特征，这种民族性是与生俱来的。在本课题中，可探讨梓人设计总监颜政的个人品质和偏好是否影响了她的设计作品？消费者作为服务的对象，是否比设计师更有对设计个性和风格的决定权？

本课题借用文化生态学的方法研究设计公司属于一个全新的视野，生态学概念下涉及设计公司与社会的互动，设计主体——设计师与设计公司的互动，以及设计师与社会的互动。这就牵扯到了设计的社会背景、设计发展与社会变迁的关系、设计师身份的多样性、设计师与作品关系、设计服务对象对设计的决定权、设计师的社会责任以及设计公司管理等一系列问题。从目前的研究现状来看，对这些问题的研究都有所涉猎，但问题相对分散不够系统。所以，本课题试图通过文化生态学的概念对以上问题有一个系统地研究。

1.3 研究内容、方法

1.3.1 研究内容

全文分为 5 章，内容概括如下：

第 1 章，绪论。指出课题的研究背景与研究意义，整理相关研究综述并界定文化生态的含义，为后文写作奠定基础。

第 2 章，中国当代室内设计公司发展历程。简述中国室内设计公司的诞生与发展；当代室内设计公司的类型；以设计师为中心类型的室内设计公司特点，厘清宏观社会背景。

第 3 章，设计师品位推动设计的社会价值实现。结合梓人设计公司设计师的个人成长经历，了解设计师的价值观；讨论设计师品位与设计作品的关系，并用设计案例论证；社会的价值观转变，设计师对良性循环的社会价值追求。

第 4 章，设计公司的生存策略。梳理设计师与设计团队之间的工作协作方式，了解设计构思到实现的过程；讨论设计师与客户的关系；品牌与品牌传播。

第 5 章，总结与展望。

文中第 2 章中国当代室内设计公司发展历程，第 3 章设计师品位推动设计的社会价值实现，第 4 章设计公司的生存策略，共同构成设计公司文化生态，其中设计案例印证企业的文化生态形成。

1.3.2 研究方法

本课题应用了两种方法来完成研究：

（1）文献分析法：通过文献收集、整理和阅读，梳理室内设计行业中设计公司的发展动态，获取相关理论成果，为课题展开奠定基础。同时，梳理梓人设计公司已有的理论资料，提取有针对性的因素进行分析，深入把握研究对象。

（2）访谈分析法：本课题所针对的问题具有较强的实践性，如果不能紧密联系实际而仅仅停留在理论思辨的层面，则无法使分析做到深入透彻。因此，针对梓人设计总监颜政及具有代表性的设计成员进行访谈，获取第一手资料。目的是了解设计师的工作特征及在工作中团队协作方式、设计项目推进、文化理念传播等。从而与文献研究实现交互联系，共同为分析框架的确立提供支持。

第 2 章 中国当代室内设计公司发展历程

2.1 中国室内设计公司诞生与发展

2.1.1 国家政策与经济发展催生设计公司诞生

室内设计公司起步与发展依托于国家政策的实施与国家基础设施的建设。20 世纪 80 年代初期，中国人均月收入不足千元，满足家庭的基本生活必需品有冰箱、电视、自行车"三大件"就足够了。当时的中国没有真正的室内设计与室内装修，室内设计公司也处于摸索的阶段。

1978 年 12 月，十一届三中全会召开，拉开了改革开放的序幕。随后国家将深圳、珠海、汕头、厦门设为经济特区，陆续开始建设。经济特区建设成就的窗口示范效应，不仅向世界展现了中国改革开放的新面貌，更带动了全国性的以实现现代化为目标的建设高潮。大量的大型公共建筑建设，让室内装饰设计工作日渐繁重，室内设计开始逐渐从建筑师的职责范围内剥离。1992 年，以"解放生产力，发展生产力"界定了社会主义的本质。在"十四大"中明确提出了经济发展从计划向市场转变的改革方针。在政策的引导下，中国的社会经济格局发生了巨大的变化，经济运行模式从以指令性计划为主向以市场信号为主转变，所有制从单一的公有制向以公有制为主体的多种经济成分并存的结构发展。随后，西部大开发战略，东北老工业基地振兴计划，中部崛起战略，一系列全方位的改革深入中国大地的各个角落。

改革开放政策对我国各项事业的发展都产生了深远的影响。原先相对封闭的社会环境随着改革开放的逐步深入，商务交流逐渐增多，人们的交往和流动变得越来越频繁，这导致了全国各地尤其是从东南沿海地区开始对于楼堂馆所建筑的需求。20世纪80年代，大型公共建筑成为室内设计实践的主要场所。20世纪90年代，从公共建筑到家装市场全面铺开。旅游业的发展为公共建筑的空间设计带来了新的设计机遇。居民收入提高，人对于居住空间舒适性需求的增加，给家装设计市场带来了新的发展。21世纪，室内设计趋于走向可持续发展设计。室内设计公司相继伴着改革开放的浪潮逐步发展起来。

2.1.2 科技进步带来设计手段变革，变革促进设计公司成长

早期设计行业的设计手段主要是以手绘制图为主，制作周期较长。随着计算机使用与互联网技术的普及，键盘逐步代替了纸笔。计算机辅助设计技术大致开始于20世纪80年代中期。到20世纪90年代中后期，随着以Auto CAD软件为代表的软件技术不断成熟，各设计机构个人电脑的普及以及相关局域网络技术的成熟和配套打印设备价格的低端化，使得计算机辅助设计真正替代了传统的绘图工具，成为几乎所有设计师必备的技能。计算机技术的发展，降低了与建筑设计相关的各个专业，以图像为交流的信息储存、复制、修改以及传播的成本，同时也便于各专业配合和统筹。

如今，设计手段逐步多元化，具有协同设计理念的BIM软件逐渐应用在建筑设计、室内设计领域中，与Auto CAD二维制图的不同，BIM软件是通过三维模型来表现设计图纸，设计图纸在制作过程中若一处改动，与之相关的图纸，软件会自动进行更改。它具有关联性的特点，有效地提高了工作效率。同时，软件可以做到可见即所得的效果，设计师可以与客户全方位地对方案进行磋商。键盘代替纸笔后，熟练操作Auto CAD、Photo shop、3D MAX、BIM等设计软件相继成为设计师不可或缺的技能。计算机应用与互联网技术改变了人的办公习惯，也改变了人的生活方式。如果说计算机应用的普及给设计领域带来的是一场设计方式的革命，那全社会的普及则是把整个社会都卷入了信息化革命的浪潮之中。

2.1.3 设计人才成长促进室内设计公司提升

中国室内设计师有先实践后理论的特点。在经历了"文革"的封闭时期之后，设计界几乎没有理论建树。改革开放之初，从事室内设计的专业人才几乎都是由建筑师兼任或转型而来，其他的从业人员则多是工艺美术师、从事绘图的人员、木工或者水电工，甚至毫无专业基础的进城务工人员都纷纷加入"装饰"市场，使得室内设计长期和"装修"等同于一个名词，轻设计重工程的思想经历了很长的一个阶段。由于理论知识的缺失与实践经验少，突然间大量兴起的室内设计工程使人有点束手无策。若从事国家重点工程项目，还有机会去港澳参观学习，利用住宾馆的便利条件实地测量获取第一手资料。但对于大多数的一般设计师以及从业人员来说，设计经验只有通过自己在工作中不断地摸索，慢慢积累。

在室内设计人才教育方面，20世纪80年代美术院校并无明确的室内设计专业开设，大多属与工艺美术、装潢设计下。室内设计成为一门独立的学科和专门的行业，是改革开放以后的事。1983年，中央工艺美术学院（现清华大学美术学院）的室内装饰专业改称为室内设计专业。由此，"室内设计"有了一个通用的名称。20世纪80年代初国内院校纷纷成立室内设计系，

或增设室内设计专业。1988 年，教育部批准在中国高校专业目录中增设"环境艺术设计专业"，更改扩充了原有室内设计系的范围，将它独立成室内设计、景观设计和家具设计三个彼此相关的专业，并用"环境艺术设计"的概念予以包括。

如今，活跃在中国室内设计行业的颜政、杨邦胜、刘波、黄志达、琚宾等知名设计师。他们中部分人早期没有经过专业的室内设计学习，都是在进入了室内设计行业之后，通过实际的工作积累经验，慢慢摸索发展起来的。20 世纪 90 年代末至 21 世纪初期，他们相继创立自己的公司。这批设计师的公司属于中国最早的室内设计公司。

2.1.4 多元化的需求，设计公司寻找差异化发展

随着社会生产力的不断发展，物质生活水平的不断提升，消费需求呈现出多样化、多层次的发展趋势。教育普及和审美水平的提高，使人对于产品的需要不止于基础的生活实用功能，更渴望获得精神上的多元体验，主要体现在感官上的享受、生活态度的共鸣、个性魅力展现和情感的需要等方面。信息时代的到来，全球资源共享使不同的文化、价值观不断碰撞融汇，人的情感需求日趋强烈。在室内设计领域中，空间不仅能满足人生理的需要，同时还要满足人心理的需求。空间中所呈现出来的个性、情绪都是人的价值观投射。所以，差异对于设计公司的商业生存是很有必要的，它能让设计公司在互相竞争中获取市场份额。这最终也导致设计公司将自己定位成市场竞争中的品牌，而不是产品或服务。

2.2 当代设计公司的类型划分

按照业务侧重点不同，设计公司的类型通常划分为五种，分别是产品型、生产型、技术型、产业型和客户型。五种类型的设计公司类型各有特色，无优劣之分。面对不同的市场需求有着相应的应对方式。产品型、技术型、生产型公司面临的是行业内竞争，产业型、客户型公司面临多跨行业的竞争。不同类型的设计公司在管理上也有很大的差异，如产品型公司的核心能力是创意，核心人才是明星设计师。生产型公司注重的是流程的能力。技术型公司注重技术的开发。产业型公司是以技术为出发点，注重上下游的延伸，要求核心人才不仅是能把技术用在设计环节，还能应用在产业链的其他环节。客户型公司的能力是综合性的，要求更为严苛，在其他几种类型之上。五种类型的设计公司特点归纳如表 2–1。

五种设计公司类型　　　　　　　　　　表 2–1

公司类型	核心竞争力	公司特点	作品特点	代表公司
产品型	创意	1. 有非常强烈地对设计的理解，有独特的设计理念； 2. 公司规模比较小；大部分是明星设计师领衔，设计师个人达到的高度就决定了设计公司的现在和未来	1. 独创性，不可复制的特点； 2. 不按套路出牌	1. 扎哈·哈迪德建筑师事务所； 2. 事务所
生产型	流程化管理	1. 善于把常规的设计过程进行有效的分解； 2. 公司规模比较大	标准化	中国大部分民用建筑设计公司都属于此类

续表

公司类型	核心竞争力	公司特点	作品特点	代表公司
技术型	工程技术研发	1. 以解决建设过程中的技术问题为目标，以某一种或者多种技术为主要研究对象，并将研发成果应用于具体的工程中； 2. 公司规模根据不同的领域可大可小	技术	1. 中国建筑科学研究院； 2. 上海市建筑科学研究院有限公司
产业型	掌握产业链上的核心技术	1. 有产业型产品； 2. 技术能力不仅仅用于做设计，还用于其他环节，比如：可行性研究、投融资、策划咨询、项目管理、设备采购、安装调试、运营等服务； 3. 掌握整个产业链的游戏规则、运营方法，不断推进这方面的发展，保持领先地位； 4. 规模属于大型或巨型公司	整体性服务	1. 三益中国； 2. 浪尖设计有限公司
客户型	准确了解客户需要	通过客户表达的需求或对某种客户现象的观察，洞察客户的需要	不仅满足客户当下需要，还能引导客户的需要	1. IBM； 2. 苹果公司

2.2.1 当代室内设计公司类型

按照设计类型划分，室内设计公司可分为住宅空间设计公司、公共空间设计公司、展示设计公司。室内设计公司业务范围有的以单纯承接设计任务为主，有的则是以装饰施工工程或者产品销售相结合的形式。室内设计公司的设计组织从形成角度来看，可分为两个类型：一是企业内部的设计组织；二是独立的设计组织。

（1）企业内部设计组织：它与企业中其他组织部门处于固定的组织结构关系，这种组织结构在大型企业中常见。比如：天华建筑设计有限公司的室内设计部门、建筑设计部门。

（2）独立设计组织：基本是由个体设计师发展起来的，规模以数人或几十人不等，组织结构比较简单而且弹性较强。设计师公司的设计管理者是促进设计结果成功与否的决定性角色，设计管理者是设计公司的核心。国外称这类组织为设计师事务所或设计公司，而在国内称为设计工作室或设计公司。比如：深圳市梓人环境设计有限公司。

2.2.2 室内设计公司部门

每个设计公司都会根据自己的情况、条件设置部门，通常设计公司由设计实务部门、服务部门和管理部门三部分构成。设计实务部门是对产品研发、设计、提案、改进等方面进行具体的设计工作。服务部门是为设计提供各种信息，协助设计完成工作。管理部门是制定公司计划、人事管理等推进公司工作顺利开展。

2.3 以设计师为中心的室内设计公司：梓人设计公司特点

以设计师为中心的室内设计公司，即设计师事务所。通常以一人或几人同盟的形式带领团队开设设计公司，为有共同兴趣的企业工作。设计师的设计理念、设计观点，给公司带来一种领导风格和战略定位。设计师个人的才能会极大地影响公司。比如：深圳梓人环境设计有限公司。梓人设计是由深港两地的成建造（香港）设计公司、深圳市梓人环境设计有限公司、深圳深港建设三家公司的四名主创设计师于2005年组成的设计联盟机构。梓人设计的设计产品以室内设计为主，兼顾建筑和景观。设计范围为住宅类商业地产项目，围绕着住宅的商业会所设计、住宅别墅设计等。梓人设计在创始人的带领下逐渐走向世界。在这成功的背后，可以总结以下特点：一是小巨人型企业，少而精的设计团队。二是精细的设计管理。三是极致的设计产品。

2.3.1 小巨人公司，少而精的设计团队

若按照公司业务侧重点类型划分来看梓人设计公司，它属于产品类型的设计公司。公司的领导者有独特的设计理念和非常强烈地对设计的理解，她的理念影响着公司的设计理念。梓人设计公司的规模不大，整体成员不到三十人，其中设计人员占公司总数的一半。设计师虽然人数不多，但是每个设计师都熟练地掌握设计必备的技能，且拥有良好的美学修养，是一群对生活有热情、有追求的设计师。在梓人设计公司的工作准则中，要求设计师要遵守"美感"、"准确"、"深度"三个原则。其中"深度"原则要求设计师对自身的工作成果要做到力所能及的深度，完成设计任务的同时要对自身职业生涯发展有所追求。

室内设计是综合性非常强的职业。在设计项目实践中，设计师除了要准确地画出设计构想，还需要对与室内设计相关的建筑知识、机电知识有所了解，对设计项目涉及的各种材料有所研究。梓人设计公司虽然不做具体的建筑设计和环境设计部分，但会从建筑、环境、室内整体出发考虑室内空间的设计。到了项目的实施阶段，会为客户提出可供选择的材料样品，并会为客户提出提升项目整体品质的意见。

2.3.2 精细的设计管理

保证设计项目的品质和控制制作所需要的时间是一个项目管理的核心。梓人设计公司在设计项目的品质管理方面是由设计总监把控。在设计项目的时间管理方面，公司的标准是要求每位员工都使用"甘特图表"制订工作计划（图2-1）。这样的时间管理不仅可以从整体上把握所需要的时间，同时设计中涉及的每一道工序，以及工序所要用的时间一目了然。参与项目的员工能更全面地了解整个项目如何落地。项目阶段成果的管控也会更加便于检查。

2.3.3 极致品质的设计产品

设计产品是设计公司的核心竞争力。梓人设计公司是中国室内设计行业中极致品质的领跑者。把设计产品做到极致这一

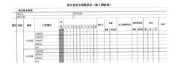

图 2-1 甘特图表（图片来源：梓人设计）

图 2-2 成都中海城南 1 号 330 法式别墅照片（图片来源：梓人设计）

特点与梓人设计总监颜政对待设计工作的态度非常契合。在公司创立初期，创始人以国际设计师事务所的模式和标准去发展。早期的设计团队主要做大型的公建类项目和商业综合体项目。在公司的发展的过程中，颜政发现对于住宅的商业地产项目更能很好地去驾驭精致型的项目。2008 年中国的房地产行业崛起，在市场的推动下，梓人设计公司开始尝试做商业地产项目。在摸索与尝试中，梓人设计推出了"成都中海城南 1 号 330 法式别墅"项目，该项目在全国一炮而红（图 2-2）。作品甚至被法国人评价为：比法国人做的法式设计还要法式的一个作品。社会的肯定奠定了公司朝"极致品质"设计产品发展的目标。

第 3 章 设计师品位推动设计的社会价值实现

3.1 设计师角色的多维性：从创意人到管理人

3.1.1 设计创意人成长路径

每个设计师的成长路径都有很多相似之处。刚进入设计行业的时候，常会出现理论知识结构的不足、手上功夫与社会需求脱节的状况。初期的工作内容基本从小事做起，需经过长时间的历练，再一步步地从助理到设计师，再到创意人的身份转变。当设计师在职业生涯中能够娴熟地运用设计工具，能够用各种设计语言去表达设计的想法时，才能称为设计创意人。二十多年前，设计行业最抢手的人才只有一种，就是能把效果图画好的人，那时还没有电脑制作效果图，只要能把效果图画好，就能找到工作。梓人设计公司设计总监颜政就是因为这样偶然的机遇进入室内设计行业，从手绘效果图到方案设计师，从大型公建类项目到商业地产类项目。实际的工作让她意识到室内设计是一门综合性学科，想要成为好的室内设计师必须是综合性的人才。如今，市场对设计人才的需求变得越来越严苛，与室内设计相关的建筑、景观、机电、灯光等专业知识也是一个室内设计师必须具备的。

梓人设计总监颜政在 2016 深圳室内设计师协会（SZAID）第三届理事会的采访中提到："国外的室内设计和建筑设计是不分家的，室内设计是一个对环境因素需要综合了解的学科。设计能力的训练其实在毕业之后的五年左右会逐步对这个系统熟悉起来。但是对于后面的路，需要设计师对人性有非常细微的体察，只有设计师对人的温度真正有体悟的时候，才会获得源源不断的创意，技术才能有好的输出。室内设计师是一个理性与感性高度结合的职业，需要不断地学习。"

3.1.2 设计师从做创意到管理团队，必然就是领导者

最初颜政进入室内设计行业就职于深圳创百亿集团的八家公司之一的华辉装饰公司，其认真的工作态度与出色的设计能力得到了公司的认可，工作不久就被任命为设计部的经理。当设计师做到主案设计师的职位或者设计部门负责人的时候，设计师的身份除了做设计，同时还要兼顾管理。面对大型的设计项目，设计工作已经不是独自一人可以完成的了。工作中设计师需要协调各成员相互配合，统筹项目，制定计划，同时要善于与人沟通。传递和协调本来就是完整工作系统里的一部分，所以设计师应当具备管理思维。

3.2 设计师品位与设计作品的关系

3.2.1 梓人作品彰显着设计师艺术个性的烙印

设计产品表现出来的个性与风格，与设计师个人的品质或价值观密切相关。设计师价值观的形成与自身条件、教育背景、家庭、阅历、兴趣爱好等因素息息相关。梓人设计总监颜政受父母影响，从小爱好文艺、历史。大学期间学习服装设计专业，毕业后在一家国营单位做丝绸服装的图案设计。20世纪90年代初，国内的服装设计行业发展处于来样加工阶段，颜政认为来样加工很难打开眼界。之后她来到深圳，偶然的一次机会进入室内设计行业。大学学习设计的经历，让她觉得室内设计并不陌生。她认为不论是做服装设计还是做室内设计都是一件创造美的事情。

在从业二十多年时间里，颜政的设计价值观一直没改变。她认为设计就是创造美好，而她一直在创造美的、典雅的事物。她的设计作品不论是早期以法式风格为代表的"中海城南一号330"项目，还是具有Art Nouveau新艺术时期感觉的"中铁西派澜岸销售中心"项目，以及后来的东南亚风格的"华润亚林西"项目，现代感觉的"武汉青年路销售中心"项目和艺术感觉的"重庆天钻艺术中心"项目等。无论设计在风格上怎么变化，对于设计的完整性、空间的品质以及空间中流露着"典雅"的艺术感受一直没有改变。因为她认为"典雅"这个词经历了很深厚的沉淀，使得作品耐看。

3.2.2 设计师品位引导设计作品发展

市场扩展带来的品位提升以及人们对差异化产品日益增长的需求造就了设计师。设计师的任务是捕捉时尚并做出反映，同时又培养公众的品位，以及向公众传递他们所能获得的许多产品和服务的信息。在设计活动中，梓人设计一直在关注人对设计产品的多元化需求。空间设计的考虑不再是像以往单一的功能需要，而是向多种功能发展。"重庆天钻艺术中心"设计项目就是这样，它的设计定位是既为售楼大堂又作艺术中心，空间可以为顾客展示住宅情况又能举行商业艺术活动（图3-1）。

梓人设计总监颜政认为：空间的艺术感不是古典元素的堆砌，或者由艺术感的画作单品来实现，而是空间本身给人艺术的感受，就像一个真正的艺术中心一般，由内而外散发着这样的气质。

具有强烈艺术感的销售场地，设计师从乔治·瓦尔米耶的绘画与Gaylord Ho的雕塑作品中找到共鸣。通过对其艺术作品的充分理解，选用艺术家乔治·瓦尔米耶的作品进行抽离与重新构思，创造出符合本案比例、色彩的艺术化空间。对于经典的演绎不可照搬原抄的使用，而是要将其内在的精神表达出来，并结合当代人的审美需求进行演绎。通过对空间合理的布局，

图 3-1 重庆天钻艺术中心照片（图片来源：梓人设计）

图 3-2 重庆天钻艺术中心地面拼花图片（图片来源：梓人设计）

装饰、灯光、色彩、音乐、气味等部分的有序配合，激发顾客更深层次的心理感受，产生更加丰富的情绪变化，从而留下更为深刻的印象，使得他们最终流连忘返，产生购买欲望。

在这个方案中设计师做了很多不一样的设计探索，以乔治·瓦尔米耶的绘画作为地面纹样的方向，将纹样顺势发展与重组，采用极具冲击力的色彩与体块，看似飞舞的纹样，却是每一个色彩与形状反复推敲与思索努力的成果，将每一块地砖的色彩和形状拼接完美，呈现出理想的肌理，使整个销售中心的空间感彰显得更加通透，极具艺术气息。结合弧形的立面，散发出平静温润的感觉（图 3-2）。

空间的调性是高调的，在丰富的地面拼花映衬下，软装布艺采用了明亮的黄色，给人活泼、年轻的感觉。在家具的选款上采取了有设计感的、硬朗的家具款式，与曲线花纹的地面形成对比。同时，空间中采用大量的水晶琉璃产品、雕塑产品作点缀，承托空间的质感。水晶琉璃里面的色素和肌理是从艺术家的作品中提炼出来的元素，在空间灯光的照射下，琉璃花纹自由流动。

3.3 设计的社会价值实现

3.3.1 物质需求向精神需求转变

社会经济稳定与生活富足，人开始注重自我的精神表达。设计开始从满足物质需要转变为关注精神价值以及不同人的心理需要。如今，在住宅类的项目中，顾客选择住宅不仅是实际居住的需要，更是一种追求身份和地位的象征。他们往往依据情感和欲望的需求作出购买的决定，对空间品质的要求和购买过程的体验非常重视。单一的、普通的设计已不能满足室内空间多元化和彰显个性的需要。梓人设计总监颜政认为："在全球化的背景下，中国的中青年一代处在世界文化融合的状态。设计不该表现得过于简洁而应该是一种融合、多变、充满不确定性的多元风格。设计要以兼容并蓄、古典与现代并存的设计理念，构筑空间的关系和装饰语言。"这一观点在梓人设计的很多项目中都有体现，比如："北京华润亚林西别墅样板间"项目，它是具有中西风格交流融合的空间设计。项目融合了 Chinoiserie（中国风）与东南亚风格，在具有本民族特征的同时又充满着异国特色的风格。该设计受到了客户的高度认可，是 2018 年被华润评为企业的金奖项目（图 3-3）。

图 3-3 北京华润亚林西别墅样板间照片（图片来源：梓人设计）

3.3.2 良性循环的社会价值追求

作品的优秀并不只是设计师的优秀带来的，而是整个行业的优秀促成的结果。反之，一个真正优秀的设计师不仅仅具备专业能力，而且设计师的魅力能够感染到她身边的人愿意和她一起去做。在梓人设计的项目里，空间中用到的很多材料是设计师自己去研发的。比如每个专项里的玻璃、石材、墙纸、石膏脚线、铁艺、家具等，这些单品是方案中不可或缺的部分。设计师会根据设计方案的需要，重新设计符合本方案气质的单品。每个专项的设计都会绘制彩色细节图，让人可以直观地感受设计传达的含义。研发的产品会和不同的供应商进行沟通、修改、打样，确定无误后进行批量生产。梓人设计总监颜政说："我们自己在业绩中研发的材料很多成了供应商之后畅销的单品，这些单品为他们带来了很多其他的客户。"这些经过反复打样和确认的产品，收到了设计师严格的控制，最后组合在一起让设计构想与方案实施几乎一模一样，设计师把客户的投资很好地落地了。所以，设计师要从把设计做好的角度出发，对未来会使用的材料有所掌握和预估。结果会因为这个良好的初心而变得更好，它是一种良性循环。

第 4 章 设计公司的生存策略

4.1 设计公司组织变革：从设计部门到设计工作室，再到设计师事务所

1949 年国家开始实施计划经济。1978 年国家实施改革开放，将开放的市场还权与民。1980 年住宅作为商品的概念被提出，直至 20 世纪初房地产建筑行业出现井喷，建筑行业的崛起促使室内设计行业蓬勃发展。20 世纪 90 年代初深圳创百亿集团的八家公司部分面临国有资产破产，梓人设计总监颜政原来所就职的华辉装饰公司脱离集团独立存活下来。公司组织结构变革，设计部门的业务不再由集团公司分配而是自主到市场中依靠竞标获取项目。各个部门开始独立承包，自谋生路。身为设计部经理的颜政带领着团队独立做设计，有了设计工作室。

2001 年，中国加入世界贸易组织，与国际接轨。社会稳定，经济繁荣，消费结构改变，整个社会开始注重对物质质量的追求，空间环境逐渐被重视。这时，室内设计开始不再依附于装饰工程，而可以独立发展。设计施工"一条龙"服务的模式逐步开始规范化、科学化。室内设计师在行业中也更具有发言权和独立性。在设计合同签订和收款等方面的综合考虑下，2005 年颜政设计工作室以"深圳市梓人环境设计有限公司"的名字注册公司，真正踏上了创业之路。

4.1.1 设计团队

设计工作的复杂性决定了设计必须由有组织的团队形式进行，设计团队不仅承担着设计任务，还是设计的策划者和组织者。梓人设计的设计团队在工作中以小组的形式开展工作。小组成员不是固定不变的，会根据项目的难度和设计师的能力综合考虑组合而定，是一种非常灵活的组合关系。梓人设计主要由方案组、模型及平面组、施工图组、陈设组与材料组构成，组与组之间共同配合工作完成设计任务。公司的商务协助设计团队与客户沟通，收集信息。公司的采购部协助设计团队完成项目所需要给客户提供的材料样板、产品采购与验收发货交付客户使用等服务工作。工作模型如图 4-1。

4.1.2 梓人工作方式，从图纸构想到落地实现

保证设计方案与最后方案落地实现，除了要求设计师要有完整的专业知识结构外，设计构思是否可行，需要设计师对设

图 4-1 工作模型图（图片来源：笔者自绘）

计节点反复地进行推敲。梓人设计的设计工作流程主要有概念设计阶段、方案设计阶段、方案深化阶段、施工图阶段四部分，工作准绳追求"美感"、"准确"、"深度"三个原则。设计工作流程如图 4-2。

（1）概念设计阶段分为五个步骤：①针对项目的客户群、建筑空间条件、风格的选择作分析；②确定项目定位、空间感受并寻找意向图；③根据客户提供的建筑图纸

设计	概念设计阶段	方案设计阶段	方案深化阶段	施工图阶段
交互文件	现场照片 原建筑资料 任务书 来往文件	现场照片 来往文件	现场照片 来往文件	现场照片 来往文件
方案组	图片意向 平面及主里面分析示意图 方案报告书草版	效果图草图 饰品引用说明 参考意向图 设计说明	主立面草图 公共节点分析 引用图 剖面示意图	全部方案草图 材料标注 灯光要求 全部节点分析 细节深化方案与制作
施工图组	天、地、平布局图 主立面图 机电	天、地、平布局图 立面图 机电		全套装饰施工图 机电图纸 模块整理
模型及平面组	SU空间模型分析 方案汇报PPT	模型图、立面图、渲染图 图片后期 彩色立面图 方案汇报PPT		
陈设组	意向图片	深化意向图片 陈设编号	意向图 陈设列表 深化图	
材料组		意向图 材料A表 材料样板	材料A表、B表、C表 实物材料样板	
审核	审核并存档	审核并存档	审核并存档	审核并修改

图 4-2 设计工作流程图（图片来源：笔者自绘）

推敲空间关系，绘制平面布置、顶棚、地面及主要立剖面草图；④从整体方案思路出发，对空间要呈现出的效果做设计细部的分析，细部分析要根据空间比例作放样处理；⑤整理概念设计方案，排版汇报成册。以上这些步骤是概念设计的基础工作，是一个完整方案的基础，有了这些基础的工作后面的效果图和施工图的工作才可以保证不会由于数据错误或转折面逻辑关系的错误出现后续的多次返工。

（2）方案设计阶段的工作是对概念设计阶段的调整和延伸，可概括为五个步骤：①空间平面布局、顶棚、地面方案的优化；

②效果图制作，即确定项目各大剖面的进出位关系及节点关系，空间所呈现的整体感觉。③各主立面的进出位关系及所涉及的各类细节从方案转化到施工图语言，保证设计方案的可落地性；④主要空间的陈设组合方案及材料实样的准备；⑤排版汇报成册。

（3）方案深化阶段的工作主要是针对方案设计做进一步的深化，让客户更加直观地了解项目的可实施性，同样可概括为五个步骤：①对主立面及节点图纸优化；②陈设设计深化图纸及各陈设列表；③各类加工深化图制作；④材料表的制作；⑤材料实样板制作。

（4）施工图阶段即将前期所有方案内容全部转化为施工图纸语言，包含整体空间施工图、灯光施工图、各类深化彩色细节图。

在中国，以设计师为代表创立于20世纪90年代末至21世纪初期的室内设计公司，设计师企业家的成长路径基本是相同的。他们普遍早期就职于装饰设计公司，在工作中获得了丰富的设计实践经验。部分设计师因为公司改制或设计能力突出，以及创业热潮的带动下，独立出来创办了设计公司。这些设计公司在设计师企业家的带领下，各有特点。设计师的设计理念、对某个设计领域的偏爱以及对设计观点，给公司带来一种领导风格和战略定位。

公司组织结构形态一般分为扁平型组织结构形态和锥形组织结构形态。扁平型组织结构形态管理层级较少，信息的流通更加直接。锥形组织结构形态管理层级呈现金字塔形状，注重上级对下属的指导。梓人设计公司的组织结构形态呈扁平化，信息沟通便捷。灵活的关系更能激发设计师的创意能力，便于年轻设计师的成长。在室内设计的设计流程上，每个公司基本一样。梓人设计的作品之所以得到客户的认可，在于对每个阶段的工作要求非常严谨，公司要求设计师在推敲空间比例关系时，同时要把握设计造型的细节，做到每个阶段的设计内容必须是完整的，保证设计构思到设计实现的可行性。

4.2 核心工作方法

4.2.1 对客户需求准确地把握与转换，让设计从感性到理性

在客户决定投资做项目时，设计师对客户感性话语的把握和转换做到了心中有数，通过理性的专业分析把设计效果转换到具体的设计计划、预算、施工中去，让客户觉得做这笔投资是有把握的，这才是一个好的设计公司。在设计过程中，客户的设计任务书是一种需求，但有些时候因为客户受经验、专业水准或者其他一些原因的限制，按设计任务书进行设计未必能满足客户的真实需要。相对经验丰富的设计师在面对经验不够丰富的客户时，需要对客户的需求做出精准的翻译，往往在设计工作前，从分析客户需要入手，有时需要与甲方重新拟定设计任务书。

在"重庆天钻艺术中心"项目中，前期客户下达的设计任务书仅表达了对空间的功能要求，在空间呈现的风格上并没有做硬性的要求。客户要求设计师根据自己的设计思路进行优化。设计师认为：重庆已从一个地域性突出的山城逐渐演变成一个与国际多元接轨的大都市。互联网及交通的发达让人对世界的认识冲破了以往狭窄的眼界，除去火锅，拙朴、年轻一代的重庆人对时尚、细腻优雅地生活同样有着敏感的触觉。因此，生命体验是全新的、当下的、国际的。经过与客户长时间的沟通和协商，最后项目的设计定位是既作为售楼大堂又作为艺术中心，通过艺术感来表现国际化的重庆都市生活。

4.2.2 梓人作品是公司的名片

将设计项目做好是公司商业宣传手段的方式之一。虽然这种宣传的辐射范围不大,但通过项目的好口碑可以对接到对口的、稳定的客户群。设计公司与客户的长期合作中会产生很多默契,对客户来说换一家设计单位有可能节约设计费,降低成本。但实际上转换成本还包括时间、经验、精力、技术、信息及情感诸多方面的隐性消耗。在设计活动过程中,设计公司不仅仅是给客户提供一套图纸。图纸是技术与服务的载体,其中包括设计产品的质量、品质、设计周期、建设成本、建设技术。所以,呈现的设计作品是综合性的。而在知名开发商中,比如:中海地产集团、华润地产集团等对合作的设计单位要求非常高,工作量极大,是一般设计公司无法承受的。

梓人设计总监颜政认为:"在为客户服务时,一定要捕捉到客户的需求。在空间中营造一个好的氛围,让我们的客户完成服务的使命,在这一点上我们帮助很多客户赢得了商业上的成功。"梓人设计公司主要是做住宅类商业地产项目,围绕着住宅的商业会所设计、住宅别墅设计展开。住宅在中国大多数家庭里面属于是家庭投入最高的对象,在某一个收入层面上,男人、女人都可能进行对于房屋的选择。在经济变化后人们的情感追求壮阔、崇高,从众从权转化成为追求自我精神内涵的特征。伴随着这些变化的同时,中国的独生子女政策使得中国女性的教育程度普遍提升,受过良好教育的女性进入到社会更高层的职业机构。女性地位与收入的提升,也悄然改变着中国一直以来的男权审美为主流审美的现象,而在高级消费者中女性的话语权越显重要。住宅空间设计成为了女性消费者追求理想的个性表达。设计中高端住宅,消费者对于房子的需求绝对不只是满足居住的需求,还包含着消费者对生活的价值观。所以,在打造空间的时候必须满足各种人群的需要。

梓人设计的设计产品留下的良好口碑,不断地给公司带来客户。比如梓人设计长期以来与中海地产合作,被客户评为优秀的配合单位。在这种长期合作过程中,梓人公司的设计不是一成不变的,而是深入了解客户的基因,与客户共同进步,挖掘属于每一个项目自己的特点。

4.3 设计公司品牌

4.3.1 "梓人"

品牌是一种企业理念,传递着企业文化。"梓人"作为一个设计公司品牌,品牌的理念与创始人的个人品质息息相关。"梓人"源于唐代著名文学家柳宗元为梓人杨潜所做《梓人传》。《梓人传》讲述了一位优秀木匠(建筑师)"善度材"、"善用众工"的故事。通过这个故事,公司对内向设计师传递着作为室内设计师要坚守设计的原则和品格。对外向客户传递着梓人设计公司是行业中专业的设计公司,公司有精准的设计规范、全局的设计策略以及有效地设计管理。

4.3.2 品牌传播,参与国际设计比赛

品牌是企业理念、历史、文化、科技水平等等长期努力的综合体现,而在企业的背后受一个民族、国家的文化、历史、综合实力等等因素的影响。品牌传播的途径非常丰富。传统媒体的杂志、电视广告宣传、自媒体的互联网平台推广传播等等都是传播公司文化的渠道。梓人设计总监颜政说:"在品牌传播方面我做得非常不好,几乎没有做过推广。我所有的精力都投入在了设计工作上。"也就是说这种对设计工作的热情和执着,以及认真把每一个项目做好的态度,梓人设计的设计作品在国际设计领域屡获大奖,得到多家全球顶级设计机构的高度认可。近几年,参与国际设计比赛在中国设计圈非常常见。通过参与国际设计比赛来传播品牌文化与设计力量,对设计作品和设计师能力要求较高。参与国际设计比赛不仅有机会可以得到设计机构的认可,还可以看到来自全世界的优秀设计师的设计作品,是锻炼与学习非常好的机会。如今,中国设计师走出

国门逐渐被世界认可，向世界展示着中国设计的魅力。

第 5 章 总结与展望

本论文以校企联合培养工作站——深圳梓人环境设计有限公司为背景，通过调研与访谈的方式了解到一个设计公司的创立、成熟的发展历程。以此为案例，对设计公司内部设计师的成长、设计公司管理进行了探讨；对设计公司外部的生存环境——生存智慧和生存策略进行了分析。通过对个案的研究，发现了当代以设计师为中心的设计公司的一些文化生态特点。现总结如下：

（1）设计师是公司的核心。设计师的成长背景，对生活的追求以及对设计的理解决定设计师的成长速度，更重要的是决定设计师作品的个性；设计师的品位引领着公司的风格，促进公司品牌的创建，促进公司社会价值的实现。

（2）设计公司的生存智慧是从内部而言，必须以设计师为中心。设计公司内部的设计团队、设计方法是设计公司的核心竞争力，并直接表现在设计产品上，极大地影响设计公司的生存；设计师深入地了解客户需求，挖掘属于每一个项目的特点，用专业的设计水平，设计出符合客户精神需要的产品，吸引客户并打动客户，实现公司的市场价值。

（3）设计公司的生存策略从外部而言，必须以品牌为重心。设计公司以成功的案例传播自己，通过参与国际设计比赛来传播公司的品牌；用品牌的力量来实现设计师的个人价值，实现设计公司的社会价值，这种良性循环带动着整个行业进步。

笔者以梓人公司为例，研究以设计师为中心的设计公司发展模式虽有一定的特殊性，或许不是所有设计公司的发展途径，但设计师对设计的理解以及设计公司的设计方法值得行业学习和借鉴。由于进入工作站的时间不长，深入参与公司的工作不多。本课题在研究设计公司文化生态的深度仍然较浅，有很多不足之处。比如：①目前论文过于聚焦在一个公司本身的案例和环境上，在研究它们的同时应找一些比较性对象，对比做研究找到相同点和差异性，更具有说服力和价值。②中国设计师的设计公司在全球的影响力与话语权。以上问题还需要进一步研究与探索。

参考文献

[1] (法) 墨柔塔. 设计管理：运用设计建立品牌价值与企业创新 [M]. 范乐明，汪颖，金城译. 北京：北京理工大学出版社，2011.

[2] 苗瀚文. 深圳室内设计师群研究——基于设计社会学的视角 [D]. 武汉：武汉理工大学，2018.

[3] 陈冀峻. 中国当代室内设计史上 [M]. 北京：中国建筑工业出版社，2013.

[4] 朱忠翠. 中国当代室内设计史下 [M]. 北京：中国建筑工业出版社，2013.

[5] 赵春生，张盈主编. 中国装饰三十年 1981–2011[M]. 北京：北京出版集团公司北京出版社，2011.

[6] 陈阳. 白话设计公司战略 [M]. 上海：同济大学出版社，2015，5.

[7] 李艳. 设计管理 [M]. 北京：中国电力出版社，2014,12.

[8] 张弘韬. 设计师创意驱动力研究——基于设计管理的视角 [D]. 武汉：武汉理工大学，2014.

[9] 李砚祖. 设计的身份"场域"：从个人到民族 [J]. 南京艺术学院学报，2012，2.

重识
"跨区域、跨校际、跨行业"研究生联合培养基地案例库建设

Reunderstanding
"Cross Regions, Cross Universities, Cross Industries"
Construction of the Case Base of Graduate Joint Training Base

酒店设计流程研究
——以 PLD 河南驻马店五星级酒店及会议中心设计为例

◎ 邓千秋

Research on Hotel Design Process
—— Taking PLD Henan Zhumadian Five-star Hotel and Conference Center Design as an Example / Deng Qianqiu

摘 要

近年来，我国酒店业迅速发展，酒店设计公司应运而生，竞争日益激烈。酒店业在寻求自身升级变革的同时，酒店设计公司也在不断优化，通过优质的设计辅助酒店品牌的塑造，促进盈利。PLD 香港刘波酒店设计公司是目前国内最为著名的高端酒店设计公司之一，拥有 24 年的酒店设计经验和与国外品牌长久的合作经历，业内影响力甚广。本文基于 PLD 的工作模式和项目案例，并且运用文献分析与数据收集相结合的方法，概述酒店设计流程中的设计阶段、设计部门、设计方、专业顾问等之间的分工合作，通过对空间功能布局、交通流线、设计风格等的简述，深入探讨设计与流程的关系。

关键词

酒店室内设计　设计流程　前置条件

第 1 章　绪　论

1.1 研究背景

1.1.1 酒店发展及变革

随着中国经济飞速发展，第三产业旅游业迅速兴起，产业结构发生变化，人民的消费升级带动需求增加，刺激酒店业大量产生和发展，酒店的数量、等级、品牌等也逐渐成为地区经济实力和发展程度的代表。

全球化进程加快，中国的酒店发展在综合因素的影响下也在不断变革，国内酒店业与国外品牌酒店的联系日益密切，经历了数量型发展、质量型发展和国际化发展三个阶段。一方面因为竞争环境的压力，酒店品牌定位随着市场经济发生变化，由中低端酒店向高档酒店发展，希望通过高质量的服务和舒适的空间体验，提升竞争力，而一味追求数量扩张并不能实现高效益，且存在诸多问题，不利于长期发展。另一方面因为酒店客群结构的变化，消费人群文化水平提高，相应地提高了对酒店文化、精神与物质服务的需求。

1.1.2 酒店设计发展现状

酒店业的蓬勃发展为酒店设计带来了巨大的市场，设计公司应时而生，如 PLD、YANG 杨邦胜酒店设计等经过市场的大浪淘沙，成为国内知名的专业酒店设计代表。

设计行业步入成熟阶段，出现众多高品质星级酒店设计，同时也大量存在因片面追求经济效益，缺乏深刻设计探索的失败案例，其问题是：（1）同质化严重，室内设计大同小异，对于材料、形式、颜色的运用模板化；（2）创新性不足、缺乏个性与辨识度；（3）设计过程中，如设计方只承担酒店设计的前期，后期施工外包，双方交接不完善，风格及现实情况不适应导致最终设计成果出现误差；（4）实际设计环节里主次不分，把控不好时间节点导致时间延误。

1.2 选题意义

酒店设计是一项复杂的、系统化的工程，不单是设计，还融入了管理、策划与经营等内容。将业主需求，品牌方与专业顾问的设计要求、标准，设计方的设计理念等众多因素融入整个系统设计。设计时的流程则是对这个复杂系统的分解，流程对设计产生重要影响，本文详细分析了具体案例的酒店设计流程操作与各阶段设计成果的关系，梳理酒店室内设计脉络，明晰各个阶段的分工与合作；了解各个流程的影响因素，掌握协调方法，促进设计完成；掌握必要流程，了解其重要性，减少设计判断失误。

1.3 关键词释义

1.3.1 酒店

"酒店"通常指提供住宿与服务的场所，现今的酒店不仅有住宿与服务的基础功能，还根据市场需求和环境变化，衍生出不同的酒店类型，如商务型：主要接待对象是各类商业会议团体；度假型：以接待旅游类宾客为主；主题型：针对不同爱好的宾客设计的专业酒店；长住型：接待长时间停留的宾客，如疗养类；公寓型：以家庭出游类客人居多，要求配备完善的厨卫及游乐设施；智慧型：无人接待，自主办理入住及退房，注重科技、时尚等。国际对酒店根据酒店的环境、规模、设施、建筑、管理、设备、服务项目、质量等相应标准做出详细划分，分为一星级、二星级、三星级、四星级、五星级酒店。

1.3.2 设计流程

1928 年第一届《国际现代建筑会议》（CIAM）通过的拉萨拉兹宣言认为"建筑质量的高低并不取决于工匠们的手艺，而在于要普遍地采用合理化的生产方法"强调了现代建筑设计工作方法的重要性。

流程可理解为有顺序、有规律、有条理、有标准地完成任务的环节；每一个单位因素都是流程的组成部分。由于酒店空间类型众多、流线复杂，不同类别、等级、品牌等有不同的设计标准，加上经济、政治、文化等宏观环境的影响，让酒店设计有别于其他空间设计，是一个多单位、多团队、多专业等综合进行的长周期的设计种类。

大的方面，在酒店室内设计中，依托专业设计管理团队，负责协调业主、设计公司，传达信息；制定设计标准，设计周期。小的方面，设计公司内部各司其职，专业分工。确保各个设计方，专业顾问有序、有效、准确介入。

酒店室内设计可详细分为五个阶段：（1）项目任务书阶段；（2）概念设计阶段；（3）方案设计阶段；（4）深化设计阶段；（5）施工图阶段。

第 2 章 结合 PLD 工作模式对设计流程的研究

2.1 PLD 公司概述

PLD 刘波酒店设计公司创立于 1996 年，办公室位于中国香港和深圳，在英国伦敦、加拿大温哥华设有办事机构，与众多国际品牌酒店管理公司及开发商保持长期合作关系且积累大量宝贵经验，获得全球地产合作品牌的信赖认可如：佳兆业地产、华润置地、恒大集团、保利地产、万科等。合作酒店品牌方如：MARRIOTT、SHERATON、HILTON、CROWNE PLAZA 等。

作品获得英国伦敦设计大奖、法国双面神"GPDP AWARD"国际设计大奖、世界设计冠军联赛卓越奖、2018亚洲建+设卓越大奖、美国Hospitality Design Awards酒店设计优秀奖、2018上海"金外滩"最佳酒店设计奖等，在国内和国外都获得了巨大关注。设计项目如深圳同泰万怡酒店、菲律宾长滩岛万豪度假酒店、张家港万豪酒店等。品牌酒店管理公司及开发商的合作过程积累的宝贵经验，深谙星级酒店功能和形式的和谐统一之道，国际化背景专业式的经典，必然是来自于内心深处的虔诚。

2.2 PLD工作模式与优势分析

2.2.1 分工合理化标准化

PLD设计公司内部分为：方案部、效果图部、物料部、施工图部等主要设计部门，另有财务部、行政部等其他部门，组成一个完整的公司团体。不同部门相互之间分工协作，方案部主要是进行概念设计，决定整体设计风格走向，在前期发挥着重要作用。效果图部根据提供的基础图纸、模型和概念、意向图等做出最初的空间设计示意图以及后期定稿效果图。施工图部门负责制作最终的图纸，根据项目经验可参与部分空间的设计。物料部负责酒店室内空间的材料选择，如木材、石料、布料（地毯、窗帘……）、家具、餐具、器皿、艺术品等。

2.2.2 流程衔接严谨有序

实际项目设计的五个阶段中，在接受项目任务书后，第二步是概念设计阶段，提出初版酒店方案，各方提反对意见，然后补充修改方案，二次提资，再反提意见。同时针对出现的问题，需要专业顾问介入的一并提交，在一定时间节点内综合各方意见确定初步概念，然后启动初设。第三步方案设计阶段为初步概念的设计成果意象，一般为效果图汇报。第四步扩初设计阶段，扩初图纸需要有平面系统图纸、立面图、主要节点、材料手册，主要用于成本部测算成本是否超标。第五步施工图阶段，初期需施工图电子档文件，用于酒店方内部审核施工图纸使用，终版施工图将作为施工蓝图使用。不同区域有相应的设计顺序，都有严格的时间节点规定。

最终，内装设计方案确定后，进入非实体样板房深度化设计阶段，经历送审、补充修改、施工招标、装修到最后验收。酒店做样板房是因为酒店装修是一个庞大的系统工程，有资金及质量方面的双重顾虑，无论是投资者还是施工方，选择做样板间是对甲乙方的负责。做样板间便于发现问题，且效果直接。

酒店的客房区域与公共区域，每个房型分别进入平立面方案阶段、效果图阶段、建筑资料图阶段、平面机电点位提资、平立面图阶段、大样图阶段。

2.2.3 项目进度与品质把控

酒店设计过程中需要各项专业顾问介入：建筑师、当地设计院、机电工程师、结构工程师、景观设计师、室内设计师、灯光设计师、厨房及洗衣房顾问、工料测量师/造价顾问、视听/通信/信息技术顾问、声学顾问、交通顾问、外立面顾问、电梯及自动扶梯顾问、水疗顾问、水景顾问、标志及图案顾问等。

根据项目整体的规划，制定各个阶段的进度计划，设置时间节点（图2-1）。每个设计阶段在规定的时间节点内结束，保证项目的有序进行。各方在规定的时间有序介入，比如方案设计阶段，设计公司提交室内平面设计方案，酒店方给予意见

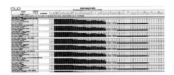

图 2-1 张家港万豪酒店设计进度表

和修改，同时相关专业顾问介入，各方共同检查，避免后期工作失误，保证工程质量。在一个时间节点内多项设计内容共同进行，提高效率。

2.2.4 精人才创造高效益

PLD 公司对接项目多属国际品牌的星级酒店的设计，比如：万豪、希尔顿，凭借老练、优质且专业的设计与国际品牌保持长期的合作关系。

公司人员不足百人，效益却很高，完成酒店项目数量颇丰，且在国际上获奖无数，得到合作方和酒店设计行业的认可。一方面得益于执掌人刘波先生对设计独特的理解及坚持不懈的努力，带领 PLD 发展成国内知名酒店设计公司，获得国际认可，不断扩大影响力。另一方面依靠专业、经验丰富的人才，公司的设计总监及部门主管都是有着多年从业经验的专业人才，有着扎实的设计能力和管理能力，对项目设计质量和进度把控滴水不漏。公司要求有经验、高水平且熟练操作制图软件的员工入职，精而少的人才为企业创造高效益。

第 3 章 酒店室内空间设计流程分析

3.1 前置条件下的设计探索

3.1.1 经济因素

经济条件是酒店设计要考虑的重要因素：（1）宏观经济飞速发展的环境下，星级酒店与其客房数量不断增多，入住率整体却出现下降趋势，设计前期应充分考虑当地的经济条件、发展程度、人民的消费水平，合理规划酒店规模、客房数量等；（2）成本控制，设计公司对各个环节中涉及的费用进行预估，保证在预算范围内；（3）盈利需求，通过高质量的设计，提升竞争力，满足酒店盈利。

3.1.2 区域定位

地理位置的选择在很大程度上决定了酒店运营成功与否和酒店的类型。如位于交通便利区(机场、车站、码头等)适于观光型酒店；市中心或中心商务区适于商务型酒店；旅游景区或度假区适于度假型酒店或商务型酒店等。交通因素、地理环境因素影响酒店功能布局。

地域文化不仅表现于物质形态，也体现在精神层面，不同地区的语言文化、宗教文化、民风民俗、人文地理等形成了属于自己的文化特质。当今酒店设计越来越注重对地域文化的表达，一方面是因为地域文化是中华民族的宝贵财富，赋予酒店设计精神层面的重要意义，饱含人文情怀，密切了酒店与所在地的联系；另一方面对地域文化的探索增强了酒店的独特性与竞争力，为酒店带来巨大的经济效益与社会效益，有利于酒店的长远经营和盈利。

3.2 空间设计对设计流程的要求

3.2.1 功能区规划

酒店设计在现今的空间设计中是最具挑战性的项目之一，分为建筑设计、室内设计、景观设计三部分。其中，室内设计空间类型众多，涉及专业复杂，包含客房区域、公共区域两部分。其中客房区域有：异型房、无障碍房、连通房、长租套房、小套房、总统套房、副总统套房……公共区域有：酒店接待大堂及大堂、大堂吧、电梯厅、餐厅、特色餐厅、中餐大厅、中餐包房、宴会厅、宴会前厅、新娘房、贵宾室、会议室、多功能会议室、SPA、康体（含男女更衣室、健身房）、泳池、行政酒廊、商务中心、宴会销售……

各个功能区合理分布，不浪费面积，合理控制数量，避免重复浪费，根据使用习惯科学安排空间与空间的连接。住宿区要与其他区域分开，保证住宿区域的安全性与私密性。

考虑不同功能区的空间尺度的关系，如客房区域中总统套房、大床房、标准间的面积大小要有所区别；餐饮、宴会厅等大型功能区面积要充足。

3.2.2 动线设计

动线设计在酒店设计中非常重要，科学合理的流线设计使各个功能空间流畅地串联在一起，设计错误则会导致冲突，甚至造成经济浪费。酒店流线可分为：物品流线、服务流线、客人流线、信息流线等。设计时注意流线安排是否合理，寻求最有效且快速的流线；必要流线要考虑，如防灾避难的安全疏散流线。

酒店客人分为不同种类：住宿型、商务宴会型、外来客人等，避免各种类型的客人流线产生冲突，造成混乱拥挤，住宿类客人的流线要与其他流线分开。职工服务流线与客人流线分开，设置服务专用通道、出入口、电梯等。物品流线主要是酒店物资和废弃物运输路线，考虑到物品自重，要有垂直流线的设计，避免物品流线与客人流线交叉。比如大堂空间的设计，一要满足基本功能需求，大堂承担着接待客人和信息传递的功能，在平面功能区的设计上，配置有接待区、咨客区、休息区、行李房等，接待台根据酒店规模大小决定数量。作为中心辐射区存在的大堂要满足客人快速便捷的办理入住与到达各功能区，其客人流线与信息流线要明确，通往电梯、大堂吧的出入口要明显。二要充分利用空间，根据酒店的等级规模来设计大堂的比例尺度，有效利用空间，合理布置功能区。

3.2.3 效果设计

空间效果由空间造型、色彩运用、材料选取、光影、装饰品等共同呈现，整体设计定位、空间功能等决定空间需要什么样的效果。如宴会厅需开敞的视觉效果，光线明亮；而行政酒廊则要求更高品质的设计，追求私密性与品位；会议室与休闲娱乐区不同，在造型与色彩运用上，会议区偏冷静与严肃，休闲娱乐区偏轻松活泼。因此，空间的效果设计需要在有明确的空间功能及风格定位的基础上来合理运用材质、色彩、光线等。

3.2.4 小结

酒店室内空间从功能区规划、动线设计、效果设计等，需要详细且严谨的工作流程辅助。功能区的布置要求有详细的场地现状分析，包括地理位置、景观环境、交通条件等。同时，有可供执行的各项标准为前提，动线设计则是建立在大量的人流分析、空间分析基础上。酒店空间的兼容性、复杂性，决定了酒店设计流程必须具备条理性、专业性的特点。如必须包含大量前期的数据分析为概念设计做基础，调动各方专业人员介入设计，保证设计专业、安全、合标准进行。

第 4 章 驻马店五星级酒店及会议中心设计流程分析

4.1 项目简述

项目位于河南驻马店驿城区，总用地面积 150401 平方米，地上建筑面积 41400 平方米，其中酒店 32200 平方米、宴会中心 7500 平方米，预计设置客房 308 间。目前处于规划及建筑方案阶段，设计成果有规划总平面图、平面功能布局图（宴会中心、会议中心、大堂/全日餐厅、康体、贵宾楼、客房）、相关分析图（流线、视线）、平立剖示意图、立面意向图及指标表。参与方主要包括建筑、室内、酒店管理、机电顾问等。

4.2 前置条件在设计中的运用

4.2.1 区域位置因素下的设计定位

项目位于驻马店中心商务区，附近为会展中心、博物馆、车站、行政区等，消费水平高且人流充足。考虑到位于四级城市，且政府的商务接待也是重心之一，因此整体风格为偏豪华商务型酒店。酒店东侧为复兴路，北侧邻古吕路，南侧为板桥路，交通便利，西侧邻小清河，景观资源充足。对于交通流线和视觉流线的规划：交通流线分别设置客人流线、后勤/员工流线、宴会/会议车行流线、行人流线；视觉流线则是充分利用基地的景观资源，客房和宴会厅的视觉面最大可能地面向小清河，将自然景观融入酒店设计。

4.2.2 地域文化在建筑规划上的运用

驻马店名在古时，因交通便利，经商交往频繁，其驻马投宿的客栈马店甚多，故称驻马店，是著名的文化之都，华夏文明的重要发祥地之一；是盘古圣地，中华民族人文始祖盘古创世纪活动的核心区域，留下了独特的风俗习惯、文物古迹、民间技艺等地方文化。酒店建筑设计按宫殿式建筑"左祖右社、前朝后寝"的理念（图 4-1），布置酒店客房、大堂、会议、康体等功能区。提炼传统建筑空间的礼序空间元素，以酒店大堂为主轴，入口、绿道、台阶、玄关、前庭、内院、后花园等迎宾空间有序组织，展现多层次的空间序列（图 4-2）。

4.3 设计的在地性原则

4.3.1 在地性

建筑设计的"在地性"源于自然环境和地域生活，强调了设计主体与所处地理环境、风土文化等的关系。追求建筑的空间组织、建构、材料等因地制宜、因材致用，有机灵活地适应自然与气候，与环境相得益彰，成为地域生活的载体。

4.3.2 现代之材表典雅宋蕴

木材与砖石构造的建筑是驻马店建筑文化特色之一，在酒店设计上，大量使用木材与砖石材料，木材质朴典雅，砖石质坚耐用，结合现代建筑方法，提炼古典建筑比例特色，设计出既具现代审美，又富含地域文化特色的建筑。

4.3.3 造型呼应传统

建筑形象取自唐宋，屋面形式呼应传统山水，采用概括提炼手法，用曲折的屋面模拟自然山脉，力求体现自然山峦的形态和神韵建筑形式。将民间故事以石刻或木塑的形式展现在空间设计中。

4.3.4 元素提炼

局部透空的处理，使建筑景观互相交融。透过格栅的形式，使光影富于变化，塑造轻盈通透之感，营造舒适又惬意的空间。搭配局部的仿木材质与花砖等装饰构件，回应传统建筑中的典雅特征。

第 5 章 结语

拉萨拉兹宣言针对现代建筑提出合理化标准化作用的三个方面：（1）要求建筑构思能导致工地及工作方法的简化；（2）对建筑企业，它意味着熟练工人的减少，导致在高度熟练的技术人员指导下雇佣较少的专业化劳工；（3）它期望买主调整自己的要求以适应新的社会生活条件。这样一种调整表现在削减一些没有真实根据的个人需要，而使目前受到限制的大多数人的需要得到最大程度的满足。运用到现代酒店设计与流程的关系中可得出：（1）在酒店设计中，设计与设计流程都是最重要组成部分；（2）科学合理的设计构思可以简化工作流程，严谨有序的设计流程促进设计的发展；（3）设计依靠流程实现其合理性、有计划性实施；（4）运用高素质设计人才是设计创新性、高品质、企业高效益的保证。

参考文献

[1] 杨彤. 浅谈酒店设计管理 [J]. 中国建筑装饰装修，2017（07）.
[2] 张凤琦."地域文化"概念及其研究路径探析 [J]. 浙江社会科学，2008（04）.
[3] 洪礼成. 浅析高端酒店设计与管理 [J]. 河南建材，2015（05）.
[4] 马丽. 浅谈酒店设计流程 [J]. 山西能源学院学报，2009（03）.
[5] 朱雪. 酒店行业发展趋势研究 [J]. 科技经济导刊，2019.
[6] 肯尼斯·弗兰姆敦普. 现代建筑：一部批判的历史 [M]. 生活·读书·新知 三联书店，2012.

- 中轴对称—融于建筑里的中国礼序

- 居中为尊，南北秩序，拾级而上

- "左祖右社、前朝后寝"

图 4-1 左祖右社、前朝后寝

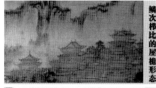
鳞次栉比的屋檐形态

西栋飞檐

重檐叠瓦

图 4-2 建筑造型

重识
"跨区域、跨校际、跨行业"研究生联合培养基地案例库建设

Reunderstanding
"Cross Regions, Cross Universities, Cross Industries"
Construction of the Case Base of Graduate Joint Training Base

产品经理思维引导下的室内设计研究
◎ 周诗颖

Research on Interior Design Under the Guidance of Product Manager's Thinking Pattern / Zhou Shiying

摘 要

在科技高速发展和经济全球化的今天，设计行业面临愈加激烈的竞争。在用户审美和需求的不断提升下，用户的选择占据更为主导的地位。设计人员单一的产品思维不能在行业内站稳脚跟，因此设计人员需拓展思维，在设计过程中更多地分析用户的需求或需要，才有可能成功将产品推向市场。而我国大多数的设计人员将设计重点放在产品本身的形式设计上，忽略了产品带来的附属服务是否能真正适用于用户，因此容易造成产品不适用，最终不能长久立足于市场的后果。

本文以产品经理的视角去探索室内设计思维，目的是希望跳出固有的设计思维去探索跨专业下的思维应用方式，以此探索室内设计思维的拓展性转化。本文首先对研究对象"产品经理思维"进行阐述，其次对比"传统的室内设计思维"去探索创新性的转化，最后结合思维的转化对实际项目展开应用和总结。

本文的创新点是以产品经理思维去研究室内设计，思考如何通过对用户的研究去推动设计进程，全文的研究思路将从传统的室内设计思维转为产品经理思维引导下的室内设计。

关键词

产品经理思维 设计思维 室内设计 用户体验

第 1 章　绪 论

1.1 研究背景

当下设计市场行业竞争激烈，随着用户审美和需求的不断提升，由用户掌握选择的主动权，设计行业处在供大于求的市场关系中，由此可得，产品的研发离不开对用户需求或需要的剖析。因此，单一设计思维下的产品设计已不能满足当下的用户需求，产品的研发愈加离不开多维度的研究。

产品经理思维最早成熟应用于互联网行业的产品研发，但在设计行业的应用较少，因此将"产品经理思维"作为设计思维探索的新切入点是具有创新价值的。

传统的设计企业通过设计项目与用户构成链接，通过前端对设计项目的规划，最终实现用户价值。产品经理连接设计公司、设计项目、企业和用户，构成拓展性的链接关系，从而实现企业价值和用户价值。

从产品经理视角上来看，能够和用户搭建链接的不仅仅是设计的最终交付物，"设计"这一名词对应的不仅是狭义概念下的产品和产品提供的服务，还包括了产品提供的附属价值。因此，本文将设计对象"产品"的概念扩大，总结为广义概念下的"产品"，其细分的方面有：用户体验、地域文化的体现、用户同理心地图、场景运用、产品的有效影响等方面。而设计公司的产品就是交付给用户的图纸。

综上所述，产品经理视角下的"产品设计"包含诸多要素，本文首要明确的是产品经理思维的概念，其次是阐释传统室内设计思维，再次是对产品经理思维引导下的室内设计思维探索，最后则是产品经理思维在室内设计实践中的应用和全文总结。本文的逻辑关系见图1-1。

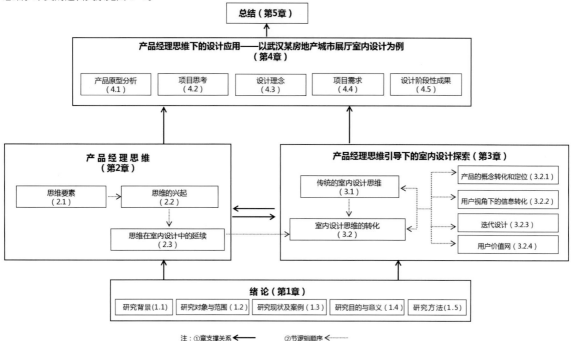

图 1-1 论文框架（图片来源：笔者自绘）

1.2 研究对象与范围

本文的主要研究对象是产品经理思维，并以产品经理思维作为全文的理论指导，探究室内设计思维的转化。

产品经理是整个项目中的产品管理者、研究者、交付者，是通过对用户需求的聚焦和分析后制定产品战略和发展规划的人。产品经理整合产品数据和用户反馈信息，优化产品的设计，推动项目顺利进行，其思维可细分为：产品定位、产品规划、用户维度分析、势能分析、产品的生命周期分析、产品设计分析等。

项目设计是设计公司的产品，也是产品经理思维下的产物之一。因此，本文缩小研究范围，通过产品经理这一研究视角，立足理论前沿，将用户需求分析、产品设计、计算机辅助技术相结合，兼顾用户需求的多样性和产品设计的系统性，注重创新性和落地性两者之间的平衡。以产品经理思维作为指导，课题研究将从理论、实践、总结三个层次，系统地对产品经理思维的理论基础、用户需求的获取进行研究，以综合集成的方法论作为指导，通过对实际项目的实践应用，实现系统化的创新。

1.3 研究现状及案例

1.3.1 国外产品经理思维的研究及案例

星巴克的服务宗旨是：用每一杯咖啡传递星巴克独特的咖啡体验。星巴克作为一家全球性的咖啡连锁企业，凭借因地制宜的店面设计和带来极致用户体验的设计，颠覆了咖啡店的传统规划理念，用户在那里得到的不只是咖啡，更多的是一种生活方式。

（1）理解用户。吴汉中在《美学CEO》中提到："星巴克设计并非是一成不变，而是在规范与使用者经验间取得一个平衡，这里的使用者包括第一线的员工及消费者。"由此见得，星巴克的文化战略是崇尚体验和尊重人本，其经营重点更多的是文化和人。

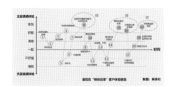

图1-2 星巴克"峰终定律"客户体验模型（图片来源：百度）

（2）重构用户体验。心理学家丹尼尔·卡尔曼提出"峰终定律"：用户对体验的记忆由高峰时和结束时的感受这两点因素决定。星巴克对不同地域的用户体验设计了不同的互动式体验节点（图1-2），这些服务细节的设计让用户在购买到饮品后，也能始终感知星巴克的咖啡体验。

图1-3 星巴克北京大栅栏店实景图（图片来源：星巴克官网）

（3）独创用户第三空间。为面临压力、有一定精神需求的用户群体提供了一个介于社交和私人空间之间、介于家庭与工作环境之间的场所，用户可以在这里交流感情，也可以在这里思考和学习。用户将在这充满温度、流动空气、咖啡香和舒缓的音乐的场所里，感受门店的独特室内设计和暖心优质的服务，获得身心上的放松。（图1-3）

1.3.2 国内产品经理思维的研究及案例

RWD黄志达设计公司在深圳湾公馆这一项目的设计中，运用产品经理思维展开了设计前期的调研工作，对用户、产品、市场等方面的未来发展做出了前瞻性的定位预判。设计团队从理性到感性，结合外部需求和内部真理去考量设计，得到了委托方的一致认同，并在项目落地后，收获了用户的一致好评。

（1）产品定位。设计团队对深圳湾片区进行调研，具体参考了当时政府的公开数据、项目所在地的开发程度、项目所在地的周边配套、当时房地产成交情况等，最终得出结论，即：深圳湾片区开发空间大，适合开发房地产。（图1-4）

图1-4 深圳湾项目实景图（图片来源：RWD）

（2）用户群体分析。设计团队对项目所在地的周边人群展开调研，并结合当地购房成交年龄段的分析和项目具体情况，得出结论，即：该项目对应的主要用户为具有海外游学回国经历的八零后群体。（图1-5）

图1-5 设计逻辑（图片来源：RWD）

（3）用户需求分析。运用马斯洛的需求理论，分析人与物、人与社会以及人自我认知的关系。得出结论，用户的需求就是对美好人居生活的向往。

（4）场景模拟。由于建筑地块的政策要求和用户的安全，设计团队未对建筑外部管道进行"隐藏"设计。南方城市气候高温多雨且紫外线强，设计团队在优化幕墙设计时通过模拟日照指数，安置了百叶形态的阳光板，阻挡了一部分阳光，同时这些百叶形态的阳光板也能阻挡雨水进入室内走廊。

1.4 研究目的和意义

1.4.1 对产品的优化具有较为客观的指导

早年间有大量的设计案例凭视觉冲击力构建空间，然而艺术家式的感性设计思维在用户体验面前是单薄的，因为没有足够的理性材料作为设计项目和用户定位，最终做出的产品对用户而言会不适用。产品经理思维下，用多个参数定义产品和分析用户；通过对产品和用户的研究，定义产品性质，有效缩小用户的调研范围；通过设计人员展开用户同理心地图、用户地图、用户画像、场景等方面的研究，采集用户真实的想法和需求，并引导用户体验产品。整个过程中，将设计思维多维化，设计前期以理性的调研定位产品和用户，最终实现用户价值。

1.4.2 通过产品经理的思维给予设计人员拓展性的指导

产品经理思维与设计思维不同，传统的设计思维主要表现在以下方面：研究设计任务书、统筹和把控设计工作、实施设计规划。而产品经理思维会衍生出新的环节，例如：产品定位、研究用户需求、获取用户需求清单、分析运营市场、规划用户体验地图、结合用户反馈，交付设计资料等，在设计思维基础上有一定的延展。

综合产品经理思维的研究分析，重新界定了产品的概念，将产品的定义范围扩大为：用户、产品、地域三个方面。通过对产品的研究，有利于定位产品和圈定研究群体，并从用户端获取有效信息，有利于设计人员将用户需求信息转化为设计信息。运用理性的表达和科学的方法，能缩小设计人员与用户之间的距离，从而在设计上实现收放自如。

1.5 研究方法

1.5.1 文献研究法

本文的研究方法之一就是通过收集相关文献书籍，组织总结文献书籍，然后对相关的文献书籍进行分析和归纳。需要进行大量有关产品经理思维、数据分析、产品分析、室内设计等方面资料的收集，包含相关著作、学位论文、学术期刊、新闻等，获取渠道主要有：图书馆、学术活动、网络信息等。

1.5.2 案例研究法

通过选择不同案例为研究对象采集和案例有关的数据信息，并展开深入分析和研究，总结案例中的启示意义，以此提炼出新的研究问题或研究成果预设。

1.5.3 跨专业研究法

田野调查法。运用人类学的学科知识，通过进入项目场地展开观察与调研，从中取得场地及周边现况和用户信息，进而采集场地各类信息，展开分析。

产品经理系统能力。充分运用产品经理思维，系统地分析用户和产品，可细分到以下方面：同理心、绘制用户画像、探索用户体验地图等。通过对产品的研究定位产品,通过对用户的研究分析用户需求,从而有效地缩小研究范围,使产品为用户适用。

第2章 产品经理思维

2.1 思维的要素

2.1.1 产品分析

产品经理是整个项目中对产品负根本责任的管理者,是通过对用户需求的聚焦和分析后制定产品战略和发展规划的人。产品经理和团队的基本原则是产品的定义阶段,这是确定计划和开始产品生命周期之间的里程碑。无论是新产品还是改良产品的想法,都具有商业的战略意义。定义阶段开展的工作主要集中在持续的调研和外出收集工作,为了完成所有必需的计划文档,包括商业案例、产品需求文档、产品落地计划和产品营销计划。

产品的本质属性是满足用户的需求,因此产品经理作为产品的核心管理者,需要更多地了解用户、发现用户需求、规划产品、推动产品运作、优化产品、实现最大化价值等。产品经理始终贯穿产品设计的全过程,因此需要具备各个环节的能力。

2.1.2 用户痛点挖掘

用户痛点的挖掘是产品经理思维的重要体现之一,用户痛点存在于具体的场景,也是用户面临的各种具体问题。产品经理思维从宏观层面和微观场景去深刻理解用户的真实需求,正视问题所在,并精确捕捉用户的痛点,为设计提供依据。

设计任务书上未必会写具体的"用户痛点",因此需要通过不同场景洞察用户需求和体验用户角色,例如:思考产品对用户有什么用、具体是哪类用户有这样的难题、用户是否希望即时解决这一难题、用户能否自行解决、有多少用户有同一难题、用户是否愿意付费解决问题、产品特性能否让用户产生共鸣等问题。

2.1.3 产品管理

产品经理处于产品管理的中心位置(图2-1),协调用户体验、企业需求,以及现有技术能否实现用户体验,这三个重要因素。在技术能力下基于实现用户需求的目标规划产品,并最终实现企业目标的产品。

用户体验。用户体验环包括用户基于内在需求下的反馈、用户面临的问题、用户

图2-1 产品管理模型(图片来源:笔者自绘)

体验产品的方式等，用户体验不仅代表产品解决用户的问题，也代表了产品的外部世界及其需求。用户体验环的本质是通过改善和优化用户与产品之间的交互，收集与理解用户的信息反馈，从而提升用户体验的满意度和产品价值。

企业需求。对企业而言，产品的最低限度是能维持企业运行，这就取决于产品能否成功。产品只有被用户使用后，才能产生价值，最终使企业从中获利。企业需求环也代表了企业的需求和抱负。

技术。技术变化的速度是极快的，技术会在产品的落地中起重要作用，所以产品经理需要始终站在最前沿，以最前沿的视角理解技术的优势与劣势。技术环代表着创造产品的能力。

2.2 思维的兴起

产品经理最早起源于美国宝洁公司，在旧款产品畅销的背景下，宝洁公司欲推出同类的新产品，但效果并不理想，这时，由员工麦克·艾尔洛埃提出需要有专人为公司的新款产品负责，以保证品牌获得的优先级。从这里可以看出，最早的产品经理其实是品牌经理，其思维主要表现在：品牌市场定位、营销推广、渠道建设等。

到了20世纪90年代，计算机行业正蓬勃发展。与此同时，出现了一批面向企业用户的软件公司。其中，产品经理思维主要表现在：明确用户需求、转化用户需求、推动产品研发、协调资源等方面。整体的思维更侧重于产品管理。

自2012年起，移动互联网开始高速发展，大量的手机App涌入市场，开发和管理这些App的人，也就是现在的互联网产品经理，其思维主要表现在：市场及用户研究、产品规划及设计、产品管理、推广运营等方面。

2.3 思维在室内设计中的延续

著名产品经理乔布斯说过："Design is not just what it looks like and feels like. Design is how it works." 产品经理思维下的设计更多考量的是产品的运转，而不是仅局限为产品视觉上的呈现。由此可以对比出，产品经理思维是在设计思维上的延伸，由视觉呈现到产品背后的逻辑。

探索产品经理思维在室内设计中的应用，目的是通过多角度重新解读室内设计，探究室内设计背后的一些设计环节，从而让用户取得更好体验。

第3章 产品经理思维引导下的室内设计探索

3.1 传统的室内设计思维

3.1.1 传统思维的优势

传统的室内设计思维核心是探索如何实现创造性的设计想法。从这种意义上讲，是把预想变为视觉图形符号就必须通过设计思维与表达来完成。设计人员通过专业知识结合技术，使设计思维运用在思想与现实、科学与美学、抽象与具象的表现之中，把想象的内容转化为可视的形象符号，以各种造型的手段和技巧，来传达个人的设计思想，搭起理想与现实之间的桥梁。把想象变为可视的图形，这就是传统艺术思维与表达的目的所在。

3.1.2 传统思维的局限性

传统的室内设计思维通过设计人员的构思聚焦设计本身的视觉效果，呈现了一种视觉形式上的室内设计。然而，产品的最终服务对象是用户，用户会体验室内场景并与场景产生互动，因此，单一室内场景的视觉效果不能满足用户需求，设计人员应当拓展思维，去研究用户逻辑，最后通过用户逻辑推动设计逻辑。

3.2 室内设计思维的转化

3.2.1 产品的概念转化和定位

室内设计思维下的产品定义是设计项目，而产品经理思维下对产品的定义更为宽泛，其包括了：产品（设计项目）、用户和地域三点，以点构成体，通过对地域和用户的研究建构产品的基础定位。

产品定位不同于产品需求，产品需求是基于设计任务书和用户需求下的反馈，而产品定位更多的是设计落地的前端环节，是基于市场定位指导、用户需求、地域文化因素等，通过项目设计交付材料呈现产品具体形象的过程。总的来说，是设计人员在产品经理思维引导下，通过设计项目、用户需求、地域文化因素、城市发展政策等方面的分析，指导设计项目定位，并通过设计项目的定位推动后续的用户体验设计。

3.2.2 用户视角下的信息转化

设计秉承"以人为本"的原则，要将产品的真正使用者放在首位，挖掘用户主观感受背后的真正需求。深入了解用户研究，可以让室内设计师跳出单一视角，能够真正做到以用户视角重新理解室内设计。

（1）同理心地图

同理心是产品经理设计思维中的重要因素，是一种换位思考的方式。用户的情绪都是来源于对所感知事物的表达，这种表达通常都是从内在的感受、情绪和底层操作系统而来。同理心的本质是"以人为本"，产品经理将角色转变为用户，直接通过用户的视角，体验用户的精神世界，感知和理解用户的情绪并达到共情，其最终目的是寻找用户需求以塑造产品。（图3-1）

同理心对于以用户为中心的设计思维是至关重要的，同理心帮助设计人员抛开个人的主观想法，以用户视角洞察用户和他们的需求。

（2）用户画像

用户画像同样是建立在同理心的基础上，再次对目标用户进行细分，缩小了使用

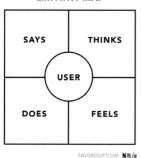

图 3-1 同理心地图（图片来源：nngroup.com）

人群的范围并细分了用户特征，可模拟用户在室内空间的场景体验，掌握用户对产品或需求的关注度与诉求。不同专业背景的人员对用户画像的分析会有差异，而产品经理思维下的用户分析是帮助产品经理渗透更多用户的潜在需求，发现产品早期使用存在的问题，为产品设计的进一步完善、改进，提供相应策略或现象依据。

用户画像可以帮助室内设计人员理解用户群体特征，便于分析用户信息，从而更加有效率地进行室内设计规划，让设计师找到"以用户为中心的设计"的设计依据——"用户"，且这些信息代表着用户真实的目标和动机，可以依据"人物角色"来选择最佳的设计方案，通过模拟的用户角色体验设计，可以大大提高设计人员与委托方的沟通效率，也提高了设计落地的效率。

（3）用户体验地图设计

用户体验地图是用户在室内场景的模拟体验，是设计人员基于用户同理心地图和用户画像可视化地展示了不同用户对于室内场景及服务的不同体验。用户体验地图为用户设置了情绪节点，通过不同节点的串联引导用户完成整个体验，最终用图形化的方式直观记录和整理用户在每个节点的体验，使用户的体验得以更为直观地展现。

3.2.3 迭代设计

迭代一词来源于互联网产品经理思维，用于产品设计的完善环节，产品的完善环节只能在快速迭代中，吸取用户反馈才能实现。产品的迭代不是一次性达成的，是基于用户和市场反馈，优化产品功能和使用体验，以此不断更新的过程。综上所述，迭代一词可理解为以下三个关键词：重复、优化、升级。

迭代一词用于室内设计思维中，可转化为设计人员基于用户、城市发展政策、产品的最新信息分析后的设计规划，以最新的实时信息作为设计依据，通过用户体验的预设推敲设计本身，经过多次反馈后深化设计。

3.2.4 用户价值网

实现用户需求是实现商业目标的基础，而用户体验是实现用户价值的前提，也是设计的核心竞争力所在。产品首先要满足用户的核心需求，并在此基础上研究用户的使用体验，最终不断地提升用户体验度取得用户价值。（图3-2）

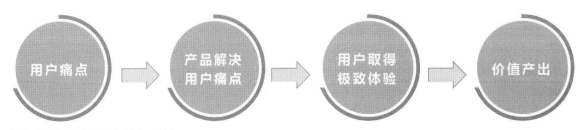

图 3-2 用户价值网（图片来源：自绘）

第 4 章 产品经理思维下的设计应用——以武汉某房地产城市展厅室内设计为例

4.1 产品原型分析

4.1.1 区位分析

该项目位于湖北省武汉市洪山区团结大道南面，与绿岛西路、沙湖港北路、信和西路围合区域，临近杨春湖地铁站和武汉火车站，用户出行便利，且周边聚集湿地公园、生态运动公园、武汉科技大学、武汉理工大学和多个科技孵化园，是集生态、教育、科技于一体的交通枢纽型城市综合服务中心，未来可构建"主导产业 + 商务拓展 + 服务配套"的产业格局；将连同武汉火车站、阳春湖、沙湖港共同构筑区域发展主导要素。项目的区位横向上联通武汉火车站和商业区，纵向上联通杨春湖、东湖、迎鹤湖，贯穿了都市发展带和城市景观轴，形成了"一轴双核两区，一廊三园三带"的城市空间布局结构。遵循城市空间结构特性，布局武汉站站前综合服务核和环迎鹤湖的城市服务核，共同打造副中心的核心功能区，未来各方面发展潜力极大。（图 4-1）

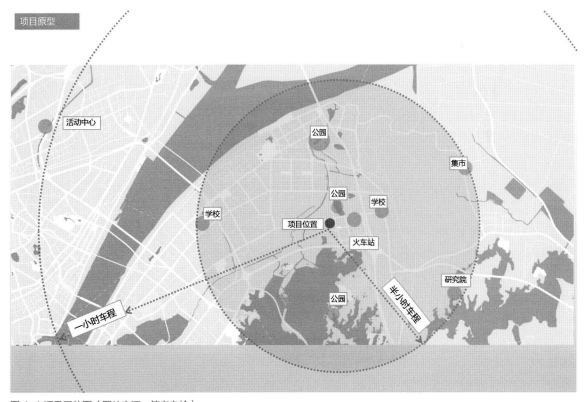

图 4-1 项目区位图（图片来源：笔者自绘）

4.1.2 用户分析

项目在建成后会先作为商务展示中心和办公空间投入使用,其中商务展示空间主要是以房地产售楼功能为主,根据对该项目区位及发展分析,结合武汉整个楼市及周边竞争楼盘的调研,可总结得出该楼盘项目的优势所在,主要表现在:项目地处武汉火车站附近,交通便利;处于城区副中心位置,发展潜力高;临近东湖、阳春湖,自然景色优美等方面。以此对应的城市展厅用户群体大致如下:有购房或换房刚需的用户、省内外有购房投资意向的用户、打卡的用户等。(图4-2)

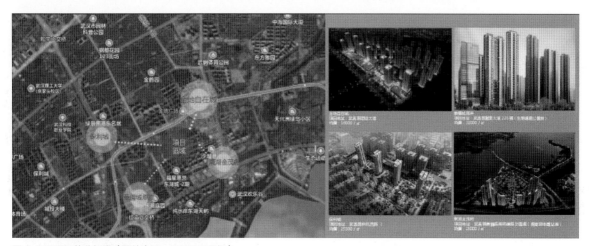

图 4-2 项目区位分析图(图片来源:RWD 项目组)

4.2 项目需求

项目属于武汉市洪山区的新一线城市形象项目,并以开拓创新的方式去面对持续偏紧的宏观经济环境。要为城市打造新的开发区,需要具备创新的理念去打开局面,因此城市展厅及其周边项目的开发受到了高度重视。

项目位于武汉市洪山区团结大道南面,连同周边的公园、学校、住宅区、商业区等配套设施,是依托武汉火车站形成的交通型城市枢纽综合服务中心,项目的区位横向上联通武汉火车站和商业区,纵向上联通杨春湖、东湖、迎鹤湖,贯穿了都市发展带和城市景观轴。因此,设计要通过创新的角度创造未来。在设计中需寻找文化、环境和人的依存与平衡进行有效的融合,运用武汉特有的人文,以创新的角度,用"未来"打造一个新兴的自然人文与科技风尚兼具的美学空间。(图4-3、图4-4)

项目在建成后会先作为商务展示中心和办公空间投入使用,后期会对所有用户开放使用,因此需要对不同年龄层的用户予以提供不同的体验。

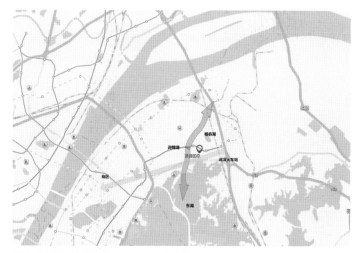

图 4-3 区位分析图（图片来源：笔者自绘）

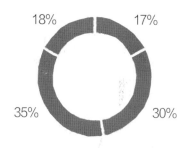

图 4-4 洪山区人口年龄分布（数据来源：洪山年鉴 2018）

4.3 设计理念

本次设计的关键词是"共生"、"衍生"和"享生"。结合产品经理思维和室内设计思维，以产品经理视角考量设计和用户群体，并对不同类型的用户提供和引导不同体验，整体的设计思维将由用户逻辑再到设计逻辑。"三生"的设计理念来自于当地用户与该项目共同面对未来，依存、发展、平衡几种状态的融合。设计将空间与人文共生共存，为空间和用户衍生美好和谐的体验，并使用户和空间生活的品质得以提升。

4.3.1 共生

项目所在地纵向上与湿地公园、生态运动公园连成一线，可连通构成城市生态轴。整个项目的设计体现着与自然共存的理念，生态轴有着强大有氧空间，能为用户的视觉和感官持续提供给整个纵向线上所有生态所需要的养分。

建筑设计通过对外立面"水杉"形态元素表达自然的理念，使空间与生态环境融合，给予用户生态化的体验；建筑立面的构成较为丰富，因此在室内空间中多运用了预制材料构成呈现体块关系的空间，让阳光通过建筑的镂空处进入室内，减少人与自然之间的阻隔，使自然元素与室内空间与人相融合。

室内空间的构成以"从地下生长而出"的表现手法，在建筑入口处设计了联通一至四楼的室内景观，给予用户"森林"般的体验感；室内空间的构成上运用了建筑的手法，让空间与空间之间更为开阔，能更好地联系人与人之间的交流与感官，利用空间的块体构成关系形成空间的层次感与活泼性，也能使室内与建筑极致的融合，让空间更为纯粹。

室内空间上的设计联动室外环境，将室外飞鸟造型的装置引入室内空间，赋予空间韵律感，与室外保持一体；室内一层到四层的面积逐渐减小，且每一层的贵宾室都在不同的位置，楼上楼下构成空间上的互动关系，并且每一层都能进入充分的阳光，给予用户生态休闲生活方式的体验和追求人与自然和谐的生活状态。

4.3.2 衍生

项目方案的设计是基于产品经理思维在室内设计中的引导基础，通过产品经理思维在室内设计的运用，设计将从产品定位、用户画像、用户体验节点等方面进行深入，最终由设计逻辑衍生出用户逻辑。从原有的生态链版块到项目的商业版块，通过建筑与人文的交错衍生出和谐共存的关系，空间上尽可能保留了更多环保和自然的生态版块。

4.3.3 享生

项目设计将整个空间"去售楼化"，并思考空间对用户未来产生的价值。项目作为商务展示空间和办公空间，其必要功能分区有：洪山区局部展示区、房地产销售区、地产公司办公区等。在这些功能基础上，设计需消除空间的界限和用户固有的刻板印象，因此设计将通过对未来用户画像的描绘，通过用户视角设计用户体验地图，在售楼处增设了书吧、展示、休闲等功能的空间，让用户进入空间后有种轻松自在感或是犹如在艺术馆、博物馆、图书馆这样的空间，也使用户提前体验他们未来的生活空间和生活品质。（图 4-5 ~ 图 4-8）

图 4-5 城市展厅建筑效果图（图片来源：RWD）

图 4-6 同理心地图（图片来源：笔者自绘）

图 4-7 用户画像（图片来源：笔者自绘）

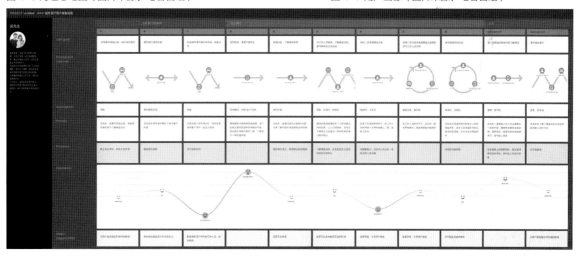

图 4-8 用户体验地图（图片来源：笔者自绘）

4.4 设计思路

设计部分，首先要解决的是商业需求。整个空间用于商务展示和办公，应理性分析设计任务书的基本诉求，并探究项目背后的逻辑。

其次，解决的是空间与周边环境的融合性，实现"共生、衍生、享生"的设计理念。建筑外观上，运用绿色的设计理念和环保的预制材料赋予城市展厅的可持续性；通过对武汉元素市树水杉形态的提取赋予建筑外观生命力，通过室内体块的错落关系透过建筑的镂空引入室外的自然光和空气，室内体块与建筑外观构成"巢"的形态，使生态的设计理念得以延续；室内一层进门处设计的室内景观空间连通一层到四层的空间，引入外部的光、空气和温度，让室内室外融为一体，拉近用户与自然的距离，通过自然的元素，打破建筑与建筑的边界，让自然连接空间，让室内室外融合一体，回归于原始的空间。（图4-9~图4-14）

最后，解决的是用户体验的可持续性。通过用户类型的分类和用户画像的绘制，结合用户体验节点，构成用户的完整体验。（图4-15~图4-17）

4.5 设计阶段性呈现

城市展厅的室内设计首先从空间布局入手，对不同用户的体验进行空间功能的划分。其次，在空间满足用户基本需求的基础上，通过产品经理思维转变个人视角，回归用户逻辑。通过从平面功能到空间模型的推导，从用户角度感受空间体验，为后期的用户体验设计奠定基础。

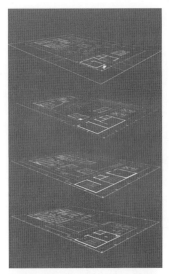

图4-9 用户参观动线（图片来源：笔者自绘）

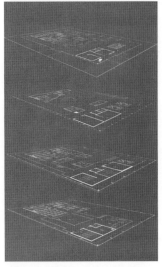

图4-10 后勤员工动线（图片来源：笔者自绘）

图4-11 一层平面图（图片来源：笔者自绘）

图4-12 二层平面图（图片来源：笔者自绘）

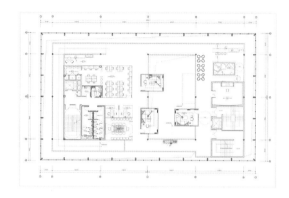 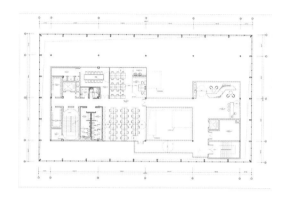

图 4-13 三层平面图（图片来源：笔者自绘）　　　　　图 4-14 四层平面图（图片来源：笔者自绘）

图 4-15 一层洽谈区模型效果（图片来源：笔者自绘）

图 4-16 一层城市沙盘展示区模型效果（图片来源：笔者自绘）

图 4-17 二层多功能厅模型效果（图片来源：笔者自绘）

第 5 章 总结

本文是在"产品经理思维"的引导下,探究室内设计思维的转化,将产品经理思维作为理论依据,探索产品经理思维对室内设计的引导。全文首先解释了产品经理思维的概念,列举了产品经理的思维要素,对照了传统的设计思维后,以产品经理思维切入室内设计,为项目设计的应用提供了新的方法。

本文得出的结论是:产品经理思维对室内设计研究具有拓展性,以产品经理思维研究室内设计是有价值的。

设计行业竞争激烈,设计人员以产品经理视角研究室内设计,能系统地分析产品和用户,通过汇集多维度的信息作为设计增加论据,使设计从理性到感性,有利于被用户接受。设计人员思维的拓展可能会成为一种设计行业的发展趋势。

以上就是本文的研究成果和应用,由于研究的切入点是产品经理思维,跨学科性较大,因此研究程度不好把握,研究过程中易受不同观点的影响,整体论文呈现的研究深度较浅。本文仅是课题的初步研究,深入研究还需要更多的理论支撑和实践。

参考文献

[1] 苏杰. 别了,产品经理的能力模型 [J]. 程序员,2013,1:57–59.

[2] 李成,鲍懿喜. 峰终定律在用户体验研究中的应用 [J]. 艺术与设计(理论),2011,6:179–181.

[3] 贾灿. 星巴克的中国市场营销策略研究 [D]. 武汉:华中科技大学,2009.

[4] 胡浩. 从做好产品开始 [J]. 商界(评论),2012(06):3.

[5] 肖晗. 基于体验地图的亲子社交产品设计研究 [D]. 哈尔滨:哈尔滨工程大学,2016.

[6] 武瑞. 基于迭代思维的传统阅读服务产品化设计研究 [D]. 秦皇岛:燕山大学,2016.

[7] 乔克·布苏蒂. 产品经理方法论 [M]. 北京:中信出版社,2016:1.

[8] 孙晋博. 产品形态原型设计的用户语义驱动方法研究 [D]. 西安:西北工业大学,2016.

[9] 后显慧. 产品的视角:从热闹到门道 [M]. 北京:机械工业出版社,2016:1.

[10] Ilpo Koskinen. 移情设计:产品设计中的用户体验 [M]. 北京:中国建筑工业出版社,2011:1.

[11] 史蒂文·海恩斯. 产品经理装备书 [M]. 北京:机械工业出版社,2017:1.

[12] 陈阳. 白话设计公司战略 [M]. 上海:同济大学出版社,2015:75.

[13] 胡海燕. 建筑室内设计:思维、设计与制图 [M]. 北京:化学工业出版社,2014:1.

重识
"跨区域、跨校际、跨行业"研究生联合培养基地案例库建设

Reunderstanding
"Cross Regions, Cross Universities, Cross Industries"
Construction of the Case Base of Graduate Joint Training Base

社区营造理念下的旧工业厂区景观更新设计研究
——以通州铝材厂改造及景观更新设计为例

◎ 荣振霆

Study on Landscape Renewal Design of Old Industrial Plant Area Under the Concept of Community Construction
—— Taking Transformation and Landscape Renewal Design of Tongzhou Aluminum Plant as an Example / Rong Zhenting

摘 要

伴随着旧工业文明的落幕，曾经的工业用地如今却被人们遗忘，甚至荒废。在城市中心地带的工业用地多被用以创意产业园的规划，而位于城市近郊的工业用地大多数都被居民用地所围绕，与周围的社区形成了格格不入的尴尬状态，旧工业用地重新利用的问题迫在眉睫。本文主要研究旧工业厂区改造与周边社区的关系，试图探索出一条新的改造方式——以"社区营造"理念将旧工业厂区改造为创意产业及城市开放公园于一体的创意园区，并探究其与之周围社区的联系，使其可以成为社区公共空间的一部分，为社区注入新生命力的同时也将工业文明以新的方式重新带回到社会发展之中。最后，本文以通州区铝材厂改造及景观更新设计作为设计实践，来验证本文提出的策略。

关键词

旧工业厂区改造 社区营造 公共空间

第 1 章 绪 论

伴随着社会的不断进步，导致大部分的工业用地被开发为商业用地和居住用地，开发商们过度追求经济效益，致使绝大多数的旧工业厂区被完全破坏，取而代之的是新建居民住宅或商业综合体。据数据分析北京的大部分旧工业厂区迁移后，该旧址转型开发成居住用地的比重占整个旧工业用地改造的76%，导致北京一般价值的旧工业厂区在城市更新中销声匿迹。正因如此，如何将旧工业厂区更新与社区开发协调发展，如何将创意产业园与社区发展联系在一起，成为解决城市工业用地再生发展的重要问题。本文试图以通州区铝材厂改造与社区建设结合碰撞中迸发出新的设计方法。

1.1 研究背景

1.1.1 后工业时代的城市发展

后工业时代是在工业时代之后发展演变而来的，工业社会总体可分为三个阶段：分别是前工业社会、工业社会和后工业社会。每个不同的时代是由不同的中轴建立而来的。后工业化时代是一种以理论知识为中轴、高新技术产业为支撑发展的社会。1970以后，传统的制造业开始慢慢衰败，取而代之的是由科技、文创、新能源产业与服务业等为代表的第三产业。随着城市产业结构进行调整，便会发生"逆工业化"的状况。曾经辉煌的工业城市没落，大量的废旧工业厂区出现闲置、被遗忘的现象，随着社会调整发展，新兴的第三产业逐渐发展成熟并且完美地代替了传统的制造业，逐渐发展成为城市中最为重要的职能。旧工业厂区改造在外国发展成熟度较高，例如德国的鲁尔区以及荷兰的鹿特丹等城市，他们在经历了传统工业衰败后，并没有将其荒废，而是经过旧工业资源的二次更新与产业结构调整，成功转向第三产业，实现了城市更新。但是在我国，正是因为特殊的经济模式和经济基础，"逆工业化"现象则相对较晚出现，但是逆工业化的发展也是一定会出现的，例如现在的北京、上海等发达城市已经处于后工业时代。当今社会飞速发展，面对"逆工业化"等现象，大部分城市会在经济利益的诱惑下选择"大拆大建"的主要建设模式进行城市建设，导致了如今"千城一面"的现象越来越严重。与之同时更重要的是，很多具有历史文化价值和工业精神文明的旧工业建筑被完全拆除，导致工业历史文脉难以保存、城市本身的肌理遭到损害、生态社会发展的模式更是难以落地。

1.1.2 旧工业厂区逐渐成为社会关注的焦点

伴随着社会的发展，城市中传统制造业的作用逐渐淡化，曾经引以为荣的以传统工业为经济基础的区域丧失了其作用，呈现出了区域经济发展缓慢、大面积的土地荒废、环境问题日趋严重以及工人失业等问题，正是这些现象引起了社会各界的关注，旧工业厂区的功能置换成了社会关注的焦点。

1.2 研究目的和意义

1.2.1 研究目的

随着我国城市更新进步的不断加快，曾经用于工业发展的工业用地渐渐变为城市居住用地，旧工业厂区与其周围的居民社区环境产生了鲜明的对比，旧工业厂区的遗弃状态亟须得到转变。利用废弃旧工业厂区将其改造为集创意产业与公共社区于一体的园区，解决旧工业厂区土地再利用的问题，探索出针对通州区铝材厂的更新改造方法。

1.2.2 研究意义

旧工业厂区改造为创意产业的公共空间有利于创造出活力四射的社区，促进社会的稳固发展；可以为政府、社区和居民创造一条崭新的道路，激发社区活力；可以缓解市维护的经济问题，实现自下而上的改造方式，缓和了工业文明建筑的新旧矛盾。同时，旧工业厂区的重新定位，可以解决资源浪费的问题，避免了大拆大建，节省建设成本，保留了工业精神文明的同时还促进社会的更新发展。

1.3 研究范围界定及相关概念

1.3.1 社区营造相关概念

社区营造发展于20世纪60年代西方的邻避运动和日本的造町运动，随后对中国台湾和东南亚地区也起到相应的影响，社区营造理论更多的是强调自下而上的参与和发展，它关注的不再只是社区的物质基础，同时更多的是关注居民的归属感，其目的是达到一种社区的共同建设、共同治理和共同享有。其手段是通过对城市公共空间的微更新，更好地促进发展社区营造，例如，我国上海的社区空间微更新策略提出的"关注空间重构、社区激活、生活方式转变、空间品质提升、城市魅力塑造等方面，打造更有安全感、归属感、成就感和幸福感的社区"。社会公共空间微更新从策略、设计到发展，是一个漫长而递进的过程，其中心思想是希望达到以公众为中心的参与感。

1.3.2 旧工业厂区发展的相关概念

旧工业厂区主要指曾经用于工业制造过程中为人们提供工业制造活动的办公场所，工业厂区包含工作车间、工业厂房及其功能配套设施。旧工业厂区与新建的工业产业园区的对比，从时间轴角度来讲，旧工业园区代表曾经的发展，而新建的工业产业园区代表了符合当今社会发展需求的园区。文章中所探索的旧工业厂区在通州区范围内，因城市更新、社会发展等因素已经失去原本使用功能的厂区。

1.4 国内外研究现状

1.4.1 国内研究现状

我国相比国外来说进行工业革命的时间相对比较晚，中华人民共和国成立后，随着社会建设发展的需要，我国不得不建设大量的工业城市。并且因为价值观念、经济水平、生产技术等客观原因的束缚，我国对于旧工业厂区的荒废采取方式便是"大拆大建"。但随着社会发展的推进，我国对旧工业厂区的思考发生了转变，即便对于旧工业厂区的再利用研究和国外成熟方式还有相当的距离，但我国已经在许多城市取得了显著的成效。北京林业大学王向荣教授和林菁女士编撰的《西方现代景观设计的理论与实践》一书，系统地阐述了废弃环境下的景观设计，详细介绍了德国的后工业景观设计。

1.4.2 国外研究现状

早在18世纪西方社会就已经开始进行了工业革命，正是如此，衰败后的工业城市更新也首次在西方城市进行。随着多年经验的积累，设计实践与理论基础已经较为完善，欧美的发达国家对于旧工业厂区的再利用研究至今已经形成相对成熟的系统体系。

1.5 研究方法与框架

1.5.1 研究方法

文献阅读：获取国内外相关文献基础，主要是对于旧工业厂区与工业遗址的更新设计案例、城市更新进程研究、社区营造案例等方面的文献、图纸、研究论文、书籍、期刊，并在其基础上进行系统梳理与总结。

实地调研：通过实地现场调研、拍摄、记录通州区铝材厂的现状，了解研究对象的基本情况，询问相关专家和技术人员的建议，搜集各方面的情况。

归纳总结：通过大量文献的积累和实地现场调研对研究目标进行深度和广度归纳和总结，探究旧工业厂区的一般改造方向、规律及手段要素，以及研究社区营造理念中的"人、文、地、景、产"的要素，为旧工业区功能置换的关键设计方法的提出做好相应准备。

1.5.2 研究框架（图 1-1）

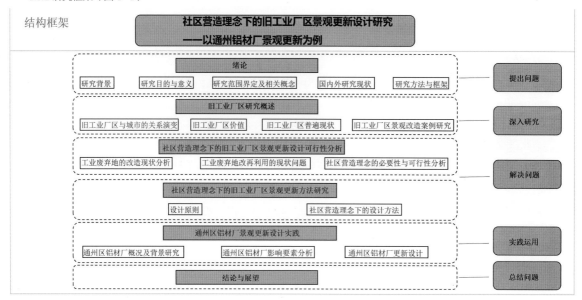

图 1-1 论文研究框架 （图片来源：笔者自绘）

第 2 章 旧工业厂区研究概述与相关理论发展概述

2.1 旧工业厂区与城市的关系演变

  城市可以被理解为一个有机综合体，拥有自我调节与修复的功能，但是城市的发展进步同时还伴随着城市功能的更新置换，曾经的工业城市在发展过程中形成了其自身独一无二的规律。只有探索出这些规律的本身才能从源头上缓解城市所面临的难点。旧工业厂区对城市发展的影响因素有很多，如生态问题、城市发展定位、经济效益等。根据国内外成功案例的探索成果，本文将工业厂区与城市发展的潜在关系分为混乱、分离、合并三个阶段。

2.1.1 工业用地与城市混合

  中华人民共和国成立后，我国国土范围内城市肌理破损严重，工业发展集中在东北沿海地带，区域发展呈现出巨大差异。为了扭转这个局面，完成工业强国的战略目的，我国提出了"发展生产性城市"和"转变国家工业布局"的政策，以此为纽带，发展了大规模的工业建设，通过这些措施有效地促进了城市工业化发展进步，完全扭转了原有的社会格局，塑造了一批以工业制造为核心的工业城市。这个时间周期中，曾经的农业经济已经被工业经济所取代，并成为当时城市经济发展的核心力量，城市的生产成效持续上升，大量工业建设引入城市，工业用地布满城市格局中，造成工业厂区与城市发展混合在一起的状态。

2.1.2 工业用地与城市分离

改革开放后，我国出现了产业结构洗牌的现象，位于城市中的工厂关的关、停的停，呈现大量城市工业产业向外部搬迁的现象，形成了"城市中心——工业外围"的社会分布现象。工业的迁移一定意义上形成了工业用地与城市在格局上的分离，从功能的角度上来说也绝缘于其他城市功能，城市建设和社会发展造成了另一个现象。同时城市中原有的旧工业区也丢弃了其原有的生产效益与功能，同时并没有新型产业的诞生，种种迹象造成了城中旧工业用地荒废，城市结构不完善。

2.1.3 工业用地回归城市

21世纪至今，世界经济格局已然发生翻天覆地的变化。我国经济相对比较发达城市则率先进入后工业化社会，城市更新的速度也得到了很大的提升，城市中心的土地资源供不应求，城市的扩建问题也被提上了日程，城市呈现出由单一核心转变为多核心发展的趋势。曾经城市外围的工业用地也被城市扩张恢复了其生命力，使其得到了新的发展，工业用地重新回到城市布局之中，不管是城市周边或位于市中心的旧工业用地的再利用都为城市的产业更新换带来了机遇，从而更进一步完善了城市结构布局。

2.2 旧工业厂区的价值

2.2.1 社会价值

旧工业厂区，曾经在城市的经济发展中提供了巨大的贡献。工业生产为社会带来了大量的物质基础，确保了社会稳固发展和人们正常生活的物资需求，同时也给社会带来了稳定的就业机会，很大程度上确保了社会的和谐发展。与之同时，旧工业厂区记载了劳动人民的工业生产活动场景，代表了工业文明的象征，它可以为劳动者带来很大的社会认同感和社会归属感。旧工业厂区的合理保留可以让后代人们更直观地学习认识到这一时期劳动人民的生活状态和生产方式。

2.2.2 历史价值

旧工业厂区的发展见证了城市历史的发展，记录了历史时期的工业生产、炼造技术、社会文化、工业精神文明。旧工业遗址作为历史的载体，时刻反映着过去的文明，赋予曾经以鲜明的质感。所以，研究旧工业厂区的未来对于研究我国的工业文化脉络具有举足轻重的价值。

2.2.3 经济价值

废旧的工业厂房，其特点便是空间跨度大、空旷，且结构稳固，使用寿命长，这些特点让旧工业厂房的改造具有更为广泛的意义，其内部的广阔空间拥有巨大潜力适宜植入各种新兴产业业态，厂房内部空间容量很大，其特点可以创建出灵活多变的中小型空间，为各种功能场所提供了更多可能，同时灵活的厂区空间也为新型文化产业的经营带来了很大的机遇。在国内例如北京新华印刷厂厂房改造而成的新华1949创意产业园，这个案例充分证明了旧工业厂房的经济价值，该设计正是采取厂房较大的空间跨度及坚固的结构，将空间分割成灵活的小区域，同时创造出了适应性广泛、结构高挑的LOFT空间办公空间。

2.2.4 艺术价值

旧工业厂区的价值远不止经济价值和历史价值，旧工业厂房其自身建筑所体现出的美学也具有很大的艺术价值。当今社会随着工业美学的发展，工业建筑的美学价值得到更多的重视，旧工业厂房中的生产车间、仓库体现了当时社会的建筑审美，是工业文明时代的传承，其规划、造型与当时建筑艺术的风格具有密切联系，而工业厂房的结构、空间、材料等具有一种时代气息的表现力，分别体现了当时的机械美学和后现代主义风格特点。

2.3 旧工业厂区普遍现状

2.3.1 功能转变，土地效益低下

众多废旧工业厂区都会存在一些普遍问题。随着当下社会产业结构的调整，以传统工业为主的模式早已不适合当下的社会需求，导致传统制造业化出社会舞台，以科技、文创、服务业为首的第三产业突飞猛进，社会产业结构发生聚变，我国的社会发展进入全面转型时期，我国的发达城市逐渐进入了后工业社会。由于受产业结构的转变的冲击、生态问题等多元因素的干扰，城市中的废旧工业厂区逐渐淡出历史舞台，旧工业厂房遗弃、使用率极低，城市"荒废厂区"大面积涌现，这种现象与城市更新所带来的寸土寸金的土地形成了鲜明的比较。

2.3.2 建筑破损，区域文脉缺失

旧工业厂房是一种老旧的建筑类型，旧工业厂区的发展也象征着不同时期和不同产业类型的厂房形态，增添了城市的色彩，传承着城市发展的历史。但是伴随着旧工业厂区其原有功能的丧失，逐渐被城市所遗忘。除了极少数有特殊意义和形态的工业旧址会被认定为工业遗产的旧工业厂区，其相应的旧建筑遗址会得到政府或社会的保护。除此之外，绝大部分的废旧工业厂区会被人们忽视或遗忘，所以其表皮结构会随着时间的流逝而遭受不同程度的破损，这其中不乏还有未曾被认定过是否具有工业遗址价值的旧工业厂区，所以这一问题现状不得不值得引起人们的深思。

2.3.3 风格混乱，空间杂乱无章

曾经的工业区具有十分特殊的格局，其工业厂房及厂区空间都是"适宜工业制造尺度"下的产物，该厂区与周边办公、社区或者商业的"居住尺度"环境存在鲜明的对比。曾经的工业厂区规划大部分是采取水平的方式铺开，但旧工业厂区周围的社区存在很高的容积率，旧工业厂区周围的社区都是由高层居民楼组成的，其高楼密密麻麻地包围着较低的工业厂房，空间秩序十分混乱。

2.3.4 厂区封闭，与社会隔绝联系

旧工业厂区多数处于一种封闭的状态，大门紧闭，只顾工业生产，与社会并没有过多的交往，这对城市更新起到了反向的影响。中华人民共和国成立初期，我国为推动经济建设大力开展工业，大部分工业用地单位都是以政府为主导划拨为无偿使用土地，旧工业厂区几乎统一都被建成园区面积大、功能多元、空间封闭的大院。为了方便对于生产管理的考虑，旧工业厂区往往与外界社会隔绝。除此以外，旧工业厂区内部具有独立的交通系统与厂区公共空间，厂房的分布也是按照生产规律形成自己的体系。这种情况的产生，造成了旧工业厂区与社会之间缺乏联系。除工业生产功能以外，旧工业厂区还自带商业

和社区等功能，在工业厂区内演变成了"工业生产——居住生活"的生活方式。封闭的空间格局让旧工业厂区在城市发展中与周边社区产生了较大冲突，隔绝厂区与社会的联系，身处市中心却无法激发其生命力，在功能置换后旧工业厂区演变为了该范围内的"荒地"。

第3章 社区营造理念下的旧工业厂区景观更新设计可行性分析

3.1 工业废弃地的改造现状分析

3.1.1 工业废弃地的改造现状概述

现在社会发展迅速，形成一种文化与各个领域相互合作的现象，曾经的工业用地，在即将被人们遗忘的过程中也出现了华丽再生的机会——以艺术、工业、城市、可持续、创意产业园等为关键词，侧重于高新科技、创意产业发展等新模式，中心思想以"复兴，工业文明的再生"；"产业，艺术与城市的纽带"；"历史，时代赋予的新生"；"审美，城市的艺术品位"等思想展开的城市更新文化运动正蓬勃发展，工业旧址，经过这场改造运动重新恢复了生命力，工业厂区成为文化、经济、艺术、创意合作的新宠。但是工业厂区的改造，能不能促使创意设计产业汇集，带动当地产业转型的经济发展？旧工业厂区的改造如何更好地与周边社区环境有机融合？是笔者论文研究的主要内容。

3.1.2 旧工业厂区改造为文化创意园案例分析

陶溪川文化创意园是由宇宙瓷厂改造而成，该陶瓷厂有60年以上的历史。陶溪川文化创意园是以宇宙瓷厂为核心，向周围工业厂区扩散，营造景德镇的工业片区，在整体设计改造中保留了老厂房、烟囱。将曾经的烧炼车间功能转换为产业园博物馆、美术馆，曾经的原料车间设计为陶艺区体验空间。旧厂房改造为博物馆时，添加了厂房层数，用圆窑、煤烧窑洞和汽烧隧道相连，形成了供游客浏览的参观通道，参观路线形成展示次序来展示的曾经的陶瓷工业的辉煌。（图3-1）

图3-1 陶溪川文化创意园（图片来源：网络）

3.1.3 旧工业用地改造为社会公共空间案例分析

751D·park 北京时尚设计广场是由原751厂改造而成的，在旧工业厂区的保留与更新的方法上，保留了原属煤气厂的大部分工业遗迹，将工业遗迹与时尚、艺术充分融合，转型于发展创意产业、品牌发布、商业活动展示等第三产业服务，塑造出了以共享为核心、引领时尚体验的文化创意产业集聚区的综合公共空间。（图3-2）

图3-2 751D·park 北京时尚设计广场 （图片来源：网络）

在具体改造内容上则在不同的工业场地保留了不同的工业构件。老燃煤电厂再次利用清洁能源转型升级，在该旧厂区的其他锅炉、发动机器、输煤管道和废旧的厂房依次更新改造，除了保留工业文明的痕迹，还要结合当代设计元素进行设计，同时运用中国文化元素的协调，开辟出创意产业的新形象。

3.2 工业废弃地改造再利用的现状问题

旧工业用地在时间维度上具有阶段性存在的特征，并且工业用地的种类众多，在尺度上也有所区别，以及功能属性不同的原因，使得工业用地从"发现问题——功能置换——产业植入"都存在或多或少的问题。同时，我们也要考虑旧工业厂区附近的居民对产业园更新后的使用反馈，从而对旧工业厂区的改造利用现状有更全面的认识。

3.2.1 单一的园区功能设计，忽略人的行为需求

将旧工业厂区改造为创意产业园的手法最为常见，对这类设计改造手法往往是植入一些服务业和创意产业填充。虽然这类产业园成功地将废旧的工业厂区再利用，但是并不能很好地结合周围人们的需求，缺乏公众参与的园区必然会再次"废弃"。人们的行为需求是各种各样的，在同一个产业园中，不同年龄段的人会有不同的行为需求，除了满足人们消费的需求外，创意产业园还可以承担更多的功能，例如满足周围社区人们的散步、跑步、交流、健身、玩耍、思考等多个需求，单一的产业功能无法满足社会发展的需要。创意产业园的改造还要关注该区域范围内周围人群的行为需求，从行为需求出发构思创意产业园的多样性功能。

3.2.2 工业文明与现代产业发展的结合失败

旧工业厂区承载着一个时代的工业记忆，在更新改造时保留曾经见证历史的旧工业厂房，赋予文化创意园的形式重生。但是，一些重新利用的创意产业园却迎来人烟稀少的现状，工业文化与现代产业融合，两者是"旧"与"新"的再生，但是不同城市背景下的创意产业园人烟稀少的原因也各不相同，在这里总结了当下创意产业园存在的三个问题：一是对工业文明的传承只是浅层地保留了旧建筑，厂区内部景观形式缺乏内容与实际功能，并没有很好地连接建筑与公共空间的关系；二是创意产业园中的新型产业入驻边缘化，并不适合当下的时代发展方向，无法吸引人们的关注与好奇心；三是创意产业园处于封闭的旧工业厂房中，还是像以前的厂区一样，自给自足，不能融合于周围的社会环境中，园区内缺少开放性的社区活动空间。

3.3 社区营造视角的必要性与可行性分析

旧工业厂区荒废的是其内部空间，也属于是城市的公共空间，导致荒废的因素除了工业厂区的老旧，其内在实际是缺乏人的参与，因此才会植入新型文化产业来吸引人们的关注。社区营造的核心是公众参与，从社区营造的理念来研究旧工业厂区的景观设计是从源头唤醒厂区公共空间的活力。本节结合旧工业厂区景观设计需求、社区视角与城市发展之间的关系来阐述社区营造理念的可行性。

3.3.1 社区营造的出现

在第 1 章社区营造的相关概念阐述中，得出社区营造的背景大多产生于社会矛盾的激化，这些矛盾现象长期不解决会导致公众的不满，激发起人们自行组织进行社区营造活动。城市更新的大拆大建和社区封闭式改造导致了邻里关系淡漠、社区

失去活力。其次，单一功能的创意产业园并不能满足人们的各种社会活动需求，由此出现了一系列创意产业园中"人烟稀少"的状况。除此之外，随着社会生活水平的提升提高，人们对于居住环境要求也逐渐提高。社区微更新的定义是社区空间再次改造的过程。社会公共空间降低了人们的幸福感，所以怎样对于社会公共空间设计也会演变为社区营造的内容。

3.3.2 人们对于生活更高追求的提升

现在社会发展呈现出以共享为核心的发展经济，人们随着生活水平的提高，对生活品质的需求也逐渐呈现多元化的趋势。如何在创意产业园中基础设施完善的前提下提供更多创新性的公共活动空间成为当下产业园建设思考的重点。对旧厂房周围的社区居民来说，他们希望可以在曾经的工业厂区中寻找到曾经的记忆。每个工业厂区都具有其独特的历史文化，其独特的工业精神文明则展现了其特别的吸引力与号召力。对于当今社会工作压力较大的人们来说，社会公共空间在满足人们普通需求的基础下还能够兼顾其精神层面的需求，因此需要该社会公共空间能更好地放松人们的心理状态。城市特有工业文明的保留、旧工业厂房的再次利用以及其厂区公共空间的重新利用，可以更好地引起人们对工业文明的历史记忆，唤醒他们与工业时期的情感共鸣，将社区营造理念应用于旧工业厂区的改造，描绘工业发展的独特记忆。

3.3.3 城市是由多个社区单元组成

工业废弃地的种类繁多，大到工业片区，小到不规则工业污染用地，而我们日常见到的旧工业厂区改造就是将其改造为文化创意产业园。这类旧工业厂区往往周围布满了居住区，所以在满足产业园的基本功能后还能带动社区的发展也尤为重要。社区之中的创意产业园设计也是社区营造的一部分。旧工业厂区的更新也有利于人们在社会公共空间中以不同的方式进行互动，营造出一种社区参与的氛围。社区属于城市建设中的单元。从宏观角度来说，旧工业厂区的再利用是城市更新的一个支点，带动公众积极参与到城市更新发展中。从微观角度来说，社区营造也是旧工业厂区再利用的一个目标，创造社会共同体，营造出创意产业同时还具有社区功能的产业园。

第4章 社区营造理念下的旧工业厂区景观更新方法研究

4.1 设计原则

4.1.1 地域性原则

旧工业厂区的改造中景观更新设计并不是大拆大建，一切改造都是依托于曾经的工业场地为基础的，在旧工业厂区中的工业建筑现状对之后进行景观改造会起到很大的引导作用。在改造前要充分了解通州铝材厂的历史，尊重其特殊的地域性进行更新。因为这些旧厂房象征着当时工业文明的"工业符号"，承载着工业社会的发展历程，它们是场地历史的记载、是文化的精神寄托。所以，旧工业厂区的景观更新改造时，往往会根据该厂区的分布有选择地进行保留，或以其为原型进行衍生改造，使之成为新园区中的景观节点，这样做不仅仅是对场地历史的尊重，更是对文化的保留。

4.1.2 生态可持续原则

"生态设计"是近些年来比较热的设计话题，而且在各个领域中都是炙手可热的话题，在景观设计中，生态可持续发展一直是社会热点。曾经的工业厂区在生产过程中或多或少会对环境乃至其自身造成污染，所以旧工业厂区的更新改造中，一定要运用生态技术对其厂区进行生态修复设计。重视对厂区生态系统的维护和对土壤进行优化处理，关注厂区内固有能源的再利用和循环系统应用，节能环保的理念要作为旧工业区中景观设计的核心理念。

4.1.3 人性化原则

公共空间的功能是满足人的行为活动，所以人是公共空间的核心。正因如此，城市中的公共空间都必须将人的使用作为前提。旧工业厂区改造后的功能产生了变化，从以前的工业制造变为以第三产业为主的创意产业园区，所以在创意产业园中的公共空间的设计中更需要满足人的各种行为需求，例如可以满足人们交流、娱乐、运动等需求。除了满足产业园的基本功能以外，多功能的公共空间是旧工业厂区改造中景观更新的基础目标。人性化设计原则还表现在人们对场地的认同感与归属感。旧工业厂区承载着一代人的记忆，是当今城市发展的重要财富，也是旧工业厂区特有的特色。综上所述，保留并更新工业文化并植入新型产业，也是人性化的呈现。

4.1.4 效益性原则

效益性原则指在对旧工业厂区更新的过程中，保留厂区内结构资源条件，以植入相应的创意产业来提升该厂区的经济价值，减少对工业废弃地的浪费，通过对旧工业厂区的更新，恢复该工业用地的生命力，这样既能对当地的经济发展带来一定的经济效益，同时还可以重启周围社区的生命力。

4.2 社区营造理念下的设计方法

在社区营造理念下的旧工业厂区更新设计，第一步是要满足旧工业厂区的功能重构，改变旧工业厂区荒废的状态，更新内部产业结构，挖掘工业文明属性。其次是以景观设计介入的方式，吸引公众参与微设计，增加人与人的交往，营造出工业文明的记忆，激活旧工业厂区的生命力，同时满足周边公众的日常需求来形成社区感，从而可以让旧工业厂区重获新生。旧工业厂区的更新设计方法上采用社区营造理念的五大议题，在注重经济基础的同时，还要满足人文环境需求的设计。以人为本是设计的核心，也是旧工业厂区更新的主体参与力量；"文"是旧工业厂区的内在文化，通过工业文化元素的提取更新物质空间，创造文化产业，吸引人们在该园区空间互动；"地"是地域性特色的保留，通过在地文化的理解营造旧工业厂区的场所感；"景"在此指旧工业厂区景观环境方面的多元化设计，促进人们的交往；"产"指以创意文化产业的入驻带动旧工业厂区活力，满足人们的消费需求，促进区域发展。"人"、"文"、"景"、"地"、"产"五个社区营造的理念提前应用于旧工业厂区的更新，目的在于在创造具有在地性、特殊性、叙事性、体验性以及经济性特征的共享空间。

4.2.1 "人"：以人为主，多元主体参与

旧工业厂区的荒废是因为功能的转型，人们不再需要大量工业厂区的存在，所以都纷纷废弃，导致旧工业厂区的荒废。旧工业厂区更新改造后将是公众共有的活动场所空间。社区营造理念中关于"人"的议题，主要是针对公众需求的满足。所以，

在社区营造理念下的旧工业厂区更新中，"人"应该是首要条件。以人们的生活消费需求和生活需求为导向，进行厂区内部空间环境层面的更新，从而提升园区环境品质，满足公众的活动需求和消费需求。

4.2.2 "文"：文化活动激活，创造集体记忆

旧工业厂区的发展代表着当时工业文明的辉煌，工业精神也经历了时间的沉淀。从工业历史文化挖掘旧工业厂区的潜在功能，呼唤公众的工业记忆，提升人们对工业文化与工业旧址的保护意识。在园区中通过进行文化活动，可以为人们在园区中的活动交流提供很大帮助，创造新的文化的同时，激活旧工业厂区活力。

4.2.3 "景"：多样化的功能构建，营造叙事性景观体验

社区营造理念下的旧工业厂区更新关于"景"手法，主要针对的是厂区功能、景观环境层面的综合性设计，创造多样化的交往空间、多层次的交往空间。在交流体验中增强人与人、人与场地之间的情感联系，营造归属感。

4.2.4 "地"：地域性元素的挖掘，尊重场地及周围环境

社区营造视角下的旧工业厂区设计关于"地"手法，针对的是地域性文化的挖掘，营造场地文化，让本地特意文化得以发展与新生。旧工业厂区的地域性元素可以分为两方面：一是尊重地貌，利用地域物质性元素构建厂区中的原有建筑，二是提取工业文明的记忆性要素，组织文化传承。通过对地域元素的结合可以加强旧工业厂区园区感的营造，让人们感受到归属感。

4.2.5 "产"：导入相关产业，带动经济发展

"产"在社区营造理念中于旧工业厂区更新的手段完美的契合，旧工业厂区主要的改造就是功能置换，将其打造为创意产业园。在本文的研究中侧重于结合地域以及文化创新发展的产业，在满足人们消费需求的情况下吸引人们参与到旧工业厂区中，带动该厂区的经济发展，从而达到园区的自主创新。在旧工业厂区中引进创意产业，需要根据其厂区环境，结合周边发展状况，植入具有符合该地区文化特色的餐饮、展览、体育等相关文化创意产业，吸引公众的同时给旧工业厂区注入新活力。在商业区附近的旧工业厂区可以改造为小型广场，可以为人们提供适宜的城市公共空间休闲。除此之外，在旧工业厂区中植入文化创意类的产业。工业文明与文化相结合的创意型产业充满了趣味性，也符合当下发展趋势。

第 5 章 通州区铝材厂改造及景观更新设计实践

5.1 通州区铝材厂概况及背景研究

5.1.1 通州区铝材厂概况

北京通州区铝材厂建于"文革"时期，由于当时的时代背景特殊，所以该厂区与其他工厂大不相同，本项目位于北京城市副中心通州区核心位置，原北京铝材厂，东至通州区由污水处理厂改造为的湿地公园，南至小街之春小区，西至临河里路，北至金鹰铜材厂。土地性质为国有划拨工业用地，规划性质为多功能用地。证载土地面积：87142.83 平方米。证载建筑面积：34299.36 平方米。现状有办公楼 4 幢，大型厂房 7 幢，小型建筑若干。基于谷歌地球影像，对研究区域裁剪后进行遥感影像

的解译得出区域内建筑比例为49%，树体比例为33%，裸地比例为18%。（图5-1、图5-2）

图5-1 通州铝材厂卫星图（图片来源：笔者自绘）

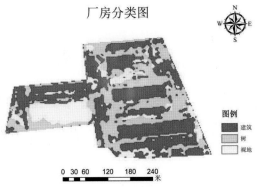

图5-2 通州铝材厂谷歌影像分析（图片来源：笔者自绘）

5.1.2 背景分析

我国国务院颁布的《关于推进文化创意和设计服务与相关产业融合发展的若干意见》为旧工业厂区改造为文化创意产业提供了国家政策的大力支持。在2015年时候北京规划修编中郑重声明了严控大城市的规模，严控新建，以盘活存量为主的策略，旧工业厂区便属于城市发展中的存量用地，所以将旧工业厂区再利用也是顺应国家政策的发展需求。

通州也将进行深层次产业结构和产业布局的调整。通州将在未来的发展中呈现四大"产业板块"：行政办公区板块、运河商务区板块、文化旅游区板块和台马板块。其中，文化旅游区板块的发展，为该铝材厂的更新提供了更多的可能。

5.1.3 设计目标与功能定位

通州区铝材厂以改造为契机，对原厂区进行功能转型与厂区景观设计，优化厂区空间，重新赋予了厂区新的经济活力，更新中要注意保护工业痕迹和新型文化产业相结合；旧厂房与新建建筑相融合；在满足创意产业园的基础上还要使得该园区可以服务周围社区，满足该区域公众的生活需求功能，增添更多的公共空间场所，激发整个园区乃至整个区域的生命力。结合保留旧厂房的结构，协调利用与工业旧址更新之间的联系。

厂区改造功能定位：厂区改造适应城市经济发展，反映工业文明历史，打造开放空间下集文化创意产业、城市开放社区、休闲滨水区为一体的综合园区，联系历史与当下的城市副中心。

5.2 通州区铝材厂影响要素分析

5.2.1 周边区位环境分析

该铝材厂区周围多为居住小区，以及大片未开发用地。周边被居住区所包围，生活与文化休闲公共场所缺乏。通过区位分析总结：综合该铝材厂宏观区位的分析，通州区铝材厂区交通条件便捷，位于临河里路，地铁可达性良好，占地面积大，具有很强的可塑性。但是距离北京市中心相对较远，厂区周围商业气息较弱，所以在功能转型模式的选择上，不适合进行单一的文化创意产业开发。（图5-3）

图5-3 通州铝材厂区位分析（图片来源：笔者自绘）

5.2.2 空间形态分析

该铝材厂具有明显的内向性与封闭性，只有一个入口，从街区到厂区过渡突兀，缺乏空间转变，使得整个厂区内部简单。应该是以前工业产生的方式所造成的，该厂区形成了自己的内部场地秩序。厂区的内部秩序与不同尺度厂房间的布局一致，中体量的旧厂房位于场地入口附近；较大的厂房居于场地中间部分；小体量厂房单调的排列与最大厂房的两边，紧邻居住区与湿地景观附近。现状厂区内部层次弱和，不同体量的厂房没有任何联系过度生硬，缺乏厂区内部的公共空间，同时场地内部没有私密性，不符合产业园区功能的要求。（图5-4）

5.2.3 景观环境

人文景观：通州区铝材厂内保留下来了大量北方特色的工业建筑风貌的建筑物、构筑物，但是现在这些建筑物、构筑物都或多或少受到了破损，正是因此而处于荒废状态。其中，工业厂房特有的结构和厂区内几根高耸的烟囱，都是十分具有历史价值的建筑形式，所以这些构筑物可以成为人们关注的焦点，这些人文景观是这次景观更新设计的核心。

自然景观：厂区的内部由于年久失修，无人维护，经过岁月的洗礼，其自身的生态修复，使得厂区内的植物种类繁多，如果直接砍伐新建，除了破坏了生态平衡外，还无疑增加了成本，所以如何更好地利用场地现有的自然景观营造出多层次的景观系统，也是本次研究的一个重点。（图5-5）

图 5-4 设计平面图（图片来源：笔者自绘）

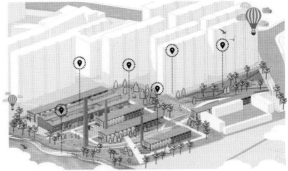

图 5-5 设计鸟瞰图（图片来源：笔者自绘）

5.3 通州区铝材厂更新设计

5.3.1 功能转型，产业植入

曾经的通州铝材厂肩负着工业生产的责任，其功能是承载着制造业的发展。现如今，随着社会的发展和转型，这些已经失去其原有功能的厂区，逐渐沦为工业废弃地。本实践将赋予通州铝材厂新的生命力，将其生产功能转型为城市开放性社区、休闲滨水区为一体的综合园区，同时在园区内将植入新的文化产业，使其在满足大众需求的同时可以为社会带来一定的经济效益。

5.3.2 记忆传承，文化梳理

由于通州铝材厂被废弃的原因，以及周围社区民众的生活水平不断提高，人们对于社区的功能缺少深表不满。所以，本实践将以"记忆传承"的设计方法，用艺术化的方式引入通州铝材厂，通过对厂区景观的改造，将曾经炼造铝材的机器保留下来，利用流畅的交通以及旧厂房区作为工业文脉展示的媒介。用新的功能、科学技术等植入园区之中，使该园区中充满记忆的传承，也可以唤醒来这里的人们曾经的记忆。新的园区在设计上修复了已经荒废了的厂区，新的科学技术带动老的工业技术，新旧文化的融合使该园区充满了生命力，既展现了符合时代发展的气质，又表达出了对曾经的尊重。（图5-6）

图 5-6 工业保留效果图（图片来源：笔者自绘）

5.3.3 因地制宜，生态修复

通州铝材厂在景观更新设计中采用科学的手法对生态系统进行修复，经过土壤检测，原场地没有受到严重的土地污染，只有局部空地有轻微的土壤污染，所以在对其空间进行景观设计时，采用科学的技术方法对生态系统进行调整。本厂区东临湿地公园，为本方案提供了更多的可能，所以在对厂区的景观更新设计中，通过引入湿地公园的水，贯穿于整个园区中，形成园区内部的自然水源，然后通过收集、净化雨水资源来供给水源形成园区内部的水循环系统；在土壤受损的空地上采用种植可以改良土壤基质的植物来进行修复土壤，以此来恢复场地的生态系统，构建园区生态适宜的环境。（图5-7）

图 5-7 生态设计效果图（图片来源：笔者自绘）

5.3.4 打破封闭，对社区友好

近年来，旧工业厂区改造成为创意产业园的案例居多，但是都存在一个普遍的现象，就是其园区内部功能与周围的社区严重脱节，形成内部与周围居民区隔离开的状态，潜移默化地成了新时代的"大院"。本实践设计中，将整个园区改造成开放式园区，在园区与社区的衔接处特意设置了快捷的通道，让人们可以通过园区公共广场和绿地的体验，可以促进园区与周边社区的关系，既对社区友好，又可以传播工业文化，促进社会的可持续发展。

第 6 章 结论

本文以社区营造为主导的旧工业厂区景观更新研究，探索将这些位于居住区之中的旧工业厂区以新的生命力再次利用的设计方法和改造对策，思考如何将旧工业厂区改造为多元化的产业园区，而非单一功能的产业园区，同时还在探索产业园区与其周围居住区的关系，从而唤醒周围群众对工业文明的尊重、保护。

旧工业厂区的发展作为我国经济发展中的重要组成部分，承载着工业文明最为真实的历史记载，因为当今社会产业结构的调整使得曾经的旧工业厂区成了工业废弃地。本文以厂区景观再生的为基础，运用"人、文、景、产"议题为设计理念，更强调旧工业厂房可以为社会提供新的可能，使其既含有继承与保存工业历史，改造与创新产业园区的形式，面对城市更新背景下的今天，从改造原则、改造理念、改造方法、结构调整以及历史重现的对旧工业厂区进行了分析、探索、实践，为工业厂区景观更新再利用寻找到一种适合社区共同进步发展的改造方式，为今后类似的旧工业厂区的改造提供了更多的借鉴方法。

参考文献

[1] 刘伟庆. 工业遗产更新改造介入设计策略研究 [D]. 广州：华南理工大学，2013.

[2] 卢英杰. 旧厂区改造为文化产业园的景观设计研究 [D]. 西安：西安建筑科技大学，2013.

[3] 马鑫洋. 旧工业厂区改造与社区文化再生设计研究 [D]. 济南：山东建筑大学，2016.

[4] 贾林林. 城市更新背景下旧工业厂区空间重构研究 [D]. 北京：北京建筑大学，2018.

[5] 王彦辉. 国外居住社区理论与实践的发展及其启示 [J]. 华中建筑，2004(04)：101-103.

[6] 李梅. 从社区发展到社区营造 [D]. 武汉：华中师范大学，2011.

[7] 伍学进. 城市社区公共空间宜居性研究 [D]. 武汉：华中师范大学，2010.

[8] 冯向远. 废旧工业厂区改造再利用的探讨 [J]. 城市建设理论研究 (电子版)，2018(28)：60-62.

[9] 陈建东，王旭升，范文昀，吴木生. 基于有机共生理念的工业厂区改造——以三钢石灰石破碎厂改造设计为例 [J]. 建筑与文化，2019(11)：55-56.

[10] 代书剑，张丹阳，代学灵. 基于场地调查和价值评估的旧工业厂区的改造策略 [J]. 城市建筑，2019,16(29)：33-35.

[11] 金鑫，陈洋，王西京. 基于地域价值的陕西重型机械厂旧厂区改造规划设计 [J]. 工业建筑，2014,44(02)：26-30，36.

重识
"跨区域、跨校际、跨行业"研究生联合培养基地案例库建设

Reunderstanding
"Cross Regions, Cross Universities, Cross Industries"
Construction of the Case Base of Graduate Joint Training Base

共享理念下旧厂房办公空间改造设计研究

◎ 何嘉怡

Research on the Renovation Resign of the Old Workshop Office Space Under the Concept of Sharing / He Jiayi

摘 要

在共享的时代下，共享理念改变了我们的生活方式。共享理念植入空间后，打破了传统的空间，衍生出了具有新时代特征的空间。同时，随着城市的更新发展，许多旧工业建筑面临着拆迁重建的局面，如何有效地再利用旧工业建筑。在共享理念下，旧厂房作为城市中的闲置资源，对其进行改造与利用，从而达到空间资源的优化。本文将通过研究共享空间以及旧厂房改造的现状，提出旧厂房作为共享空间改造的设计方法。

关键词

共享理念　旧厂房改造　办公空间

第1章　绪　论

1.1 研究背景

2016年，党的十八届五中全会提出"创新、协调、绿色、开放、共享"五大发展理念，提倡共享发展成果和共享资源。随着我国发展理念的转变，"共享"逐渐成为新时代城市发展的重要主题。在共享的理念下，人们的生活方式更加趋于多元化发展。其"共享理念"即大众共同拥有、共同使用某一资源或空间，从而实现资源利用最大化，减少资源的浪费。目前，众所周知的共享单车、滴滴出行、共享充电宝等设备都是共享理念下的产物。共享意味着开放、包容、合作，提倡的是一种分享的生活方式。

1.2 研究目的及意义

1.2.1 研究目的

随着城市的更新发展，大量的旧工业建筑面临着拆迁重建的局面，如何有效地再利用旧工业建筑，发挥其作用，是我们亟须解决的问题。在共享理念下，旧厂房改造在资源利用方面显得尤为重要。

本文研究的首要目标是在共享理念的基础上，探究共享空间的设计原则，从对旧厂房改造案例进行整理和分析入手，结合共享理念，探讨两者结合的适应性，总结共享理念下旧厂房改造的设计方法，并对旧厂改造成办公空间的共享空间设计方法进行专题性探讨。

1.2.2 研究意义

从理论层面来看，我国对于旧厂房改造的研究起步落后于发达国家，国内相关研究处于发展阶段，缺乏系统的改造理论体系。对于旧厂房的研究，我国侧重点在于旧厂房的更新与再生。因此，本文将通过研究旧厂房改造的相关理论，结合共享理念，总结出相关的设计方法和策略，为旧厂房改造实践提供一定的理论依据和方法。

从实践层面来看，旧厂房作为一个时期的产物，承载着文化与历史记忆，在人类文明发展史上具有保护的价值和保留的意义，但是由于其规模大、占地面积广，如把旧厂房只当作"纪念品"那样单纯地保留，会是一种土地资源和环境资源的浪费。对旧厂房改造和再利用是必要的，对城市建设有着重要的社会和生态意义。本次研究将结合国内外优秀的案例进行分析，提出改造的设计方法，并将相关的研究成果应用到北京市通州区铝材厂的改造实践中，促进共享理念在旧厂房改造空间中的应用。同时，希望通过对这一专题领域进行探索，为以后旧厂房改造研究提供一定的参考。

1.3 国内外相关研究

1.3.1 国外相关研究

在城市化的进程中，旧厂房成了城市发展的阻碍，关于保护和再利用旧厂房的探索就此展开。20世纪初开始，针对旧厂房改造的研究在世界各地得到了不同程度的发展。1933年指定的《雅典宪章》提出了保护建筑遗址的基本体系和原则，西方国家对近代建筑遗产的保护意识逐渐扩大。1965年，美国著名景观大师劳伦斯·哈普林提出了"建筑再循环"理论，强调对旧建筑不是简单地保留和修复，在旧建筑的功能使用发生转变时，可以通过对内部空间重新调整，来满足人们新的功能的需求。1979年，澳大利亚通过了《巴拉宪章》，提出了"改造性再利用"的概念，即对某一场所的内部空间进行调整，使其容纳新的功能，并指出"改造性再利用"的关键是尽量减少对原结构的改变，为旧建筑找到合适的新用途，使该场所的重要性得以最大限度地保留和再现。20世纪80年代末，在可持续发展的理念下，旧工业建筑的发展升华到建筑空间最大化利用的层面，也不再局限于单体建筑的改造，此阶段出现了众多经典改造项目（表1-1）。近年来，人们不断反思对旧工业建筑的保护和再利用，对旧厂房适应性再利用进行多重层面的研究。

国外旧工业建筑改造经典案 表1-1

改造年份	城市	改造前用途	改造后用途	项目名称
1978	巴黎	火车站	博物馆	法国巴黎奥赛博物馆
1988	美国	汽车生产厂	酒店	NH都灵灵格托国会酒店
1995	奥地利	煤气储存厂	公寓	奥地利煤气公寓
1996	法国	巧克力厂	办公	诺宜斯尔雀巢法国总部
2000	伦敦	水电站	画廊	英国伦敦瓦瓶改造项目

国外对于旧工业建筑的保护和再利用研究已处于成熟阶段，同时涌现出大量成功的案例。1964年，美国景观大师劳伦斯·哈普林设计的吉拉德里广场（图1-1），是由废弃的巧克力工厂改造而来，对旧建筑空间进行重新改造，引入新的商业，构建成购物餐饮市场。1966年，德国汉诺威历史博物馆由原来的兵器库改建而来。1967年，设计师阿拉谱成功将位于英国的一座

麦芽作坊改造为斯内普音乐厅。1973年，西班牙建筑师里卡多·波菲尔将位于西班牙的水泥厂改造成自己的事务所办公楼。在旧厂房改造的案例分析中，充分说明了旧工业建筑改造的多种可能性。

1.3.2 国内相关研究

由于我国对于旧厂房改造的研究起步实践比较晚，相对于发达国家，我国的旧厂房改造的相关研究是滞后的，还存在较大差距。20世纪80年代末，我国对旧工业建筑改造开始进行探索。20世纪90年代末，随着城市化步伐的加快和规模的扩大，由于旧工厂在城市中占据了较大的土地面积和城市空间，对旧工业建筑的改造成了一种紧迫的要求，旧厂房改造初见成效。21世纪至今，人们对于旧工业建筑改造愈发关注，对旧工业建筑改造的研究从最开始的借鉴国外优秀案例，到探索适合中国国情的旧工业建筑改造理论和方法，总结旧工业建筑改造设计策略，研究层面朝着多方面发展，也有了一定的成果。余孔坚先生设计的广东中山市岐江公园（图1-2），是由原来的粤中造船厂改造而来，主要对厂区进行生态环境恢复和设施留存。此外，由都市实践事务所进行改造设计的深圳华侨城创意文化园，是由旧工业建筑改造而来的，吸引了各种类型的文化创意企业入驻，成功提升了整个地区的活力。

1.4 研究方法

（1）文献归纳法。笔者主要收集共享空间的相关文献资料、旧厂房改造发展和代表性案例的文献资料以及旧厂房改造的设计方法研究的相关文献资料。通过阅读文献进行分析，了解旧厂房改造现状以及改造模式，针对性地选择案例进行剖析，借鉴前人的理论经验。

（2）田野调查法。调研选取典型的共享办公室案例，尽量选取国内一线城市成功的旧厂房改造进行实地勘察，走访和参观优秀的改造建筑，拍摄照片并搜集关于旧工业建筑改造的相关图纸。

（3）对比分析法。在上述工作的基础上，对共享空间进行演绎推论，着重对比共享空间和传统空间之间的区别，总结共享空间的特征，得出一些有参考价值的结论。

（4）实践应用法。将研究成果运用于实践活动，将研究所得的设计原则以及设计手法应用在实践中。既是将理论转化为现实实践的途径，又能对研究成果进行科学性的检验，并调整研究内容。

图1-1 吉拉德里广场（图片来源：网络）

图1-2 广东岐江公园（图片来源：网络）

第 2 章 共享理念在空间中的应用

2.1 共享的相关概述

2.1.1 共享理念

《礼记.礼运篇》记载有"大道之行也，天下为公"，我国自古就有共享的优良传统，体现的是平等、公平的发展价值观。随着人们的物质生活和精神境界的提升，共享理念深入人们的生活方式、行为以及观念，人们从共享的角度思考问题。

2.1.2 共享经济

在共享盛行的时代下，随着"互联网+"在各个行业领域的影响，共享经济发展迅速，商品、技术、信息和服务都成了共享的对象，是在某个特定的时间里将供给方的物品使用权或者服务暂时转移，进而产生双赢或者一定的经济价值，共享经济慢慢地展现其无限的可能性。共享经济这一概念，兴起于美国。《中国分享经济发展报告 2016》中将分享经济定义为利用互联网等现代技术整合，分享海量的分散化闲置资源，满足多样化需求的经济活动的总和；而《中国分享经济发展报告 2017》与《中国共享经济发展年度报告 2018》则改述为利用互联网等现代信息技术，以使用权分享为主要特征，整合海量、分散化资源，满足多样化需求的经济活动总和。

2.1.3 共享空间

在共享理念和共享经济的推动下，人们的生活方式、行为模式以及价值观念变化，使得空间也在跟着发生转变。共享空间是对空间资源进行整合和重构，体现空间的交往和利用价值，从而使空间资源最优化。共享空间和传统公共空间相比，更加开放、自由和包容，更注重场所精神的营造和促进人与人之间的互动交流。共享理念对空间的影响主要体现在公共区域上，包括交通和交往等综合功能，一般还具有休息、洽谈、展示、休闲、集会等其他功能，使空间变得有活力。如美国古根海姆博物馆，其通过中庭过道的设计，使人们停留在公共空间进行交往行为，提升空间的价值，起到了共享的作用。

2.2 共享空间的特征

2.2.1 空间的优化使用

共享空间是基于闲置的空间资源而存在的，将闲置的空间利用起来，能以低成本获得附加的收益，增加空间的使用。在城市化进程中，从共享理念的角度思考，对旧

图 2-1 Wework 共享办公空间（图片来源：网络）

建筑这一闲置资源的重新再利用。共享空间的氛围感是可以通过空间要素来营造，尤其是空间的感知，一般都是通过空间内部的特点来体现。通过对闲置空间的整合重组，既增加空间的使用率的同时，也可以增强人际交往。近年来 Wework 的共享办公模式得到市场的青睐，其通过租用城市中闲置的办公楼，对空间重新整合和优化，然后分别租给有需要的人群或者个人，以提高空间的使用率以及适应性，减少了空间资源的浪费。（图 2-1）

2.2.2 使用权的分离

在共享空间中，空间的使用权是属于多数人的而不是个人的，提倡一种共同使用的价值观。空间的使用权从空间的所有权中分离开来，在所有权不改变的情况下，进行空间的优化利用，增加空间的使用率。在共享空间中，在同一个空间中，人们可以分时间来使用。同时，空间可以满足使用者不同的使用需求，而产生新的使用功能。在共享空间中。空间可以自由地转变，功能格局不再固定。

2.3 共享空间的设计原则

2.3.1 整体性原则

共享空间是一个多功能空间并存以及各类型空间相互渗透的复合空间，是由各个功能空间要素构成的有机整体。共享空间应该从整体思考与设计，充分考虑各功能空间的关系与布局，使得空间能更好地体现共享的理念。

2.3.2 以人为本原则

当代设计最大的变化是在关注点上从物转变到人，首要目标就是要满足人的需求。在设计中应当考虑到人的行为模式以及心理需求，充分了解人的各方面需求，从而为人提供更好的共享空间。实际上，以人为本设计原则的遵循也就是共享空间对满足人们自由轻松地进行"共享性"与"交往性"的追求。在共享空间中，应体现出对每个人的爱护与关怀，使不同的使用者都能感受到空间对其产生的亲切感，充分感受到共享空间设计带来的平等与自由。

2.3.3 可持续性原则

资源和环境是人类生存与发展的基础和条件，共享空间是对闲置空间的优化使用，充分体现出对空间的再生使用。共享空间要遵循可持续的设计原则，将空间这一资源充分利用，从而达到对空间的优化和协调使用。

第 3 章 旧厂房作为共享空间的再利用设计研究

3.1 旧厂房更新改造的效益

3.1.1 社会效益

随着科技和城市的发展，许多传统工业因其效率低、污染重、占地规模大等问题，逐渐被高科技产业所替代，退出历史的舞台，导致城市出现大量的旧厂房建筑。在共享理念下，旧厂房作为城市空间中的闲置空间，应采取保留和再利用。传统产业虽从城市中撤离，但也城市留下了诸多问题，比如闲置的资源空间和环境污染等。

旧工业建筑本身具有优良的地段、宽敞的占地、开放的公共空间，这些特点都使得其改造与再利用有很强的可塑性和很好的开发潜力。相对于推倒重建的改造模式，大大节省了建设成本。通过进行全面的更新再利用，改善原有的空间环境，使其仍能作为建筑实体继续使用，这样可以减少在建筑工程上的投资和消耗，提高经济效益，降低建设成本。以旧工业建筑改造为契机，赋予新产业新形势，符合城市产业调整。对旧厂房更新改造，能促进城市经济的发展、提成城市的整体活力。

3.1.2 生态效益

在环境保护的意识下，人们对于生存的空间和品质要求越来越高。原来重污染的传统产业、制造业给城市发展带来了很多困扰，环境污染日益严重，破坏了城市的生态环境，严重影响到人们的日常生活，这是传统产业搬出城市的重要原因之一。

传统产业撤离城市后，使城市更适合人生活的空间环境。对传统产业留下的旧厂房进行改造，不仅降低建设成本，还减少资源的浪费，同时还起到环境美化的作用，提高区域环境，优化区域生活品质。

3.2 旧厂房改造的案例成果研究及分析

3.2.1 案例一：杭州经纬创意园 16 号安道设计总部

该项目利用废弃的旧厂房改造为办公空间，内部空间尽量保留了旧厂房的历史痕迹，充分利用旧厂房的空高加建了三层，增加了建筑的使用面积。旧厂房顶的天窗有很好的自然采光，所以在天窗对应的地方设立了中庭空间，自然光通过天窗可以直射到一层，增添了空间活力。为了让员工能够有更好的工作体验和交流空间，一层空间为完整的公共区域，二、三层为员工的办公区域（图 3-1）。一层的公共区域是开放式的，设计了羽毛球场、大报告厅等功能。同时，在二、三层的办公区域也设立了许多休闲空间，休息座椅、吧台以及健身器材等。该设计充分利用了旧厂房原空间，为员工提供了舒适和开放的办公环境，在公共区域增加了休闲设备，提供驻留和交流的空间。

图 3-1 杭州经纬创意园 16 号安道设计总部立面图（图片来源：http://blog.sina.com.cn/s/blog_6297644c0102x0zb.html）

3.2.2 案例二："凹空间"文化创意产业集成孵化中心

"凹空间"文化创意产业集成孵化中心位于北京的东南角，是一栋建于 20 世纪 80 年代的旧厂房。历史上，这里曾是北京的国营工业老厂聚集的地方，后来经历工业革命，又迎来新兴产业经济浪潮，重新定位为文创产业基地。2500 平方米的旧厂房被改造为商务联合办公空间，可提供至少 300 个工位，11 间独立办公区，公共区域中设立了7个大会议室,以及休闲区、专业影音室、多功能展厅等,满足使用者的多元需求。在办公室中,为使用者提供了形式多样的交流空间,使每个人都能在其中舒适、自由的工作,公共区域的设计成为办公室设计的重要部分。(图3-2、图3-3)

3.3 旧厂房改造为共享空间的适应性设计方法

3.3.1 功能的置换

旧厂房改造的第一步是改变其功能性质,对建筑性质进行重新定义。功能在建筑设计中占有非常重要的地位,它往往是决定建筑形式的基本因素。良好的空间匹配关系是对旧建筑空间进行适应性再利用的基本前提。通过实地调研以及案例分析,旧厂房按照空间改造后的功能可以大致分为四大类:展示空间、商业空间、居住空间、办公空间。

在改造展示空间的过程中,一般展示空间对空间开阔和动线要求很高,同时对空间界面灵活性具有一定的要求,以应对各种展览的需要。而旧厂房往往具有高大宽阔的空间,能满足展示空间的设计要求;在改造为商业空间的过程中,首先是改变空间内部的尺度,极少保留原有的开放性空间,隔断划分也增多,以便于切割出大大小小的商铺;在改造为居住空间的过程中,依据居住单元的需求进行分割,并未过多地对空间结构和特质进行强调;在改造为办公空的过程中,由于旧厂房大部分为框架结构,改造时易于内部空间的分割,高大的空间给使用者开放的尺度感受,体现出旧厂房改造的独特空间。在需要提供更多使用面积的部分,则采用增加楼面的方式。

3.3.2 空间的重组

(1)垂直方向重组

在改造的过程中,由于空间功能的转变,需要对原有空间进行重组。根据旧厂房内部开敞的空间特点,在整体改造设计中应对厂房内部的空间在垂直纵向采用分割的手段,尽可能不打破旧厂房的高挑的层高特色来进行垂直分隔,并根据实际需求来分出合适的空间高度,这样做既可以增加空间的使用面积也可以创造出生动的室内空间立体层次。垂直方向的重组尤为重要,设置夹层的方式来分割空间,可以满足新的功能空间要求,同时又可以增加使用面积。这种方式可以说是将旧厂房单层空间转化为多层空间,将垂直空间的层高充分利用起来。设置夹层首先要满足共享办公空间的功能要求,同时还要满足空间环境要求,需要注意空间层高。过低的层高会使工作者产生压迫感,过高的层高会使工作者感觉不亲切、有距离感,所以在设置夹层的时候要

图3-2 "凹空间"文化创意产业集成孵化中心平面图(图片来源:https://www.gooood.cn)

图3-3 "凹空间"文化创意产业集成孵化中心室内(图片来源:https://www.gooood.cn)

注意层高的适度性。（图3-4）

图3-4 北京通州区九棵树产业园（图片来源：笔者自摄）

（2）水平方向的重组

在旧厂房内部空间改造的过程中，对空间的重组一般会采取垂直方向和水平方向的重组。垂直方向的重组是通过增加夹层来对空间进行分层；而水平方向的重组是根据功能的要求对空间进行分割，分割出大大小小的空间来满足不同的功能要求，可以实现空间的最大化。在旧厂房改造为共享办公空间的过程中，大面积的开放空间容易造成空间的浪费，而且还不利于私密性，要考虑到不同功能空间的特性要求。通过对不同功能空间的特性分析，可以用实体隔墙、装饰隔断或者是家具来进行空间分割。

3.3.3 新旧结构体系并存

首先，在旧厂房改造中，对旧厂房的原有结构采取保护再利用的原则。原有结构是旧厂房空间的一大特征。在新建筑功能无法适应旧结构体系的情况下，则需要做出对应的局部调整。当旧工业建筑结构体系受损严重的情况下，可利用新结构体系植入，以满足建筑承重要求。

当原有结构无法满足新功能要求，特别是在设置夹层后，需要新结构进行承重，这时候植入新的结构体系就显得非常有必要了。对旧结构体系进行修护以及加固的时候，植入新的机构体系增加了旧厂房的稳定性。通常这种结构改造方法主要应用于单层大跨度空间向多层空间的转换，在旧厂房室内空间形成新旧结构体系并存的局面，增加空间的适应性。

第 4 章 北京通州铝材厂的共享办公空间设计实践

4.1 项目概况

本项目位于北京城市副中心通州区核心位置，原北京铝材厂，东至通州区污水处理厂，南至小街之春小区，西至临河里路，北至金鹰铜材厂。园区总面积有 8700 多平方米，其中建筑面积 3400 多平方米，现存有 7 幢大型厂房，小型建筑若干。

原北京铝材厂从 20 世纪 90 年代被闲置至今，大部分建筑保存比较好，多为框架结构。本次设计的厂房位于园区的东南部，是厂区最大的厂房。该旧厂房长为 150 米，宽为 38 米，高为 13 米。该厂房是典型的旧工业建筑类型，具有跨度大等特点，内部结构保存完好。（图 4-1）

图 4-1 旧厂房内部空间现状（图片来源：笔者自摄）

4.2 改造为共享办公空间的设计思路

本项目针对微小型创业团队以及个体户，营造充满活力以及想象力的办公环境。通过对前期实地调研，针对面向共享办公而进行的旧工业建筑改造，对该项目改造有以下几点设计构思及定位：（1）保留旧厂房的建筑特点，保存旧工业建筑历史记忆，同时材质上遵循原有建筑特点；（2）对旧厂房的原有结构进行保留与加固，根据需求增加新的结构；（3）在功能上，注重空间功能的多样化以及个性化，设计出不用的使用功能空间，确保满足办公者的功能需求；（4）改造后的共享空间力求简洁明快的风格，以展现工业特色为主调，符合共享办公空间特性。

4.3 北京通州铝材厂旧厂房改造为共享办公空间的适应性策略

4.3.1 平面布局设计

本课题将打破传统的办公格局，基于办公人员自由开放的办公空间角度出发，围绕空间功能的多样化规划进行设计，注重功能区域上的动态变化，融入共享办公空间布局，形成灵活有序的空间环境，突出共享办公空间的特点。（图4-2）

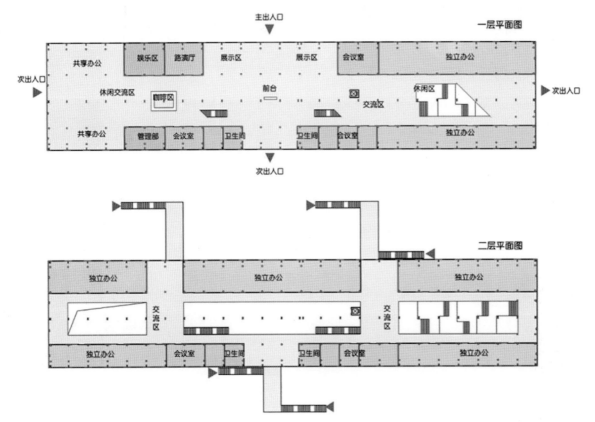

图4-2 休息区效果图（图片来源：笔者自绘）

4.3.2 功能要素空间设计

（1）前台展示区——空间开放

前台展示区作为办公室的重要节点，代表了共享办公室的形象。前台分布在主入口的正前方，利用中庭的空间形式，展示共享办公开放的形象特色，同时还带来视觉的冲击。入口两侧为展示区和接待区，能够起到对外宣传的作用，可以第一时间向访者展示，以及为来访者设置停留等待区。（图4-3）

图 4-3 前台效果图（图片来源：笔者自绘）

（2）洽谈区

洽谈区属于辅助办公区域，在办公区外设立洽谈区，通过错落分离的布局形式，形成自由开放的洽谈空间，有利于客户的交流与沟通，也有利于员工的交流，同时还设立了咖啡区，满足轻松愉快的心理需求（图4-4）。本案设计了各种大小的会议室，可供不同团队的使用，均分布在办公区的相对近的位置。还设立了两个可以容纳100人的会议室，适合举行大型的发布会以及演讲。

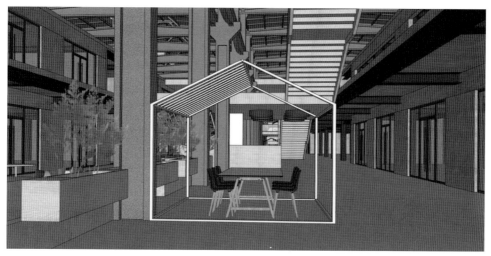

图 4-4 洽谈区效果图（图片来源：笔者自绘）

（3）休闲区

休闲区在办公室设计中越来越得到重视，其形式也多样，在休闲区域一般会设置咖啡吧、阅读区等。为了满足不同人群的多功能需求，还会融合桌游、娱乐等开放区域，表现了空间的多元化。同时，配置有绿色植物，以此提升办公环境，使办公者身心得到放松。（图 4-5）

图 4-5 休息区效果图（图片来源：笔者自绘）

第 5 章 总结

论文题目为"共享理念下的旧厂房办公空间改造设计研究"，文章的核心内容是在共享理念下空间的转变，以及旧厂房作为城市中的闲置资源，应该如何改造与再利用，同时通过实际项目，对这一研究进行论证。本文首先通过文献综述以及实地调研，对旧厂房改造研究现状与案例进行梳理，提出了改造的设计策略。旧厂房改造中应该对原有空间重新整合以适应于办公空间的使用，同时注重共享办公空间的新需求，是以需求为导向的设计，为办公者创造具有灵活性的办公环境以及健康的工作体验，为旧厂房作为共享空间的改造提供新的思路与方法。

参考文献

[1] 马慧，李志江. 新时代背景下对共享理念的再认识 [J]. 青海社会科学，2019(04)：125-131.

[2] 李志民，王琰. 建筑空间环境与行为 [N]. 合肥：中国科技大学出版社，2009.

[3] 李垚，夏杰长. 共享办公空间：动因、趋势与建议 [J]. 学习与探索，2019,3（284）：123-131.

[4] 沈实现，韩炳越. 旧工业建筑的自我更新——798 工厂的改造 [J]. 工业建筑，2005,08：45-47.

[5] 刘毅，郭洪武. 旧工业建筑改造与众创空间设计 [N]. 北京：中国水利水电出版社，2017.

[6] 姚乾乾. 高层办公建筑共享空间设计研究 [D]. 长春：吉林建筑大学，2015.

[7] 杨子乔. 旧城更新下共享空间营造研究——以北京延庆旧城为例 [D]. 上海：华东理工大学，2019.

[8] 张振伟，马英. 生态视角下的旧工业厂房空间改造探析 [J]. 建筑与文化，2016（5）：216-217.

[9] 刘光亚，鲁岗. 旧建筑空间的改造和再生 [M]. 北京：中国建筑工业出版社，2006.

[10] 刘淑敏. 众创空间共享模式设计研究 [D]. 天津：天津美术学院，2017.

重识
"跨区域、跨校际、跨行业"研究生联合培养基地案例库建设

Reunderstanding
"Cross Regions, Cross Universities, Cross Industries"
Construction of the Case Base of Graduate Joint Training Base

中式风格在航站楼酒店庭院景观中的差异化设计研究
——以北京大兴国际机场航站楼酒店庭院设计为例

◎ 陈心宇

Research on the Difference Design of Chinese Style in the Courtyard Landscape of Terminal Hotel
—— Taking Courtyard Design of Beijing Daxing International Airport Terminal Hotel as an Example / Chen Xinyu

中式风格在航站楼酒店庭院景观中的差异化设计研究——以北京大兴国际机场航站楼酒店庭院设计为例 / 陈心宇

Research on the Difference Design of Chinese Style in the Courtyard Landscape of Terminal Hotel
—— Taking Courtyard Design of Beijing Daxing International Airport Terminal Hotel as an Example / Chen Xinyu

摘 要

改革开放后，我国社会和经济发展迅速，传统文化越来越受到国民的重视，因此，在景观设计上，充分考虑和满足客户的差异化需求，在完善空间基本功能的前提下，融入中国传统造园思想，营造出传统文化思想内涵的动线体验，是国民对当今庭院设计的新期待。机场航站楼酒店是机场公司的重要投资项目，作为机场服务配套项目，航站楼酒店不仅提高了机场的服务保障能力，优秀的酒店更能够提高机场的知名度。因此，在设计风格和文化内涵上，两者具有天然的基因联系。北京大兴国际机场被誉为"新世界七大奇迹"榜首，拥有世界上最大的单体航站楼以及世界最大的空港，是党中央、国务院决策的国家重大标志性工程。因此，大兴国际机场航站楼酒店及其庭院设计应该采用同样能蕴含中国传统文化的中式风格，以此来展示中国文化以及思想价值。本文通过对中式风格和酒店庭院设计的应用研究，结合北京大兴国际机场航站楼的地域文化，因地制宜地打造此航站楼酒店庭院的差异化设计，挖掘潜在服务需求，研究探索出一条中式景观设计和发展的新思路，使中式设计风格能更好地在世界舞台上立足。

关键词

中式风格　酒店庭院景观　航站楼文化　设计应用

第 1 章　绪 论

1.1 研究背景

1.1.1 当代酒店庭院景观发展概况

酒店是以建筑和庭院空间为依托，引导和完成客户住宿、餐饮和娱乐等生活服务消费且以营利为目的经济实体。在当代中国经济高速发展的环境下，人们生活方式逐渐多样化，旅游业得以迅速发展，酒店成为人们出行在外首选的住宿场所。同时，随着各个企业的发展，企业之间的竞争和合作也在不断加强，因工作需要在国内各地因会议、谈判和交流学习而不断流动的商务人群不断增多，异地短期居住的需求增加刺激和推动了酒店行业的发展。

酒店为了提升自己的竞争力和形象优势，积极发展自身文化特色。我国各类酒店通过学习国外高端酒店的优势，不断提升酒店室内设计和庭院设计的风格特色、景观小品、文化特色和服务能力，努力提升自身的企业形象和核心竞争力以达到良好的品牌效应，使整个酒店行业呈现良性发展趋势。

酒店庭院是酒店的"脸面"，它美化酒店外部环境，客户进入酒店会先经过庭院，酒店庭院是客户对酒店的第一印象。它还承担了交通、引导、观光、休闲、聚会、商业等重要功能，是酒店提供服务设计中的重要一环。因此，当代中国酒店业对庭院景观的设计规划上更加重视和考究。

1.1.2 机场酒店发展概况

随着航空事业的发展，机场酒店应运而生，和普通城市酒店具有相同的服务功能和硬件设施，主要应对国内外机场旅客的住宿、餐饮、娱乐和聚会之用（图1-1）。机场酒店每天接待的游客高于普通酒店，根据在美国的酒店业数据分析公司STR公司统计：现阶段机场高端酒店的入住率可以达70%，而酒店整体的平均入住率则基本在60%以下。相对于城市酒店和旅游景区酒店来说，机场酒店入住率更加稳定，不受节日和季节的影响。

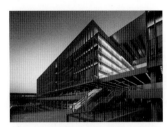

图1-1 三亚凤凰机场酒店（图片来源：www.booking.com）

机场酒店具有良好的发展前景，主要原因有：（1）比城市酒店更加具有便利性。城市酒店位于市区之内，距机场有较远的距离，加上城市交通拥堵，普通旅客选择机场酒店节约了来回的交通时间和通行费用。（2）受航班的准点率影响。班机推迟延误的情况时有发生，根据调查显示，2019年中国大陆主要航空公司到港准点率大多数处于80%以下，其中包含了人为因素和极端天气等自然因素导致的旅客滞留，因此，入住机场酒店成为他们的首要选择。（3）在机场酒店举行会议更加高效。随着城市发展，城区交通负担日益加重，许多大型会议开始转向机场附近的酒店。在机场的酒店举行会议，对城市交通和时间成本有着天然的优势，其优越性随着机场离城市和商业区的距离越远而越明显。

机场酒店发展初期，往往"靠天吃饭"，当机场旅客遇到极端天气，面对航班延误或者取消，机场酒店是他们最好的选择。经过多年的发展，如今大型会议的商务人士是目前机场酒店最受重视的客户群体，相对其他类型酒店，会议业务对机场酒店发展更具战略意义。

1.1.3 中式庭院景观发展概况

自古以来，庭院就是中国传统居住文化中的重要组成部分。中国人的庭院情节，随着时间的推移而愈发沉淀，而近几年院式别墅和中式酒店的不断增加，也代表了中式审美风格的逐渐回归。目前，中式庭院在国内非常流行，它是中国传统文化在庭院景观设计运用上承上启下式的发展，它延续和改良了传统中式庭院景观，它的流行是当今国人对传统文化的反思和回归的诉求，反映出中国在逐步实现中华民族伟大复兴的时代环境下，进入传统文化复兴的新时代。中式庭院景观将现代主义思想和传统文化巧妙融合（图1-2），以现代人的思维方式重塑传统文化意境于庭院设计之中。它继承和发扬了东方文化和传统造园思想的精髓之处，以现代设计的形式特征展示着中

图1-2 中式庭院（图片来源：huaban.com）

国深厚的庭院文化和精神，是传统造园思想和现代设计语言的一次邂逅。同时，也是当今中国在世界舞台上寻找自我，将中国优秀古典文化传达到现代世界的途径之一，表达了天人合一和师法自然的哲学观。

1.2 研究的内容、价值与方法

1.2.1 研究目的与意义

通过剖析传统中式庭院景观的特征和元素，结合北京大兴国际机场航站楼的设计元素和文化特点，来研究和设计其航站楼的酒店庭院。将中国传统元素和航站楼的科技元素融入现代酒店庭院的设计之中，以探索和研究中式酒店庭院为新的发展方向，让中式风格和东方文化更具有活力和生命力。

1.2.2 研究内容

中式风格还可以细分为中式古典、明清风格和现代中式风格。在本文所提及的中式风格特指现代中式风格。本次课题的实际案例主体是大兴国际机场旅客过夜楼维也纳酒店庭院，并未涉及酒店建筑设计和室内设计，但为了保证酒店和庭院应有的统一性和整体性，因此酒店建筑设计和室内设计也假设默认采用了中式风格。本文以中式风格理论为基础，结合酒店庭院的功能、空间形式、地域文化和航站楼文化等方面的相关知识，以"航站楼酒店庭院设计的'差异化'"为中心，多方面进行分析和归纳研究。（图1-3）

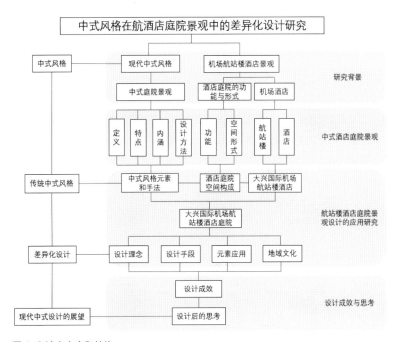

图1-3 论文内容和结构

1.2.3 研究方法

本文通过大量阅读文献,对现有的理论依据进行总结归纳,以及对大兴国际机场航站楼、北京颐和园、苏州园林和苏州博物馆的实地调查研究的基础上,结合自身对中式庭院的设计构想,探索一条中式酒店庭院的差异化设计之路。研究方法主要有:文献研究法、观察法、比较分析法。

1.3 国内外研究现状

1.3.1 国内研究现状

中国近代以来,政治格局和社会结构发生了一系列变化,国民思想长期对中国传统文化保持怀疑和轻视的态度。到了中华人民共和国后至改革开放前,国内的各个艺术领域主要以学习西式文化为主,建筑、室内和景观设计也趋向于欧化。直到改革开放以后,随着中国经济的复苏,国人的民族意识和文化归属感开始再次崛起,崇洋媚外的情况才开始有所改观。中国风开始复兴,中国传统文化在设计行业逐渐得到重视,相关作品也不断涌现,呈现出雨后春笋的趋势。

中式风格是将现代主义设计引入中国传统风格,是中国传统风格在时代条件下的衍生风格。对中式风格的定义和设计形式的研究,目前还没有形成成熟的理论体系,相关理论著作和书籍非常有限,文献研究也仅从部分要素与传统园林的区别作为切入点进行案例分析。虽然目前中式设计非常盛行,但仍处于探索期。

1.3.2 国外研究现状

当代西方发达国家对于中式景观研究更加成熟,更加重视设计的人文关怀。在中式造园理论基础上,融入科学性,以心理学、行为学和人体工程学等理论学科作为景观设计的依据,更加重视庭院设计的逻辑性和尺度数据,讲究人的参与感、体验感和舒适感,使中式庭院设计更倾向于理性的科学。

对于外来文化和文明,中式风格具有很强的包容性,能够充分吸收其内涵,为我所用,发展成为自身的特色元素之一,将景观设计中的先进成分与自身源远流长的传统文化、人文历史和社会条件相结合。国外对中式风格的研究和探索发扬了其热爱自然、注重以人为本等设计思想,并将建筑艺术、绘画艺术、雕塑艺术等多种艺术形式引入了中式造园风格中,使中式风格的设计语言更加丰富和具有感染力。

第 2 章 中式酒店庭院的景观设计概述

2.1 传统中式风格概述

传统中式风格是指中国建筑、室内和园林经过数千年的发展和历朝历代的洗礼,在各地历史人文的熏陶和交融下,形成的独具中国特色的古典设计风格。特点是气势恢宏、壮丽华贵、高空间、大进深、金碧辉煌、雕梁画栋,造型讲究对称,色彩讲究对比,装饰材料以石材和木材为主,图案多龙、凤、龟、狮等,精雕细琢、瑰丽奇巧(图 2-1)。传统中式风格在劳动人民的生产生活发展中产生,凝聚了中国知识分子和能工巧匠的智慧结晶。客观真实地展现了中国历朝历代以来不同的历史文化和社会景象，是中国人民自然观、人生观和世界观的集中体现。

传统中式风格并不是中国具体的某个时期的设计风格，是华夏民族在几千年的生产实践中总结出来的精神和感悟，具有源远流长的文化底蕴。在先秦时期，中国传统美学思想出现了儒家、道家和禅宗思想的"三重奏"的发展模式，即"致中和、虚守静、尚神韵"，三者互相制约，相互补充，是中国早期美学思想的代表。在唐宋元明清时期，文人工匠将这些美学思想付诸于生产实践，逐渐形成传统式风格的设计理念：宜设而设、精在体宜、删繁去奢、绘事后素、应景互借等。（图2-1）

图2-1 颐和园一角（图片来源：dp.pconline.com.cn）

2.2 中式风格的特征和精神内涵

中式风格源自传统文化，立足于中国传统哲学思想和宗教思想，其中儒家思想占主导地位，道家思想和禅宗思想是侧翼，随着历史的发展，传统文化的侧重点在三者之间不断转变。中式风格是传统中式元素与现代材质的兼容并包的设计风格风格，给传统设计文化注入了新的时代气息，是中国传统风格文化意义在当前时代背景下的演绎，是对中国当代文化充分理解基础上的当代设计，被广泛运用于景观和室内设计上，具有大气、简约、朴素、淡雅、格调雅致、文化内涵丰富等特点，深受现代人的追捧。

扎根于民族土壤，运用现代设计手法，中式风格具有现代外壳和传统内核的特点。它既具有东方文化的底蕴和情调，也具有现代设计的新潮和前卫思想，摒弃了传统设计中活泼不足、沉闷和过于严肃等缺陷，因此形式上新颖而特立独行。它不是对传统元素的堆砌和重复，而是在对传统文化理解的基础上，对其形式进行解构和重组，用现代的语言讲过去的故事，对中国传统文化以现代思维的再创作。"建构–解构–再建构"是传统中式风格转变为中式风格形态变化的特征。保留了中国的传统哲学思想、宗教文化和造园理念等，也吸收了外来文化的积极部分为我所用，顺应了时代的潮流，同时剔除传统中式风格在思想上与目前时代脱节和不相适应的部分，如庭院格局中自上而下的等级制度的划分和男尊女卑的落后封建思想。既满足了现代人对传统文化的渴求，又符合了现代人的审美和功能需要，是对中国传统文化的重新解读。

中式风格的精神内涵主要体现在："序"，秩序以及序列。古代儒家思想讲求"中正无邪、礼之质也"的理念；"和"，"万物各得其和以生"、"礼之用，和为贵"，"和"一直以来都是我国重要的文化积淀，是我国优秀的传统文化之一；"简"，是指简朴以及简约。在古人眼里"大美无言、大象无形"则为美，现代的设计崇尚"删繁就简、绘事后素"，避免密不透风的堆砌和填充，追求形式的简约和心理上的充实。（图2-2）

图2-2 苏州博物馆鸟瞰图（图片来源：sz.sohu.com）

2.3 酒店庭院的功能与形式概述

酒店庭院是酒店室内空间的向外延伸，能直观反映酒店的主题和文化。庭院与建筑主体相辅相成，通过侧边式、环绕式、居中式、贯穿式和两种方式相结合等方式进行布局。庭院包含了前庭、中庭、后庭、侧庭、空中庭院类型。酒店可以布置单个庭院，或者布置多个庭院类型组成多庭院酒店建筑，其对于星级酒店而言，酒店庭院规模和档次和酒店本身的品质相匹配。

酒店庭院是满足人们室外生活需求的开放性空间和功能性场所，利用植物配置、景观小品设计、空间划分和行为流线的设计，以营造和烘托意境和氛围，给在其中游玩和休息的客户带来视觉、嗅觉、听觉和心理上各方面的享受，让客户感受到舒适和惬意。

酒店庭院的空间形式设计，是为了客户室外观赏和体验所需的环境而营造的，感受差异性是庭院设计的初衷。通过给予客户与平日工作生活所不同的体验，满足客户物质需求和心理需求，是酒店服务的最终归宿。从形式上看，庭院和建筑主体是依附关系，庭院的空间设计需符合建筑主体风格，在设计形式、材料、色彩等方面呈现出酒店的一体化特性。从内涵上看，作为精神场所，庭院在空间的组织和布局上，不但要符合时代特征，还需要表现出地域性。酒店的地域性提升了酒店品牌和文化价值，表现了当地文化脉络；酒店庭院景观设计凝聚了当地历史文化沉淀，将历史文化特色注入景观实体中，给予在庭院游玩的客户精神和文化上洗礼。

在体验上看，酒店庭院成了为客户精心营造的小型人工自然环境，客户在庭院空间里得到一种心灵上的解压和释放，以身心放松的状态，体验短暂的"生活方式的改变"。在优秀的酒店庭院空间设计中，会考虑人在景观空间中的参与性，通过引导行为，缓解现代都市人快节奏工作生活带来的紧张感。此外，部分客户还需要安静、舒适和相对私密的场所，在这环境氛围下更有利于客户之间的沟通交流。

2.4 中式风格在酒店庭院设计中的运用概述

庭院空间是酒店形象的外部体现，将中式风格运用在酒店庭院空间的布局和设计内涵上都表现出强烈的地域特色和酒店文化，有利于酒店的品牌效应和酒店主题文化的建设，加深酒店客户对度假酒店品牌的认知度和忠诚度，以达到良好的广告效应。对于酒店庭院设计来说，中式风格是我国引以为傲的不二之选，运用现代材料和工艺技术来重现中国传统思想内涵和古代造园思想，打造了具有古典文化韵味和典雅情怀的院落场景，能够体现出中国传承千年的院落文化和精神。

中式酒店庭院重视环境的空间设计感和层次感，在传统中式造园手法中的空间序列法和组织手法上沿用并且升级，使用传统中式园林的景观实体要素，如花木、山石和水体等，配合现代景观实体要素，如路灯、长椅、喷泉、指示牌等，将中国古今设计元素如中国结、窗花、剪纸、祥云、太极和四大神兽等进行融合和搭配，打造出具有传统文化和现代气息兼具的庭院景观效果。颜色的选择上区别于传统中式园林设计，摒弃了大面积深红色或者灰色的运用，色彩更加丰富和多样化，营造出更加轻松的氛围感，从而避免传统中式庭院的沉重感和压抑感，也能达到更好的视觉冲击力和空间效果。在设计手法上，采用中国古典造园的象征、写意、曲径和隐藏借景等手法，还原中国古典园林的意境之美和细节之美。

第 3 章 中式风格在北京大兴国际机场航站楼酒店庭院景观设计的应用研究

3.1 中式风格运用在大兴国际机场酒店庭院中的意义

大兴国际机场不仅仅是一个大型的交通枢纽，更是一张中国名片，向世界传达着中国科学技术。它是中国最大的机场，是世界规模最大的单体航站楼机场，在技术运用、施工难度、工程量、旅客容纳、交通运输、空管指挥和航站楼设计等方面在国际上更是首屈一指的，因此，大兴国际机场代表了中国新的基建水平，为世界航空港建确立了新的标尺。（图 3-1）

图 3-1 大兴国际机场（图片来源：www.zgzqb.com.cn）

大兴国际机场自带"黑科技"光环，其中高铁下穿航站楼、无感过关、单体隔震能力、融雪设计、横向跑道抵御季风……各种新设计和高科技的运用，处处体现了航站楼设计的人性化和高效率，这并不是为了向世界炫耀，而是为了解决航空运输供需矛盾的需要。这种谦卑的态度和中式风格中的沉稳、内敛有着相同的特性和内涵上的联系。

北京是中国的政治中心、文化中心、中国的经济决策中心、北方的经济中心，因此大兴国际机场地理位置具有展示大国形象的战略意义。大兴国际机场是中国科技水平的代表，而中式风格是中国景观设计的代名词，因此大兴国际机场作为中国的新国门，位于首都，它的航站楼及其酒店是世界各地人群来回交错的地方，酒店庭院设计也应该同中式风格结合起来。酒店庭院设计在满足基本功能和形式需求的前提下，应当更好地凸显中国传统文化的价值，肩负向世界各国游客展现中国设计和中国文化的神圣使命。

3.2 航站楼酒店庭院中式元素的提取与运用

中式元素是传统文化的表达符号，是以景观或者建筑为载体，连接文化和设计之间的桥梁。古人通过中式元素来寓意造景，将思想和信念比拟化、符号化，并将其运用在了造园设计中来寄托情感和营造意境。中式元素可以加强文化和庭院环境之间的联系，通过环境来表达设计的意图和思想，使庭院景观和传统文化能够更有效地融合，展现航站楼酒店庭院的独特魅力。

航站楼酒店庭院的设计采用中式元素，其中包含了山水、水榭、亭廊、小桥、曲水、假山、置石、植物、地面铺装等实体景观要素，以及汉字、文学、传统色彩、传统符号图案、传统设计理念等文化要素。将中式元素运用于庭院景观中，有利于整体视觉效果和庭院环境的打造，更有助于构筑文化氛围，营建酒店庭院的地域性。以简洁流畅作为庭院设计的主基调，营造现代、简洁而又富有意境美的氛围。

在航站楼酒店庭院设计上，对中式元素的提取和运用的思路上应当做到解构和重构：

（1）不全盘照搬中式元素。机场航站楼是现代建筑，因此航站楼酒店庭院和原汁原味的中式元素有很多不相适应的地方。在庭院景观设计上可将部分中式元素进行简化和精炼，通过现代设计方式赋予新的特色，应用于景观小品的设计细节中。

（2）在中式元素的选择上，因大兴国际机场航站楼酒店特殊的战略意义，因此其特殊的地域性要同时兼顾北方园林和南方园林的造园理念。将北方园林的中轴对称、严谨性与南方园林的诗情画意风格特征及设计元素进行提炼和结合，在酒店庭院中的布局和小品上加以运用，既能反映当地的地域特征，也能展现出中国古典园林的优雅和情趣。

（3）元素抽象化。在元素的运用上，可将中式元素在保留其基础外形特征的前提下进行重新设计，由具象变为抽象，或者由实体变为概念，运用于酒店的整体规划、具体的景观小品的细节和中式景观要素上，以应对因酒店地理所处位置或者自身规模等局限性因素，同时有利于现代庭院的空间叙事和文化氛围的打造。

（4）中式元素与航站楼元素结合运用。因酒店及庭院是航站楼配套服务场所，在元素选择上，要同时融入航站楼的形式元素，有助于营造航站楼酒店和庭院的地域性。

3.3 航站楼酒店庭院的设计方法

中式风格根据其地理位置的不同，表现形式的特点和侧重点有所差异。北方园林以建筑为主，南方园林以造型为主，两者均在庭院空间氛围营造上有很深的造诣。在航站楼酒店庭院的设计中，这些优秀的文化底蕴都应当得以借鉴和发扬，将中国南北两地的传统元素和现代元素有机地结合在一起，使传统艺术以最合适的方式在当今得到再现，让客户感受到中国传统设计无穷的魅力。虽然是现代酒店庭院，但仍不失传统神韵，能够突出酒店的高格调和品质。

中式风格作为航站楼酒店庭院的形式躯壳和文化载体，它既是酒店庭院的外在表现手法，也体现庭院的场所精神。在航站楼酒店庭院的空间组织手法上，采用中式风格的围合、分隔和渗透三种方式：

（1）通过围合的方式划分一个区域为航站楼酒店庭院的"势力范围"，因此庭院空间的本身是一个围合。墙体、廊道、路径和植物等是景观围合空间的实体要素，不同的围合介质会造成人不同的心理感受。因此，在景观设计中运用多样化的围合介质，以航站楼酒店庭院内不同区域的差异化体验。

（2）空间的分隔是对航站楼酒店庭院内部区域的划分和再"围合"，将整个庭院空间划分为多个空间，形成不同区域，并且赋予不同功能、景观设计和主题，使其成为多个相互联系又各自独立的"小庭院"，能够丰富空间层次感，有助于航站楼酒店文化氛围的营造。在酒店庭院空间分隔上，以人工构筑物或者建筑物、自然景观、平面铺装和视觉高度差四种分隔手法来划分不同的景观空间。（图3-2）

（3）渗透是庭院的空间之间、建筑和空间之间以及与空间之外联系的总和，它包含了三个层次：侧界面的渗透、底界面的渗透和庭院空间内部的渗透。空间渗透是中式园林设计的精华所在，在中式古典组景手法上体现得淋漓尽致，因此运用在

航站楼酒店庭院空间设计上能很好突出酒店主题。（图3-3）

在航站楼酒店庭院的空间序列上，以开放和闭合、弯曲和转折、韵律与节奏等方式，加强空间之间的联系和区别，以层次区分为核心思想，利用景观小品、植物、石柱等实体要素，进行空间内部结构的组合，最终达到通过设计手法引导人们视线和看点，以及庭院空间丰富、有层次变化的视觉效果。

在景观艺术设计的理念上，航站楼酒店庭院继承了中国优秀的传统私家庭院的设计思想：崇尚自然、师法自然。错觉是中式景观的代表性特征，古人讲究无限的大自然搬入有限的庭院空间之内。因此，航站楼酒店庭院的设计手法上也通过透视和对比的方法，以"疏密曲直"、"曲径通幽"、"步移景异"等手法"以小见大"，产生视觉误差，让人感受到比实际更大的空间感和纵深感。同时，采用中式景观常用的对景、框景、障景、借景、夹景和引景等组景方法，增添景观情趣，丰富空间效果；利用隐含的设计手法，表达航站楼酒店庭院主题要素，折射航站楼酒店的地域文化特征，以增加有限的酒店庭院空间中的意境和氛围的营造。

3.4 航站楼酒店庭院的地域性研究

在地图上来看，把北京、河北、雄安、天津连成等腰三角形，机场就在正中心，如果把雄安与北京城市副中心连成一条直线，这里几乎是中间点。大兴国际机场是服务于京津冀一体化的重要载体，是新时代首都的重大标志性工程，特殊的地理位置决定了它同时肩负着促进国家发展和展现中国风采的双重任务。

大兴国际机场造型独特，由旅客大厅所在的核心区和五个手指形廊道组成的航站楼，从空中俯瞰宛如"凤凰展翅"的造型，屋顶中心由一个六边形天窗、六条条形天窗、八个气泡窗相互连接，组成顶部主要为自然采光体系，可以让室内自然光采光面积超过60%，科技感十足。屋顶还采用与紫禁城琉璃瓦屋顶一样的色彩，与北京皇城遥相呼应。在华丽的外观下，机场航站楼还运用了多项黑科技：全程刷脸技术、智能停车机器人、手机实时掌握航班和托运信息、智能语音机器人……这些世界领先的技术向世界展示了中国的科技实力，科技成为大兴国际机场的代名词。

机场航站楼联合了中国国家博物馆，在国际进港区打造了"文化中国"长廊，将中国古代的青铜、瓷器、绘画和佛像等通过多个展区进行展示，为了能够让各国旅客在候机时体验中国文化的博大精深所建立的一个平台，更能够向世界传扬中国优秀的传统文化（图3-4）。大兴国际机场将优秀的平台资源进行整合和重构，不仅是当今

图3-2 空间分隔（图片来源：m.sohu.com）

图3-3 空间渗透（图片来源：huaban.com）

图3-4 大兴国际机场航站楼的"文化中国"长廊（图片来源：https://www.takefoto.cn/viewnews-1950493.html）

最大的人流、物流的集散地，也是中国文化输出的一个重要窗口。机场航站楼成为交通运输和文化运输的重要载体，更是连接中国文化和世界文明的一个桥梁。

大兴国际机场是代表中国形象的新国门，被赋予了传达中国文化的时代使命，航站楼酒店及庭院也肩负着相同责任，因此在航站楼酒店庭院整体布局上，采用中式庭院风格，参考和采用南方多种类型的古典园林的精华，这和大兴国际机场航站楼打造文化长廊、宣扬中国优秀文化的目的能够更好地切合。酒店和庭院景观的设计应当包含航站楼的形式特征、文化内涵和科技元素，将有科技感的现代元素和抽象或者简化的航站楼五指造型融入庭院景观实体要素的设计中，通过声、光、电等展现方式或者视、听、说等交互方式，让人们和庭院景观产生互动。设计能够引导人们在庭院中的行为，与景观发生联系，还能让人们感受到大兴国际机场的文化魅力。

第4章 北京大兴国际机场航站楼酒店庭院的设计成效与启示

4.1 中式风格在航站楼酒店庭院的设计的成效

北京大兴国际机场航站楼酒店庭院是维也纳酒店的功能性公共空间，首先满足了它的基本功能需求：

（1）游览。酒店地处大兴国际机场附近G-02-02区域，酒店庭院供旅客游乐、玩耍、休闲等作用。

（2）聚会。酒店庭院景观设计了大小不同的人群集聚区，可供旅客聚会交流。

（3）商业。酒店庭院为下沉式设计，地下负一层和负二层东部、南部和东南部边缘改建成了商铺，作为酒店的娱乐消费场所，增加酒店营业收入。

（4）酒店品牌的塑造。酒店庭院能够美化场地景观，作为旅客进入大堂之前对酒店的第一印象，更有利于酒店良好形象的宣传。

北京大兴国际机场的庭院设计上，主要通过景观要素、科技元素运用、下沉式地形和地域文化构建四个方面呈现：

（1）在景观要素方面，庭院风格跟随维也纳酒店主体建筑和室内设计保持一致，统一采用中式风格。充分发挥风格特色，利用了现代造园技术和材料，打造既传统又有科技感的庭院景观：①在实体构成要素上，采用了用中式景观墙、中式廊道和多条路径作为围合实体要素划分场景空间，建立丰富的景观游线，引导客户进行游玩和参观。庭院中多用亭台楼阁等实体要素，并围绕其打造多个景观小品，采用花木、抽象山石、抽象水体和传统景观等实体要素来点缀环境氛围。②水是中式庭院的灵魂，也是贯穿整个庭院的中心元素。但由于北方干旱少雨，使用实体水会存在成本过高或者效果欠佳等缺陷。因此，水体设计将采用虚拟的水和概念的水，配合夜景灯光效果和拟声效果，以达到更好的观赏效果和科技感。③空中廊道是本庭院设计的一个亮点，从机场航站楼中的空中过道设计得到的启发，运用在庭院的负二层中，用以增加视点，方便交通。空中廊道属于现代构筑物，用在中式风格的景观设计中既解决了交通问题，又增加了空间构成感，也是中式风格一次有意义的尝试。（图4-1）

中式风格在航站楼酒店庭院景观中的差异化设计研究——以北京大兴国际机场航站楼酒店庭院设计为例 / 陈心宇
Research on the Difference Design of Chinese Style in the Courtyard Landscape of Terminal Hotel
—— Taking Courtyard Design of Beijing Daxing International Airport Terminal Hotel as an Example / Chen Xinyu

图 4-1 航站楼酒店中式庭院空间的设计构思（一）（图片来源：作者建模渲染）

重识
"跨区域、跨校际、跨行业"研究生联合培养基地案例库建设

Reunderstanding
"Cross Regions, Cross Universities, Cross Industries"
Construction of the Case Base of Graduate Joint Training Base

图 4-1 航站楼酒店中式庭院空间的设计构思（二）（图片来源：作者建模渲染）

（2）在科技的运用方面，为中式景观小品中增加了现代科技元素，如智能语音系统、VR体验区、现代化的导视系统等。通过人们视觉、听觉、触觉、语言等方面，进行庭院空间设计的一次新的尝试。将高科技元素和功能引进中式园林的设计，能使人们在熟悉的中式文化氛围下，有着差异化的全新体验。

（3）在地形构建上，因酒店庭院所处的地区G-02-02地势平整，为了获得更好的景观地面层次效果和在比较有限的地形区域内展开更多的功能，采用下沉式景观模式，通过空中廊道的方式将开发的商铺进行串联，丰富了交通旅游线和视线范围以及看点，为庭院景观的打造提供了更多的可能性。

（4）构建大兴国际航站楼酒店庭院的地域文化，打造具有差异性设计的历史文化风貌。

航站楼酒店庭院的差异化设计，主要在整体风格、设计细节和文化营造三个方面：

（1）在整体风格上：①酒店庭院设计虽然采用中式风格，但采用更加轻松、轻巧的元素进行设计，以区别于人们固有印象中的传统中式风格的沉重和压抑。使得旅客在庭院中游玩之际，能以轻松、愉悦的状态领悟中式园林的精妙之处。②在酒店庭院的功能和形式设计上，因地制宜、大胆创新，设计和开发更多用户潜在的功能需求。

（2）在设计细节上，增加了航站的形式感和文化元素、科技元素，与中式风格有机地结合在一起，形成了传统、现代、未来科技感你中有我，我中有你的新局面。当人们走在庭院中的时候，能够感受到传统文化的氛围感和航站楼文化的科技感。在中式景观上嵌入科技元素和理念，能够激发人们的好奇心和探索欲。

（3）文化营造上：①更加易于接受。通过景观设计来扩大文化受众面，避免采用比较生僻和过于专业化的文化内容，设计的景观所赋予的传统文化能为广大人群所接受，使得更多年龄段的人群，更多来北京的外国游客，都能够从中接收中国文化。②文化深度适宜。机场酒店游客，大多以短期停留为主，其主要特征为：人群结构复杂，逗留时间有限，旅途劳顿。因此酒店庭院的文化，不宜过于深邃难懂，令人费解，从而造成文化传播效果和吸引力度降低。

4.2 中式风格在航站楼酒店庭院设计应用的思考

北京大兴国际机场的航站楼酒店，是在大兴机场滞留、过境的旅客和参加会议的商务人士的第一选择，因此机场酒店庭院在设计上，除了风格与中式风格和航站楼元素看齐，在文化性上更加重视地域文化和国内优秀文化。文化属性相对酒店提供的实体服务来说，是一种在服务价值上超越基本功能的无形服务，它能够提高酒店庭院的档次，能够提升酒店整体的品位和格调。中式风格和大兴国际机场航站楼，皆是代表中国的名片，并且内涵上两者也有关联性，将两者元素都运用在航站楼酒店庭院的设计上，有相辅相成的效果，能让远道而来的客户有一种归属感和认同感。在景观设计中增加了科技元素，因此，相对于其他中式景观而言，大兴国际机场航站楼酒店庭院有着别具一格的新面貌。

在中式园林景观构成要素的选择上，根据航站楼酒店的地理局限性和战略意义，需要参照南方园林的造园方式，有三点客观原因：

（1）整个庭院属于下沉式景观，虽地处北京，但是又有别于北方园林，若完全学习北方园林的风格尚有难度，容易形成"四不像"的局面。（图4-2）

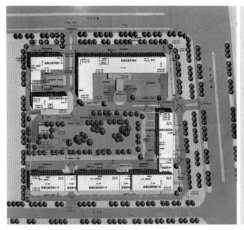 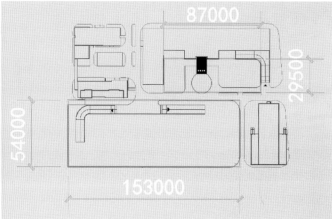

图 4-2 庭院设计范围（图片来源：笔者自绘）

（2）庭院的占地面积为 10828.5 平方米，空间较为狭小，而北方园林讲究气势宏大、中轴对称，因此很难做出北方园林的效果。江南园林，讲究精致和意境，理念上崇尚自然，以小见大，在有限的空间中营造无限的自然风光。因此，在设计理念上，江南园林非常适合大兴国际机场航站楼酒店庭院。

（3）截至 2019 年 12 月 31 日，大兴国际机场正式运营仅仅 3 个月，旅客吞吐量已达到 313.8 万人次，航班量达到 21018 架次；预计到 2022 年，机场旅客吞吐量将达到 4500 万人次，国际航班占比 20%；到 2025 年，旅客吞吐量将达到 7200 万人次。接纳的旅客来自世界各地，数量庞大，因此来航站楼酒店消费的旅客也是身份各异。航站楼酒店庭院所要展现的文化，不仅是北方园林文化，而应该是中国文化。将南北园林风格进行结合处理，运用在庭院景观的处理中，是非常恰当的折中选择。

4.3 中式庭院景观设计的创新和展望

纵观以往的景观设计中，采用下沉式设计并运用现代廊道进行串联景观游线，鲜有案例将这两种要素运用在中式庭院内，这是一种有积极意义的探索。中式风格目前处于发展初期，并被寄予了国人的厚望，因此这条意义深远的景观道路该如何走，还有很多种可能性。设计师不应该拘束于它已有的成果和形态，而是应积极地探索和发掘它的潜力，找到更多符合中式庭院景观设计的发展途径。

将科技元素引入中式庭院中也是一种大胆的创新和尝试，如果说中式设计是维系中国传统文化与现代文化的重要纽带，那么将有着未来感的科技元素代入中式园林设计中，则是现代设计与未来科技的一次邂逅。在时间线上，中式风格的航站楼酒店庭院的设计将中国的传统文化、现代文化和未来文化三者维系起来了；在空间上来看，组成庭院的文化构成中，既有本土的传统文化，也有外来的设计思想；在技术层面看来，庭院景观运用的设计中，既包括古代造园技术，也包括了现代发达的技术。因此从多方面看来，北京大兴国际机场航站楼酒店庭院设计贯穿了古今中外众多的文化精髓于一体，是中式景观的创新性差异化设计的集大成者。将代表未来的高科技技术运用到中式景观设计中，是今后中式景观的新的发展思路之一。

第 5 章 结语

现代社会世界各国信息交流日渐频繁，在文化和社会领域呈现全球一体化的趋势。在日常生活和社会生产上都受到了外来文化的影响，在设计思想呈现大一统和去传统化的特征日益明显的今天，人们对于传统文化回归的呼声越来越高。传统文化是对当地人文历史的精炼，具有很强的时代特征；而中式风格，则是对传统文化的扬弃和创新，顺应了时代潮流，符合现代人喜好。将中式风格运用在北京大兴国际机场航站楼的庭院设计上，既是对其航站楼酒店文化和时代使命的正确回应，又符合现代人对酒店庭院的文化氛围营造的需求。本文通过对中式风格、航站楼文化和酒店庭院的概念上的梳理和充分理解，寻找三者的内在联系，进行形式、功能和文化内涵上的折中设计，并且最终应用于设计课题实践中。与此同时，通过总结中式风格设计的实践经验，参阅目前实际案例的理论研究，整理中式设计的元素和特征，结合设计课题实践，挖掘差异化设计，为中式风格未来发展方向的研究，略尽绵薄之力。

参考文献

[1] 朱杉，孙迟. 浅析新中式庭院发展与研究 [J]. 设计，2017(19)：154–155.

[2] 柯芸筠，王淮梁. 传统元素和现代元素的碰撞——浅谈新中式风格在酒店业的应用 [J]. 西南农业大学学报 (社会科学版)，2013，11(03)：64–65.

[3] 宋丽敏. 传统元素与现代空间的共融性探索 [J]. 美与时代 (城市版)，2016(08)：75–76.

[4] 孙迟，王合连. 新中式风格中文化元素的传承设计 [J]. 家具与室内装饰，2016(08)：54–55.

[5] 熊红丽. 再谈"传统"与"现代"——对中式风格与现代室内设计的思考 [J]. 海南师范大学学报 (社会科学版)，2010，23(03)：131–133.

[6] 梁珍珍. 中国古典元素在环境中的运用 [J]. 中国园艺文摘，2012，28(03)：110–111.

[7] 曹利华. 以绿城·桃花源西锦园为例浅谈新中式别墅庭院景观对苏州古典园林的继承和创新 [J]. 中华民居 (下旬刊)，2014(05)：207–208.

[8] 冯晖武，涂娟娟，杨崑. 中国传统园林与现代景观设计的传承与创新 [J]. 华中建筑，2009，27(06)：219–221.

[9] 刘敬宇，乔会杰. 浅谈"传统元素"在新中式风格酒店设计中的应用 [J]. 居舍，2020(03)：23.

[10] 黄蕾. 中国传统文化元素在现代园林景观环境设计中的应用研究 [J]. 乡村科技，2019(03)：39–40.

重识
"跨区域、跨校际、跨行业"研究生联合培养基地案例库建设

Reunderstanding
"Cross Regions, Cross Universities, Cross Industries"
Construction of the Case Base of Graduate Joint Training Base

交互视角下高科技产业园区景观的设计思路探索

◎ 赵雪岑

Research on Design Thinking Pattern of High-tech Industrial Park Landscape from the Perspective of Interaction / Zhao Xuecen

摘要

交互性景观设计是当下城市中常见的一种景观设计手法，但景观设计不是雕塑或装置设计，在场地、环境、受众群体和工程技术等方面有许多限制因素，因此使用一种有效的设计思路尤为重要。文章以高科技产业园区为对象，借助实际案例，论述了一种利用场地感知和模型分析的方式来生成景观形式以及交互方式的方法，以期为实践工作提供理论支持。

关键词

交互理论 景观 设计思路 高科技产业园区

第1章 绪论

1.1 研究背景与选题来源

通州硬科技产业园区位于北京城市副中心通州区核心位置，为北京铝材厂旧址，现今由中关村智造牵头着力打造为国家"硅谷"。通州作为北京副中心，在其产业板块规划中强调了作为北京"设计之都"示范区的起步区和科技创新产业新区的定位，同时为大力发展高新技术产业，推动技术、成果、人才聚集。通州区需新增国家高新技术企业100家以上，新增市级科技研发机构等创新平台4家以上，区内科技孵化器、众创空间达到18家以上。以此为契机，中关村预将北京铝材厂旧址改造升级为硬科技产业园区的首个试点区。

然而，我国高新产业园区的景观建设仍然延续陈旧的设计手法，与智慧园区相匹配的景观设计模式尚少。因此，文章通过对实际项目的考察和分析，从交互设计的角度出发，对园区的景观建设进行新的设计与建构模式分析，以期能为未来同类型产业园区的设计提供思路和范本。

1.2 研究目的和意义

1.2.1 研究目的

本文以交互设计理论为基础，探讨城市公共空间中交互设计的应用，尝试运用新的设计手段来丰富人景交互方式，使景观满足多种人群的使用需求，期望通过景观空间的交互设计，对人的感知产生更为深刻的影响。开展关于交互性景观设计理论和方法的研究，可以对构建其理论框架具有探索性意义，为提升景观的应用性提供理论指导。

1.2.2 研究意义

本次对高科技产业园区景观设计的研究结合了"交互设计"理念的方法与原则，为研究提供了新的视角。研究重点放在对景观的互动性设计探索与园区空间的优化研究上，在理论与实践方面具有重要意义。

交互设计的核心概念强调以用户为中心的设计和合理使用，与园区景观空间优化设计的中心思想相吻合，即寻找突破性解决景观空间趋同化的方法。本次研究将一改过去以技术手段来维持景观可持续性的方法，转而对景观以人为本的设计本质进行研究，从园区使用者的实际需求出发，真正通过解决参与者对园区景观的需求来达到景观可持续发展。

1.3 国内外研究现状

近年来，国内一些学者曾对互动景观设计进行了一些景观设计理论的探讨，还未有系统地将交互设计作为理论依托来研究互动景观的案例。

同济大学姚雪艳博士在博士毕业论文《我国住区互动景观营造研究》一文中，针对我国住宅区互动景观的营造做了深入而详尽的研究，但也并未涉及城市公共空间的互动景观研究。江南大学设计艺术学硕士程志永认为互动性城市景观设计对营造富有特色的、具有良好体验性的空间场所和设施有着重要意义。上海交通大学硕士梅瑶炯提出将互动性设计系统应用于儿童乐园的设计，并对触觉互动式园林景观进行了实际应用，建成上海"一米阳光盲人植物园"。俞孔坚在《走向新景观》一文中则指出"新景观的设计应与新技术进行借鉴和结合"。他认为现代主义、后现代主义的表达，装置艺术的体验，多媒体艺术的繁荣，都为新景观创造提供了创新源泉。

目前，针对我国互动景观设计的系统性研究还较少，主要集中在体验性设计、声景观设计等方面。这些都对交互景观设计的发展有着很大的帮助。

国外对交互性景观的研究较多且丰富。20世纪60年代末，加拿大作曲家和音乐教育家斯查菲尔提出了声景观的概念，利用声景观来促进人与景观的互动，使得人们再次认识到了听觉行为和声环境。芬兰建筑师尤哈尼·帕拉斯玛强调景观的体验性与感受化，他认为设计师在进行体验性城市景观设计的时候，应考虑使用者的多感官需求。美国设计师乔治·哈格里夫斯非常注重景观、自然要素与人的互动，并且倾向于用隐喻式的叙述方法来表达景观。荷兰的Roosegaarde工作室近年来运用光、电等科技手段设计出 4D-Pixel [四维精灵、Wind 3.0（风）、Dune 4.0（沙丘）、Flow 5.0（流动）、莲花等]。

1.4 研究内容与方法

1.4.1 概念界定

（1）高科技产业园区

高科技产业园就是指在某区域上的由从事某种高科技产业技术的研发、智能制造的企业园区，以高科技产业、技术为基础，是资本、人才、科学技术集合而成的场所。

（2）交互性景观

交互性景观，从字面上可以拆解为"交互"和"景观"两层含义。因此，"交互性景观"就是具有交互属性的景观。即景观空间中的人以及各要素之间均存在信息双向主动交流的活动，并且相互作用影响。这里"交互"可以是人与景观，也可以是人与人、人与自我的信息双向传递，其中信息媒介是客观物质与主观意识的集合。

1.4.2 研究内容

研究的关键问题是理解交互设计理论的指导意义，将其作为研究高科技园区景观的理论支撑，探索出交互性景观的营造思想和方法，并挖掘出可以用来指导实践的景观设计理念和原则。因此，本课题的研究内容如下：

（1）通过对交互性景观相关资料的研究分析，确立了本文的研究视角，掌握交互性景观设计的内涵与原理。

（2）对互动景观设计的方法进行研究，结合行为模式分析的基础进行整合，从而得出具体的设计原则和方法。

（3）利用交互性景观设计的原理方法进行具体的实践设计。

1.4.3 研究方法

整篇文章所探讨的核心就是在于把交互的理念植根于景观设计领域，把"交互"当作整个设计工作的依据，继而探讨得到一整套相关的理念与方案，进而发掘得到能够用于指引我们具体应用的理念与方案。终极目标是给当今社会的设计工作带来新的思考方式和问题处理方法，最后将理论运用到实践之中。因此，所用研究方法如下：

（1）调研法

对当下园区空间进行实地调研，并列调研提纲。在调研结束后做梳理总结，提出对景观设计具有指导性的关键词。

（2）实践法

通过资料梳理和现状调研提出设计思路。

（3）案例分析法

借助互联网渠道搜索近3~5年内科技园区的景观设计与优化方案，并做详细的梳理，提取使用互动体验方式的案例，做纵横比较与案例分析。

1.5 研究框架（图1-1）

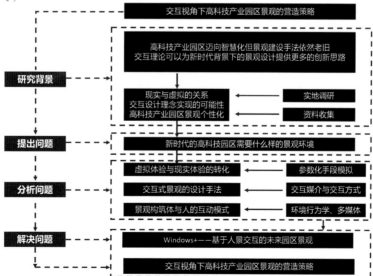

图 1-1 论文框架（图片来源：笔者自绘）

第 2 章 交互性景观设计研究

2.1 交互媒介与交互方式研究

2.1.1 交互媒介

（1）人作为媒介

以人为媒介的交互景观，需要了解使用对象的空间感知力。园区内的使用者有各种各样的类型，因此他们的需求是多样的，他们的行为也在具有多样性的同时又具有相对性，可以大致将其分为两种类型：

远端观望型。此类人群可能是在观看风景，或是悄然观察着边上人的行为，也可能是了解周围环境。这是一种间接与景观和他人互动的过程。

目的型。这类人群对场域的使用目的通常较少，并且他们有可能结伴出现，是为了在场域中完成谈话、交流、休憩等某一项活动，和景观交互的可能性较小。

游憩型。这类人群的目的主要是与景观交互，但在园区中，此类人群占比较小。

（2）空间作为媒介

植物与景观小品不同形式的组合与搭配能营造出多样化的体验空间。这种设计手法在满足人们活动空间需求的同时使人可以接收到场所提供的信息。相较于静态的空间造型设计，动态的互动体验空间更能吸引人们进行互动参与，形成强烈的视觉感受，唤起人们的内心，增加人们来此的欲望。空间的交互性还要求在设计时，应按照空间需要分类，遵循就近方便原则，有足够的承载力和容纳空间，展现空间的独特性质。

（3）情感作为媒介

情感互动中的"情感"主要体现在人的体验所产生的感受，并以此作为设计导向。评判设计好坏的标准即以是否满足人的情感需求为主。在最初的设计原则上就应加上对人的情感化体验的考量。喜怒哀乐是人的情绪，也是人的情感，情感具有多样性。在面对每一个不同的设计中，都要找到合适的情感表达方式。情感化设计理论分为三个层次，即本能、行为及反思。在园区景观的情感交互设计中也要从三个层面入手：第一，具备功能性，满足人们的基本需求；第二，具有适应性，能被大部分人所接受；第三，在使用过程中对使用者起到引导的作用。情感化交互景观的这三个设计层次，在调动人景互动积极性的同时，又能使人与环境自然融合，对实现良好的参与式体验起到积极的作用。

2.1.2 交互方式

（1）感官交互方式

交互景观必须遵循设计的基本原理，按照人的感官特点进行元素的组合，如此才能清晰地展现出景观的形态美，并将涵盖的交互性信息传达给参观者，全面调动人们的感官。感官交互主要包括视、听、味、嗅、触五感，借此创造出更加有趣的景观体验。

（2）行为交互方式

交互性景观设计中，行为交互层指的是景观环境中用户可能参与的方式，以及在这些参与过程中获得的满足感和愉快感。在此层次上，需要关注的是人对景观的参与性、景观功能易用性、个体与群体的行为关系等。设计的重点应该放在如何丰富景观的交互方式以及交互内容，提升使用者参与的愉悦感，诱导重复体验行为的发生。基于此，首先设计必须要保证景观空间的易用和可用性，营造人性化景观空间，尽可能满足使用人群的行为习惯；其次可以利用不同的景观空间形态来创造行为机会，通过布置多功能的弹性活动空间、采用多样化的空间组合、配置交互性景观设施等不同手段，使人景交互在不经意间发生，提高人与景、人与人之间交流互动的频率；最后可以通过数字技术手段，丰富景观设施趣味性，打破人景交流屏障，提高人们参与的积极性，营造和谐的动态交互氛围。

（3）情感交互方式

交互性景观设计追求的最高目标便是实现真正意义上的情景交融。情感交融是以感官意识和行为互动为基础的景观感知。在情感交互中，参与者通过人景交互实现情感上的共鸣。

（4）技术交互方式

在多媒体技术影响下，未来的景观设计手段将会变得更加多元化和科技化，人与景之间的交互方式也会变得丰富多彩。我们借助虚拟现实（VR）技术、增强现实（AR）技术，营造出多样的实景和虚景，为人景交互提供更多的可能性。

2.2 影响高科技园区景观变化的因素

针对高科技产业园区的升级设计，离不开对进驻产业以及使用者的深入了解。笔者认为，影响高科技园区的景观变化主要有以下四方面。

2.2.1 产业升级

高科技产业园区以信息产业、软件产业、生物医药科技产业等知识和技术含量高的产业为主导；随着时代发展与产业升级，其逐渐更新为人工智能、航空航天、生物技术、光电芯片、信息技术、新材料、新能源、智能制造等为代表的高精尖科技。从产业更新的方面看，这些高精尖科技产业具有极高技术门槛和技术壁垒，且更加需要长期的研发投入、持续积累。

2.2.2 园区空间功能

园区空间功能发生裂变与重组，由提供单一的工作功能走向提供工作、生活、娱乐等综合化的功能。

2.2.3 使用主体

综合化的空间功能，将园区使用主体的范围扩大，涵盖了园区工作者和周围居民等多样的使用人群。

2.2.4 园区景观的使用方式

由于空间功能和使用主体的扩大，园区景观除了满足环境、休憩、美化功能外，应更多地关注人的心理需求，并考虑到未来园区的环境升级、园区产业变化后的低成本优化改造行为。

第 3 章 交互性景观的设计思路——以北京通州硬科技产业园作为参照

3.1 论文与实践设计的关系

本文的研究背景建立在实践项目的设计基础上，通过对北京通州硬科技产业园区进行的资料整合、实地调研等工作，笔者提出了该园区景观建设面临的主要问题，这些问题也激发了笔者对交互性景观的媒介和交互方式的研究以及对本设计逻辑的再梳理，因此产生了论文所论述的议题和论点。在实践中解决这三个问题是笔者设计中涉及的内容，其背后所应用的理论成果和设计逻辑便成为论文呈现的部分。（图 3-1）

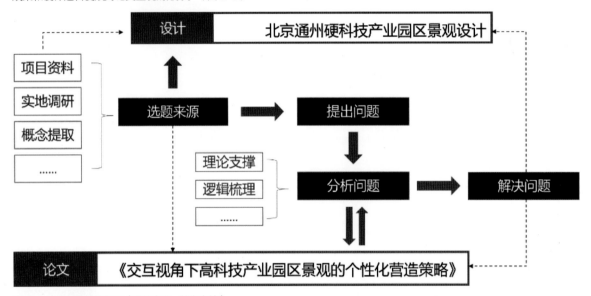

图 3-1 论文与设计的关系（图片来源：笔者自绘）

3.2 项目概况

3.2.1 背景概况

项目位于北京城市副中心通州区核心位置，原北京铝材厂，东至通州区污水处理厂，南至小街之春小区，西至临河里路，北至金鹰铜材厂。土地性质为国有划拨工业用地，规划性质为 F3（多功能用地）。项目内的证载土地面积为 87142.83 平方米，证载建筑面积为 34299.36 平方米。（图 3-2）

项目背景上看，该区域有着建设科技创新强国的战略和以硬科技产业为龙头的紧迫需求的政策制度背景。同时原北京铝材厂已废弃多年亟待改造升级，中关村智造牵头在此打造国家"硅谷"，通州区产业板块发展方向定位为智慧与科技并进区域也是该项目的建设背景。

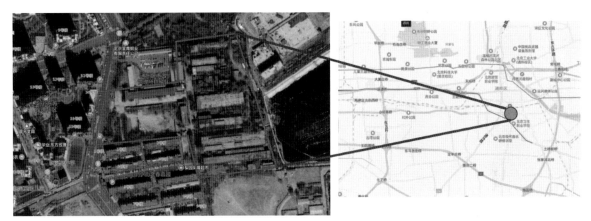

图 3-2 项目区位（图片来源：笔者自绘）

3.2.2 场地现状与设计范围选择

现状有办公楼 4 幢，大型厂房 7 幢，小型建筑若干。同时，现有的景观肌理密集，尤以东部建筑周围分布较多。仍可看出原有的景观格局是以传统的块状分布。

3.3 设计思考——时空体验与时空转型

3.3.1 寻找过去与当下的差异

笔者进行实践的项目位于北京市通州区铝材厂旧址，该厂始建于 20 世纪八九十年代，以铝材加工、制造为主要产业模式，并在距今二十年左右的时间中彻底废弃。我国的现代化铝型材工业从 20 世纪 50 年代起逐步发展，1985 年以来进入飞速前进的 30 年，铝材厂的加工制造依靠的大多是务工人员与掌握一定技术的工程师，园区内的建筑和景观只要有最基本的使用和环境功能即可。同时，由于加工铝材的机器体积大、加工过程会产生有害物质，因此，厂房的高度高、容积大、污染物囤积多。进入 21 世纪，行业对加工制造铝材的技术、时间和空间建设有了新的要求。因而，该铝材厂逐渐被淘汰。

如今，该园区的定位是服务于高技术和高科技行业，其使用者大多是脑力工作者和拥有精尖技术的研发人才，与硅谷的定位看齐。通过实地调研，笔者发现铝材厂现存的遗址中，虽然已经做了大量拆除，留下的多是建筑结构和空地余墙以及荒草。但仍然保留有诸多旧时铝材加工方式的痕迹以及因过去使用者工作的习惯在场地内留下的印记。

相比硬科技产业园的产业特性、使用者的工作习惯以及智慧园区的便捷应用，过去和未来的景观建设之间有巨大的差异：

（1）过去的园区建设以建筑物为主，注重交通和出入口的使用便捷性，景观元素多且灵活；未来的园区建设中建筑和景观的物理形态与一般的办公空间无异，但是可通过智慧系统进行联动控制，景观的环境功能将与建筑表皮相联动，与建筑物内外的生态调节有直接关系，因此，使得景观元素趋向简单和模式化，减少了与人的亲近感。

（2）过去的园区建设中，人对于环境的体验是直接和可参与的，由于铝材厂的产业特性，人在工作过程中更多的是与物理空间发生关系，同时由于园区内景观元素的灵活，工作者可以在园区内进行多种自然活动，例如栽花植草等普通的活动。未来的园区建设中，首先由于科技时代产业的特性，人们不需要通过身体劳动进行工作，因此人与空间的关系趋于扁平化；其次园区景观追求的是简洁、易于维护（当然这也是必要的）、与节能型建筑相匹配等特点。因此带给人距离感，我们在这样"完美"的景观环境中实际上无法拥有与自然的参与感。

3.3.2 提出未来能解决的问题

对以上的差异做了总结后，笔者将思考重点放在未来：在未来，该园区需要什么样的景观？如何使景观成为园区形象传播的载体？如何在现有规划方式的基础上通过景观手法的变化促使人的行为习惯和交流变得多样和灵活？如何将智慧园区系统中的虚拟体验转化为景观体验？

根据以上问题，结合过去与当下的差异，笔者提出了以下几点作为设计中思考的依据：

（1）通过对交互理论的研究，可以在园区景观中植入人与景观相互作用的元素，激发使用者多种行为模式。

（2）智慧园区系统虽然不能用景观建设的手法直白展现，但是若能将其特点总结并作为景观形式的生成方式，也不失为一种独特的展现方式。

（3）场地中现存的历史记忆和时空体验应该作为塑造园区景观独特性的重要源头。

3.4 概念生成——虚拟体验与现实体验的互动

3.4.1 来源

（1）对智慧园区系统的思考

智慧园区是指利用最新技术实现对园区的数字化管理，达到科学管理园区的目的。在硬科技园区内，智慧园区系统主要服务于研发–办公–园区管理–展示等方面（图3-3），在这套系统带来的多种便利条件下，笔者对智慧化系统的认识有了更进一步的考量。

有学者曾经说："智慧化的出现如同为人类的生产、生活开了天窗，让从未见过的彩虹钻进屋中，于是人们发现，原来生活还能如此简单。"

这样的比喻也不完全恰当。在建筑的建造过程中，门与窗是建筑与人和其他隔离于建筑之外的一切物的第一个交互媒介，门决定建筑能否被进入以及被进入的方式，窗则决定了我们是否愿意进入建筑中。可以说，窗划分了空间内与外的性质。而在智慧城市系统下，我们面对的空间逐渐像一个布满了窗户的建筑，用户行为以及行为变现的过程就在一念之间，如同开窗和关窗一样简单。我们不再需要门，因为窗开得够大就可以成为门。可以说，智慧化带来的不仅仅是开一扇天窗那么简单，如同智能手机的出现，可以瞬间将世界缩小到方寸，而用户面前早已布满了去向任何区域的门——一个链接或是一条信息或是一个APP。（图3-4）

如果将这种状态做一个视觉化的隐喻或处理，我认为是如下图所示的情形：当空间中布满了窗，也就像现实空间被虚拟的世界不断挤压，夹缝成为现实空间的缩影，它逐渐被缩小、甚至消化；而窗一样的虚拟空间逐渐成为互联与物联空间的结合体。（图3-5）

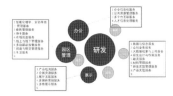

图 3-3 智慧园区系统架构（图片来源：笔者自绘）

图 3-4 对智慧化城市的感受（图片来源：笔者自绘）

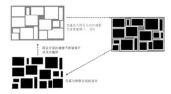

图 3-5 虚拟与现实的弥合（图片来源：笔者自绘）

同时，对比园区的过去和未来，如同以现实的体验和虚拟的体验相对比：当现实世界的空间状态趋向夹缝状时，它的容量逐渐由我们从前所认知的相对无穷大变化为有限的"1"；而虚拟世界的状态则是从无到有再到相对无穷大。二者之间的状态变化看似相反，实则与智慧园区系统带来的体验是相同的：使用者在园区内通过便捷的网络或完全虚拟化的服务完成生产和社会活动，他们对于身体与物理空间的体验感逐渐趋向于"仅仅存在"，而非"探索、推动、拉开、关上……"有空间交互的体验。这种对现实的感知被智慧园区系统的操作取代。

（2）对发生在场地中过去的行为活动进行总结

①生产活动：置放、挤压、搬运、调试、铸造、提拉、氧化、搅拌、锯切、打孔、攻丝、铣槽、包装等。

②生理活动：行走、站立、搬运、休憩、奔跑等。

③社会活动：签到、停车、交流、娱乐、种植等。

（3）从实际调研中得到客观的感受和体验

①对场地产生的物理感受

游走于场地中，虽然建筑和景观之间都留存有诸多过去的痕迹，但厂区内的窗成为时空对话的唯一媒介。居住建筑上没有拆除的窗遗留着工人居住的痕迹；厂房的窗非常高大，反映了铝材厂的产业特性；有些只剩下洞口的窗，则通过改造的痕迹反映了曾经的使用偏好。

同时，由于厂房的体积大，高度高，身在其中会产生非常明显的回音。若在新的园区建设中会采用多层的办公空间规划，因此，回音也成为场所中不再有的历史性的物理体验。

②对场地产生的心理感受

场地中的窗也令我想到自己对智慧化趋势的理解，窗似乎代表了我对该场地最浓烈的感受。无论是对场地的过去还是对场地的未来，窗都在空间和时间的层面成为场地中一种直接有力的交互媒介，也成为我打开设计思路的一把钥匙。

3.4.2 "Windows+"

通过前文对概念来源的梳理，同时现阶段在智慧化园区中的景观规划和设计是扁平的，大众与环境的互动和体验受到影响。而我认为，一个理想的未来园区的景观设计，应当呼应不断综合化的园区空间功能，应当与人发生更加亲密的关系和联系，也与园区的命运和未来成为长足的伙伴。在这种目标下,景观应该成为一个"可互动、可变化、可转衍"的有机体——由多个空间单元及其缝隙所形成的"体"和"场"组成,以风、光、空气、水为动的材料,通过各组成部分的相互作用形成动态的景观体系,对所有到来园区的人群和空间环境作出响应,编织出一个介于建筑体和园区之间的公共领域,以灵活的、有趣的、可交互的构筑体打开智慧社会中封闭的人与人之间、人与景之间的窗,彰显园区的活力。因此,我将设计的概念命名为"Windows+"。

3.5 构筑体生成——虚拟体验向现实体验的转衍

3.5.1 提取空间原型(图 3-6)

图 3-6 提取空间原型(图片来源:笔者自绘)

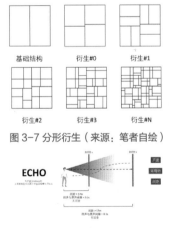

图 3-7 分形衍生(来源:笔者自绘)

图 3-8 回声研究(图片来源:笔者自绘)

3.5.2 分形理论与二叉树算法

通过对窗形几何的观察,我发现它们具有一定的分形特征。所谓分形,也就是局部形态和整体形态的相似,这个理论是由美籍数学家曼德布罗特首先提出的,他把那些部分与整体以某种方式相似的形体称为分形,例如连绵的山川、飘浮的云朵、岩石的断裂口、布朗粒子运动的轨迹、树冠、花菜、大脑皮层……1975 年,他创立了分形几何学。在此基础上,形成了研究分形性质及其应用的科学,称为分形理论。我以分形为建构依据,利用参数化的算法方式——二叉树算法介入研究。选取最为基础的窗型作为基础结构,并做进一步分形衍生(图 3-7)。在此基础上,介入回声的相关研究(图 3-8)。利用回音的原理,对空间原型的衍生加入两个干扰项;并以临界值为 0.2,比率不同的一组为主要的形态,提取每个临界点为控制点,a 为比率、b 为临界值(图 3-9)。

3.5.3 景观构筑体生成

选择比率 10、临界值为 0.2 的空间原型，因为这一状态下的空间状态可以满足更加多元的可能性，然后嵌入窗体原形单体。

嵌入后即将生成景观构筑体的初级形态，通过链接空间原型内部的结构点达到疏密有致的效果。首先将窗体基础结构拉伸为正方体作为基本单元，并确定其平面中的结构点为正方形的角点；再将正方体作为三维空间的基本模块单元，将二维平面的结构点覆盖至正方体的六个面；最后相对面的结构点两两相交，在正方体内部的中心形成由密向疏，从内向外扩散的趋势。

将景观构筑体的初态进行魔方式切割，切割后共有 27 个次结构形体。按照其空间结构趋势，次结构形体可形成 3 种疏密结构。对窗体结构再次进行回音运动干扰形成更为有形态的结构，成为最终景观构筑体的形态。（图3-10、图3-11）

第 4 章 Windows+——构筑体的呈现方式

4.1 案例研究

"太阳之门"（Solar Gate）位于英国赫尔，是一个利用太阳校准来指示重要时刻和日期的装置。创新型的超轻双壳结构是设计的亮点，能够对关键的历史事件以及与古老的贝弗利门相邻的女王花园的文化环境做出回应。

这座"雕塑"高 10 米，由厚度仅为 4 毫米的薄板构成。在 4 米宽的平面中心，雕塑的前后深度仅为 1 米，并在两个开放的边缘逐渐变细至 10 厘米。参观者可以从这些边缘看见结构的构成方式：两个弧形的波纹状表面相互连接在一起，不需要借助任何其他的内部支撑结构。（图4-1）

"太阳之门"在夜晚会成为发光的计时器，其外部和内部均安装有可调节的地面照明系统。由 Tonkin Liu 设计的灯光序列经过变成，可以在雕塑内外来回变换，使其呈现出一种接近透明的状态。雕塑周围是以顺时针方向进行开启和关闭的灯环，用于提示即将举行的活动和节日，包括像 "Golden Hour" 等在赫尔市范围举办的艺术展。

"太阳之门"通过对"时间"的探索向人们讲述着过去，使人们在感知当下时刻的同时也能够及时地预测未来的动向。

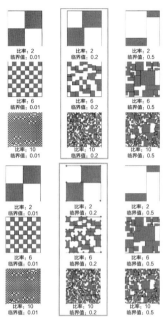

图 3-9 模拟形态（图片来源：笔者自绘）

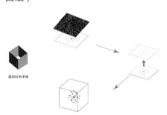

3-10 基础结构单体 1（图片来源：笔者自绘）

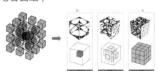

3-11 基础结构单体 2（图片来源：笔者自绘）

图 4-1 太阳之门（图片来源：https://www.gooood.cn/solar-gate-by-tonkin-liu.htm）

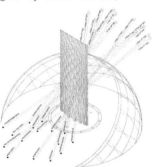

图 4-2 技术路线（图片来源：https://www.gooood.cn/solar-gate-b）

4.2 技术路线

所有的结构强度均是雕塑的外壳结构所固有的。该项目利用了名为"贝壳花边结构"的仿生技术，由 Tonkin Liu 首创并与 Arup 经过了八年的共同开发。这种结构以软体动物的外壳为参照，其曲率、波纹和扭曲导致了形式和强度之间的直接关系，从而消除了不必要的结构。一体化的表面是由被弯曲的平板连接而成，是为形成刚性结构而特别打造。（图4-2）

4.3 呈现方式

园区内的景观构筑物呈扁圆状，因此可以使用案例中所使用的仿生技术，与环境发生关联的同时也与人产生互动。

第 5 章 对高科技园区交互性景观设计思路的探索

5.1 以"未来"为导向

交互设计是未来城市发展所借助的重要手段，因此，在设计景观的过程中也要从园区未来的发展性质上来看。设计师不仅要对园区中使用者未来的办公形式、生活方式进行畅想，也要在园区功能综合化的步伐中去思考园区承载的其他受众人群是怎样来使用园区以及景观的。我们要从未来的角度出发，不仅要让设计呼应现实，更要思考设计如何引领现实。

5.2 从设计场地汲取灵感

在北京通州高科技产业园的设计中，从场地中提取了对时空转型与虚实体验两方面的感受，进而生成园区主要的景观形式和构筑体形态。笔者认为，在交互型景观设计中，从场地中汲取设计来源和思考信息是必要的。

5.3 借助信息化和新技术手段

借助信息化手段和新技术手段可以拓宽景观设计的功能，也能更加灵活地运用多种交互方式。例如，新材料新技术的运用可以充分调动感官认知，同时多媒体和 VR、AR 等技术也能提高使用者的体验感。通过物理化的多样体验与使用者心理需求相连接，达到交互设计的情感要求。

第 6 章 结语

论文将交互性景观作为设计导则，对高科技产业园区的景观设计思路做了一定探索，并通过呈现实际案例的设计思路，论证了交互设计帮助创造新颖的城市环境、多元的生活空间时发挥的实际作用。笔者希望通过此探索，能够将景观设计的作用最大化，并在当前信息时代的背景下，为园区未来的使用提供一种新的模式。

参考文献

[1] 俞孔坚. 走向新景观 [J]. 建筑学报, 2006(05): 73.

[2] 李文竹. 城市公共空间中声景元素的运用与营造 [D]. 西安：西安建筑科技大学, 2017.

[3] 吕丹，王振. 中国科技园空间结构探索 [M]. 北京：中国建筑工业出版社, 2016（8）.

[4] 温全平，詹颖. 交互性景观设计理论与方法初探 [J]. 设计, 2018(03): 70–72.

[5] 孙翠翠. 新媒介艺术在城市公共空间的应用研究 [D]. 长春：吉林建筑大学, 2017.

[6] 马蓬伟，张晓燕. 交互设计在环境设计中的应用 [J]. 设计, 2018(05): 156–157.

[7] 卢俊超. 适应新兴产业发展需求的科技园区规划设计研究 [D]. 合肥：安徽建筑大学, 2019.

[8] https://www.gooood.cn/solar-gate-by-tonkin-liu.htm

图书在版编目（CIP）数据

重识："跨区域、跨校际、跨行业"研究生联合培养基地案例库建设 深圳·北京校企艺术硕士研究生联合培养基地　产教融合与设计创新/潘召南,颜政,张宇锋著.—北京：中国建筑工业出版社,2020.8

ISBN 978-7-112-25399-9

Ⅰ.①重… Ⅱ.①潘… ②颜… ③张… Ⅲ.①研究生教育－产学合作－人才培养－研究－中国 Ⅳ.①G643

中国版本图书馆CIP数据核字(2020)第174786号

文字编辑：李东禧
责任编辑：唐　旭　张　华
书籍设计：汪宜康　程麟飞
责任校对：王　烨

重识　"跨区域、跨校际、跨行业"研究生联合培养基地案例库建设
深圳·北京校企艺术硕士研究生联合培养基地
产教融合与设计创新
潘召南　颜政　张宇锋　著
*
中国建筑工业出版社出版、发行（北京海淀三里河路9号）
各地新华书店、建筑书店经销
临西县阅读时光印刷有限公司印刷
*
开本：889×1194毫米　1/20　印张：19⅗　字数：632千字
2020年9月第一版　2020年9月第一次印刷
定价：138.00元
ISBN 978-7-112-25399-9
（36375）

版权所有　翻印必究
如有印装质量问题，可寄本社退换
（邮政编码　100037）